信息系统项目管理师考前冲刺 100 题
（配套第四版大纲）

刘　毅　朱小平　编著

中国水利水电出版社
www.waterpub.com.cn
·北京·

内 容 提 要

通过信息系统项目管理师考试已成为职称评定以及获取项目经理资质的方式之一，然而该考试知识点繁多，有一定难度。本书总结了作者多年来软考面授培训的经验，梳理了信息系统项目管理师考试的关键知识点及其考核方式，分析、归类、整理、总结了考试的典型试题。

全书分为综合知识篇、项目管理知识篇、高级知识篇、案例分析篇和论文写作篇五个部分。通过思维导图描述整个考试的知识体系；以典型题目拉动知识点的复习并阐述解题的方法和技巧，通过对题目的选择和分析来覆盖考试大纲中的重点、难点及疑点。

本书可作为参加信息系统项目管理师考试的考生自学用书，也可作为软考培训班的教材和项目经理或高级项目经理的参考用书。

图书在版编目（CIP）数据

信息系统项目管理师考前冲刺 100 题 : 配套第四版大纲 / 刘毅, 朱小平编著. -- 北京 : 中国水利水电出版社, 2024. 7. -- ISBN 978-7-5226-2538-6

Ⅰ. G202-44

中国国家版本馆 CIP 数据核字第 2024H9A074 号

策划编辑：周春元　　　责任编辑：王开云　　　封面设计：李　佳

书　　名	信息系统项目管理师考前冲刺 100 题（配套第四版大纲） XINXI XITONG XIANGMU GUANLISHI KAOQIAN CHONGCI 100 TI（PEITAO DI-SI BAN DAGANG）
作　　者	刘　毅　朱小平　编著
出版发行	中国水利水电出版社 （北京市海淀区玉渊潭南路 1 号 D 座　100038） 网址：www.waterpub.com.cn E-mail：mchannel@263.net（答疑） 　　　　sales@mwr.gov.cn 电话：（010）68545888（营销中心）、82562819（组稿）
经　　售	北京科水图书销售有限公司 电话：（010）68545874、63202643 全国各地新华书店和相关出版物销售网点
排　　版	北京万水电子信息有限公司
印　　刷	三河市鑫金马印装有限公司
规　　格	184mm×240mm　16 开本　22.5 印张　570 千字
版　　次	2024 年 7 月第 1 版　2024 年 7 月第 1 次印刷
印　　数	0001—3000 册
定　　价	58.00 元

凡购买我社图书，如有缺页、倒页、脱页的，本社营销中心负责调换

版权所有·侵权必究

编委会成员

朱小平　施　游　刘　博
黄少年　刘　毅　施大泉
谢林娥　朱建胜　陈　娟

前　　言

　　计算机技术与软件专业技术资格（水平）考试（以下简称"软考"）是国内难度最大的计算机专业资格考试，软考高级考试平均通过率在10%左右。自信息系统项目管理师2005年开考以来，其通过率也维持在该水平，由于考试所涉及的知识面广，科目包括了综合知识、案例分析、论文写作，并且要求一次性通过，否则全部重来，考试的难度可想而知。

　　我从2005年年初开始从事软考的辅导与培训工作，长期奋战在软考一线。一般来说，常规的面授课程只有5天时间，我需要在5天之内将该考试涉及的主要知识点全部讲完，同时要让考生掌握重点、难点和疑点，对考生来说，学习强度非常大，因此，梳理关键知识点、研究考题的趋势、降低考生学习量是我日常的教学任务之一。

　　对于这种应试性的考试来说，"采用题海战术"确实有效。但问题是，到哪里找题呢？网上的习题成千上万，是不是都需要做一遍呢？考生是否有足够的时间来做大量的习题呢？其实，"采用题海战术"只是考试通关手段的一种表象，之所以通过题海战术应付考试，其真实原因是"大规模地做题导致了对知识点的全覆盖"，所以真正的原因是大量做题过程中命中了考点。但在时间和精力有限的情况下，考生根本没有足够的时间采用题海战术，那要提高命中率，应该怎么办呢？

　　信息系统项目管理师考试上午有75道选择题，下午Ⅰ有3道案例题、下午Ⅱ有1道论文题（机考改革后，下午Ⅰ、Ⅱ两科联考会成为常态）。通过多年对考试的研究，实际题型和变化趋势并不复杂，大量的题目也是围绕着主要知识点反复考核，结合不同的题型变化。为此，我基于历次培训的讲义和习题，将各知识领域的典型题型进行收集、汇总、分析，从这些题型中选出具有代表性的题目，并对部分题目考核的知识点、考核形式及题目的演化形式等进行了分析。通过这些典型题，让考生有效规避题海战术而达到题海战术的效果。

　　2012年下半年，在出版社的推动下，我总结了部分经典题型、解题方法并结集出版了《冲刺100题》系列软考图书，该书属于百题系列丛书中的高级考试的项管部分，是我多年来从事软考培训经验的阶段性总结。

　　本书内容根据2023年第四版新考纲、2023年11月后的机考重要知识点进行了更新，补充了新大纲中所涉及的新内容、新试题。对于往年典型题目本身及答案解析，结合机考考试的重要题型，本书又进行了针对性修改，这样就极大地弥补了面向新大纲的题目很少、考生不便有针对性地训练的问题。

编 者

2024年1月

本书说明

读者在开始学习本书之前，首先要关注以下几个问题。

◎ **本书的编写目的**

相比图书市场上关于信息系统项目管理师培训的书籍，本书有以下几个方面的特色：

（1）通过思维导图描述整个考试的知识体系。

（2）典型题目拉动知识点的复习。通过重点和难点题目来掌握考试大纲中的关键知识点，缩短复习时间，提高复习效率。

（3）通过典型题目阐述解题的方法和技巧。

对于本书所描述的100道题目，实际在选择过程中已经超过了这个数量。作者力争通过题目的选择和分析来覆盖考试大纲中的重点、难点及疑点。在题目选择方面主要掌握以下几个原则：

（1）选择重点、难点等具有代表性的题目。

（2）选择考核频率比较高的题目（针对知识点而言）。

（3）选择用典型解题方法的题目。

（4）考核频度较低、题目不具备代表性、没有规律和技巧可言的题目一律排除在选题之外。

当然，在选择过程中，并不能100%覆盖知识点，但在每一章中会描述和分析相关的知识点，同时标识出题目的知识点，使考生了解到自己掌握的知识点的覆盖程度。

◎ **章节的构成**

全书组织结构如下图所示。

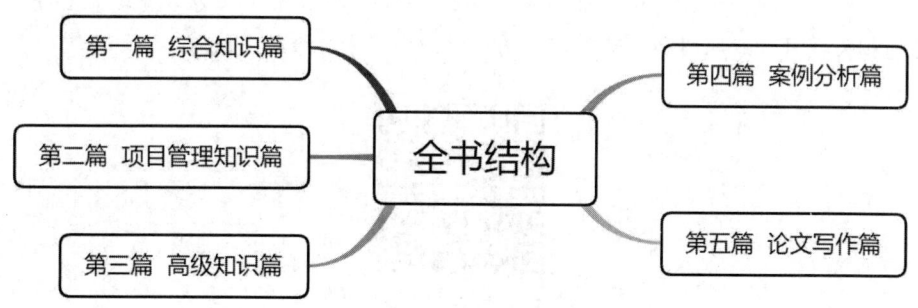

（1）综合知识篇（第1~6章）。包括信息化基础知识、信息系统管理与服务、软件专业技术知识、网络与信息安全、法律法规与标准化、专业英语。

（2）项目管理知识篇（第 7~18 章）。包括项目管理基础知识、项目立项管理、十大知识域（项目整合管理、项目范围管理、项目进度管理、项目成本管理、项目质量管理、项目资源管理、项目沟通管理与干系人管理、项目风险管理、项目采购管理）和配置管理。

（3）高级知识篇（第 19~21 章）。包括管理科学基础、大型及复杂项目管理、高级知识三部分。

（4）案例分析篇（第 22、23 章）。包括案例分析综述和案例分析典型题，案例分析题目覆盖了高级考试中的重点。

（5）论文写作篇（第 24、25 章）。包括论文写作基础和典型论文分析两部分。

◎ 关于思维导图在本书中的应用

本书在撰写过程中引入了思维导图，思维导图作为一种思考的工具，在日常的应考复习中能够发挥巨大的作用。本书作者在面授培训的复习环节大量使用了思维导图，从结果来看，凡是能够使用思维导图的学员，其对知识脉络的梳理和对知识的记忆水平明显强于其他学员。

通过思维导图来组织自己的思想（制作笔记）和别人的思想（记笔记）。

◎ 如何使用本书

本书的原则是通过做重点、难点、疑点的题目来带动知识点的复习，因此，在使用本书的过程中，建议掌握以下原则：

（1）根据每章思维导图来复习知识点，也可以在每一章的思维导图的基础上进行知识点的扩充。

（2）根据知识点找到对应的题目，每个题目均具有代表性，因此，需要分析每一章题目考核的知识点、延伸的知识点和出题的方式。

（3）部分知识点并没有配典型题目，这部分知识点可能需要结合新的官方教程的内容进行阅读。

（4）某些知识点的重要提醒之处用"辅导专家提示"进行标识，请引起重视。

需要说明的是，为保持知识点的及时更新，与本书相关的更新信息将在攻克要塞公众号中发布。本书配套的相关视频作战地图和全部思维导图可以扫描下方二维码下载。

攻克要塞公众号

目 录

前言
本书说明

第一篇 综合知识篇

第1章 信息化基础知识 ………………………… 2
知识点图谱与考点分析 ……………………… 2
 知识点综述 ………………………………… 2
 参考题型 …………………………………… 3
知识点：信息系统及规划 …………………… 4
 知识点综述 ………………………………… 4
 参考题型 …………………………………… 4
知识点：国家信息化体系 …………………… 5
 知识点综述 ………………………………… 5
 参考题型 …………………………………… 6
知识点：ERP 与 CRM ……………………… 8
 知识点综述 ………………………………… 8
 参考题型 …………………………………… 9
知识点：电子政务 …………………………… 10
 知识点综述 ………………………………… 10
 参考题型 …………………………………… 11
知识点：电子商务 …………………………… 12
 知识点综述 ………………………………… 12
 参考题型 …………………………………… 12
知识点：商业智能 …………………………… 13
 知识点综述 ………………………………… 13
 参考题型 …………………………………… 14
知识点：企业信息化与两化融合 …………… 16
 知识点综述 ………………………………… 16
 参考题型 …………………………………… 16
知识点：新技术 ……………………………… 16
 云计算知识点综述 ………………………… 17

 参考题型 …………………………………… 17
 大数据知识点综述 ………………………… 17
 参考题型 …………………………………… 18
 智慧城市知识点综述 ……………………… 18
 参考题型 …………………………………… 18
 物联网知识点综述 ………………………… 19
 参考题型 …………………………………… 19
 其他知识点综述 …………………………… 20
 参考题型 …………………………………… 20
 数字化转型相关知识点综述 ……………… 20
 参考题型 …………………………………… 21
课堂练习 ……………………………………… 22

第2章 信息系统管理与服务 ………………… 24
知识点图谱与考点分析 ……………………… 24
知识点：ITSS ………………………………… 24
知识点：IT 审计与 IT 治理 ………………… 25
知识点：IT 服务管理与 IT 运维 …………… 26
课堂练习 ……………………………………… 28

第3章 软件专业技术知识 …………………… 29
知识点图谱与考点分析 ……………………… 29
知识点：软件需求 …………………………… 30
知识点：软件测试 …………………………… 31
知识点：软件设计 …………………………… 32
知识点：软件生命周期模型 ………………… 33
知识点：面向对象与 UML …………………… 35
 面向对象知识点综述 ……………………… 35
 UML 知识点综述 …………………………… 37

  知识点：软件质量 38
  知识点：系统集成技术 38
  课堂练习 39
第4章 网络与信息安全 41
  知识点图谱与考点分析 41
  知识点：OSI 与 TCP/IP 模型 42
  知识点：无线网络 43
  知识点：网络规划与设计 44
  知识点：网络存储 45
  知识点：综合布线 46
  知识点：信息安全属性 47
  知识点：信息安全体系 48
  知识点：应用系统安全 49
  知识点：网络安全 49
  知识点：信息安全等级保护 51
  知识点：信息安全技术 52
  课堂练习 53

第5章 法律法规与标准化 56
  知识点图谱与考点分析 56
  知识点：标准化 56
    标准分类知识点综述 56
    软件工程标准知识点综述 57
  知识点：法律法规 59
    招投标法知识点综述 59
    政府采购法综述 61
    民法典综述 62
    著作权法综述 64
    《计算机软件保护条例》综述 65
  知识点：知识产权 66
  课堂练习 67
第6章 专业英语 68
  考点分析 68
  课堂练习 69

第二篇 项目管理知识篇

第7章 项目管理基础知识 72
  知识点图谱与考点分析 72
  知识点：基本概念 73
  知识点：组织结构 75
  知识点：生命周期 77
  知识点：过程与过程组 78
  知识点：项目经理与 PMO 81
  课堂练习 83
第8章 项目立项管理 85
  知识点图谱与考点分析 85
  知识点：项目建议书 85
  知识点：可行性研究 87
  知识点：供应商内部立项 87
  知识点：项目论证 88
  知识点：项目评估 89
  知识点：复利计算 90
  知识点：财务评价 91
  课堂练习 94

第9章 项目整合管理 96
  知识点图谱与考点分析 96
  知识点：整合管理过程 96
    整合管理过程补充知识点 98
  知识点：制订项目章程 99
  知识点：制订项目管理计划 100
  知识点：指导和管理项目工作 103
  知识点：管理项目知识 104
  知识点：监控项目工作 105
  知识点：实施整体变更控制 105
    整体变更控制补充知识点 106
    变更管理与配置管理的关系 107
  知识点：结束项目或阶段 107
  课堂练习 109
第10章 项目范围管理 111
  知识点图谱与考点分析 111
  知识点：基本概念 111
  知识点：规划范围管理 112

  知识点：收集需求 ································ 113
  知识点：定义范围 ································ 114
  知识点：创建 WBS ······························ 115
  知识点：范围确认 ································ 118
  知识点：范围控制 ································ 119
   范围管理过程补充知识点 ···················· 121
  课堂练习 ·· 121

第 11 章　项目进度管理 ···························· 123
  知识点图谱与考点分析 ··························· 123
  知识点：规划进度管理 ··························· 123
  知识点：定义活动 ································ 124
  知识点：排列活动顺序 ··························· 126
  知识点：估算活动持续时间 ······················ 129
  知识点：三点估算法 ······························ 131
  知识点：关键路径法&关键链法 ················· 133
  知识点：计划评审技术 ··························· 134
  知识点：制订进度计划 ··························· 136
  知识点：控制进度 ································ 137
  课堂练习 ·· 138

第 12 章　项目成本管理 ···························· 140
  知识点图谱与考点分析 ··························· 140
  知识点：基本概念 ································ 140
   基本概念知识点补充 ························ 142
  知识点：规划成本管理 ··························· 142
  知识点：估算成本 ································ 143
  知识点：制订预算 ································ 145
  知识点：控制成本 ································ 146
  知识点：挣值分析 ································ 148
  知识点：完工估算 ································ 151
   成本管理过程补充知识点 ···················· 154
  课堂练习 ·· 154

第 13 章　项目质量管理 ···························· 157
  知识点图谱与考点分析 ··························· 157
  知识点：基本概念 ································ 158
  知识点：规划质量管理 ··························· 159
  知识点：管理质量 ································ 162
  知识点：质量控制 ································ 163
  课堂练习 ·· 167

第 14 章　项目资源管理 ···························· 168
  知识点图谱与考点分析 ··························· 168
  知识点：规划资源管理 ··························· 168
  知识点：估算活动资源 ··························· 171
  知识点：获取资源 ································ 172
  知识点：建设团队 ································ 173
  知识点：管理团队 ································ 176
  知识点：控制资源 ································ 177
  课堂练习 ·· 178

第 15 章　项目沟通管理与干系人管理 ············ 180
  知识点图谱与考点分析 ··························· 180
  知识点：沟通管理过程 ··························· 180
  知识点：规划沟通管理 ··························· 181
  知识点：管理沟通 ································ 183
  知识点：监督沟通 ································ 184
  知识点：沟通模型 ································ 185
  知识点：干系人管理过程 ························ 186
  知识点：干系人分析 ······························ 187
  知识点：识别干系人 ······························ 188
  知识点：规划干系人参与 ························ 189
  知识点：管理干系人参与 ························ 190
  知识点：监督干系人参与 ························ 191
  课堂练习 ·· 192

第 16 章　项目风险管理 ···························· 193
  知识点图谱与考点分析 ··························· 193
  知识点：风险管理的过程 ························ 193
  知识点：风险的概念 ······························ 194
  知识点：风险识别 ································ 196
  知识点：规划风险管理 ··························· 197
  知识点：风险分析 ································ 198
  知识点：规划风险应对 ··························· 201
  知识点：实施风险应对 ··························· 202
  知识点：监督风险 ································ 202
   风险管理过程补充知识点 ···················· 203
  课堂练习 ·· 204

第 17 章　项目采购管理 ···························· 206
  知识点图谱与考点分析 ··························· 206
  知识点：规划采购管理 ··························· 206

知识点：实施采购 207
知识点：控制采购 209
知识点：采购合同类型 210
知识点：合同收尾 212
知识点：合同管理 212
  采购管理过程补充知识点 214
  课堂练习 214

第18章 配置管理 216
知识点图谱与考点分析 216
知识点：配置管理基本概念 216

知识点：文档管理规范 218
知识点：配置管理计划 219
知识点：配置状态报告 220
知识点：配置审计 220
知识点：发布管理和交付 221
知识点：变更管理 222
知识点：配置库 222
知识点：配置项识别 224
知识点：版本管理 224
  课堂练习 226

第三篇　高级知识篇

第19章 管理科学基础 228
知识点图谱与考点分析 228
知识点：图论应用 229
知识点：资源约束 230
知识点：决策分析 232
知识点：资源平衡 234
知识点：盈亏平衡点 236
知识点：线性规划 237
知识点：动态规划 238
  课堂练习 239

第20章 大型及复杂项目管理 .. 243
知识点图谱与考点分析 243
知识点：大型及复杂项目概念 .. 243
知识点：大型及复杂项目管理过程 .. 245
知识点：项目组合管理过程 246
知识点：项目管理成熟度模型 .. 247

知识点：项目管理办公室 248
知识点：项目集管理 249
知识点：项目组合管理 250
  课堂练习 251

第21章 高级知识 252
知识点图谱与考点分析 252
知识点：项目管理原则与项目绩效域 .. 252
知识点：战略管理 254
知识点：流程管理 255
知识点：知识管理 256
知识点：绩效评估 258
知识点：外包管理 259
知识点：信息工程监理 260
知识点：新增知识点 261
  课堂练习 261

第四篇　案例分析篇

第22章 案例分析综述 264
考点分析 264
案例题题型 266
  原因题 266
  方法题 266
  知识题 267

计算题 267
5大解题法 268
  脱题法 269
  正推法 269
  反推法 270
  想象法 271

AB 法 ·· 271
第 23 章　案例分析典型题 ························ 273
　　题型分布 ·· 273
　　典型题 ·· 274
　　　　试题 1　整合管理 ························ 274
　　　　试题 2　项目变更管理 ················ 275
　　　　试题 3　项目变更管理 ················ 275
　　　　试题 4　WBS ······························· 276
　　　　试题 5　资源管理和沟通管理 ···· 278
　　　　试题 6　质量管理 ························ 279
　　　　试题 7　风险管理 ························ 281
　　　　试题 8　合同索赔 ························ 282
　　　　试题 9　招投标法 ························ 283
　　　　试题 10　关键路径 ······················ 284
　　　　试题 11　挣值分析 ······················ 286
　　　　试题 12　综合计算题 ·················· 287
　　　　试题 13　项目集管理 ·················· 288
　　　　试题 14　综合计算题 ·················· 289
　　　　试题 15　范围管理 ······················ 290
　　参考答案 ·· 291
　　　　试题 1　整合管理 ························ 291
　　　　试题 2　项目变更管理 ················ 292
　　　　试题 3　项目变更管理 ················ 294
　　　　试题 4　WBS ······························· 294
　　　　试题 5　资源管理和沟通管理 ···· 295
　　　　试题 6　质量管理 ························ 296
　　　　试题 7　风险管理 ························ 297
　　　　试题 8　合同索赔 ························ 298
　　　　试题 9　招投标法 ························ 299
　　　　试题 10　关键路径 ······················ 300
　　　　试题 11　挣值分析 ······················ 301
　　　　试题 12　综合计算题 ·················· 302
　　　　试题 13　项目集管理 ·················· 304
　　　　试题 14　综合计算题 ·················· 305
　　　　试题 15　范围管理 ······················ 308
　　总结 ·· 309

第五篇　论文写作篇

第 24 章　论文写作基础 ·························· 312
　　知识点图谱与考点分析 ···················· 312
　　论文写作基本要求 ···························· 314
　　论文评分标准 ···································· 314
　　论文写作法 ·· 316
　　大项目如何写 ···································· 319
　　大项目框架 ·· 320
　　写作准备的误区与建议 ···················· 322
　　总结 ·· 323

第 25 章　典型论文分析 ·························· 324
　　典型范文题目 ···································· 324
　　写作原文 ·· 324
　　文章分析 ·· 327
　　论文点评 ·· 327
　　总结 ·· 330

附录 1　课堂练习答案与分析 ················ 331
附录 2　浅谈复习方法 ···························· 345

第一篇 综合知识篇

【综述】

综合知识篇的内容主要是非项目管理方面的知识，这部分知识包含的内容较多较杂，有专业技术知识（软件、网络与信息安全）、法律法规与标准化、信息化基础、信息系统管理与服务、新技术、专业英语等。

这部分内容对应考者的知识储备提出了挑战。少有考生能够精通全部的知识领域，尤其是部分非专业的考生，一直从事管理工作，没有一线经验，这部分内容往往成为其考试的"夺命铜"。

由于此部分内容的考核主要集中在上午选择题部分，而且考核的知识点往往有规律可循，因此，建议采用以典型题目带动对知识点的了解的方法来应试。同时提醒读者，2023 年出版的官方教程第 4 版中增补了大量行业相关的基础知识，需要重点关注。

第1章
信息化基础知识

知识点图谱与考点分析

信息化基础知识所占分值为 7 分左右,所涉及的知识面比较广,包括基本概念、信息系统及规划、国家信息化体系、ERP 与 CRM、电子政务、电子商务、商业智能、企业信息化与两化融合、新技术等。如图 1-1 所示为信息化基础知识图谱。

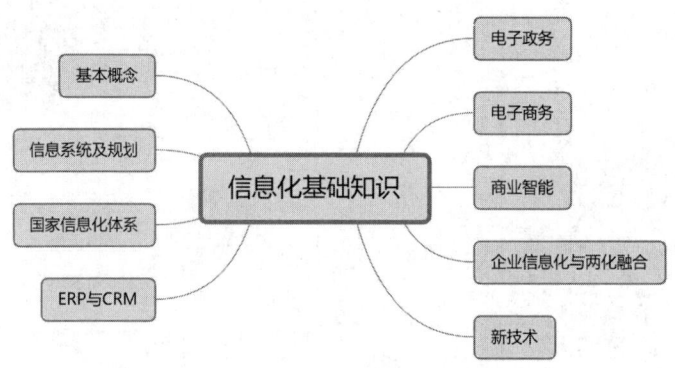

图 1-1　信息化基础知识图谱

本章知识点大量来自《信息系统项目管理师 5 天修炼》(第四版)一书,因此,要求基于本章内容展开 5 天修炼阅读。

知识点:基本概念

知识点综述

本知识点属于教程改版后新增内容,包括:①信息的定量描述;②信息的传输模型;③信息的质量属性;④信息与信息化的基本概念。

其他：信息的基本概念（包括本体论信息概念、认识论信息概念）。

参考题型

【考核方式1】 对信息基本概念的考核，主要来自《信息系统项目管理师教程》（第4版）（简称"教程"）的原文。

- 以下关于信息的表述，不正确的是 __(1)__ 。

  （1）A. 信息是对客观世界中各种事物的运动状态和变化的反映

  B. 信息是事物的运动状态和状态变化方式的自我表述

  C. 信息是事物普遍的联系方式，具有不确定性、不可量化等特点

  D. 信息是主体对于事物的运动状态以及状态变化方式的具体描述

  ■ **攻克要塞——试题分析** 本题考核的是对"信息概念"的理解。选项D是"认识论"信息概念，选项B是"本体论"信息概念。在"信息的定量描述"中，香农用概率来定量描述信息，并给出了公式，"信息"可以理解为消除不确定性的一种度量，所以，选项C错误。

  ■ **参考答案** （1）C

【考核方式2】 考核信息的传输模型，来自教程的原文。

- 基于TCP/IP协议的网络属于信息传输模型中的 __(2)__ 。

  （2）A. 信源　　　　　B. 信道　　　　　C. 信宿　　　　　D. 编解码

  ■ **攻克要塞——试题分析** "信道"指传送信息的通道，如TCP/IP网络。

  此题为送分题，凭经验即可判断。考核信息传输模型，要求考生了解信息传输模型的几个要素。

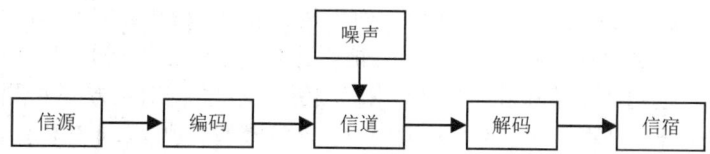

  ■ **参考答案** （2）B

【考核方式3】 考核新型基础设施。

- "新型基础设施"主要包括信息技术设施、融合基础设施和创新基础设施3个方面，其中信息基础设施包括 __(3)__ 。

  ①通信网络基础设施　　②智能交通基础设施　　③新技术基础设施
  ④科教基础设施　　　　⑤算力基础设施

  （3）A. ①③⑤　　　　B. ①④⑤　　　　C. ②③④　　　　D. ②③⑤

  ■ **攻克要塞——试题分析** 新型基础设施主要包括以下3个方面的内容：①信息基础设施——指利用新一代信息技术衍生的基础设施，包括通信网络基础设施（包含物联网、工业互联网、卫星互联网、5G等）、新技术基础设施（包含云计算、人工智能、区块链等）、算力基础设施（包含数据中心、智能计算中心等）；②融合基础设施——深度应用大数据、人工智能、网络等技术，将传

统基础设施升级为融合型基础设施，如智慧城市基础设施、智能交通基础设施、智慧电网基础设施等；③创新基础设施——支持科学研究、技术和产品研发的公益性基础设施，如科技和教育基础设施、产业创新平台等。

■ **参考答案** （3）A

知识点：信息系统及规划

知识点综述

本知识点包括如下内容：
（1）信息系统基本概念。
（2）信息系统开发方法，包括结构化方法、原型法、面向对象方法3种。

1）结构化方法：是应用最为广泛的一种开发方法。应用结构化系统开发方法，把整个系统的开发过程分为若干阶段，然后依次进行，前一阶段是后一阶段的工作依据，按顺序完成。每个阶段和主要步骤都有明确详尽的文档编制要求，并对其进行有效控制。

2）原型法：认为在无法全面准确地提出用户需求的情况下，并不要求对系统做全面、详细的分析，而是基于对用户需求的初步理解，先快速开发一个原型系统，然后通过反复修改来实现用户的最终系统需求。原型法的特点在于其对用户的需求是动态响应、逐步纳入的；系统分析、设计与实现都是随着对原型的不断修改而同时完成的，相互之间并无明显界限，也没有明确分工。原型又可以分为抛弃型原型和进化型原型两种。

3）面向对象方法：用对象表示客观事物，对象是一个严格模块化的实体，在系统开发中可被共享和重复引用，以达到复用的目的。其关键是能否建立一个全面、合理、统一的模型，既能反映需求对应的问题域，也能被计算机系统对应的求解域所接受。面向对象方法主要涉及分析、设计和实现3个阶段，整个开发过程实际上都是对面向对象3种模型的建立、补充和验证。因此，其分析、设计和实现3个阶段的界限并非十分明确。

参考题型

【考核方式1】 考核信息系统基本概念，考核知识点的理解与识记。

● 信息系统是一种以处理信息为目的的专门系统类型，组成部件包括软件、硬件、数据库、网络、存储设备、规程等。其中 （1） 是经过结构化、规范化组织后的事实和信息的集合。
（1）A．软件　　　　B．规程　　　　C．网络　　　　D．数据库

■ **攻克要塞——试题分析** 数据库是经过结构化、规范化组织后的事实和信息的集合。数据库是信息系统中最有价值和最重要的部分之一。

■ **参考答案** （1）D

【考核方式2】 考核信息系统开发方法，高频考点。

● 某企业信息化系统建设初期，无法全面准确获取需求，此时可以基于对已有需求的初步理解，快速开发一个初步系统模型，然后通过反复修改实现用户的最终需求。这种开发方法称为 （2） 。

(2) A. 结构化方法　　　　　　　　　　B. 原型法
　　C. 瀑布模型法　　　　　　　　　　D. 面向对象法

■ **攻克要塞——试题分析**　常用的开发方法包括结构化方法、原型法、面向对象方法等。
"原型法"在无法全面准确地提出用户需求的情况下，并不要求对系统做全面、详细的分析，而是基于对用户需求的初步理解，先快速开发一个原型系统，然后通过反复修改来实现用户的系统需求。

■ **参考答案**　(2) B

【考核方式3】　考核信息系统的规划和组织方法。

● 信息系统战略三角不包括　(3)　。
　　(3) A. 安全技术　　　　　　　　　　B. 业务战略
　　　　C. 组织机制战略　　　　　　　　D. 信息系统战略

■ **攻克要塞——试题分析**　信息系统的规划和组织针对信息系统的整体组织、战略和支持活动，其目标是通过实施一致性的管理方法，满足业务对系统的管理需求。战略是实现目标的一组行动，信息系统战略三角包含业务战略、信息系统战略和组织机制战略，如图所示。

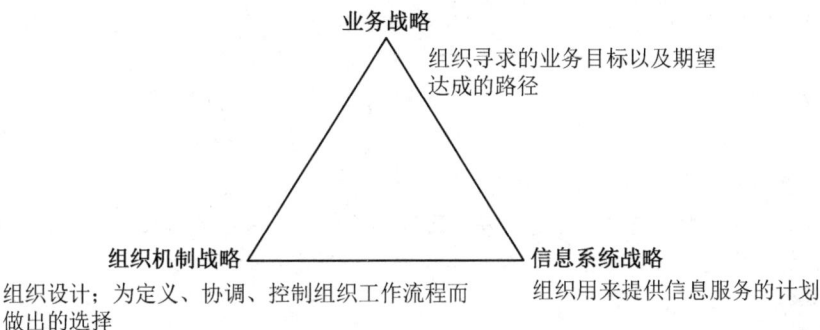

信息系统战略三角不包括安全技术。

■ **参考答案**　(3) A

知识点：国家信息化体系

知识点综述

国家信息化体系知识图谱如图1-2所示。

国家信息化管理部门列出了国家信息化体系的6个要素，可以作为区域信息化、行业信息化、企业信息化等的参考。分别如下：①信息资源，信息、材料和能源共同构成经济和社会发展的三大战略资源，开发和利用信息资源是我国信息化的关键和决定性的一环；②国家信息网络；③信息技术应用；④信息技术和产业；⑤信息化人才；⑥信息化政策法规和标准。信息化政策法规和标准是国家信息化快速、有序、健康、持续发展的保障。

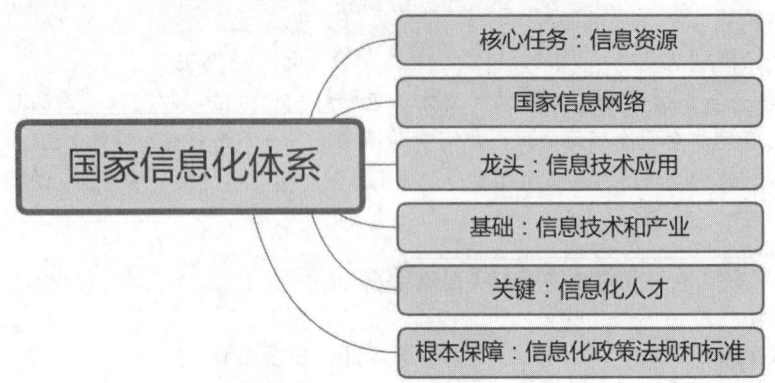

图 1-2 国家信息化体系知识图谱

参考题型

【考核方式 1】 考核基本概念，知识点的识记，考核形式为填空。

● 在国家信息化体系六要素中，__(1)__ 是国家信息化的核心任务，是国家信息化建设取得实效的关键。

(1) A．信息技术和产业　　　　　　　B．信息资源的开发和利用
　　C．信息化人才　　　　　　　　　D．信息化政策法规和标准

■ 攻克要塞——试题分析　本题考查国家信息化体系六要素。

国家信息化体系六要素包括：信息资源、国家信息网络、信息技术应用、信息技术和产业、信息化人才、信息化政策法规和标准。这六个要素构成一个有机的整体。

■ 参考答案　 (1) B

【考核方式 2】 考核基本概念，知识点的识记，考核形式为填图。

● 国家信息化体系包括 6 个要素，这 6 个要素的关系如下图所示，其中①的位置应该是 __(2)__ 。

(2) A．信息技术和产业　　　　　　　B．信息技术应用
　　C．信息化人才　　　　　　　　　D．信息化政策法规和标准

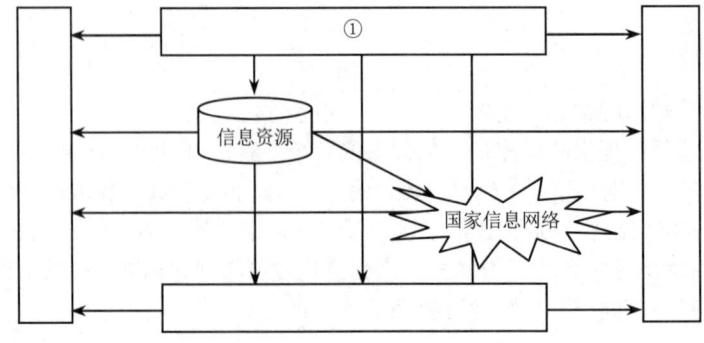

■ **攻克要塞——试题分析** 国家信息化体系六要素关系如下图所示。

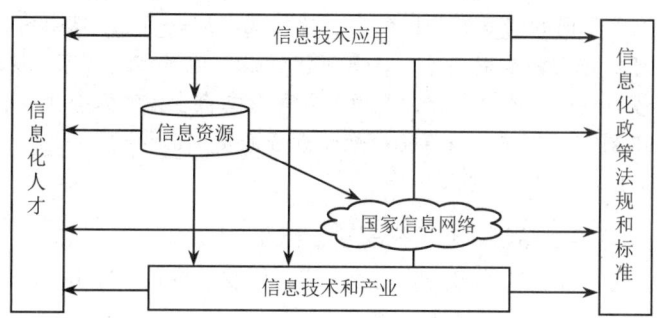

■ **参考答案** （2）B

【考核方式3】 将六大要素进行组合考核。

● ___(3)___ 是国家信息化体系的六大要素。

(3) A. 数据库、国家信息网络、信息技术应用、信息技术教育和培训、信息化人才、信息化政策法规和标准

B. 信息资源、国家信息网络、信息技术应用、信息技术和产业、信息化人才、信息化政策法规和标准

C. 地理信息系统、国家信息网络、工业与信息化、软件技术与服务、信息化人才、信息化政策法规和标准

D. 信息资源、国家信息网络、工业与信息化、信息产业与服务业、信息化人才、信息化政策法规和标准

■ **攻克要塞——试题分析** 本题的关键知识点在于"国家信息化体系六要素关系图"，熟记此图即可得出此类题目的答案。

■ **参考答案** （3）B

【考核方式4】 考核国家信息化体系中的具体要素，要求对六要素有一定程度的理解。

● 关于信息资源的描述，不正确的是___(4)___。

(4) A. 信息资源的利用具有同质性，相同信息在不同用户中体现相同的价值

B. 信息资源具有广泛性，人们对其检索和利用，不受时间、空间、语言、地域和行业的制约

C. 信息资源具有流动性，通过信息网可以快速传输

D. 信息资源具有融合性特点，整合不同的信息资源，并分析和挖掘，可以得到比分散信息资源更高的价值

■ **攻克要塞——试题分析** 考核国家信息化体系六要素中的信息资源。

信息资源、材料资源和能源共同构成了国民经济和社会发展的三大战略资源。信息资源的开发利用是国家信息化的核心任务，是国家信息化建设取得实效的关键，也是我国信息化的薄弱环节。

信息资源开发和利用的程度是衡量国家信息化水平的一个重要标志。

信息资源与自然资源、物质资源相比，具有以下 7 个特点：①能够重复使用；②信息资源的利用具有很强的目标导向，不同的信息在不同的用户中体现不同的价值；③具有广泛性；④是社会公共财富，也是商品，可以被交易或者交换；⑤具有流动性，通过信息网可以快速传输；⑥多态性，信息资源可以以数字、文字、图像、声音、视频等多种形态存在；⑦融合性，整合不同的信息资源并分析、挖掘，可以得到新的知识，取得比分散信息资源更高的价值。

■ **参考答案** （4）A

【考核方式 5】 考核国家层面信息化相关的规划、标准等。

● 工业和信息化部会同国务院有关部门编制的《信息化发展规划》提出了我国未来信息化发展的指导思想和基本原则。其中，不包括___(5)___原则。

（5）A．统筹发展，有序推进

B．需求牵引，政府主导

C．完善机制，创新驱动

D．加强管理，保障安全

■ **攻克要塞——试题分析** 选项 B 错误，应为：需求牵引，**市场**导向。

■ **参考答案** （5）B

● 国家"十四五"规划中，数字产业化发展重点包括：云计算、大数据、___(6)___、___(7)___、___(8)___、___(9)___和___(10)___。

■ **攻克要塞——试题分析** 国务院印发的《"十四五"数字经济发展规划》（简称《规划》），明确了"十四五"时期推动数字经济健康发展的指导思想、基本原则、发展目标、重点任务和保障措施。《规划》提出了七个数字经济重点产业，包括云计算、大数据、物联网、工业互联网、区块链、人工智能、虚拟现实和增强现实。

■ **参考答案** （6）物联网（7）工业互联网（8）区块链（9）人工智能（10）虚拟现实和增强现实

知识点：ERP 与 CRM

知识点综述

企业资源计划（ERP）是指建立在信息技术基础上，以传统化的管理思想为企业决策层及员工提供决策运行手段的管理平台。ERP 系统集技术与先进的管理思想于一身，成为现代企业的运行模式。ERP 的核心思想就是实现对整个供应链的有效管理。

ERP 的发展过程经历了物料需求计划（MRP）、闭环 MRP、制造资源计划（MRP II）和企业资源计划（ERP）4 个阶段，本知识点的难点在于四个阶段的特征区分。

如图 1-3 所示为企业资源计划（ERP）知识图谱。

第 1 章 信息化基础知识

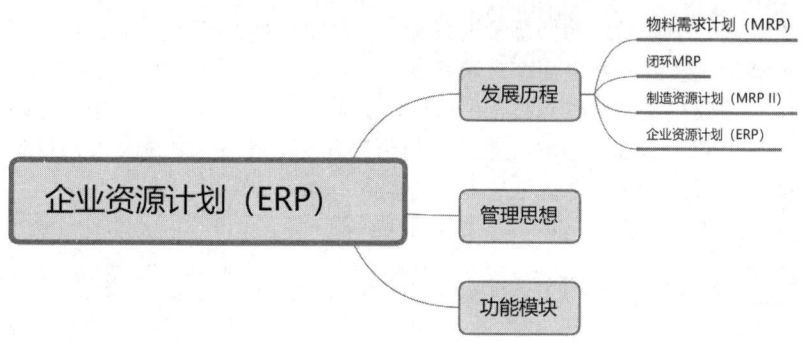

图 1-3　企业资源计划（ERP）知识图谱

参考题型

【考核方式 1】　考核 ERP 的各发展阶段。

● 企业资源规划是由 MRP 逐步演变并结合计算机技术的快速发展而来的，大致经历了 MRP、闭环 MRP、MRP II 和 ERP 4 个阶段，以下关于企业资源规划的论述不正确的是　(1)　。

　　(1) A．MRP 指的是物料需求计划，根据生产计划、物料清单、库存信息制订出相关的物资需求
　　　　B．MRP II 指的是制造资源计划，侧重于对本企业内部的人、财、物等资源的管理
　　　　C．闭环 MRP 充分考虑现有生产能力约束，要求根据物料需求计划扩充生产能力
　　　　D．ERP 系统在 MRP II 的基础上扩展了管理范围，把客户需求与企业内部的制造活动及供应商的制造资源整合在一起，形成一个完整的供应链管理

　　■ 攻克要塞——试题分析　此题考核 ERP 发展经历的 4 个阶段。MRP II 主要面向企业内部资源全面计划管理的思想，而 ERP 在 MRP II 的基础上扩展了管理范围，它把客户需求和企业内部的制造活动以及供应商的制造资源整合在一起，形成一个完整的供应链，并对供应链上的所有环节(如订单、采购、库存等)进行有效管理。

　　■ 参考答案　(1) C

【考核方式 2】　考核对 ERP 软件的理解。

● 与制造资源计划（MRP II）相比，企业资源计划（ERP）最大的特点是在制订计划时将　(2)　考虑在一起，延伸管理范围。

　　(2) A．经销商　　　　B．整个供应链　　　C．终端用户　　　D．竞争对手

　　■ 攻克要塞——试题分析　ERP 在 MRP II 的基础上扩展了管理范围，它把客户需求和企业内部的制造活动以及供应商的制造资源整合在一起，形成一个完整的供应链，并对供应链上所有环节（如订单、采购、库存等）进行有效管理。

　　■ 参考答案　(2) B

【考核方式 3】　理解题。考核对 CRM 的理解。

● 以下关于 CRM 的描述不正确的是　(3)　。

　　(3) A．CRM 系统是基于方法学、软件和因特网的，以有组织的方式帮助企业管理客户关系的信息系统

B．CRM 是一个集成化的信息管理系统，它存储了企业现有和潜在客户的信息

C．CRM 的主要目标是提高客户满意度，所以为企业提高赢利能力并非其考虑的范畴

D．CRM 不仅仅是某种信息技术的应用，更是一种以客户为中心的商业策略

■ **攻克要塞——试题分析** 客户关系管理的主要目的是提高客户满意度、增加销售额、提升客户忠诚度和增强企业竞争力，这些都是为了提高企业的赢利能力。

■ **参考答案** （3）C

【考核方式4】 识记题。考核 CRM 客户数据的分类。

● 客户关系管理（CRM）系统是以客户为中心设计的一套集成化信息管理系统，系统中记录的客户购买记录属于__(4)__客户数据。

（4）A．交易性　　　B．描述性　　　C．促销性　　　D．维护性

■ **攻克要塞——试题分析** 本题考核 CRM 系统中的数据类型，有描述性数据、促销性数据、交易性数据。客户的购买记录很明显属于交易性数据。

关于描述性数据：这类数据是客户的基本信息，如个人客户，涵盖客户的姓名、年龄、ID 和联系方式等；企业客户，涵盖企业的名称、规模、联系人和法人代表等。

关于促销性数据：这类数据是体现企业曾经为客户提供的产品和服务的历史数据，主要包括用户产品使用情况调查的数据、促销活动记录数据、客服人员的建议数据和广告数据等。

关于交易性数据：这类数据是反映客户对企业做出的回馈的数据，包括历史购买记录数据、投诉数据、请求提供咨询及其他服务的相关数据、客户建议数据等。

■ **参考答案** （4）A

[辅导专家提示] 企业信息化相关的主要知识点除了 ERP、CRM 外，还包括 SCM。新版的教材中增加了两化深度融合（信息化与工业化融合），也值得考生关注。

知识点：电子政务

知识点综述

电子政务是指政府机构在其管理和服务职能中运用现代信息技术,实现政府组织结构和工作流程的重组优化，超越时间、空间和部门分隔的制约，建成一个精简、高效、廉洁、公平的政府运作模式。图 1-4 所示为电子政务知识图谱。

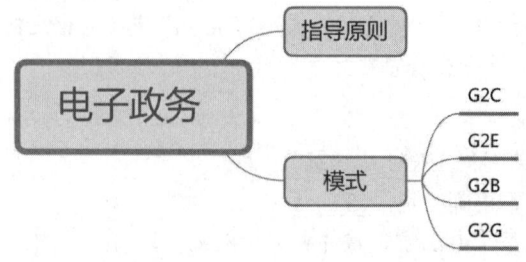

图 1-4　电子政务知识图谱

此知识点在考核过程中侧重于电子政务相关法规的考核，如《国家电子政务"十二五"规划》《国家信息化领导小组关于我国电子政务建设指导意见》等。

参考题型

【考核方式1】 电子政务相关的法规。
- 《"十四五"推进国家政务信息化规划》提出，到2025年，政务信息化建设总体迈入以数据赋能、__(1)__、优质服务为主要特征的"融慧治理"新阶段。
  - (1) A. 数据共享、智慧决策　　　　　B. 协同治理、应用共享
  - 　　 C. 协同治理、智慧决策　　　　　D. 数据共享、应用共享
  - ■ 攻克要塞——试题分析　《"十四五"推进国家政务信息化规划》提出，到2025年，政务信息化建设总体迈入以数据赋能、协同治理、智慧决策、优质服务为主要特征的"融慧治理"新阶段。
  - ■ 参考答案　(1) C

【考核方式2】 考核电子政务的模式。
电子政务主要包括4种模式：①政府间的电子政务（G2G）；②政府对企业的电子政务（G2B）；③政府对公众的电子政务（G2C）；④政府对公务员（G2E）。

【考核方式3】 考核电子政务的内容。
- 建设完善电子政务公共平台包括建设以__(1)__为基础的电子政务公共平台顶层设计、制定相关标准规范等内容。
  - (1) A. 云计算　　　　　　　　　　　B. 人工智能
  - 　　 C. 物联网　　　　　　　　　　　D. 区块链信管网
  - ■ 攻克要塞——试题分析　电子政务建设的发展方向和应用重点包括：①完善以云计算为基础的电子政务公共平台顶层设计；②全面提升电子政务技术服务能力；③制定电子政务云计算标准规范；④鼓励向云计算模式迁移。
  - ■ 参考答案　(1) A
- 关于建设完善电子政务公共平台的描述，不正确的是__(2)__。
  - (2) A. 完善以云计算为基础的电子政务公共平台顶层设计
  - 　　 B. 全面提升电子政务技术服务能力
  - 　　 C. 制定电子政务云计算标准规范
  - 　　 D. 政策导向，全面推行政务系统向云计算模式迁移
  - ■ 攻克要塞——试题分析　建设完善电子政务公共平台的内容包括：①完善以云计算为基础的电子政务公共平台顶层设计；②全面提升电子政务技术服务能力；③制定电子政务云计算标准规范；④鼓励向云计算模式迁移。所以D选项错误。
  - ■ 参考答案　(2) D

知识点：电子商务

知识点综述

电子商务按照对象来划分，可分为企业与企业之间的电子商务（B2B）、企业与消费者之间的电子商务（B2C）、消费者与消费者之间的电子商务（C2C）、政府部门与企业之间的电子商务（G2B）、线上到线下（O2O），如图 1-5 所示。企业通过网站直接向消费者销售产品和提供服务的电子商务模式，属于企业与消费者之间的电子商务（B2C）。

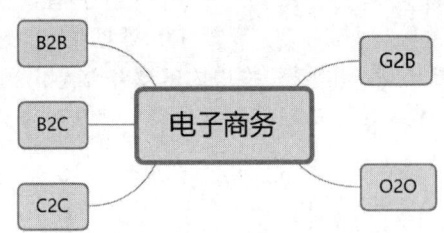

图 1-5　电子商务知识图谱

参考题型

【**考核方式 1**】　判断电子商务的交易模式。

● 加快发展电子商务，是企业降低成本、提高效率、拓展市场和创新经营模式的有效手段，电子商务与线下实体店有机结合向消费者提供商品和服务，称为　(1)　模式。

　　(1) A．B2B　　　　B．B2C　　　　C．O2O　　　　D．C2C

　　■ **攻克要塞——试题分析**　本题考核对 O2O 模式的理解。

电子商务与线下实体店有机结合向消费者提供商品和服务，称为 O2O 模式。

　　■ **参考答案**　(1) C

延伸知识点：电子商务的分类。

按照依托网络类型来划分，电子商务分为 EDI（电子数据交换）商务、Internet（互联网）商务、Intranet（企业内部网）商务和 Extranet（企业外部网）商务。

按照交易对象，电子商务模式包括：企业与企业之间的电子商务（B2B）、企业与消费者之间的电子商务（B2C）、消费者与消费者之间的电子商务（C2C）。

按照交易的内容，电子商务可以分为直接电子商务和间接电子商务。

【**考核方式 2**】　综合性考核。考核对电子商务的理解。

● 电子商务是网络经济的重要组成部分。以下关于电子商务的叙述中，　(2)　是不正确的。

　　(2) A．电子商务涉及信息技术、金融、法律和市场等众多领域

　　　　B．电子商务可以提供实体化产品、数字化产品和服务

　　　　C．电子商务活动参与方不仅包括买卖方、金融机构、认证机构，还包括政府机构和配送中心

D．电子商务使用基于因特网的现代信息技术工具和在线支付方式进行商务活动，因此不包括网上做广告和网上调查活动

■ 攻克要塞——试题分析　现代电子商务使用基于因特网的现代信息技术工具和在线支付方式进行商务活动。商务活动的内容包括货物贸易、服务贸易和知识产权贸易等，活动的形态包括网上营销、网上客户服务以及网上做广告、网上调查等。电子商务活动参与方不仅包括买卖方、金融机构、认证机构，还包括政府机构和配送中心。

■ 参考答案　（2）D

【考核方式3】　电子商务安全。

● 在电子商务的发展过程中，安全电子交易协议（Secure Electronic Transaction，SET）标准作为北美民间组织推行的电子支付安全协议，其针对的主要交易类型是基于__(3)__的网络交易。

（3）A．专用电子货币　　　　　　　　B．不记名账号
　　　C．虚拟货币　　　　　　　　　　D．信用卡

■ 攻克要塞——试题分析　安全电子交易协议（Secure Electronic Transaction，SET）由VISA、MasterCard等国际组织创建，结合IBM、Microsoft、Netscope、GTE等公司制定的电子商务中安全电子交易的一个国际标准。

　　安全电子交易协议是一种应用于因特网环境下，以信用卡为基础的安全电子交付协议，它给出了一套电子交易的过程规范。通过SET协议可以实现电子商务交易中的加密、认证、密钥管理机制等，保证了在因特网上使用信用卡进行在线购物的安全。

■ 参考答案　（3）D

【考核方式4】　电子商务基础设施。

● 电子商务不仅包括信息技术，还包括交易原则、法律法规和各种技术规范等内容，其中电子商务的信用管理、收费及隐私保护等问题属于__(4)__方面的内容。

（4）A．信息技术　　　B．交易规则　　　C．法律法规　　　D．技术规范

■ 攻克要塞——试题分析　电子商务的基础设施包括4个，即网络基础设施、多媒体内容和网络出版的基础设施、报文和信息传播的基础设施、商业服务的基础设施。此外，技术标准、政策、法律等是电子商务系统的重要保障和应用环境。

　　政策包括围绕电子商务的税收制度、信用管理及收费、隐私问题等由政府制定的规章或制度。

　　电子商务相关法律包括消费者权益保护、隐私保护、电子商务交易真实性认定、知识产权保护等方面的立法或法规。

■ 参考答案　（4）C

知识点：商业智能

知识点综述

商业智能通常被理解为将组织中现有的数据转化为知识，帮助组织做出业务经营决策。本知识

点所涉及的内容包括：①商业智能基本概念；②商业智能系统主要功能；③商业智能3个层次；④商业智能实施步骤；⑤数据库与数据仓库；⑥其他知识点：OLAP、OLTP。

如图1-6所示为商业智能知识图谱。

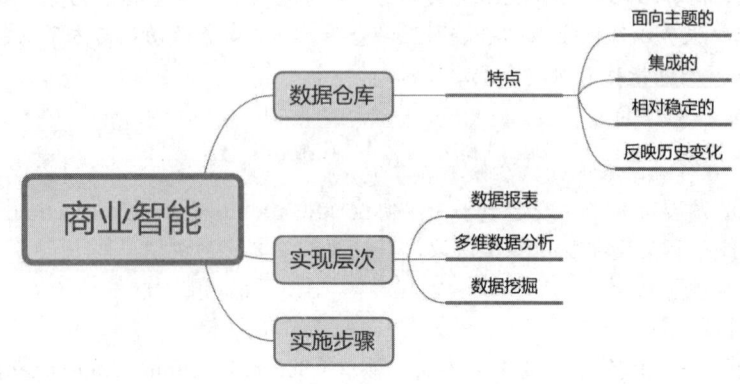

图1-6　商业智能知识图谱

参考题型

【考核方式1】　侧重概念的理解。

● 在选项__(1)__中，①代表的技术用于决策分析，②代表的技术用于从数据库中发现知识，对决策进行支持，①和②的结合为决策支持系统开辟了新方向，它们也是③代表的技术的主要组成。

(1) A．①数据挖掘，②数据仓库，③商业智能
　　B．①数据仓库，②数据挖掘，③商业智能
　　C．①商业智能，②数据挖掘，③数据仓库
　　D．①数据仓库，②商业智能，③数据挖掘

■ 攻克要塞——试题分析　数据仓库用于支持管理决策。传统的数据库系统主要是面向事务的处理，数据仓库则是面向分析的处理。数据挖掘用于从数据库中发现知识，对决策进行支持。数据仓库、数据挖掘、OLAP是商业智能的3个主要组成部分。

■ 参考答案　(1) B

【考核方式2】　识记题。考核商业智能的核心技术。

● 商业智能的核心技术是逐渐成熟的数据仓库和__(2)__。

(2) A．联机呼叫技术　　B．数据整理技术　　C．联机事务处理技术　　D．数据挖掘技术

■ 攻克要塞——试题分析　商业智能的核心内容是从许多来自企业不同的业务处理系统的数据中，提取出有用的数据，进行清理以保证数据的正确性。然后经过抽取（Extraction）、转换（Transformation）和装载（Load），即ETL过程，整合到一个企业级的数据仓库里，从而得到一个企业信息的全局视图。在此基础上利用合适的查询和分析工具、数据挖掘工具等对数据仓库里的数据进行分析和处理，形成信息，甚至进一步从信息中提炼出辅助决策的知识，最后把知识呈现给

14

管理者，为管理者的决策过程提供支持。

■ **参考答案** （2）D

- ___(3)___ 是一种信息分析工具，能自动地找出数据仓库中的模式及关系。

　　（3）A．数据集市　　　B．数据挖掘　　　C．预测分析　　　D．数据统计

■ **攻克要塞——试题分析** 数据挖掘是一种信息分析工具，又称为数据库中的知识发现，就是从大量数据中获取有效的、新颖的、潜在有用的、最终可理解的模式的过程。

数据集市是数据仓库的一种，每个数据集市包括来自中央数据仓库的历史数据的子集，用以满足特定部门、团队、客户或应用程序分析和报告需求。

■ **参考答案** （3）B

【考核方式3】 考核商业智能系统的层次与主要功能。

- 商业智能系统的主要功能包括数据仓库、数据 ETL、数据统计输出、分析，___(4)___ 不属于数据 ETL 的服务内容。

　　（4）A．数据迁移　　　B．数据同步　　　C．数据挖掘　　　D．数据交换

■ **攻克要塞——试题分析** 本题考核数据 ETL，数据 ETL 支持多平台、多数据存储格式（多数据源、多格式数据文件、多维数据库等）的数据组织，要求能自动地根据描述或者规则进行数据查找和理解。减少海量、复杂数据与全局决策数据之间的差距。帮助形成支撑决策要求的参考内容。

■ **参考答案** （4）C

- 商业智能系统应具有的主要功能不包括___(5)___。

　　（5）A．数据仓库　　　B．数据 ETL　　　C．分析功能　　　D．联机事务处理（OLTP）

■ **攻克要塞——试题分析** 商业智能系统应具有的主要功能包括：

1) 数据仓库：高效的数据存储和访问方式。提供结构化和非结构化的数据存储，容量大，运行稳定，维护成本低，支持元数据管理，支持多种结构。

2) 数据 ETL：数据 ETL 支持多平台、多数据存储格式（多数据源、多格式数据文件、多维数据库等）的数据组织。

3) 数据统计输出（报表）：报表能快速地完成数据统计的设计和展示。

4) 分析功能：可以通过业务规则形成分析内容，并且展示样式丰富，具有一定的交互要求，如趋势分析等。支持多维度的 OLAP，实现维度变化、旋转、数据切片和数据钻取等，以帮助做出正确的判断和决策。

■ **参考答案** （5）D

【考核方式4】 考核 OLAP 技术。

包括两种方式的考核：①OLAP、OLTP 的区别；②OLAP 的三种形式 ROLAP、MOLAP、HOLAP 以及特点。

【考核方式5】 考核数据库与数据仓库的区别，要求了解各自的特点。

- 关于数据库和数据仓库技术的描述，不正确的是___(6)___。

　　（6）A．数据仓库是一个面向主题的、集成的、相对稳定的、反映历史变化的数据集合，用于支持管理决策

B．企业数据仓库的建设是以现有企业业务系统和大量业务数据的积累为基础的，数据仓库一般不支持异构数据的集成

C．大数据分析相比传统的数据仓库应用，其数据量更大，查询分析复杂，且在技术上须依托于分布式、云存储、虚拟化等技术

D．数据仓库的结构通常包含数据源、数据集市、数据分析服务器和前端工具4个层次

■ **攻克要塞——试题分析**　数据仓库是一个面向主题的、集成的、相对稳定的、反映历史变化的数据集合，用于支持管理决策。数据仓库是对多个异构数据源（包括历史数据）的有效集成，集成后按主题重组，且存放在数据仓库中的数据一般不再修改。

■ **参考答案**　（6）B

知识点：企业信息化与两化融合

知识点综述

本知识点涉及的内容包括企业信息化、"两化融合"（信息化与工业化融合）的基本概念。

参考题型

【考核方式】考核"两化融合"概念的理解。

- 关于两化融合的描述，不正确的是　（1）　。
    (1) A．虚拟经济与工业实体经济的融合
    　　B．信息资源与材料、能源等工业资源的融合
    　　C．工业化与自动化发展战略的融合
    　　D．IT设备与工业装备的融合

■ **攻克要塞——试题分析**　本题考核对"两化融合"基本概念的理解。本题在2017年的考核的基础上进行了扩展。难点在于题目基于"两化融合"基本概念进行了内涵上的扩展。

工业化与信息化"两化融合"的含义有三层。

一是指信息化与工业化发展战略的融合，即信息化发展战略与工业化发展战略要协调一致，信息化发展模式与工业化发展模式要高度匹配，信息化规划与工业化发展规划、计划要密切配合。

二是指信息资源与材料、能源等工业资源的融合，能极大地节约材料、能源等不可再生资源。

三是指虚拟经济与工业实体经济融合，孕育新一代经济的产生，极大地促进信息经济、知识经济的形成与发展。

■ **参考答案**　（1）C

知识点：新技术

新技术主要集中在云计算、大数据、智慧城市、物联网、互联网+、数字化转型等知识点，此类知识点的考核集中在当前相对比较热门的技术。

本知识点所涉及的主要内容如图 1-7 所示。

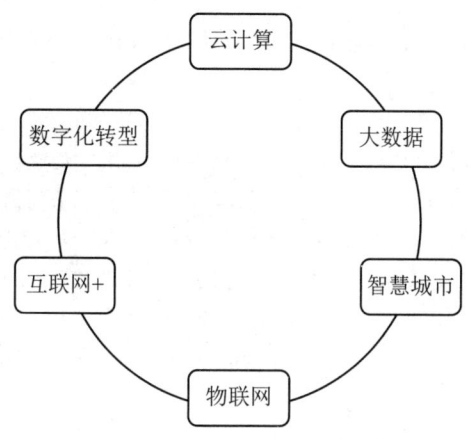

图 1-7　新技术所涉及的知识点

云计算知识点综述

　　云计算的概念：一种基于互联网的计算方式，通过这种方式，在网络上配置为共享的软件资源、计算资源、存储资源和信息资源可以按需求提供给网上终端设备和终端用户。

　　云计算服务的类型：①IaaS（基础设施即服务）；②PaaS（平台即服务）；③SaaS（软件即服务）。

　　IaaS（基础设施即服务），向用户提供计算机能力、存储空间等基础设施方面的服务。

　　PaaS（平台即服务），向用户提供虚拟的操作系统、数据库管理系统、Web 应用等平台化的服务。PaaS 服务的重点不在于直接的经济效益，而更注重构建和形成紧密的产业生态。

　　SaaS（软件即服务），向用户提供应用软件（如 CRM、办公软件等）、组件、工作流等虚拟化软件的服务。

参考题型

● A 公司是一家云服务提供商，向用户提供多租户、可定制的办公软件和客户关系管理软件，A 公司所提供的此项云服务属于　(1)　服务类型。

（1）A．IaaS　　　　　　B．PaaS　　　　　　C．SaaS　　　　　　D．DaaS

■ **攻克要塞——试题分析**　题干中"向用户提供多租户、可定制的办公软件和客户关系管理软件"，所以是 SaaS 服务类型。

■ **参考答案**　（1）C

大数据知识点综述

　　本知识点主要掌握：①大数据概念；②大数据特点（5V 特点）；③大数据技术框架（参考教程 P85 图 1-21）；④大数据关键技术；⑤大数据存储管理技术；⑥大数据并行分析技术；⑦大数据分析技术。

参考题型

● 大数据所涉及的关键技术很多，主要包括采集、存储、管理、分析与挖掘相关技术。其中 HBase 属于 __(1)__ 技术。
（1）A．数据采集　　　　B．数据存储　　　C．数据管理　　　D．数据分析与挖掘

■ 攻克要塞——试题分析　HBase 属于大数据存储技术。大数据所涉及的技术很多，主要包括数据采集、数据存储、数据管理、数据分析与挖掘 4 个环节。在数据采集阶段主要使用的技术是数据抽取工具 ETL。在数据存储环节主要有结构化数据、非结构化数据和半结构化数据的存储与访问。结构化数据一般存放在关系数据库中，通过数据查询语言（SQL）来访问；非结构化（如图片、视频、.doc 文件等）和半结构化数据一般通过分布式文件系统的 NoSQL（Not Only SQL）进行存储，比较典型的 NoSQL 有 Google 的 Bigtable、Amazon 的 Dynamo 和 Apache 的 HBase。

■ 参考答案　（1）B

智慧城市知识点综述

智慧城市建设参考模型包括有依赖关系的 5 层结构和 3 个支撑体系，如图 1-8 所示。

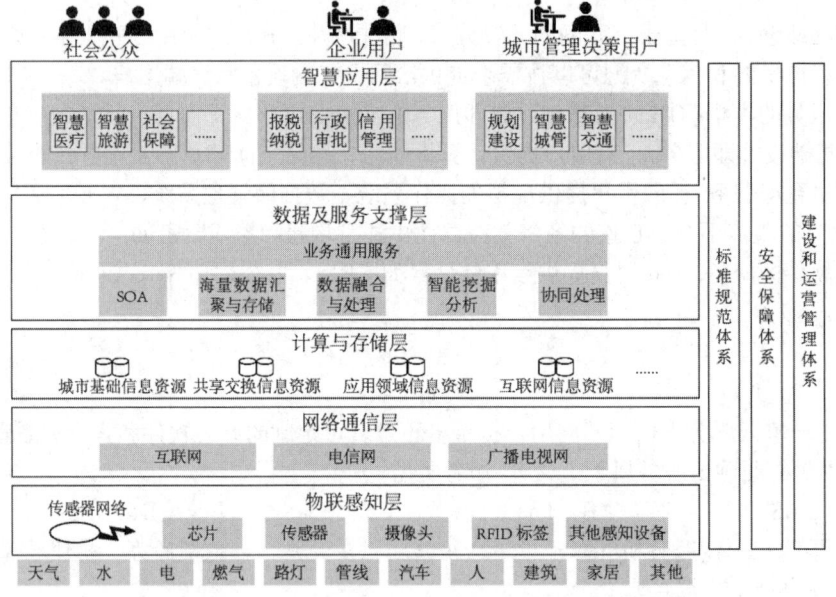

图 1-8　智慧城市建设的 5 层结构与 3 个支撑体系

参考题型

● 智慧城市建设参考模型主要包括物联感知层、网络通信层、计算与存储层、数据及服务支撑层、智慧应用层，__(1)__ 不属于物联感知层。
（1）A．RFID 标签　　　B．SOA　　　　C．摄像头　　　D．传感器片

■ **攻克要塞——试题分析** 智慧城市建设参考模型包括有依赖关系的 5 层结构和对建设有约束关系的 3 个支撑体系。

5 层结构：①物联感知层：提供对城市环境的智能感知能力，通过各种信息采集设备、各类传感器、监控摄像机、GPS 终端等实现对城市范围内的基础设施、大气环境、交通、公共安全等方面的信息采集、识别和检测；②网络通信层：以互联网、电信网、广播电视网以及传输介质为光纤的城市专用网作为骨干传输网络，组成网络通信基础设施；③计算与存储层：包括软件资源、计算资源和存储资源；④数据及服务支撑层：利用 SOA（面向服务的体系架构）、云计算、大数据等技术，支撑承载智慧应用层中的相关应用，提供应用所需的各种服务和共享资源；⑤智慧应用层：各种基于行业或领域的智慧应用及应用整合，如智慧交通、智慧家政等。

3 个支撑体系：①安全保障体系：为智慧城市建设构建统一的安全平台，实现统一入口、统一认证、统一授权、日志记录服务；②建设和运营管理体系：为智慧城市建设提供整体的运维管理机制，确保智慧城市整体建设管理和可持续运行；③标准规范体系：用于指导和支撑我国各地城市信息化用户、各行业智慧应用信息系统的总体规划和工程建设，同时规范和引导我国智慧城市相关 IT 产业的发展，为智慧城市建设、管理和运行维护提供统一规范，便于互联、共享、互操作和扩展。**选项 B 属于**数据及服务支撑层。

■ **参考答案** （1）B

物联网知识点综述

物联网（the Internet of Things）主要解决物与物（Thing to Thing，T2T）、人与物（Human to Thing，H2T）、人与人（Human to Human，H2H）之间的互联。

物联网中考核的知识点包括物联网架构、物联网技术等。在物联网应用中有两项关键技术，分别是传感器技术和嵌入式技术。

参考题型

● 物联网应用中的两项关键技术是 __(1)__ 。
　（1）A．传感器技术与遥感技术　　　　　B．传感器技术与嵌入式技术
　　　　C．虚拟计算技术与智能化技术　　　D．虚拟计算技术与嵌入式技术

■ **攻克要塞——试题分析** 在物联网应用中有两项关键技术，分别是传感器技术和嵌入式技术。

传感器（Sensor）是一种检测装置。在计算机系统中，传感器的主要作用是将模拟信号转换成数字信号。RFID 是物联网中使用的一种传感器技术，可通过无线电信号识别特定目标并读写相关数据，而无须识别系统与特定目标之间建立机械或光学接触。

嵌入式技术是综合了计算机软硬件、传感器技术、集成电路技术、电子应用技术为一体的复杂技术。如果将物联网用人体做一个简单比喻，传感器相当于人的眼睛、鼻子、皮肤等感官；网络就是神经系统，用来传递信息；嵌入式系统则是人的大脑，在接收到信息后要进行分类处理。

■ **参考答案** （1）B

[辅导专家提示] 延伸知识点：物联网架构可分为三层，分别是感知层、网络层和应用层。感知层由各种传感器构成，包括温湿度传感器、二维码标签、RFID 标签和读写器、摄像头、GPS 等

感知层。感知是物联网识别物体、采集信息的来源；网络层由各种网络，包括互联网、广电网、网络管理系统和云计算平台等组成，是整个物联网的中枢，负责传递和处理感知层获取的信息；应用层是物联网和用户的接口，它与行业需求结合，实现物联网的智能应用。

- 车联网系统是一个"端、管、云"三层体系。其中___(2)___解决互联互通问题，___(2)___是多源海量信息的汇聚。

    (2) A. 云系统　端系统　　　　　B. 端系统　云系统
    　　 C. 端系统　管系统　　　　　D. 管系统　云系统

    ■ **攻克要塞——试题分析**　车联网是一个"端、管、云"三层结构体系：
    - 端：车内网络平台，该层面以制造业产业角色为主，负责采集车辆信息、感知车辆状态。
    - 管：车际网平台，该层面制造业和服务业产业角色比较均衡，解决车与路、车与人、车与车、车与网等的互联互通。
    - 云：车载移动互联网，该层面以服务业产业为主，是一个基于云的车辆运行信息平台。

    ■ **参考答案**　(2) D

其他知识点综述

其他知识点包括区块链、互联网+、相关法规等。

区块链，是一种按照时间顺序将数据区块以顺序相连的方式组合成的一种链式数据结构，并以密码学方式保证的不可篡改和不可伪造的分布式账本。主要解决交易的信任和安全问题。区块链技术最初是作为比特币的底层技术而出现的。

政策法规，包括《关于积极推进"互联网+"行动的指导意见》《新一代人工智能发展规划》、中国制造2025等。

参考题型

- 以下关于"互联网+"的理解中，正确的是___(1)___。

    (1) A. "互联网+"行动可以助推传统产业的转型升级
    　　 B. "互联网+"是指互联网与物联网的融合
    　　 C. "互联网+"是电子商务在移动互联网上的创新发展
    　　 D. IPv6的应用推广，催生互联网转型升级到"互联网+"

    ■ **攻克要塞——试题分析**　"互联网+"就是"互联网+各个传统行业"，但这并不是简单的两者相加，而是利用信息通信技术以及互联网平台，让互联网与传统行业进行深度融合，创造新的发展生态，从而助推传统产业的转型升级。

    ■ **参考答案**　(1) A

数字化转型相关知识点综述

数字化转型相关知识点属于教程第4版新增的内容，这部分知识点契合当前"数字化转型"的大主题，涉及的内容包括数字中国、数字化转型、元宇宙、数据管理成熟度等内容，如图1-9所示。这些内容分布在教程的多个章节，这些知识点相对"较热""较新"，是上午试题中考核的热点。

信息化基础知识　　第 1 章

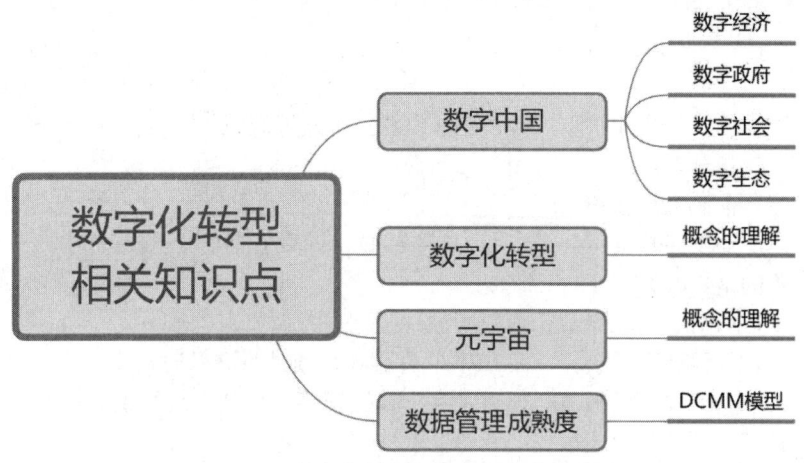

图 1-9　数字化转型相关知识点知识图谱

数据管理能力成熟度评估模型（DCMM），该标准中定义了数据战略、数据治理、数据架构、数据应用、数据安全、数据质量、数据标准和数据生存周期 8 个核心能力域。

参考题型

● 数据价值化是以__(1)__为起点，经历数据资产化、数据资本化阶段、实现数据价值的经济过程。
　　(1) A．数据智能化　　　B．数据资源化　　　C．数据安全性　　　D．数据产业化
　　■ **攻克要塞——试题分析**　数据价值化是以数据资源化为起点，经历数据资产化、数据资本化阶段，实现数据价值的经济过程。
　　➢ 数据资源化使无序、混乱的原始数据成为有序、有使用价值的数据资源。
　　➢ 数据资产化使得数据通过流通交易给使用者或者所有者带来经济利益。
　　➢ 数据资本化是拓展数据价值的途径，本质是实现数据要素社会化配置，数据资本化有数据信贷融资与数据证券化两种形式。
　　■ **参考答案**　(1) B

● 数据管理能力成熟度模型（DCMM）将组织的管理成熟度划分为 5 个等级，每个级别中数据的重要程度会有所不同，从__(2)__开始强调数据管理的规范化，数据被当作实现组织绩效目标的重要资产。
　　(2) A．量化管理级　　　B．稳健级　　　C．优化级　　　D．受管理级
　　■ **攻克要塞——试题分析**　DCMM 将组织的管理成熟度划分为 5 个等级，具体如下：
　　➢ 初始级：项目级体现，缺乏统一管理流程，被动式管理。
　　➢ 受管理级：意识到数据是资产，制订管理流程，指定人员进行初步管理。
　　➢ 稳健级：数据反映组织绩效目标，制订标准化管理流程，数据管理规范化。
　　➢ 量化管理级：数据是获取竞争优势的来源，数据管理的效率可以量化分析和监控。
　　➢ 优化级：数据是生存和发展的基础，持续性改进，可进行最佳实践分享。
　　■ **参考答案**　(2) B

21

课堂练习

- 国家信息化建设的信息化政策法规体系包括信息技术发展政策、__(1)__、电子政务发展政策、信息化法规建设 4 个方面。
  - (1) A．信息产品制造业政策 B．通信产业政策
    C．信息产业发展政策 D．移动通信业发展政策
- 以下叙述正确的是__(2)__。
  - (2) A．ERP 软件强调事后核算，而财务软件强调及时调整
    B．财务软件强调事后核算，而 ERP 软件强调事前计划和及时调整
    C．ERP 软件强调事后核算，而进销存软件比较关心每种产品的成本构成
    D．进销存软件强调事后核算，而财务软件强调及时调整
- 数据仓库的系统结构通常包括 4 个层次，分别是数据源、__(3)__、前端工具。
  - (3) A．数据集市、联机分析处理服务器 B．数据建模、数据挖掘
    C．数据净化、数据挖掘 D．数据的存储与管理、联机分析处理服务器
- 供应链管理是把正确数量的商品在正确的时间配送到正确的地点的一套管理方法，它控制和管理的各种"流"不包括__(4)__。
  - (4) A．物流 B．资金流 C．信息流 D．控制流
- 我国 O2O 的常见应用不包括__(5)__。
  - (5) A．电子政务政府集采 B．餐饮服务网上团购
    C．手机 App 约车服务 D．旅游服务网上团购
- 在信息系统的生命周期中，"对企业信息系统的需求进行深入调研和分析，形成《需求规格说明书》"是在__(6)__阶段进行的。
  - (6) A．立项 B．可行性分析 C．运维阶段 D．消亡
- __(7)__ 是国家信息化体系的六大要素。
  - (7) A．数据库，国家信息网络，信息技术应用，信息技术教育和培训，信息化人才，信息化政策、法规和标准
    B．信息资源，国家信息网络，信息技术应用，信息技术和产业，信息化人才，信息化政策、法规和标准
    C．地理信息系统，国家信息网络，工业与信息化，软件技术与服务，信息化人才，信息化政策、法规和标准
    D．信息资源，国家信息网络，工业与信息化，信息产业与服务业，信息化人才，信息化政策、法规和标准
- 新一代信息技术与节能环保、生物、高端装备制造产业等已经成为国民经济的支柱产业，新一代信息技术中的__(8)__可以广泛应用于机器视觉、视网膜识别、自动规划、专家系统。
  - (8) A．人工智能 B．自动控制
    C．地理信息 D．移动计算

- 某电商平台根据用户消费记录分析用户消费偏好,预测未来消费倾向,这是__(9)__技术的典型应用。

  (9)A.物联网　　　　　B.区块网　　　　　C.云计算　　　　　D.大数据
- 信息技术发展的总趋势是从典型的技术驱动发展模式向应用驱动与技术驱动相结合的模式转变,__(10)__不属于信息技术发展趋势和新技术的应用。

  (10)A.集成化、平台化与智能化　　　　B.遥感与传感技术
  　　 C.数据仓库与软交换通信技术　　　D.虚拟计算与信息安全

第 2 章 信息系统管理与服务

知识点图谱与考点分析

如图 2-1 所示为信息系统管理与服务知识图谱。该考点包含 ITSS（信息技术服务标准）、信息系统审计（IT 审计）、IT 服务管理等知识点。

在信息系统项目管理师的实际考试中，IT 服务管理的分值并不高。因此，本章仅作简单阐述。

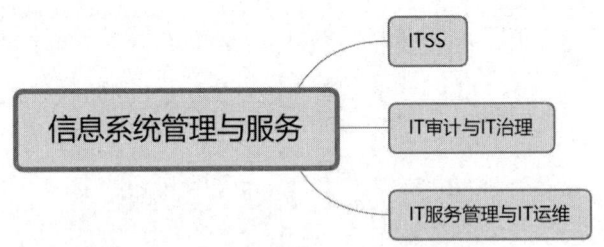

图 2-1　信息系统管理与服务知识图谱

知识点：ITSS

知识点综述

ITSS 是 Information Technology Service Standards 的缩写，中文意思是信息技术服务标准，是在工业和信息化部、国家标准化委的领导和支持下，由 ITSS 工作组研制的一套 IT 服务领域的标准库和一套提供 IT 服务的方法论。

本知识点的重点：①ITSS 生命周期的 5 个阶段；②ITSS 的核心要素。信息技术服务标准如图 2-2 所示。

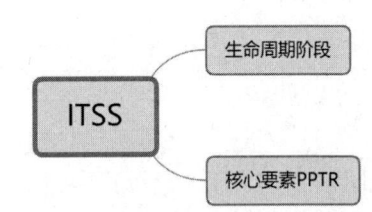

图 2-2　信息技术服务标准知识图谱

参考题型

【考核方式 1】 考核 ITSS 生命周期的阶段。
- IT 服务生命周期包括 ___(1)___。
  (1) A. 策划、交付、验收、回顾　　　　B. 策划、实施、检查、改进
  　　C. 规划设计、部署实施、服务运营　　D. 战略规划、设计实现、运营提升、退役终止
  ■ **攻克要塞——试题分析**　IT 服务生命周期由 4 个阶段组成，分别是战略规划、设计实现、运营提升、退役终止。

　　(1) 战略规划：从组织战略出发，以需求为中心，参照 ITSS 对 IT 服务进行战略规划，为 IT 服务的设计实现做好准备，以确保提供满足供需双方需求的 IT 服务。

　　(2) 设计实现：依据战略规划，定义 IT 服务的体系结构、组成要素、要素特征以及要素之间的关联关系，建立管理体系、部署专用工具以及服务解决方案。

　　(3) 运营提升：根据服务实现情况，采用过程方法实现业务运营与 IT 服务运营相融合，评审 IT 服务满足业务运营的情况以及自身缺陷，提出优化提升策略和方案。

　　(4) 退役终止：对趋近于退役期的 IT 服务进行残余价值分析，规划新的 IT 服务部分或全部替换原有的 IT 服务，对没有可利用价值的 IT 服务停止使用。

　　■ **参考答案**　(1) D

【考核方式 2】 考核 ITSS 核心要素。
- 信息技术服务标准（ITSS）所定义的 IT 服务 4 个核心要素是人员、流程、资源和 ___(2)___。
  (2) A. 技术　　　　B. 工具　　　　C. 合作伙伴　　　　D. 持续改进
  ■ **攻克要塞——试题分析**　本题考查 ITSS 组成要素。IT 服务由人员（People）、流程（Process）、技术（Technology）和资源（Resource）组成，简称 PPTR。

　　■ **参考答案**　(2) A

[辅导专家提示] 本知识点是教程改版后新增的知识点，基本维持在每次考核 1~2 题的频率，除本书中所提及的考核方式外，还需关注 ITSS 体系框架，该框架中包括了基础标准、服务管控标准、服务安全标准、服务外包标准、服务业务标准、服务对象、行业应用标准等一系列的标准。

知识点：IT 审计与 IT 治理

知识点综述

　　IT 审计的目的是通过 IT 审计活动，了解组织总体的 IT 系统与活动情况，审查组织 IT 目标的完成情况，评估识别 IT 风险并提出改进意见和建议，促成组织实现 IT 目标。

　　信息系统审计是全部审计过程的一个部分，信息系统审计的目的是评估并提供反馈、保证及建议。

　　IT 治理就是要明确 IT 决策权归属和 IT 责任承担的机制，促使得到 IT 应用期望的行为，连接战略目标、业务目标和 IT 目标，从而使单位、企业从 IT 中获得最大的价值。

参考题型

【考核方式1】 考核信息系统审计的具体内容，包括审核的依据、原则等。

- ____（1）____ 不属于信息系统审计的主要内容。
  (1) A．信息化战略　　　　　　　　　B．资产的保护
  　　C．灾难恢复与业务持续计划　　　D．信息系统的管理、规划与组织

■ 攻克要塞——试题分析　信息系统审计的主要组成部分包括以下6个方面：①信息系统的管理、规划与组织；②信息系统技术基础设施与操作实务；③资产的保护；④灾难恢复与业务持续计划；⑤应用系统开发、获得、实施与维护；⑥业务流程评价与风险管理。

■ 参考答案　(1) A

[辅导专家提示] 从目前考核情况来看，本知识点考核的具体内容均来自教程，请注意阅读教程相关内容。

【考核方式2】 考核IT审计的目标、原则、范围、风险、方法与技术等。

- ____（2）____ 不属于IT审计的目标。
  (2) A．对IT目标的实现进行审查和评价　　B．识别和评估IT风险
  　　C．保护信息资产的安全　　　　　　　D．提出评价意见及改进

■ 攻克要塞——试题分析　IT审计的目的是通过IT审计活动，了解组织总体的IT系统与活动情况，审查组织IT目标的完成情况，评估、识别IT风险并提出改进意见和建议，促成组织实现IT目标。

要注意的是IT审计的目的和组织的IT审计目标不是相同的。组织的IT审计目标主要包括：保护信息资产安全及数据完整、有效；提高信息系统的安全性、可靠性及有效性；组织的IT战略应与业务战略保持一致；保证信息系统及其运用符合有关法律、法规及标准等的要求。

■ 参考答案　(2) C

【考核方式3】 考核IT治理的基本概念等。

- GB/T 34960.1中定义了IT治理框架，____（3）____不属于IT治理框架的三大治理域。
  (3) A．管理体系　　　B．技术体系　　　C．顶层设计　　　D．资源

■ 攻克要塞——试题分析　《信息技术服务 治理 第1部分：通用要求》（GB/T 34960.1）规定了IT治理的模型和框架、实施IT治理的原则，以及开展IT顶层设计、管理体系和资源的三大治理域。该标准可用于：①建立组织的IT治理体系，并实施自我评价；②开展信息技术审计；③研发、选择和评价IT治理相关的软件或解决方案；④第三方对组织的IT治理能力进行评价。

■ 参考答案　(3) B

知识点：IT服务管理与IT运维

知识点综述

IT服务管理（ITSM）的核心思想是：不管IT组织是企业内部的还是外部的，都是IT服务提

供者，其主要工作就是提供低成本、高质量的 IT 服务。不同于传统的 IT 管理，IT 服务是一种以服务为中心的 IT 管理，如图 2-3 所示为 IT 服务管理知识图谱。

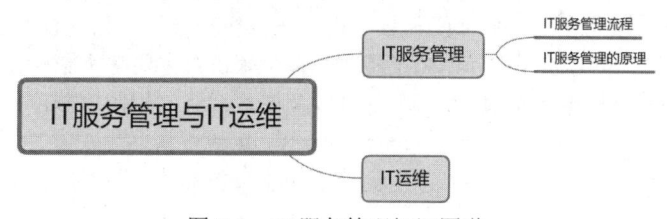

图 2-3 IT 服务管理知识图谱

参考题型

【考核方式 1】 考核 IT 服务管理的流程。

● 小张在流程梳理的前期调研时，发现某员工不能发送邮件。该问题的处置过程往往要经过：问题提出→服务台记录问题→工程师调查问题→解决问题→如果该现象经常出现则要调查原因→批准和更新设施或软件。按照 IT 服务管理规范，请选择恰当选项按照顺序填入空白处，构成 IT 服务管理流程。

①服务台；②_____；③_____；④变更管理；⑤_____。

（1）A．事件管理　　　　B．能力管理　　C．问题管理　　D．服务报告　　E．发布管理

■ 攻克要塞——试题分析　根据题目中所描述的，IT 服务管理流程应该是服务台→事件管理→问题管理→变更管理→发布管理。

■ 参考答案　（1）A C E

【考核方式 2】 考核对 IT 服务管理具体内容的理解。

● 某企业的邮件服务器经常宕机，按照 IT 服务管理要求，为彻底解决该问题应启动 __(2)__ 流程。

（2）A．事件管理　　　　B．问题管理　　C．发布管理　　D．变更管理

■ 攻克要塞——试题分析　本题的关键点在于区分问题管理和事件管理。

问题管理是找到问题产生的根本原因，而事件管理是尽可能地恢复系统。因此，本题选择 B。

■ 参考答案　（2）B

【考核方式 3】 考核 IT 运维的具体内容。

● 《信息技术服务 运行维护 第 1 部分：通用要求》（GB/T 28827.1）定义的 IT 运维能力模型包含治理要求、运行维护服务能力体系和价值实现，其中 __(3)__ 为价值实现赋能。

（3）A．用户需求　　　　B．治理要求　　C．战略要求　　D．运维服务能力体系

■ 攻克要塞——试题分析　《信息技术服务 运行维护 第 1 部分：通用要求》（GB/T 28827.1）中，运行维护服务能力体系为价值实现赋能。运行维护服务能力体系是组织依据运行维护服务方针和目标，策划并制订运行维护服务能力方案，确保组织交付的运行维护服务内容符合相关规定，并满足质量要求，对运行维护服务交付过程、结果以及运行维护服务能力体系进行监督、测量、分析和评审，以实现运行维护服务能力的持续提升。

■ 参考答案　（3）D

课堂练习

- 我国信息产业与信息化建设主管部门和领导机构在积极推进信息化建设的过程中，对所产生的问题予以密切关注，并逐步采取了有效的措施。概括来讲，主要是实施计算机信息系统__(1)__管理制度，推行计算机系统集成__(2)__制度以及信息系统工程监理制度。

    (1) A．集成资质　　　　　　　　　　B．集成资格
    　　C．监理质量　　　　　　　　　　D．监理资质

    (2) A．监理工程师资格管理　　　　　B．项目经理
    　　C．价格听证　　　　　　　　　　D．监理单位资格管理

- 下列关于监理资质的描述中，不正确的是__(3)__。

    (3) A．凡是国家投资的工程必须实行监理制度
    　　B．监理单位的资质级别要根据公司的监理业绩、有资质的监理工程师人数等条件来确定
    　　C．监理单位符合系统集成资质软硬件条件的，可以申报相应级别的系统集成资质
    　　D．监理单位必须从工程一开始就要介入

- 信息技术服务标准（ITSS）定义了 IT 服务的核心要素由人员、过程、技术和资源组成。__(4)__要素关注"正确做事"。

    (4) A．人员　　　　B．过程　　　　C．技术　　　　D．资源

- 一般公认信息系统审计原则不包括__(5)__。

    (5) A．ISACA 公告　　　　　　　　　B．ISACA 公告职业准则
    　　C．ISACA 职业道德规范　　　　　D．COBIT 框架

- 某银行与某信息系统运维公司签订了机房的运维服务合同，其中规定一年中服务器的宕机时间不能超过 5 小时。该条款属于__(6)__中的内容。

    (6) A．付款条件　　　　　　　　　　B．服务级别协议
    　　C．合同备忘录　　　　　　　　　D．服务管理规范

- 事件管理是信息系统运维中的一项重要内容，其主要职能是__(7)__。

    (7) A．类似于系统日志，用于发现系统问题　　B．发现并处理系统中存在的各种问题
    　　C．管理信息系统中的事件反映　　　　　　D．迅速恢复系统的正常功能

- 以下技术服务工作中，__(8)__不属于 IT 系统运行维护。

    (8) A．某大型国企中，对于用户终端的软件及硬件管理和日常维护
    　　B．对提供互联网服务的机房内各类服务器、网络设备、网络安全、网络性能等进行监控和故障恢复
    　　C．对税务稽查系统的使用情况进行监测，对其数据库定期检查、优化、备份
    　　D．某工业企业由于业务流程变化，对其使用的生产管理系统进行升级改造

第3章 软件专业技术知识

知识点图谱与考点分析

软件专业技术知识所涉及的内容最广泛，由于涉及面比较广，因此，出题的灵活度以及随机性非常高，从概念的记忆和理解到具体技术应用的考核，均有大量的题目。

软件专业技术部分所占分值为 8 分左右，占比非常大，所涉及的知识点较多，主要涉及了系统集成技术、软件工程等方面的知识点，具体如图 3-1 所示。

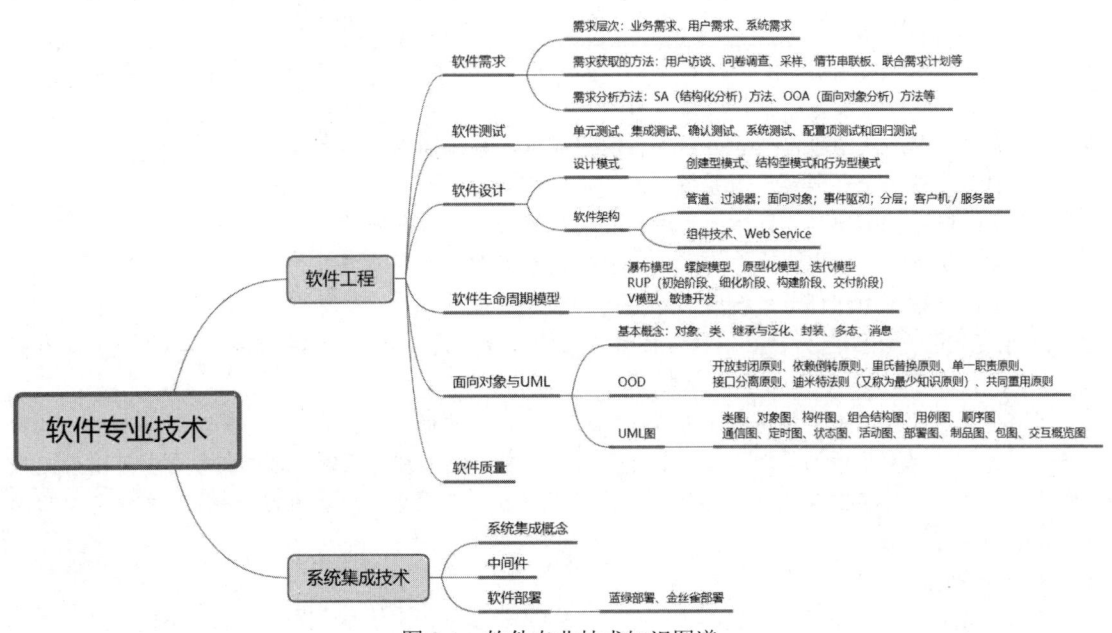

图 3-1 软件专业技术知识图谱

软件工程方面的知识点在软件专业技术知识体系中属于"重头戏"部分，在官方教材中也有一定的介绍，但其内容并不能覆盖考试的范畴，对于本知识点，建议考生对照知识点图谱，如图 3-2 所示。

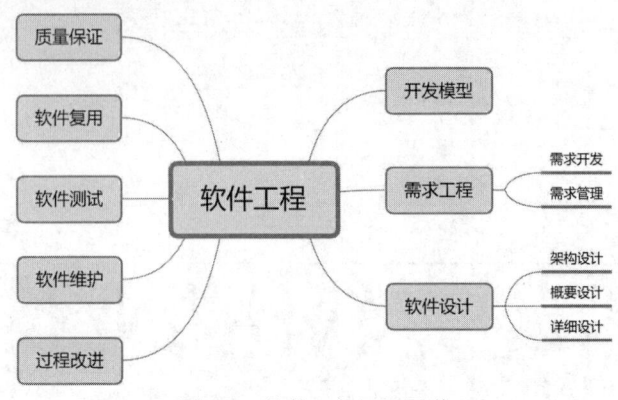

图 3-2 软件工程知识图谱

知识点：软件需求

知识点综述

软件需求就是系统必须完成的事以及必须具备的品质。需求是多层次的，包括业务需求、用户需求和系统需求。本知识点的考核内容包括：①需求层次（业务需求、用户需求、系统需求）；②需求获取的方法（用户访谈、问卷调查、采样、情节串联板、联合需求计划等）；③需求分析方法：SA方法，OOA方法等。

参考题型

● 软件需求是多层次的，包括业务需求、用户需求、系统需求，其中业务需求___(1)___。
  (1) A. 反映了企业或客户对系统层次的目标需求
      B. 描述了用户具体目标或者用户要求系统必须完成的任务
      C. 从系统角度说明软件的需求，包括功能需求、非功能需求和设计约束
      D. 描述了用户任务系统应该具备的功能和性能

■ 攻克要塞——试题分析 本题考核对"软件需求"的理解，具体考核软件需求中的"业务需求"，要求考生能够区分软件需求的分类。

业务需求：业务需求是指反映企业或客户对系统高层次的目标要求，通常来自项目投资人、购买产品的客户、客户单位的管理人员、市场营销部门或产品策划部门等。通过业务需求可以确定项目视图和范围，项目视图和范围文档把业务需求集中在一个简单、紧凑的文档中，该文档为以后的开发工作奠定了基础。

■ 参考答案 (1) A

延伸知识点：

用户需求描述了用户能使用系统来做些什么。通常采取用户访谈和问卷调查等方式，对用户使用的场景进行整理，从而建立用户需求。

系统需求是从系统的角度来说明软件的需求，包括功能需求、非功能需求和设计约束等。功能

需求也称为行为需求，它规定了开发人员必须在系统中实现的软件功能。功能需求通常是通过系统特性的描述表现出来的，特性，是指一组逻辑上相关的功能需求，表示系统为用户提供某项功能（服务）；非功能需求是指系统必须具备的属性或品质，又可细分为软件质量属性（例如可维护性、效率等）和其他非功能需求。设计约束也称为限制条件或补充规约，通常是对系统的一些约束说明。

知识点：软件测试

知识点综述

软件测试可分为单元测试、集成测试、确认测试、系统测试、配置项测试和回归测试等类别。

参考题型

- 软件测试可分为单元测试、集成测试、确认测试、系统测试、配置项测试、回归测试等类别。
  ___（1）___ 主要用于检测软件的功能、性能和其他特性是否与用户需求一致。
  （1）A．单元测试　　　　B．集成测试　　　C．确认测试　　　D．系统测试

  ■ **攻克要塞——试题分析**　本题考核对测试中测试类别的了解，要求考生理解不同的测试类别的特点。

  单元测试也称为模块测试，测试的对象是可独立编译或汇编的程序模块、软件构件或软件中的类（统称为模块），其目的是检查每个模块能否正确地实现设计说明中的功能、性能、接口和其他设计约束等条件。单元测试的技术依据是软件详细设计说明书，着重从模块接口、局部数据结构、重要的执行通路、出错处理通路和边界条件等方面对模块进行测试。

  集成测试的目的是检查模块之间，以及模块和已集成的软件之间的接口关系，并验证已集成的软件是否符合设计要求。集成测试的技术依据是软件概要设计文档。除应满足一般的测试准入条件外，在进行集成测试前还应确认待测试的模块均已通过单元测试。

  确认测试主要用于验证软件的功能、性能和其他特性是否与用户需求一致。根据用户的参与程度，通常包括以下类型：

  ➢ 内部确认测试。内部确认测试主要由软件开发组织内部按照 SRS 进行测试。

  ➢ Alpha 测试和 Beta 测试。Alpha 测试是指由用户在开发环境下进行测试，通过 Alpha 测试的产品通常称为 Alpha 版；Beta 测试是指由用户在实际使用环境下进行测试，通过 Beta 测试的产品通常称为 Beta 版。一般在通过 Beta 测试后，才能把产品发布或交付给用户。

  ➢ 验收测试。验收测试是指针对 SRS，在交付前以用户为主进行的测试。其测试对象为完整的、集成的计算机系统。验收测试的目的是在真实的用户工作环境下，检验软件系统是否满足开发技术合同或 SRS。验收测试是用户确定是否接收该软件的主要依据。除应满足一般测试的准入条件外，在进行验收测试之前，应确认已通过系统测试。

  系统测试的对象是完整的、集成的计算机系统，系统测试的目的是在真实系统工作环境下，验证完整的软件配置项能否和系统正确连接，并满足系统/子系统设计文档和软件开发合同规定的要求。系统测试的技术依据是用户需求或开发合同，除应满足一般测试的准入条件外，在进行系统测

试前，还应确认被测系统的所有配置项已通过测试，对需要固化运行的软件还应提供固件。一般来说，系统测试的主要内容包括功能测试、健壮性测试、性能测试、用户界面测试、安全性测试、安装与反安装测试等，其中，最重要的工作是进行功能测试与性能测试。

配置项测试的对象是软件配置项，配置项测试的目的是检验软件配置项与 SRS 的一致性。配置项测试的技术依据是 SRS（含接口需求规格说明）。在进行配置项测试之前，还应确认被测软件配置项已通过单元测试和集成测试。

回归测试的目的是测试软件变更之后，变更部分的正确性和对变更需求的符合性，以及软件原有的、正确的功能、性能和其他规定的要求的不损害性。回归测试的对象包括：

> 未通过软件单元测试的软件，在变更之后，应对其进行单元测试。
> 未通过配置项测试的软件，在变更之后，首先应对变更的软件单元进行测试，然后再进行相关的集成测试和配置项测试。
> 未通过系统测试的软件，在变更之后，首先应对变更的软件单元进行测试，然后再进行相关的集成测试、配置项测试和系统测试。
> 因其他原因进行变更之后的软件单元，也首先应对变更的软件单元进行测试，然后再进行相关的软件测试。

■ 参考答案　（1）C

知识点：软件设计

知识点综述

本知识点主要包括设计模式和软件架构。

设计模式是经验的总结，它使人们可以方便地复用成功的软件设计。当人们在特定的环境下遇到特定类型的问题，采用他人已使用过的一些成功的解决方案时，一方面可以降低分析、设计和实现的难度；另一方面可以使系统具有更好的可复用性和灵活性。

设计模式包含模式名称、问题、目的、解决方案、效果、实例代码和相关设计模式等基本要素。

根据处理范围不同，设计模式可分为类模式和对象模式。类模式处理类和子类之间的关系，这些关系通过继承建立，在编译时刻就被确定下来，属于静态关系；对象模式处理对象之间的关系，这些关系在运行时刻变化，更具动态性。

软件架构也称为软件体系结构，是一系列相关的抽象模式，用于指导软件系统各个方面的设计。软件架构是一个系统的草图。软件架构描述的对象是直接构成系统的抽象组件。各个组件之间的连接则明确和相对细致地描述组件之间的通信。

参考题型

● 关于设计模式的描述，不正确的是　(1)　。

(1) A. 设计模式包括模式名称、问题、目的、解决方案、效果、实例代码和相关设计模式等基本要素

B．根据处理范围不同，设计模式分为类模式和对象模式

C．根据目的和用途不同，设计模式分为创建型模式、结构型模式和行为型模式

D．对象模式处理对象之间的关系，这些关系通过继承建立，在编译的时刻就被确定下来，属于静态关系

■ **攻克要塞——试题分析** 概念性考核。要求理解"设计模式"的概念。

选项 B 和选项 C 描述了不同的分类方式。

选项 D 针对选项 B 进行展开，具体考核了选项 B 中的对象模式。

根据目的和用途不同，设计模式可分为创建型模式、结构型模式和行为型模式。

创建型模式主要用于创建对象，包括工厂方法模式、抽象工厂模式、原型模式、单例模式和建造者模式等；结构型模式主要用于处理类或对象的组合，包括适配器模式、桥接模式、组合模式、装饰模式、外观模式、享元模式和代理模式等；行为型模式主要用于描述类或对象的交互以及职责的分配，包括职责链模式、命令模式、解释器模式、迭代器模式、中介者模式、备忘录模式、观察者模式、状态模式、策略模式、模板方法模式、访问者模式等。

■ **参考答案** （1）D

● 在典型的软件架构模式中，__(2)__ 模式是基于资源不对等，为实现共享而提出的。

（2）A．管道-过滤器　　　B．事件驱动　　　C．分层　　　D．客户/服务器

■ **攻克要塞——试题分析** 本题考核典型软件架构模式，其中，客户/服务器模式（Client/Server，C/S）是基于资源不对等、为实现共享而提出的模式。C/S 模式将应用一分为二，服务器（后台）负责数据操作和事务处理，客户（前台）完成与用户的交互任务。

本考点近几年多次考核，建议考生阅读本章节，了解其余架构模式。

■ **参考答案** （2）D

[辅导专家提示] 常见的几种软件架构模式有：①管道-过滤器模式；②面向对象模式；③事件驱动模式；④分层模式；⑤知识库模式；⑥客户机/服务器模式。

知识点：软件生命周期模型

知识点综述

典型的生命周期模型包括瀑布模型、V 模型、原型化模型、螺旋模型、喷原模型、迭代模型（如 RUP）、敏捷开发等。

瀑布模型是一个经典的软件生命周期模型，一般将软件开发分为可行性分析（计划）、需求分析、软件设计（概要设计、详细设计）、编码（含单元测试）、测试、运行维护等几个阶段。

V 模型的优点在于它非常明确地标明了测试过程中存在的不同阶段，并且清楚地描述了这些测试阶段和开发各阶段的对应关系。

原型化模型的第一步是建造一个快速原型，实现客户或未来的用户与系统的交互，经过和用户针对原型的讨论和交流，弄清需求以便真正把握用户需要的软件产品是什么样子的。充分了解后，再在原型基础上开发出用户满意的产品。

螺旋模型是将原型实现的迭代特征与线性顺序（瀑布）模型中控制的和系统化的方面结合起来。使得软件的增量版本的快速开发成为可能。在螺旋模型中，软件开发是一系列的增量发布。

喷泉模型体现认识事物的循环迭代性，强调开发活动之间的无间隙性，无明显的活动阶段划分，适用于面向对象的开发过程。

迭代模型中，每个阶段都执行一次传统的、完整的串行过程串，执行一次过程串就是一次迭代。

RUP（Rational Unified Process）是迭代模型的一种。RUP中的软件生命周期在时间上被分解为初始阶段（Inception）、细化阶段（Elaboration）、构建阶段（Construction）和交付阶段（Transition）。

在软件项目的敏捷开发中，软件项目的构建被切分成多个子项目，各个子项目的成果都经过测试，具备集成和可运行的特征。简言之，就是把一个大项目分为多个相互联系，但可独立运行的小项目，并分别完成，在此过程中软件一直处于可使用状态。

敏捷方法，也叫适应型生命周期或者变更驱动方法。敏捷方法的目的在于应对大量变更，获取干系人的持续参与。敏捷方法里迭代很快（通常2～4周迭代1次），而且所需时间和资源是固定的。

[辅导专家提示] 生命周期模型属于高频考点，考核较多的为瀑布模型和V模型，此外，各种模型的图例也要熟悉。

参考题型

● 在开发一个系统时，如果用户对系统的目标不是很清楚，难以定义需求，这时最好使用　(1)　。

（1）A．原型法　　　　B．瀑布模型　　　　C．演化模型　　　　D．螺旋模型

■ **攻克要塞——试题分析**　本题考核生命周期模型，该考点的考核频率非常高。对于许多需求不够明确的项目，比较适合采用原型法，并且使用该方法的开发模型。

瀑布模型：严格遵循软件生命周期各阶段的固定顺序，完成一个阶段再进入另一个阶段。它的优点是可以使过程比较规范化，有利于评审；缺点是过于理想，缺乏灵活性，容易产生需求偏差。

演化模型：从初始的模型中逐渐演化为最终软件产品，是一种"渐进式"原型法。

螺旋模型：结合了瀑布模型和演化模型的优点，最主要的特点在于加入了风险分析。它是由制订计划、风险分析、实施工程、客户评估这一循环组成的，它最初从概念项目开始第一个螺旋。

■ **参考答案**　（1）A

● 公司计划开发一个新的信息系统，该系统需求不明确，事先不能定义需求，需要经过多期开发完成，该系统的生命周期模型宜采用　(2)　。

（2）A．瀑布模型　　　　　　　　　　　B．V模型
　　　C．测试驱动方法　　　　　　　　　D．迭代模型

■ **攻克要塞——试题分析**　本题考核生命周期模型，根据题干中"该系统需求不明确，事先不能定义需求"第一判断是原型法，但选项中并没有原型法，第二个关键句为"需要经过多期开发完成"，符合迭代模型的特点。迭代模型如下所示。

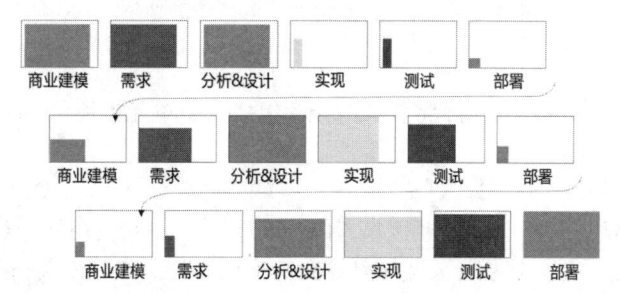

[商业建模 需求 分析&设计 实现 测试 部署]

[商业建模 需求 分析&设计 实现 测试 部署]

[商业建模 需求 分析&设计 实现 测试 部署]

■ **参考答案** （2）D

● 常见的软件开发模型有瀑布模型、演化模型、螺旋模型、喷泉模型等。其中__(3)__模型适用于需求明确或很少变更的项目，__(4)__模型主要用来描述面向对象的软件开发过程。

（3）A．瀑布　　　　B．演化　　　　C．螺旋　　　　D．喷泉
（4）A．瀑布　　　　B．演化　　　　C．螺旋　　　　D．喷泉

■ **攻克要塞——试题分析**　"需求明确或很少变更"描述的是瀑布模型的特点。

喷泉模型主要用于描述面向对象的开发过程，该模型中所有的开发活动没有明显的边界，允许各种开发活动交叉进行。

■ **参考答案**　（3）A　（4）D

[辅导专家提示] 敏捷方法简言之，就是把一个大项目分为多个相互联系、但可以独立运行的小项目，并分别完成。

知识点：面向对象与UML

面向对象知识点综述

面向对象属于必考知识点，主要考核基本概念的理解，涉及对象、类、抽象、继承、多态等，如图3-3所示。

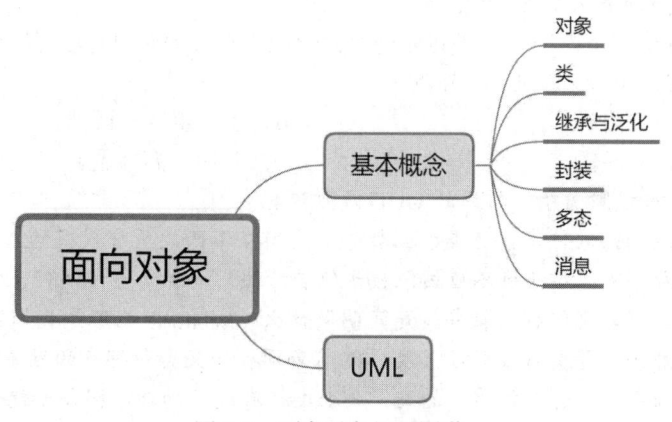

面向对象
- 基本概念
  - 对象
  - 类
  - 继承与泛化
  - 封装
  - 多态
  - 消息
- UML

图3-3　面向对象知识图谱

参考题型

● 进行面向对象系统分析和设计时,将相关的概念组成一个单元模块,并通过一个名称来引用它,这种行为称为___(1)___。

(1) A. 继承　　　　　　B. 封装　　　　　　C. 抽象　　　　　　D. 复用

■ **攻克要塞——试题分析** 本题考核基本概念"封装":将相关的概念组成一个单元模块,并通过一个名称来引用它。面向对象封装是将数据和基于数据的操作封装成一个整体对象,对数据的访问或修改只能通过对象对外提供的接口进行。

■ **参考答案** (1) B

[辅导专家提示] 面向对象知识点,其基本概念几乎每次都有相关题目,考核过程中涉及的主要基本概念如下:

抽象:通过特定的实例抽取共同特征以后形成概念的过程。抽象是一种单一化的描述,强调给出与应用相关的特性,抛弃不相关的特性。对象是现实世界中某个实体的抽象,类是一组对象的抽象。

继承:表示类之间的层次关系(父类与子类),这种关系使得某类对象可以继承另外一类对象的特征,继承又可分为单继承和多继承。

多态:使得在多个类中可以定义同一个操作或属性名称,并在每个类中可以有不同的体现。多态使得某个属性或操作在不同的时期可以表示不同类的对象特性。

接口:描述对操作规范的说明,可以将接口理解成为类的一个特例,它规定了实现此接口的类的操作方法,把真正的实现细节交由实现该接口的类去完成。

消息:体现对象间的交互,通过它向目标对象发送操作请求。

组件:表示软件系统可替换的、物理的组成部分,封装了模块功能的实现。组件应当是内聚的,并具有相对稳定的公开接口。

复用:指将已有的软件及其有效成分用于构造新的软件或系统。组件技术是软件复用实现的关键。

模式:描述了一个不断重复发生的问题,以及该问题的解决方案。其包括特定环境、问题和解决方案3个组成部分。应用设计模式可以更加简单和方便地去复用成功的软件设计和架构,从而帮助设计者更快、更好地完成系统设计。

● 在常用的OOD原则中,___(2)___原则是一个对象应当对其他对象有尽可能少的了解,该原则与结构优化方法的___(2)___原则是一致的。

(2) A. 单职　高内聚　　　　　　B. 组合重用　低耦合
　　C. 迪米特　低耦合　　　　　D. 开闭　高内聚

■ **攻克要塞——试题分析** 常用的OOD原则包括:

➢ 开放封闭原则:软件实体(类、函数等)应当在不修改原有代码的基础上,新增功能。

➢ 依赖倒转原则:高层模块不应该依赖于低层模块,两者都应该依赖于抽象;要针对接口编程,不要针对实现编程。抽象就是声明做什么(What),而不是告知怎么做(How)。

➢ 里氏替换原则:子类可以替换父类,继承必须确保父类所拥有的性质在子类中仍然成立。

➢ 单一职责原则:设计功能单一的类。一个类拥有过多功能,耦合度就会大大增加,导致更加脆弱。

- 接口分离原则：一个类对另一个类的依赖应该建立在最少的接口原则之上。
- 迪米特法则（又称为最少知识原则）：一个对象应该对其他对象有最少的了解，该原则与结构化方法的低耦合原则是一致的。
- 共同重用原则：一个包中的所有类应该是共同重用的。

■ **参考答案**　（2）C

UML 知识点综述

UML 知识点考核涉及：①UML 基本概念；②UML 图（包括 UML 视图）；③UML 关系。

参考题型

● UML 2.0 中共包括 14 种图，其中 ___(1)___ 属于交互图。
　（1）A. 类图　　　　　B. 定时图　　　　C. 状态图　　　　D. 对象图

■ **攻克要塞——试题分析**　定时图也是一种交互图，它强调消息跨越不同对象或参与者的实际时间，而不仅仅只是关心消息的相对顺序。UML 中的 4 种交互图：顺序图、通信图、定时图、交互概述图。

■ **参考答案**　（1）B

● UML 的 ___(2)___ 描述了一个特定对象的所有可能状态以及由于各种事件的发生而引起的状态之间的转移。
　（2）A. 控制图　　　　B. 状态图　　　　C. 协作图　　　　D. 序列图

■ **攻克要塞——试题分析**　UML 2.0 包括 14 种图。本题考核 UML 图中的"状态图"。

状态图（State Diagram）：描述一个状态机，它由状态、转移、事件和活动组成。状态图给出了对象的动态视图。它对于接口、类或协作的行为建模尤为重要，而且它强调事件导致的对象行为，这非常有助于对反应式系统建模。

通信图（Communication Diagram）：是一种交互图，它强调收发消息的对象或参与者的结构组织。顺序图和通信图表达了类似的基本概念，但它们所强调的概念不同，顺序图强调的是时序，通信图强调的是对象之间的组织结构（关系）。

顺序图（Sequence Diagram，也称序列图）：是一种交互图（Interaction Diagram）。交互图展现了一种交互，它由一组对象或参与者以及它们之间可能发送的消息构成。交互图专注于系统的动态视图。顺序图是强调消息的时间次序的交互图。

■ **参考答案**　（2）B

● UML 的设计视图包含类、接口和协作。其中，设计视图的静态方面由 ___(3)___ 和 ___(4)___ 表现，动态方面由交互图和 ___(5)___ 表现。
　（3）A. 类图　　　　　B. 状态图　　　　C. 活动图　　　　D. 用例图
　（4）A. 状态图　　　　B. 顺序图　　　　C. 对象图　　　　D. 活动图
　（5）A. 状态图和类图　　　　　　　　　B. 类图和活动图
　　　 C. 对象图和状态图　　　　　　　　D. 状态图和活动图

■ **攻克要塞——试题分析**　本题考核 UML 知识点。UML 的图可以分为表示系统静态结构的静

37

态模型（包括对象图、类图、构件图、部署图），以及表示系统动态结构的动态模型（包括顺序图、协作图、状态图、活动图），其中顺序图和协作图统称为交互图。

在第（3）空的备选答案中，类图是明显的静态图；第（4）空的选项中，对象图是明显的静态图；对于第（5）空，将静态图（类图和对象图）排除，可以得到状态图和活动图属于动态图。

■ 参考答案　（3）A　（4）C　（5）D

[辅导专家提示]　UML 知识点中重点关注 UML 关系（泛化、实现、关联、依赖）和 UML 中的用例图、对象图、时序图和部署图。

知识点：软件质量

知识点综述

本知识点涉及软件质量特性分类、软件质量管理过程以及质量与测试标准等知识点。此外，涉及一些专业术语，如管理评审、技术评审等。

管理评审的目的是监控进展，决定计划和进度的状态，确认需求及其系统分配，或评价用于达到目标的适应性的管理方法的有效性。

技术评审的目的是评价软件产品，以确定其对使用意图的适合性，目标是识别规范说明和标准的差异，并向管理提供依据，以表明产品是否满足规范说明并遵从标准。

检查的目的是检测和识别软件产品异常。一次检查通常针对产品的一个相对小的部分。

走查的目的是评价软件产品，也可以用于培训软件产品的开发者。其主要目标是：发现异常、改进软件产品、考虑其他实现、评价是否遵从标准和规范说明。走查类似于检查，但通常不那么正式。走查通常主要由同事评审其工作，以作为一种保障技术。

软件审计的目的是提供软件产品和过程对于可应用的规则、标准、指南、计划和流程的遵从性的独立评价。审计是正式组织的活动，识别违例情况，并产生一个报告，采取更正性行动。

知识点：系统集成技术

知识点综述

系统集成技术知识点主要考核教材中的内容，经常引用教材中的原文进行考核。本知识点包括中间件、企业应用集成（EAI）、数据与数据仓库（在"信息化基础/商业智能"知识点中已介绍）等。

中间件是位于硬件、操作系统等平台和应用之间的通用服务，这些服务具有标准的程序接口和协议。不同的硬件及操作系统平台，可以有符合接口和协议规范的多种实现。中间件能够屏蔽操作系统和网络协议的差异，为应用程序提供多种通信机制满足不同领域的应用需要。

企业应用集成（EAI）技术可以消除信息孤岛，它将多个企业信息系统连接起来，实现无缝集成，使它们就像一个整体一样。

参考题型

- 中间件有多种类型，IBM 的 MQSeries 属于__(1)__中间件。

　　(1) A．面向消息　　　　B．分布式对象　　C．数据库访问　　D．事务

　　■ 攻克要塞——试题分析　面向消息中间件利用高效可靠的消息传递机制进行平台无关的数据交流，并可基于数据通信进行分布系统的集成。通过提供消息传递和消息排队模型，可在分布环境下扩展进程间的通信，并支持多种通信协议、语言、应用程序、硬件和软件平台。典型的产品如 IBM 的 MQSeries。

　　中间件分为数据库访问中间件、远程过程调用中间件、面向消息中间件、事务中间件、分布式对象中间件等几类。

　　■ 参考答案　(1) A

- 关于企业应用集成（EAI）技术，描述不正确的是__(2)__。

　　(2) A．EAI 可以实现表示集成、数据集成、控制集成、应用集成等

　　　　B．表示集成和数据集成是白盒集成，控制集成是黑盒集成

　　　　C．EAI 技术适用于大多数实施电子商务的企业以及企业之间的应用集成

　　　　D．在做数据集成之前必须首先对数据进行标识并编成目录

　　■ 攻克要塞——试题分析　EAI 所连接的应用包括各种电子商务系统、ERP、CRM、SCM、OA、数据库系统和数据仓库等。从单个企业的角度来说，EAI 可以包括表示集成、数据集成、控制集成和业务流程集成等多个层次和方面。

　　本题中，选项 B 错误，表示集成和控制集成是黑盒集成，数据集成是白盒集成。

　　■ 参考答案　(2) B

- 从信息系统集成技术角度来看，__(3)__在最上层，主要解决__(3)__问题。

　　(3) A．数据集成　互通　　　　　　　B．网络集成　互连

　　　　C．软件集成　互适应　　　　　　D．应用集成　互操作性

　　■ 攻克要塞——试题分析　集成关注个体和系统的所有硬件与软件之间各种人/机界面的一致性。从信息系统集成技术的角度看，应用集成在最上层，主要解决应用的互操作性问题。

　　■ 参考答案　(3) D

课堂练习

- RUP（Rational Unified Process）分为 4 个阶段，每个阶段结束时都有重要的里程碑，其中生命周期架构是在__(1)__结束时的里程碑。

　　(1) A．初启阶段　　　B．精化阶段　　　C．构建阶段　　　D．移交阶段

- 以下关于原型化开发方法的叙述中，不正确的是__(2)__。

　　(2) A．原型化方法适应于需求不明确的软件开发

　　　　B．在开发过程中，可以废弃不用早期构造的软件原型

　　　　C．原型化方法可以直接开发出最终产品

D．原型化方法利于确认各项系统服务的可用性
● 内聚性和耦合性是度量软件模块独立性的重要准则，软件设计时应力求 __(3)__ 。
（3）A．高内聚、高耦合　　　　　　　B．高内聚、低耦合
　　　C．低内聚、高耦合　　　　　　　D．低内聚、低耦合
● 系统的可维护性可以用系统的可维护性评价指标来衡量。系统的可维护性评价指标不包括 __(4)__ 。
（4）A．可理解性　　B．可修改性　　C．准确性　　D．可测试性
● 系统方案设计包括总体设计与各部分的详细设计， __(5)__ 属于总体设计。
（5）A．数据库设计　　　　　　　　　B．代码设计
　　　C．网络系统的方案设计　　　　　D．处理过程设计
● 软件能力成熟度模型（CMM）将软件能力成熟度自低到高依次划分为初始级、可重复级、定义级、管理级和优化级。其中 __(6)__ 对软件过程和产品都有定量的理解与控制。
（6）A．可重复级和定义级　　　　　　B．定义级和管理级
　　　C．管理级和优化级　　　　　　　D．定义级、管理级和优化级
● Web 服务（Web Service）定义了一种松散的、粗粒度的分布式计算模式。Web 服务的提供者利用 ① 描述 Web 服务，Web 服务的使用者通过 ② 来发现服务，两者之间的通信采用 ③ 协议。以上①②③处依次应是 __(7)__ 。
（7）A．①SOAP　②UDDI　③WSDL　　B．①UML　②UDDI　③SMTP
　　　C．①WSDL　②UDDI　③SOAP　　D．①UML　②UDDI　③WSDL
● 关于面向对象概念的描述，正确的是 __(8)__ 。
（8）A．对象包含两个基本要素，分别是对象状态和对象行为
　　　B．如果把对象比作房屋设计图纸，那么类就是实际的房子
　　　C．继承表示对象之间的层次关系
　　　D．多态在多个类中可以定义同一个操作或属性名，并在每个类中可以有不同的实现
● 微信创造了移动互联网用户增长的增速纪录，433 天之内完成用户数从 0 到 1 亿的增长，千万数量级的用户同时在线使用各种功能，其技术架构具有尽量利用后端处理而减少依赖客户端升级的特点，该设计方法的好处不包括 __(9)__ 。
（9）A．极大地提高了系统响应速度　　　B．减少了升级给客户带来的麻烦
　　　C．实现了新旧版本的兼容　　　　　D．降低了后台系统的开销
● __(10)__ 又称为设计视图，它表示设计模型中在架构方面具有重要意义的部分，即类、子系统、包和用例实现的子集。
（10）A．逻辑视图　　B．进程视图　　C．实现视图　　D．用例视图

第4章 网络与信息安全

知识点图谱与考点分析

网络专业技术知识点包括 OSI 模型、计算机网络分类、网络存储技术、网络规划与设计、网络管理、TCP/IP 模型、网络接入技术、综合布线系统和信息安全等，知识图谱如图 4-1 所示。

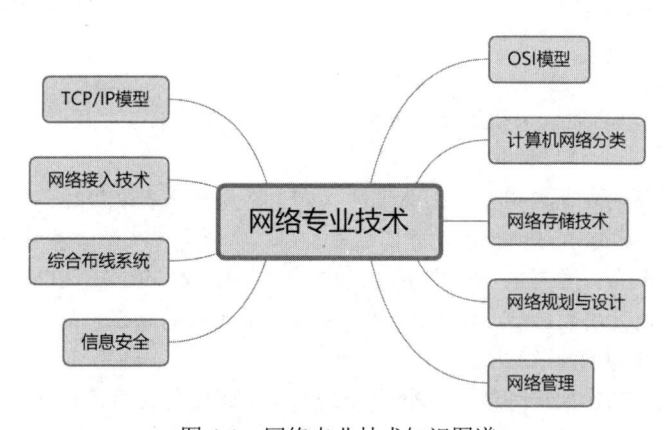

图 4-1 网络专业技术知识图谱

信息安全知识图谱如图 4-2 所示。

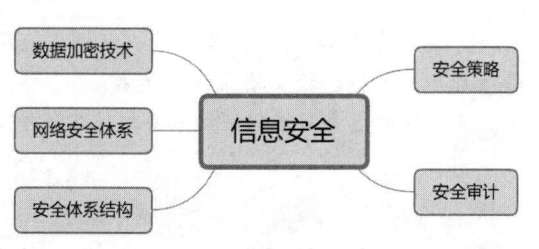

图 4-2 信息安全知识图谱

知识点：OSI 与 TCP/IP 模型

知识点综述

OSI 将整个通信功能划分为 7 个层次：物理层、数据链路层、网络层、传输层、会话层、表示层和应用层。

网络中各节点都有相同的层次；不同节点的同等层具有相同的功能；同一节点内相邻层之间通过接口通信；每一层使用下层提供的服务，并向其上层提供服务；不同节点的同等层按照协议实现对等层之间的通信。

本知识点属于高频率考核知识点，包括：OSI 模型，了解各层次的特点；TCP/IP 四层模型，了解层次特点，重点关注 TCP、UDP 协议；应用层的主要协议。

参考题型

【考核方式 1】 考核 OSI 模型中具体各层次对应的协议。

● 在 OSI 七层协议中，UDP 是__(1)__的协议。

（1）A．网络层　　　　　B．传输层　　　　C．会话层　　　D．应用层

■ **攻克要塞——试题分析**　OSI 采用了分层的结构化技术，从下到上共分七层，TCP、UDP 属于传输层的协议。

■ **参考答案**　（1）B

[辅导专家提示] OSI 各层次特点是考核重点，要求考生能够根据考题中的功能描述来判断所属层次。

物理层：该层包括物理联网媒介，如电缆连接器。具体标准有 RS232、V.35、RJ-45、FDDI。

数据链路层：控制网络层与物理层之间的通信，主要功能是将从网络层接收到的数据分割成特定的可被物理层传输的帧。常见的协议有 IEEE 802.3/.2、HDLC、PPP、ATM。

网络层：主要功能是将网络地址（如 IP 地址）翻译成对应的物理地址（如网卡地址），并决定如何将数据从发送方路由到接收方。

传输层：主要负责确保数据可靠、顺序、无错地从 A 点传输到 B 点。在 TCP/IP 协议中，具体协议有 TCP、UDP、SPX。

会话层：负责在网络中的两节点之间建立和维持通信，以及提供交互会话的管理功能。常见的协议有 RPC、SQL、NFS。

表示层：如同应用程序和网络之间的翻译官，在表示层，数据将按照网络能理解的方案进行格式化。表示层管理数据的解密加密、数据转换、格式化和文本压缩。

应用层：负责对软件提供接口以使程序能使用网络服务，如事务处理程序、文件传送协议和网络管理等。

【考核方式 2】 考核 OSI 模型中具体各层次对应的功能。

● 在 OSI 七层协议中，__(2)__充当了翻译官的角色，确保一个数据对象能在网络中的计算机间

以双方协商的格式进行准确的数据转换和加解密。

(2) A．应用层　　　　　B．网络层　　　　　C．表示层　　　　　D．会话层

■ **攻克要塞——试题分析** 本题考核对 OSI 各层次的理解。可以采用排除法，通过关键字"翻译官的角色"来判断表示层最适宜。

■ **参考答案** (2) C

【考核方式3】考核 OSI 模型中具体各层次对应的功能。

● TCP/IP 协议分为四层，分别为应用层、传输层、网际层和网络接口层。不属于应用层协议的是 ___(3)___ ，属于网际层协议的是 ___(4)___ 。

(3) A．SNMP　　　　　B．UDP　　　　　C．Telnet　　　　　D．FTP

(4) A．RPC　　　　　B．UDP　　　　　C．TCP　　　　　D．IP

■ **攻克要塞——试题分析** 应清楚地知道各种协议属于哪一层。

■ **参考答案** (3) B　(4) D

[辅导专家提示] OSI 开放系统互连参考模型和 TCP/IP 模型是基础，必须掌握和熟悉。

下图给出了 OSI 模型和 TCP/IP 模型的对应关系及各层的主要协议。

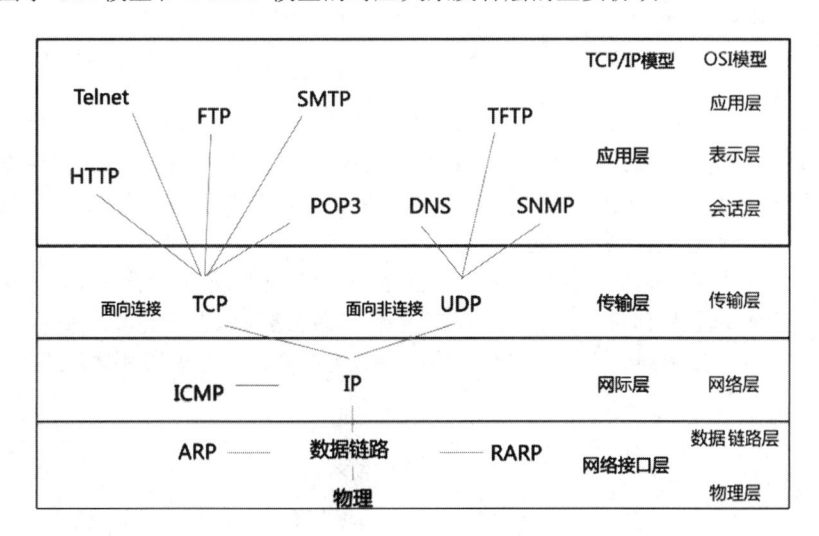

知识点：无线网络

知识点综述

本知识点考核的内容包括无线网络标准、设备、相关技术（4G、5G）等。

参考题型

● 在无线局域网中，AP 的作用是 ___(1)___ 。

(1) A．无线接入　　　B．用户认证　　　C．路由选择　　　D．业务管理

■ **攻克要塞——试题分析**　本题考核无线局域网中的接入设备AP（Access Point）。AP的作用是无线接入，AP可以安装在天花板或墙壁上，在开放空间最大覆盖范围可达3000m。

■ **参考答案**　（1）A

[辅导专家提示] IEEE 802.11：无线局域网标准，定义了无线的媒体访问控制（MAC）子层和物理层规范。IEEE 802.11 系列标准主要有 4 个子标准，分别为 IEEE 802.11a、IEEE 802.11b、IEEE 802.11g 和 IEEE 802.11n，具体见下表。

标准名称	标准描述
IEEE 802.11a	带宽为54Mb/s，工作频率为5GHz
IEEE 802.11b	带宽为11Mb/s，工作频率为2.4GHz
IEEE 802.11g	兼容 IEEE 802.11a/b，同 IEEE 802.11b 一样，也工作在2.4GHz 频段
IEEE 802.11n	传输速率由目前 IEEE 802.11a 和 IEEE 802.11g 提供的54Mb/s 提高到300Mb/s，甚至高达600Mb/s

知识点：网络规划与设计

知识点综述

网络工程是一项复杂的系统工程，涉及技术问题、管理问题等，必须遵守一定的系统分析和设计方法。网络总体设计就是根据网络规划中提出的各种技术规范和系统性能要求，以及网络需求分析的要求，制订出一个总体计划和方案。

网络设计工作包括：①网络拓扑结构设计；②主干网络（核心层）设计；③汇聚层和接入层设计；④广域网连接与远程访问设计；⑤无线网络设计；⑥网络通信设备选型。

图4-3 是常见的三层网络的设计，将整个网络划分为核心层、汇聚层和接入层。

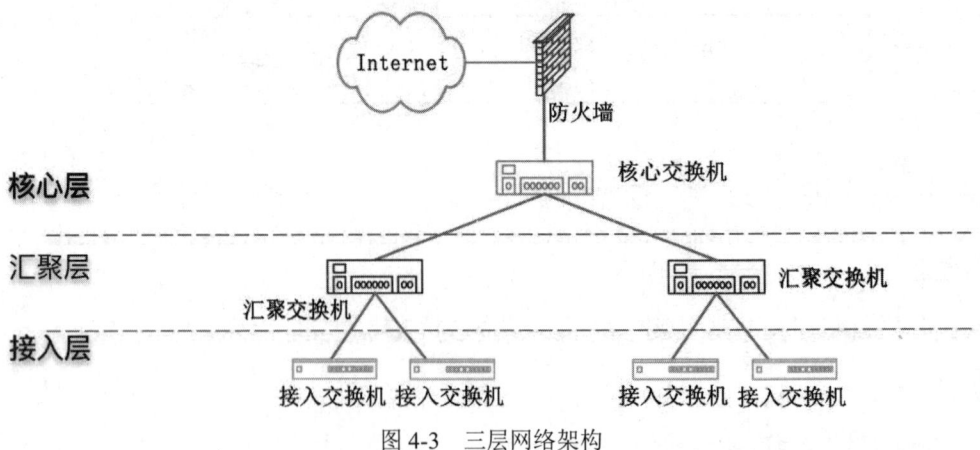

图4-3　三层网络架构

参考题型

【考核方式】 考核各层次的主要功能。

- 在计算机网络设计中,主要采用分层(分级)设计模型。其中__(1)__的主要目的是完成网络访问策略控制、数据包处理、过滤、寻址,以及其他数据处理的任务。

    (1)A. 接入层　　　　B. 汇聚层　　　　C. 主干层　　　　D. 核心层

    ■ 攻克要塞——试题分析　汇聚层是核心层和接入层的分界面,完成网络访问策略控制、数据包处理、过滤、寻址,以及其他数据处理的任务。网络主干部分为核心层,核心层的主要目的在于通过高速转发通信,提供优化、可靠的骨干传输结构。接入层的目的是允许终端用户连接到网络。

    ■ 参考答案　(1)B

知识点:网络存储

知识点综述

目前有如下 3 种存储技术:

DAS(直接附加存储):是将存储设备直接附加到主机或服务器上,被主机或服务器直接控制和管理存储。

SAN(存储区域网络):通过专用光纤通道交换机访问数据,采用 SCSI、FC-AL 接口。

NAS(网络附加存储):用户通过 TCP/IP 协议访问数据,采用文件共享协议如 NFS、HTTP、CIFS 实现共享。

NAS 和 SAN 最大的区别在于,NAS 结构中文件管理系统在每一个应用服务器上,SAN 有自己的文件管理系统,应用服务器通过网络共享协议使用同一个文件管理系统。

参考题型

【考核方式】 考核对 3 种存储方式的了解。

- 存储磁盘阵列按其连接方式的不同,可分为 3 类,即 DAS、NAS 和__(1)__。

    (1)A. LAN　　　　B. WAN　　　　C. SAN　　　　D. RAID

    ■ 攻克要塞——试题分析　3 种存储技术:即 DAS(直接附加存储)、SAN(存储区域网络)、NAS(网络附加存储)。

    ■ 参考答案　(1)C

- 在网络存储结构中,__(2)__成本较高、技术较复杂,适用于数据量大、访问速度要求高的场合。

    (2)A. 直连式存储(DAS)　　　　　　B. 网络附加存储(NAS)
    　　C. 存储区域网络(SAN)　　　　　D. 移动存储设备(MSD)

    ■ 攻克要塞——试题分析　SAN 实际是一种专门为存储建立的独立于 TCP/IP 网络之外的专用网络。SAN 网络独立于数据网络存在,因此存取速度很快。

SAN 由于其基础是一个专用网络，因此扩展性很强，不管是在一个 SAN 系统中增加一定的存储空间还是增加几台使用存储空间的服务器都非常方便。通过 SAN 接口的磁带机，SAN 系统可以方便高效地实现数据的集中备份。SAN 作为一种新兴的存储方式，是未来存储技术的发展方向。

■ **参考答案** （2）C

知识点：综合布线

知识点综述

综合布线系统由工作区子系统、水平子系统、垂直干线子系统、设备间子系统、管理子系统和建筑群子系统等 6 个部分组成。

建筑群子系统：将一个建筑物中的电缆、光缆、无线延伸到建筑群的另外一些建筑物中的通信设备和装置上，建筑群之间往往采用单模光纤进行连接。

设备间子系统：处于设备间、集中安装了许多设备（主要是服务器、核心交换机）的子系统。

管理子系统：由交连、互连的配线架和信息插座式配线架以及相关跳线组成。

垂直干线子系统：是各水平子系统（各楼层）设备之间的互联系统。

水平子系统：是各个楼层配线间中的配线架到工作区信息插座之间所安装的线缆。其中，水平电缆最大长度为 90m，配线架跳接至交换机、信息插座跳接至计算机总长度不超过 10m，通信通道总长度不超过 100m。

工作区子系统：由终端设备连接到信息插座的连线组成。信息插座的安装位置距离地面的高度为 30~50cm；如果信息插座到网卡之间使用无屏蔽双绞线，布线距离最大为 10m。

参考题型

● 综合布线系统是楼宇和园区范围内，在统一的传输介质上建立的可以连接电话、计算机、会议电视和监视电视等设备的结构化信息传输系统。根据 EIA/TIA-568A 标准，__（1）__ 中列出的各项全部属于综合布线系统的子系统。

（1）A．建筑群子系统、独立建筑子系统、设备间子系统
　　　B．设备间子系统、工作区子系统、管理子系统
　　　C．垂直干线子系统、水平子系统、交叉布线子系统
　　　D．建筑群子系统、设备间子系统、交叉布线子系统

■ **攻克要塞——试题分析** 综合布线系统由工作区子系统、水平子系统、垂直干线子系统、设备间子系统、管理子系统和建筑群子系统等 6 个子系统组成。

据此判断，选项 B 中的内容属于综合布线的子系统。

■ **参考答案** （1）B

[辅导专家提示] 掌握综合布线系统的关键其实在一张图，下图经常在考试中出现，描述了 6 个子系统之间的关系，其中①是工作区子系统，②是设备间子系统，③是建筑群子系统。

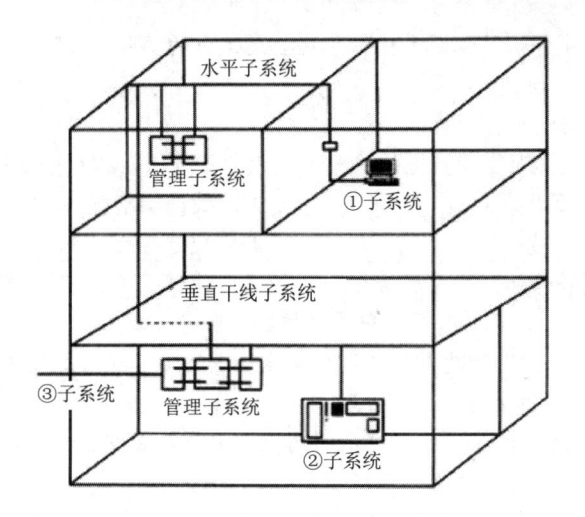

知识点：信息安全属性

知识点综述

保密性、完整性和可用性是信息安全最为关注的 3 个属性，具体见表 4-1。

表 4-1 信息安全的属性

属性	含义	常用技术
保密性	应用系统的信息不被泄露给非授权的用户、实体	最小授权原则、防暴露、信息加密、物理保密
完整性	信息未经授权不能进行改变	协议、纠错编码、密码校验和方法、数字签名、公证
可用性	信息可被授权实体访问并按需求使用	身份识别认证、访问控制、业务流控制、路由选择控制、审计跟踪

参考题型

- 只有得到允许的人才能修改数据，并且能够判别出数据是否已被篡改，这体现了信息安全的__(1)__。

    (1) A. 机密性　　　　B. 可用性　　　　C. 完整性　　　　D. 可控性

    ■ 攻克要塞——试题分析　本题考核信息安全属性，3 个基本属性为：保密性（机密性）、完整性、可用性。本题考核"完整性"，就是确保接收到的数据就是发送的数据。数据不应该被改变。

    ■ 参考答案　(1) C

- DDoS 拒绝服务攻击是以通过大量合法的请求占用大量网络资源，造成网络瘫痪。该网络攻击破坏了信息安全的__(2)__属性。

    (2) A. 可控性　　　　B. 可用性　　　　C. 完整性　　　　D. 保密性

■ **攻克要塞——试题分析** 本题考核信息安全属性中的"可用性"。可用性是指"需要时,授权实体可以访问和使用的特性"。

■ **参考答案** (2) B

● ___(3)___ 是防止非法实体对交换数据的修改、插入、删除以及在数据交换过程中的数据丢失。
(3) A. 对等实体认证服务　　　　　　B. 数据保密服务
　　 C. 数据完整性服务　　　　　　　D. 数据源点

■ **攻克要塞——试题分析** 安全服务包括对等实体认证服务、数据保密服务、数据完整性服务、数据源点认证服务、禁止否认服务和犯罪证据提供服务等。

➢ 对等实体认证服务:用于两个开放系统同等层中的实体建立链接或数据传输时,对对方实体的合法性、真实性进行确认,以防假冒。

➢ 数据保密服务:防止网络中各系统之间的数据被截获或被非法存取而泄密,提供密码加密保护。

➢ 数据完整性服务:防止非法实体对交换数据的修改、插入、删除以及在数据交换过程中的数据丢失。

➢ 数据源点认证服务:确保数据发自真正的源点,防止假冒。

➢ 禁止否认服务:防止发送方在发送数据后否认自己发送过此数据,接收方在收到数据后否认自己收到过此数据或伪造接收数据。

➢ 犯罪证据提供服务:为违反国内外法律法规的行为或活动,提供各类数字证据、信息线索等。

■ **参考答案** (3) C

知识点:信息安全体系

知识点综述

在《信息安全技术 信息系统通用安全技术要求》(GB/T 20271—2006)中将信息系统安全技术体系分为物理安全、运行安全、数据安全。

本知识点主要基于该标准中的内容进行考核。

参考题型

● 在信息系统安全技术体系中,安全审计属于___(1)___。
(1) A. 物理安全　　　B. 网络安全　　　C. 数据安全　　　D. 运行安全

■ **攻克要塞——试题分析** 在《信息安全技术 信息系统通用安全技术要求》(GB/T 20271—2006)中将信息系统安全技术体系分为物理安全、运行安全和数据安全。

其中,运行安全包括:①风险分析;②信息系统安全性检测分析;③信息系统安全监控;④安全审计;⑤信息系统边界安全防护;⑥备份与故障恢复;⑦恶意代码防护;⑧信息系统的应急处理;⑨可信计算和可信连接技术。

■ **参考答案** (1) D

知识点：应用系统安全

知识点综述

应用系统运行中涉及的安全和保密层次，按粒度从大到小的排序是：系统级安全、资源访问安全、功能性安全和数据域安全。程序资源访问控制安全的粒度大小界于系统级安全和功能性安全两者之间，是最常见的应用系统安全问题，几乎所有的应用系统都会涉及这个安全问题。

需要掌握各层次的具体含义。

参考题型

- 应用系统运行中涉及的安全和保密层次包括系统级安全、资源访问安全、功能性安全和数据域安全，其中粒度最小的层次是__(1)__。

  (1) A．系统级安全　　　　　　　　　B．资源访问安全
  　　C．功能性安全　　　　　　　　　D．数据域安全

  ■ **攻克要塞——试题分析**　按粒度从大到小的排序是：系统级安全、资源访问安全、功能性安全、数据域安全。

  ■ **参考答案**　(1) D

- 应用系统运行中涉及的安全和保密层次包括系统级安全、资源访问安全、数据域安全等。以下描述不正确的是__(2)__。

  (2) A．按粒度从大到小排序为系统级安全、资源访问安全、数据域安全
  　　B．系统级安全是应用系统的第一道防线
  　　C．功能性安全会对程序流程产生影响
  　　D．数据域安全可以细分为文本级数据域安全和字段级数据域安全

  ■ **攻克要塞——试题分析**　本题一方面考核安全和保密层次，另一方面考核的是对各主要层次的理解。

  选项 D，数据域安全包括了"行级"与"字段级"数据域安全。

  数据域安全包括两个层次，其一，是行级数据域安全，即用户可以访问哪些业务记录，一般以用户所在单位为条件进行过滤；其二，是字段级数据域安全，即用户可以访问业务记录的哪些字段。

  ■ **参考答案**　(2) D

知识点：网络安全

知识点综述

本节考查网络安全、加密解密等基础知识，常见设备，常见的网络攻防手段等。

参考题型

- 在网络产品中，__(1)__ 通常被比喻为网络安全的大门，用来鉴别什么样的数据包可以进出企业内部网。

  (1) A．漏洞扫描工具　　B．防火墙　　C．防病毒软件　　D．安全审计系统

  ■ **攻克要塞——试题分析**　考核对网络安全技术的了解。防火墙通常被比喻为网络安全的大门，用来鉴别什么样的数据包可以进出企业内部网。在应对黑客入侵方面，可以阻止基于IP包头的攻击和非信任地址的访问。但传统防火墙无法阻止和检测基于数据内容的黑客攻击和病毒入侵，同时也无法控制内部网络之间的违规行为。

  ■ **参考答案**　(1) B

- 按照行为方式，可以将针对操作系统的安全威胁划分为切断、截取、篡改、伪造4种。其中__(2)__是对信息完整性的威胁。

  (2) A．切断　　　　B．截取　　　　C．篡改　　　　D．伪造

  ■ **攻克要塞——试题分析**　针对操作系统的安全威胁按照行为方式划分，通常有以下4种：

  切断：这是对可用性的威胁。系统的资源被破坏或变得不可用或不能用，如破坏硬盘、切断通信线路或使文件管理失效。

  截取：这是对机密性的威胁。未经授权的用户、程序或计算机系统获得了对某资源的访问，如在网络中窃取数据及非法拷贝文件和程序。

  篡改：这是对完整性的攻击。未经授权的用户不仅获得了对某资源的访问，而且进行篡改，如修改数据文件中的值，修改网络中正在传送的消息内容。

  伪造：这是对合法性的威胁。未经授权的用户将伪造的对象插入到系统中，如非法用户把伪造的消息加到网络中或向当前文件加入记录。

  ■ **参考答案**　(2) C

- __(3)__ 是 __(3)__ 的基础，两者的目的都是为了在系统崩溃或灾难发生时能够恢复数据或系统。

  (3) A．数据容灾　数据备份　　　　B．数据存储　数据安全
  　　C．数据安全　数据存储　　　　D．数据备份　数据容灾

  ■ **攻克要塞——试题分析**　数据备份是数据容灾的基础。数据备份是为了在系统数据崩溃时能够快速恢复数据。数据容灾不是简单数据备份，是为了在灾难发生时能全面、及时地恢复整个系统。

  ■ **参考答案**　(3) D

- 网络安全态势感知在 __(4)__ 的基础上，进行数据整合、特征提取等，应用一系列态势评估算法，生成网络的整体态势情况。

  (4) A．安全应用软件　　B．安全基础设施　　C．安全网络环境　　D．安全大数据

  ■ **攻克要塞——试题分析**　网络安全态势感知是一种基于环境的、动态、整体地洞悉安全风险的能力，以安全大数据为基础，对能够引起网络安全态势发生变化的要素进行获取、分析、评估、呈现，以及对未来发展趋势预测的一个过程。它从全局视角提升对安全威胁的发现识别、理解分析、响应处置能力，并通过分析决策和联动响应，完成全流程威胁处置。

  ■ **参考答案**　(4) D

知识点：信息安全等级保护

知识点综述

本知识点考核两个标准。

《计算机信息系统 安全保护等级划分准则》（GB 17859—1999）将计算机信息系统分为 5 个安全保护等级，分别是：①用户自主保护级；②系统审计保护级；③安全标记保护级；④结构化保护级；⑤访问验证保护级。

《信息安全等级保护管理办法》将信息系统的安全保护等级分为一至五级。

参考题型

- 根据《信息安全等级保护管理方法》规定，信息系统受到破坏后，会对社会秩序和公众利益造成严重损害，或者对国家安全造成损害，则该信息系统的安全保护等级为__(1)__。

　　(1) A. 一级　　　　　　B. 二级　　　　　　C. 三级　　　　　　D. 四级

　　■ **攻克要塞——试题分析**　《信息安全等级保护管理办法》将信息系统的安全保护等级分为以下五级。本题考核第三级。

　　第三级，信息系统受到破坏后，会对社会秩序和公共利益造成严重损害，或者对国家安全造成损害。第三级信息系统运营、使用单位应当依据国家有关管理规范和技术标准进行保护。国家信息安全监管部门对该级信息系统信息安全等级保护工作进行监督、检查。

　　■ **参考答案**　(1) C

- 《计算机信息系统 安全保护等级划分准则》 将计算机信息系统分为 5 个安全保护等级。其中__(2)__适用于中央级国家机关、广播电视部门、重要物资储备单位等部门。

　　(2) A. 系统审计保护级　　　　　　B. 安全标记保护级
　　　　C. 结构化保护级　　　　　　　D. 访问验证保护级

　　■ **攻克要塞——试题分析**　本题考核等级划分准则"第四级结构化保护级"。该级适用于中央级国家机关、广播电视部门、重要物资储备单位、社会应急服务部门、尖端科技企业集团、国家重点科研单位机构和国防建设等部门。

　　■ **参考答案**　(2) C

[辅导专家提示] 等级保护划分准则考核的关键点在了解不同等级所适用的环境。从目前考核情况来看，三级考核频率最多。

《计算机信息系统 安全保护等级划分准则》（GB 17859—1999）是建立安全等级保护制度，实施安全等级管理的重要基础性标准，它将计算机信息系统分为以下五个安全保护等级。

第一级：用户自主保护级。通过隔离用户与数据，使用户具备自主安全保护的能力。它为用户提供可行的手段，保护用户和用户信息，避免其他用户对数据的非法读写与破坏，该级适用于普通内联网用户。

第二级：系统审计保护级。实施了粒度更细的自主访问控制，它通过登录规程、审计安全性相关事件和隔离资源，使用户对自己的行为负责。该级适用于通过内联网或国际网进行商务活动，需要保密的非重要单位。

第三级：安全标记保护级。具有系统审计保护级的所有功能。该级适用于地方各级国家机关、金融单位机构、邮电通信、能源与水源供给部门、交通运输、大型工商与信息技术企业、重点工程建设等单位。

第四级：结构化保护级。建立于一个明确定义的形式安全策略模型之上，要求将第三级系统中的自主和强制访问控制扩展到所有主体与客体。该级适用于中央级国家机关、广播电视部门、重要物资储备单位、社会应急服务部门、尖端科技企业集团、国家重点科研单位机构和国防建设等部门。

第五级：访问验证保护级。满足访问控制器需求。访问监控器仲裁主体对客体的全部访问。访问监控器本身是抗篡改的；必须足够小，能够分析和测试。为了满足访问监控器需求，计算机信息系统可信计算基在其构造时，排除那些对实施安全策略来说并非必要的代码；在设计和现实时，从系统工程角度将其复杂性降低到最低程度。支持安全管理员职能；扩充审计机制，当发生与安全相关的事件时发出信号；提供系统恢复机制。

- 根据数据在经济社会发展中的重要程度以及一旦遭到篡改、破坏、泄露或者非法获取、非法利用，对国家安全、公共利益或者个人、组织合法权益造成的危害程度，进行数据保护，这是实行的数据__(3)__保护制度。

（3）A．分类分级　　　　B．安全审查　　　　C．风险评估　　　　D．应急处置

■ **攻克要塞——试题分析**　数据分类分级保护制度是根据数据在经济社会发展中的重要程度以及一旦遭到篡改、破坏、泄露或者非法获取、非法利用，对国家安全、公共利益或者个人、组织合法权益造成的危害程度，进行不同级别的数据保护。

■ **参考答案**　（3）A

知识点：信息安全技术

知识点综述

保障信息安全的技术包括硬件系统安全技术、操作系统安全技术、数据库安全技术、软件安全技术、网络安全技术、密码技术、恶意软件防治技术、信息隐藏技术、信息设备可靠性技术等。其中，硬件系统安全和操作系统安全是信息系统安全的基础，密码和网络安全等是关键技术。

网络安全技术主要包括防火墙、VPN、IDS、防病毒、身份认证、数据加密、安全审计、网络隔离等。

参考题型

【考核方式1】考核对主要安全技术的理解及其应用的环境。

- 在下列四个选择中，正确的选项是__(1)__，①用于防止信息抵赖，②用于防止信息被窃取，③用于防止信息被篡改，④用于防止信息被假冒。

（1）A．①加密技术　　②数字签名　　③完整性技术　　④身份认证
　　　B．①完整性技术　②身份认证　　③加密技术　　　④数字签名

C．①数字签名　　　②完整性技术　　　③身份认证　　　④加密技术
　　D．①数字签名　　　②加密技术　　　　③完整性技术　　④身份认证

■ **攻克要塞——试题分析**　加密技术是利用数学或物理手段，对电子信息在传输过程中和存储体内进行保护，以防止泄露（信息被窃取）的技术。

　　数字签名是利用一套规则和一个参数集对数据计算所得的结果，用此结果能够确认签名者的身份和数据的完整性。简单地说，数字签名就是附加在数据单元上的一些数据，或是对数据单元所做的密码变换。这种数据或变换允许数据单元的接收者用以确认数据单元的来源和数据单元的完整性并保护数据，防止被人（如接收者）伪造。数字签名的主要功能是保证信息传输的完整性、发送者的身份认证、防止交易中的抵赖发生。

　　完整性技术指发送者对传送的信息报文，根据某种算法生成一个信息报文的摘要值，并将此摘要值与原始报文一起通过网络传送给接收者，接收者用此摘要值来检验信息报文在网络传送过程中有没有发生变化，以此来判断信息报文的真实与否。

　　身份认证是指采用各种认证技术确认信息的来源和身份，以防假冒。

■ **参考答案**　（1）D

【**考核方式2**】　结合具体的环境考核安全技术。

● 比较先进的电子政务网站提供基于__(2)__的用户认证机制，用于保障网上办公的信息安全和不可抵赖性。
　　（2）A．数字证书　　　B．用户名和密码　　　C．电子邮件地址　　　D．SSL

■ **攻克要塞——试题分析**　电子政务网站提供基于数字证书的用户认证机制，用于保障网上办公的信息安全和不可抵赖性。数字证书可以对用户进行认证，保证数据的机密性、完整性和抗抵赖性。

　　认证：是指对网络中信息传递的双方进行身份的确认。

　　机密性：是指保证信息不泄露给未经授权的用户或供其利用。

　　完整性：是指防止信息被未经授权的人篡改，保证真实的信息从真实的信源无失真地传到真实的信宿。

　　抗抵赖性：是指保证信息行为人不能够否认自己的行为。

　　SSL是一个保证计算机通信安全的协议，对通信对话过程进行安全保护。

■ **参考答案**　（2）A

课堂练习

● RSA是一种公开密钥算法，可用于信息的保密传输。公开密钥是指__(1)__。
　　（1）A．加密密钥是公开的　　　　　　　　　B．解密密钥是公开的
　　　　C．加密密钥和解密密钥都是公开的　　　D．加密密钥和解密密钥都是相同的

● 数字信封__(2)__。
　　（2）A．使用非对称密钥密码算法加密邮件正文　　B．使用RSA算法对邮件正文生成摘要
　　　　C．使用收件人的公钥加密会话密钥　　　　　D．使用发件人的私钥加密会话密钥

- 在《计算机信息安全保护等级划分准则》中确定了 5 个安全保护等级，其中最高一级是__(3)__。
  - (3) A．用户自主保护级 B．结构化保护级
  - C．访问验证保护级 D．系统审计保护级
- 下列关于信息系统机房的说法，不正确的是__(4)__。
  - (4) A．变形缝不应穿过主机房
  - B．设有技术夹层和技术夹道的电子信息系统机房，其建筑设计应满足各种设备和管线的安装和维护要求，当管线需穿越楼层时，宜设置技术竖井
  - C．电子信息系统机房可设置门厅、休息室、值班室和更衣间
  - D．主机房净高应根据机柜高度及通风要求确定，且不宜小于 2.9m
- 计算机网络安全是指利用管理和技术措施，保证在一个网络环境里，信息的__(5)__受到保护。
  - (5) A．完整性、可靠性及可用性 B．机密性、完整性及可用性
  - C．可用性、完整性及兼容性 D．可用性、完整性及冗余性
- SSL 主要利用数据加密技术，以确保数据在网络传输过程中不会被截取及窃听。该协议运行在网络的__(6)__。
  - (6) A．数据链路层 B．传输层与应用层之间
  - C．传输层 D．应用层与会话层之间
- 堡垒主机是一台完全暴露给外网的主机，在维护内网安全方面发挥着非常大的作用。以下关于堡垒主机的叙述中，不正确的是__(7)__。
  - (7) A．堡垒主机具有输入/输出审计功能 B．需要设置防火墙以保护堡垒主机
  - C．堡垒主机能配置网关服务 D．堡垒主机一般配置两块网卡
- 信息安全的级别划分为不同的维度，在下列划分中，正确的是__(8)__。
  - (8) A．系统运行安全和保密有 5 个层次，包括设备级安全、系统级安全、资源访问安全、功能性安全和数据安全
  - B．分为 4 个级别，包括 A 级、B 级、C 级和 D 级
  - C．根据系统处理数据的重要性，系统可靠性分为 A 级和 B 级
  - D．根据系统处理数据的保密性，系统保密等级分为绝密、机密和秘密
- 电子邮件应用程序利用 POP3 协议__(9)__。
  - (9) A．创建邮件 B．加密邮件 C．发送邮件 D．接收邮件
- 关于 TCP 和 UDP 的说法，__(10)__是错误的。
  - (10) A．TCP 和 UDP 都是传输层的协议 B．TCP 是面向连接的传输协议
  - C．UDP 是可靠的传输协议 D．TCP 和 UDP 都是以 IP 协议为基础的
- 在 OSI 参考模型中，数据链路层处理的数据单位是__(11)__。
  - (11) A．比特 B．帧 C．分组 D．报文
- IP 地址是在 OSI 模型的__(12)__定义。
  - (12) A．物理层 B．数据链路层 C．网络层 D．传输层
- 关于网络存储技术的描述，正确的是__(13)__。
  - (13) A．DAS 是一种易于扩展的存储技术

B．NAS 系统与 DAS 系统相同，都没有自己的文件系统

C．NAS 可以使用 TCP/IP 作为其网络传输协议

D．SAN 采用了文件共享存取方式

- 应用系统运行中涉及的安全和保密层次包括系统级安全、资源访问安全、功能性安全和数据域安全。针对应用系统安全管理，首先要考虑 __(14)__ 。

（14）A．系统级安全 　　　　　　　　B．资源访问安全

　　　　C．功能性安全 　　　　　　　　D．数据域安全

- 《中华人民共和国网络安全法》于 2017 年 6 月 1 日起开始施行，__(15)__ 负责统筹协调网络安全工作和相关监督管理工作。

（15）A．国务院电信主管部门 　　　　B．工业和信息化部主管部门

　　　　C．公安部门 　　　　　　　　　D．国家网信部门

第5章 法律法规与标准化

知识点图谱与考点分析

从试题考点分布的角度来看,考核点包括保护期限、知识产权人的确定、侵权判断及法规所适用的环境。如图 5-1 所示为法律法规与标准化知识图谱。

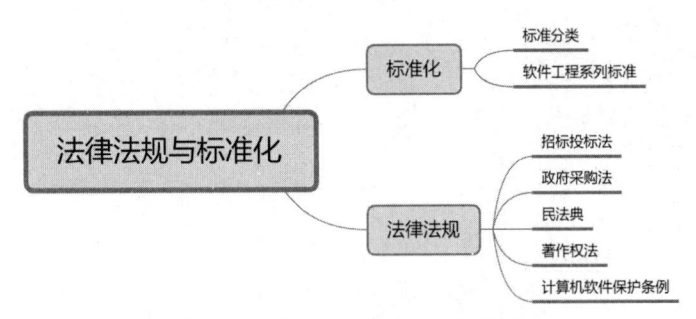

图 5-1 法律法规与标准化知识图谱

除了标准化的基础知识外,主要以软件工程国家标准的考核为主,几乎每年均有题目。软件工程所涉及的国家标准较多,且目前在考核上倾向于考核标准中的具体条文,因此属于考核的难点。

知识点:标准化

标准分类知识点综述

标准是对重复性事务和概念所作的统一规定,它以科学、技术和实践经验的综合成果为基础,经有关方面协商一致,由主管机构批准,以特定形式发布,作为共同遵守的准则和依据。

在本知识点中,要求了解标准的分类层次及标准代号的含义。如图 5-2 所示为标准分类知识图谱。实际考核中,本知识点的考核更多地侧重软件工程和信息安全相关的标准。

《中华人民共和国标准化法》的 4 个层次包括:国家标准、行业标准、地方标准和企业标准。

图 5-2 标准分类知识图谱

参考题型

【考核方式】 考核标准的代号。

- ___(1)___ 为推荐性地方标准的代号。

　　(1) A. SJ/T　　　　B. Q/T11　　　　C. GB/T　　　　D. DB11/T

　　■ 攻克要塞——试题分析　我国国家标准代号：强制性标准代号为 GB，推荐性标准代号为 GB/T、指导性标准代号为 GB/Z、实物标准代号 GSB。行业标准代号由汉语拼音大写字母组成（如电力行业为 DL）；地方标准代号由 DB 加上省级行政区划代码的前两位组成；企业标准代号由 Q 加上企业代号组成。

　　本题中，选项 A 是电子行业标准代号，选项 B 是企业标准代号，选项 C 是国家推荐性标准代号。

　　■ 参考答案　(1) D

[辅导专家提示] 国内的标准命名大部分以拼音首字母开头，所以在判断过程中可以根据拼音进行判断，如 DB 是"地标"的拼音。

软件工程标准知识点综述

软件工程系列标准基本上属于必考知识点。

近几年考核较多的标准有：《软件文档管理指南》(GB/T 16680—1996)、《软件工程 产品质量 第 1 部分：质量模型》(GB/T 16260.1—2006)、《信息技术 软件生存周期过程》(GB/T 8566—2007)、《计算机软件产品开发文件编制指南》。

参考题型

【考核方式 1】 识记题。考核常见的文档标准的分类。

- 根据《软件文档管理指南》(GB/T 16680—1996)，软件文档包括___(1)___等。

　　(1) A. 启动文档、计划文档、实施文档和收尾文档
　　　　B. 开发文档、支持文档和管理文档
　　　　C. 开发文档、产品文档和管理文档
　　　　D. 开发文档、技术文档和管理文档

　　■ 攻克要塞——试题分析　本题考核软件工程标准分类中的文档标准。根据《软件文档管理指南》(GB/T 16680—1996) 标准，软件文档包括开发文档、产品文档（用户文档）和管理文档三大类。

　　■ 参考答案　(1) C

[辅导专家提示]

开发文档：主要包括软件需求规格说明书、数据需求规格说明书、概要设计说明书、详细设计说明书、项目开发计划等。

产品文档：主要包括用户手册、操作手册、维护修改建议书等。

管理文档：为项目的开发管理提供支持的各种文档，其读者群主要针对管理人员。其中主要包括可行性研究报告、项目开发计划、测试计划、技术报告、开发进度记录、项目开发总结报告等。

【考核方式2】 考核常见的文档标准中的具体内容。

● 根据《软件文档管理指南》（GB/T16680—1996），__(2)__不属于基本的开发文档。

（2）A. 可行性研究和项目任务书　　　B. 培训手册
　　　C. 需求规格说明书　　　　　　　D. 开发计划

■ **攻克要塞——试题分析** 基本的开发文档有可行性研究和项目任务书、需求规格说明书、功能规格说明书、设计规格说明书（包括程序和数据规格说明书）、开发计划、软件集成和测试计划、质量保证计划（标准和进度）、安全和测试信息；基本的产品文档有培训手册、参考手册和用户指南、软件支持手册、产品手册和信息广告；基本的管理文档按照《计算机软件文档编制规范》（GB/T 8567—2006）进行处理。

■ **参考答案** （2）B

[辅导专家提示] 该题在上一题的基础上做了更进一步的考核。

类似的文档标准还包括《计算机软件文档编制规范》（GB/T 8567—2006）。

《计算机软件文档编制规范》（GB/T 8567—2006）规定，管理人员使用的文档有可行性研究报告、项目开发计划、模块开发卷宗、开发进度月报、项目开发总结报告；开发人员使用的文档有可行性研究报告、项目开发计划、软件需求说明书、数据要求说明书、概要设计说明书、详细设计说明书、数据库设计说明书、测试计划、测试分析报告；维护人员使用的文档有设计说明书、测试分析报告、模块开发卷宗；用户使用的文档有用户手册、操作手册。

【考核方式3】 考核具体的条文，识记性强。一般考生很难仔细去研究文档的内容。

● 在信息系统集成项目管理常用的技术标准中，__(3)__标准定义软件工程领域中通用的术语。

（3）A.《信息处理系统计算机系统配置图符号及约定》（GB/T 14085—1993）
　　　B.《信息技术 软件生存周期过程》（GB/T 8566—2001）
　　　C.《信息技术 软件工程术语》（GB/T 11457—2006）
　　　D.《信息处理 数据流程图 程序流程图 系统流程图 程序网络图和系统资源图的文件编辑符号及约定》（GB 1526—1989）

■ **攻克要塞——试题分析** 顾名思义，《信息技术 软件工程术语》（GB/T 11457—2006）定义了软件工程领域中通用的术语。

■ **参考答案** （3）C

【考核方式4】 考核CMMI的内容，包括CMMI的表示法和关键过程域。

● CMMI的连续式表示法与阶段式表示法分别表示__(4)__。

（4）A. 项目的成熟度和组织的过程能力　　　B. 组织的过程能力和组织的成熟度

C．项目的成熟度和项目的过程能力　　D．项目的过程能力和组织的成熟度

■ **攻克要塞——试题分析**　本题考点 CMMI 是教程改版后新增的知识点，考核 CMMI 的两种表示法。

CMMI 支持两种级别的改进路径。一条路径使组织能够逐步改进其选定的单个过程域（或一组过程域）所对应的过程。另一条路径使组织能够以增量方式应对层次相继的过程域集合来改进相关的过程集。这两种改进路径与两种类型的级别相关联——能力等级与成熟度级别。这些等级或级别对应两种过程改进方法，称作"表示法"。这两种表示法称为"连续式"与"阶段式"。

使用连续式表示法能够达成"能力等级"。使用阶段式表示法能够达成"成熟度级别"。

■ **参考答案**　（4）B

● 需求管理（REQM）属于 CMMI 的 __(5)__ 过程域。

（5）A．项目管理类　　　B．过程管理类　　C．工程类　　　D．支持类

■ **攻克要塞——试题分析**　CMMI 过程域可以分为 4 类，包括项目管理类、过程管理类、工程和支持类。要求了解选项的具体内涵。

CMMI 中的 7 个项目管理类过程域如下：①集成项目管理（IPM）；②项目监督与控制（PMC）；③项目计划（PP）；④量化项目管理（QPM）；⑤需求管理（REQM）；⑥风险管理（RSKM）；⑦供方协议管理（SAM）。

■ **参考答案**　（5）A

[辅导专家提示] CMMI 的考核主要包括两部分：①CMMI 过程域，要求考生了解每个成熟度级别中的主要过程域；②CMMI 表示法，要求考生了解连续性和阶段性的表示方法。

知识点：法律法规

法律法规部分涉及《中华人民共和国招标投标法》（简称"招投标法"）、《中华人民共和国政府采购法》（简称"政府采购法"）、《中华人民共和国民法典》（简称"民法典"）、《中华人民共和国著作权法》（简称"著作权法"）、《计算机软件保护条例》等。除此之外，还需要关注"知识产权"相关的知识。

招投标法知识点综述

招投标法属于考核频率最高的知识点之一。如图 5-3 所示为招投标法知识图谱。

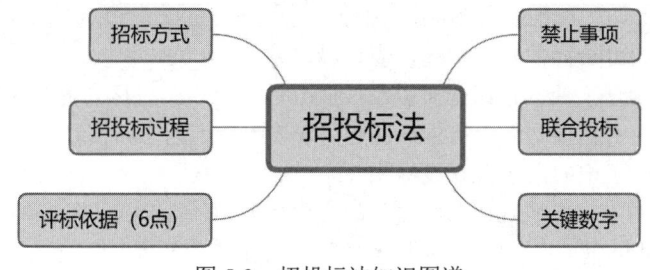

图 5-3　招投标法知识图谱

"招投标法"涉及的主要知识点有：①考核方法：招标方式的区分（公开招标和邀请招标）；②考核过程：招投标的过程（招标、投标、开标、评标、中标）；③考核依据：评标的依据；④考核禁止事项：招投标过程中的一些主要禁止事项（低于成本价投标、串通报价）等；⑤考核原则：联合投标的问题（"资质从低认证"的原则）；⑥考核数字：招投标过程中所涉及的一些关键数字（30、20、15、2/3等）。要求考生对以上内容非常熟悉。

参考题型

【考核方式1】 考核招投标过程中所涉及的关键数字。

● 根据有关法律，招标人与中标人应当自中标通知发出之日 __(1)__ 天内，按招标文件和中标人的投标文件订立书面合同。

(1) A. 15　　　　　　B. 20　　　　　　C. 30　　　　　　D. 45

■ **攻克要塞——试题分析** 按照招投标法规定，招标人与中标人应当自中标通知书发出之日30天内，按招标文件和中标人的投标文件订立书面合同。

■ **参考答案** (1) C

[辅导专家提示] 招投标过程中所涉及的一些关键数字有：30天（中标通知书发出30天内，订立合同）；20天（招标文件要提前20天发布）；15天（如果要修改招标文件内容，需要提前15天）；5天（资格预审文件或者招标文件发售期不得少于5天）；2/3（评委中要有2/3的技术和经济方面的专家）；2%（投标保证金不得超过招标项目估算价的2%）。

【考核方式2】 考核招投标过程中评标的原则。

● 某单位要对一个网络集成项目进行招标，由于现场答辩环节没有一个定量的标准，相关负责人在制订该项评分细则时规定本项满分为10分，但是评委的打分不得低于5分。这一规定反映了制订招标评分标准时 __(2)__ 。

(2) A. 以客观事实为依据　　　　　　B. 得分应能明显分出高低
　　C. 严格控制自由裁量权　　　　　　D. 评分标准应便于评审

■ **攻克要塞——试题分析** 严格控制自由裁量权是指在评分细则中应尽可能少地出现"由评委根据某情况酌情打分"的字样，对那些确实不好用客观依据量化、细化的评分因素，如技术方案、现场答辩、现场测试效果等无法描述的评分因素，应设定该因素的最低得分值，且最低得分不少于满分值的50%。

■ **参考答案** (2) C

【考核方式3】 考核对具体条款的理解。

● 下列关于投标与签订合同的有关叙述，表达最准确的是 __(3)__ 。

(3) A. 两个以上法人或其他组织可以组成联合体，以多个投标人的身份参加投标
　　B. 投标方可对招标文件"招标设备一览表"中所列的一项或几项设备投标，特殊情况下可将其一项中的内容拆开投标
　　C. 中标人的投标应能满足招标文件的实质性要求，并且经评审价格最低
　　D. 合同谈判的方法一般是先谈技术条款，后谈商务条款

■ **攻克要塞——试题分析** 选项 A 只能以一个投标人身份投标。选项 B 和选项 C 都违背了招投标的原则。选项 B 需要经过招标方同意；选项 C 中，招标时根据评标原则来确定中标人，而不仅仅是价格。

■ **参考答案** （3）D

[辅导专家提示] 招投标法的知识点属于必考题，考核分值为 1～2 分。

政府采购法综述

政府采购法以立法的方式强制规定了有关政府采购的相关活动，该法明确了政府采购当事人、政府采购方式、政府采购程序、政府采购合同、质疑与投诉、监督检查及法律责任。在本知识点中，重点掌握几种主要政府采购方式的适用环境。如图 5-4 所示为政府采购法知识图谱。

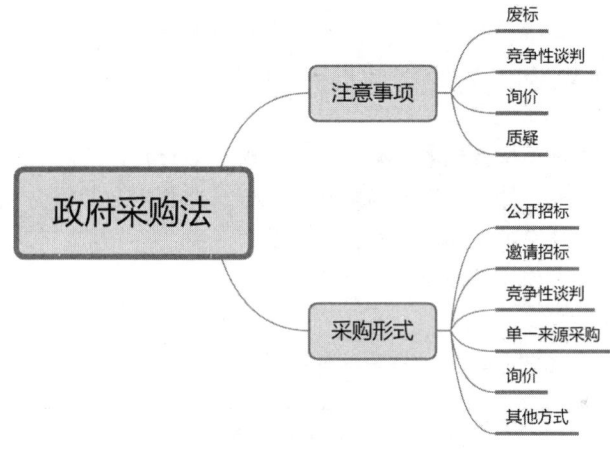

图 5-4 政府采购法知识图谱

参考题型

【考核方式 1】考核概念，要求考生熟记政府采购法中的采购方式。

● 下列有关《中华人民共和国政府采购法》的叙述中，错误的是___(1)___。
（1）A. 政府采购可以采用公开招标方式
　　　B. 政府采购可以采用邀请招标方式
　　　C. 政府采购可以采用竞争性谈判方式
　　　D. 公开招标应作为政府采购的主要采购方式，政府采购不可从单一来源采购

■ **攻克要塞——试题分析** 本题考查政府采购法。根据政府采购法的第二十六条：政府采购采用以下方式：①公开招标；②邀请招标；③竞争性谈判；④单一来源采购；⑤询价；⑥国务院政府采购监督管理部门认定的其他采购方式。公开招标应作为政府采购的主要采购方式。

■ **参考答案** （1）D

[辅导专家提示] 政府采购法中常用条款如下：
第二十七条：采购人采购货物或者服务应当采用公开招标方式的，其具体数额标准，属于中央

预算的政府采购项目,由国务院规定;属于地方预算的政府采购项目,由省(自治区、直辖市)人民政府规定;因特殊情况需要采用公开招标以外的采购方式的,应当在采购活动开始前获得设区的市、自治州以上人民政府采购监督管理部门的批准。

第二十八条:采购人不得将应当以公开招标方式采购的货物或者服务化整为零,或者以其他任何方式规避公开招标采购。

【考核方式2】 考核应用,要求考生掌握政府采购法中主要采购方式的适用环境。

- 根据《中华人民共和国政府采购法》的规定,当 __(2)__ 时不采用竞争性谈判方式采购。

    (2) A. 技术复杂或性质特殊,不能确定详细规格或具体要求

    　　 B. 采用招标所需时间不能满足用户紧急需要

    　　 C. 发生了不可预见的紧急情况,不能从其他供应商处采购

    　　 D. 不能事先计算出价格总额

    ■ 攻克要塞——试题分析 根据政府采购法第三十条规定,符合下列情形之一的货物或者服务,可以依照本法采用竞争性谈判方式采购:

    (一)招标后没有供应商投标或者没有合格标的或者重新招标未能成立的;

    (二)技术复杂或者性质特殊,不能确定详细规格或者具体要求的;

    (三)采用招标所需时间不能满足用户紧急需要的;

    (四)不能事先计算出价格总额的。

    ■ 参考答案　(2) C

[辅导专家提示] 对于政府采购法,要弄清楚每种采购方式所适用的场景,见下表。

政府采购方式	适用场景
邀请招标	1. 具有特殊性,只能从有限范围的供应商处采购的。 2. 采用公开招标方式的费用占政府采购项目总价值的比例过大的
竞争性谈判	1. 招标后没有供应商投标或者没有合格标的或者重新招标未能成立的。 2. 技术复杂或者性质特殊,不能确定详细规格或者具体要求的。 3. 采用招标所需时间不能满足用户紧急需要的。 4. 不能事先计算出价格总额的
单一来源采购	1. 只能从唯一供应商处采购的。 2. 发生了不可预见的紧急情况,不能从其他供应商处采购的。 3. 必须保证原有采购项目一致性或者服务配套的要求,需要继续从原供应商处添购,且添购资金总额不超过原合同采购金额百分之十(10%)的
询价方式	采购的货物规格、标准统一、现货货源充足且价格变化幅度小的政府采购项目

此外,本知识点在下午考试的案例分析中出现时,根据其考核趋势来看,大部分情形都集中在考核竞争性谈判和单一来源采购,尤其注意单一来源中"不超过原合同采购金额10%"的条款。

民法典综述

《中华人民共和国民法典》于2020年5月28日正式通过,并于2021年1月1日正式施行。婚姻法、继承法、民法通则、收养法、担保法、合同法、物权法、侵权责任法、民法总则同时废止。

合同是平等主体的自然人、法人、其他组织之间设立、变更、终止民事权利义务关系的协议。合同法规范了合同的订立、效力、履行、变更和转让、权利义务终止、违约责任的法律。合同管理包括合同签订管理、合同履行管理、合同变更管理及合同档案管理。如图5-5所示为民法典中合同相关条文知识图谱。

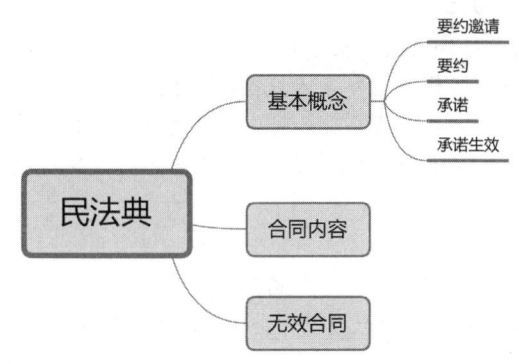

图 5-5 民法典中合同相关条文知识图谱

参考题型

【考核方式1】 考核民法典中合同相关的基本概念。
- 在建设工程合同的订立过程中，投标人根据招标内容在约定期限内向招标人提交的投标文件为___(1)___。
  (1) A. 要约邀请　　　B. 要约　　　C. 承诺　　　D. 承诺生效

  ■ 攻克要塞——试题分析　根据《中华人民共和国民法典》，要约是希望和他人订立合同的意思表示；要约邀请是希望他人向自己发出要约的意思表示。寄送的价目表、拍卖公告、招标公告、招股说明书、商业广告等为要约邀请。商业广告的内容符合要约规定的，视为要约；承诺是受要约人同意要约的意思表示，承诺生效时合同成立。

  根据以上定义，在合同的订立过程中，招标人所发布的招标公告是一种要约邀请；投标人根据招标内容在约定期限内向招标人提交的投标文件可以看作一种要约。

  ■ 参考答案　(1) B

【考核方式2】 考核合同管理的内容、合同的主要内容（具体条款）。
- 合同内容是当事人订立合同时的各项合同条款。合同的主要内容包括___(2)___。
  (2) ①当事人各自的权利、义务　　　②项目费用及工程款的支付方式
  　　③项目变更约定　　　④违约责任　　　⑤保密约定
  　　A. ①②④　　　　　　　　　　　　B. ①②③④⑤
  　　C. ①②③⑤　　　　　　　　　　　D. ②③④

  ■ 攻克要塞——试题分析　合同的主要内容包括当事人各自的权利、义务；项目费用及工程款的支付方式；项目变更约定；违约责任；保密约定。

  ■ 参考答案　(2) B

【考核方式3】 无效合同的判断。
- 当__(3)__时，合同可能认定为无效。
  (3) A．合同甲乙双方损害了社会共同利益
     B．合同标的规格约定不清
     C．合同中缺少违约条款
     D．合同中包括对人身伤害的免责条款

■ 攻克要塞——试题分析　根据《中华人民共和国民法典》，有下列情形之一的，合同无效：一方以欺诈、胁迫的手段订立合同，损害国家利益；恶意串通，损害国家、集体或者第三人利益；以合法形式掩盖非法目的；损害社会公共利益；违反法律、行政法规的强制性规定。

■ 参考答案　(3) A

著作权法综述

著作权法属于知识产权体系。知识产权是指公民、法人、非法人单位对自己的创造性智力成果和其他科技成果依法享有的民事权。

本知识点主要掌握基本概念的理解及侵权的判定，如图5-6所示为著作权法知识图谱。

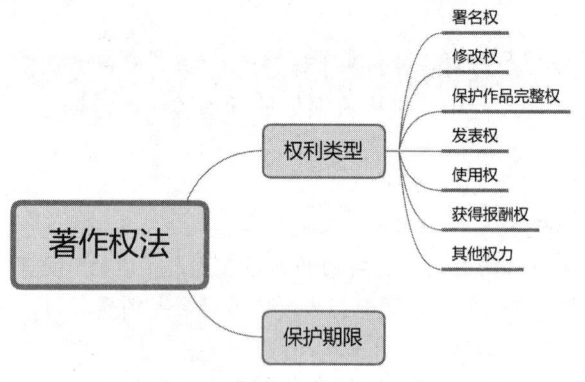

图5-6　著作权法知识图谱

参考题型

【考核方式1】 识记题。考核著作权法中的基本概念。
- 在我国著作权法中，__(1)__是指同一概念。
  (1) A．出版权与版权　　　　　　B．著作权与版权
     C．作者权与专有权　　　　　　D．发行权与版权

■ 攻克要塞——试题分析　根据《中华人民共和国著作权法》第五十六条规定："本法所称的著作权即版权"，正确答案为B。

■ 参考答案　(1) B

[辅导专家提示] 著作权法包括署名权、修改权、保护作品完整权、发表权、使用权和获得报酬权等，建议考生阅读官方教材，了解这些权力所包含的大致内容。

【考核方式2】 识记题。考核保护期限。

● 根据知识产权法的有关规定，下列选项中正确的说法是__(2)__。

(2) A. 专利权、商业秘密权、商标权均有法定保护期限

B. 专利权、商标权有法定保护期限，商业秘密权无法定保护期限

C. 专利权、商业秘密权和商标权均无法定保护期限

D. 专利权、商业秘密权无法定保护期限，商标权有法定保护期限

■ **攻克要塞——试题分析** 选项B，专利权保护期限为20年，商标权保护期限为10年，商业秘密权不确定，公开后公众可用。

■ **参考答案** (2) B

[辅导专家提示] 主要知识产权保护期限总结见下表。

客体类型	权利类型	保护期限
公民作品	署名权、修改权、保护作品完整权	没有限制
	发表权、使用权和获得报酬权	作者终生及其死亡后的50年（第50年的12月31日）
单位作品	发表权、使用权和获得报酬权	50年（首次发表后的第50年的12月31日），若其间未发表则不保护
公民软件产品	署名权、修改权	没有限制
	发表权、复制权、发行权、出租权、信息网络传播权、翻译权、使用许可权、获得报酬权、转让权	作者终生及其死后50年（第50年的12月31日）。合作开发，以最后死亡作者为准
单位软件产品	发表权、复制权、发行权、出租权、信息网络传播权、翻译权、使用许可权、获得报酬权、转让权	50年（首次发表后的第50年的12月31日），若其间未发表则不保护
注册商标		有效期为10年（若注册人死亡或倒闭1年后，未转移则可注销，期满前6个月内必须续注）
发明专利权		保护期为20年（从申请日开始）
实用新型和外观设计专利权		保护期为10年（从申请日开始）
商业秘密		不确定，公开后公众可用

《计算机软件保护条例》综述

《计算机软件保护条例》知识点主要考核知识产权的归属、保护期限及侵权的判定。

参考题型

【考核方式1】 考核保护期限。

● 自然人的计算机软件著作权的保护期为__(1)__。

(1) A. 25年　　　　　　　　　　B. 50年

C. 作者终生及死后50年　　　　D. 不受限制

■ **攻克要塞——试题分析** 自然人的软件著作权保护期自软件著作权产生之日起，截止于著作权人死亡后的第50年的12月31日（即著作权人死亡之后50年）。

■ 参考答案　（1）C

【考核方式2】　应用题。考核知识产权归属的判断。

● 《计算机软件保护条例》规定：对于在委托开发软件活动中，委托者与受委托者没有签订书面协议，或者在协议中未对软件著作权归属作出明确的约定，其软件著作权归___(2)___。
   (2) A. 委托者所有　　B. 受委托者所有　　C. 国家所有　　D. 软件开发者所有

■ 攻克要塞——试题分析　接受他人委托开发的软件，其著作权的归属由委托人与受托人签订书面合同约定；无书面合同或者合同未作明确约定的，其著作权由受托人享有。

■ 参考答案　（2）B

【考核方式3】　应用题。考核侵权的判定。

● 某软件设计师自行将他人使用C语言开发的控制程序转换为机器语言形式的控制程序，并固化在芯片中，该软件设计师的行为___(3)___。
   (3) A. 不构成侵权，因为新的控制程序与原控制程序使用的程序设计语言不同
       B. 不构成侵权，因为对原控制程序进行了转换与固化，其使用和表现形式不同
       C. 不构成侵权，将一种程序语言编写的源程序转换为另一种程序语言形式，属于一种"翻译"行为
       D. 构成侵权，因为他不享有原软件作品的著作权

■ 攻克要塞——试题分析　《计算机软件保护条例》第二条规定：本条例所称计算机软件（以下简称"软件"），是指计算机程序及其有关文档。

■ 参考答案　（3）D

知识点：知识产权

知识点综述

广义的知识产权从权利类型来说，包括著作权、专利权、商标权和其他知识产权；从保护对象来说，则是作品、发明创造、商标等商业标识，未公开信息、植物新品种、集成电路等各类知识产品、信息产品。狭义的知识产权是指由著作权（含邻接权）、专利权和商标权3个部分组成的传统知识产权，涉及的对象有作品、发明创造和商标。

本知识点主要考核知识产权的主要特点：①知识产权是一种无形财产（无体性）；②知识产权具备专有性的特点（专有性）；③知识产权具备时间性的特点（时间性）；④知识产权具备地域性的特点（地域性）；⑤大部分知识产权的获得需要法定的程序，比如，商标权的获得需要经过登记注册。

参考题型

【考核方式】　考核知识产权的特点。

● 知识产权作为法律所确认的知识产品所有人依法享有的民事权利，其管理的要项不包括___(1)___。
   (1) A. 权利客体是一种无形财产　　B. 权利具有地域性
       C. 权利具有优先性　　　　　　D. 权利具有时间性

■ **攻克要塞——试题分析**　知识产权的特点有无体性、专有性、时间性、地域性。
■ **参考答案**　（1）C

课堂练习

- （1）__(1)__ 不需要登记或标注版权标记就能得到保护。
  （1）A．专利权　　　　　B．商标权　　　　　C．著作权　　　　　D．财产权
- 政府采购的主要方式是 __(2)__ 。
  （2）A．公开招标　　　　B．邀请招标　　　　C．竞争性谈判　　　D．单一来源采购
- 关于知识产权，以下说法不正确的是 __(3)__ 。
  （3）A．知识产权具有一定的有效期限，超过法定期限后，就成为社会共同财富
  　　B．著作权、专利权、商标权都属于知识产权范畴
  　　C．知识产权具有跨地域性，一旦在某国取得产权承认和保护，那么在域外将具有同等效力
  　　D．发明、文学和艺术作品等智力创造都可以被认为是知识产权
- 当 __(4)__ 时，依照政府采购法，不能采用单一来源方式采购。
  （4）A．只有唯一供应商提供货物
  　　B．发生了不可预见的紧急情况不能从其他供应商处采购
  　　C．必须保证原有采购项目一致性或者服务配套的要求，需要继续从原供应商处添购，且添购总金额不超过原合同采购金额的百分之十
  　　D．公开招标方式的费用占政府采购项目总价值的比例过大
- 软件质量模型描述了软件产品的质量特性和质量子特性。其中 __(5)__ 包括适宜性、准确性、互用性、依从性和安全性等子特性。
  （5）A．功能性　　　　　B．可靠性　　　　　C．可用性　　　　　D．可维护性
- 根据政府采购法，采购人与中标成交供应商应当在中标通知书发出之日起 __(6)__ 日内按照采购文件确定的事项签订政府采购合同。
  （6）A．7　　　　　　　B．10　　　　　　　C．20　　　　　　　D．30

第6章 专业英语

考点分析

信息系统项目管理师的考试中，英语题目的分值固定是5分。而且对应的考题编号是71～75，在这5分的分值中，包括了计算机软件、网络、信息安全及项目管理等方面的知识。常规考核的5道题目中均是由这几方面的知识混搭而成。

对于常见的项目管理的专业词汇均要求考生有一定的理解和掌握。除此之外，也会经常考专业技术方面的英语题。此类题目并不难，实际水平不到大学英语四级。

常考核的形式有：考核项目管理的过程；考核项目管理过程的具体输入、输出和工具与方法；考核专业技术知识英语，主要是"新技术"相关的英语。

参考题型

【考核方式1】 考核项目管理的过程，要求考生掌握各知识领域的过程的英文名称。

- The __(1)__ process ascertains which risks have the potential of affecting the project and documenting the risks' characteristics.

　　(1) A. Risk Identification　　　　　B. Quantitative Risk Analysis
　　　　C. Qualitative Risk Analysis　　　D. Risk Monitoring and Control

■ **攻克要塞——试题分析**　本题考核项目管理的风险管理过程。原文翻译如下：风险识别过程确定哪些风险潜在地影响工程记录风险的特性研究。

风险识别过程是确定哪些风险可能会对项目产生影响，并将这些风险的特征形成文档。选项A是风险识别，选项B是定量风险分析，选项C是定性风险分析，选项D是风险监控。

■ **参考答案**　(1) A

【考核方式2】 考核项目管理过程的工具，要求考生掌握九大知识领域中主要过程的主要工具。

- The strategies for handling risk comprise of two main types: negative risks, and positive risks. The goal of the plan is to minimize threats and maximize opportunities. When dealing with negative risks, there are three main response strategies－__(2)__, transfer, mitigate.

（2）A．challenge　　　　　B．exploit　　　　　C．avoid　　　　　D．enhance

■ **攻克要塞——试题分析**　本题考核风险管理中的风险应对过程。原文翻译如下：风险应对策略包括两种主要类型：负面风险的应对策略和正面风险的应对策略。风险应对计划的目标是最小化威胁且最大化机会。处理负面风险有3种典型的战略：回避、转移和减轻。

选项A是挑战，选项B是开发，选项C是回避，选项D是提高。

■ **参考答案**　（2）C

【考核方式3】 考核专业技术知识。

● ＿＿（3）＿＿ is a property of object-oriented software by which an abstract operation may be performed in different ways in different classes.

（3）A．Method　　　　　　　　　　　B．Polymorphism
　　　C．Inheritance　　　　　　　　　　D．Encapsulation

■ **攻克要塞——试题分析**　本题考核面向对象的技术。原文翻译如下：多态是面向对象的特征之一，它提供了一个抽象操作，在不同的类中能够执行不同的方法。

选项A是方法，选项B是多态，选项C是继承，选项D是封装。

■ **参考答案**　（3）B

【考核方式4】 考核新技术知识。

● The ＿＿（4）＿＿ realize seamless integration of various manufacturing devices equipped with sensing identification, processing, communication actuation and networking capabilities.

（4）A．Internet of things　　　　　　　B．cloud computing
　　　C．big data　　　　　　　　　　　D．artificial intelligence

■ **攻克要塞——试题分析**　（4）可以实现具有传感、识别、加工、通信驱动和联网能力的各种制造设备的无缝集成。

A．物联网　　　　B．云计算　　　　C．大数据　　　　D．人工智能

■ **参考答案**　（4）A

[辅导专家提示] 这一部分知识点容易被考生忽视，建议在考前做历年的英语题目，临时冲刺，非常重要。

课堂练习

● WLAN is increasingly popular because it enables cost-effective ＿＿（1）＿＿ among people and applications that were not possible in the past.

（1）A．line　　　　　B．circuit　　　　　C．connection　　　　D．Interface

● ＿＿（2）＿＿ is not included in the main contents of the operation and maintenance of the information system.

（2）A．Daily operation and maintenance　　　B．System change
　　　C．Security management　　　　　　　　D．Business change

- In project time management, activity definition is the process of identifying and documenting the specific action to be performed to produce the project deliverables. __(3)__ are not output of activity definition.

  （3）A. Activity Lists　　　　　　　　B. Work Breakdown Structures
  　　　C. Activity Attributes　　　　　　D. Milestone Lists

- The customer asks your project to be completed 6 months earlier than planned. You think this target can be reached by-overlapping project activities. This approach is known as __(4)__.

  （4）A. balance engineering　　　　　B. fast-tracking
  　　　C. leveling　　　　　　　　　　D. crashing

- The auditing function that provides feedback about the quality of output is referred to as __(5)__.

  （5）A. quality control　　　　　　　B. quality planning
  　　　C. quality assurance　　　　　　D. quality improvement

【综述】

项目管理知识篇的内容涉及项目管理基础知识、项目立项管理、项目整合管理、项目范围管理、项目进度管理、项目成本管理、项目质量管理、项目资源管理、项目沟通管理与干系人管理、项目风险管理、项目采购管理、配置管理等知识。主要考查知识领域的定义、作用、输入、工具与技术、输出、裁剪考虑因素，项目管理原则与项目绩效域等。

第二篇 项目管理知识篇

第7章 项目管理基础知识

知识点图谱与考点分析

"项目管理基础知识"在整个项目管理知识体系中所占的分值并不多,根据历年的考点分类统计,其所占的分值平均为 2 分左右。该领域的知识是整个项目管理的基础部分,是从全局的角度对整个项目管理的知识体系进行综合性介绍。尤其是"项目管理过程"部分的知识点,是了解整个项目管理知识体系的基础,因此对于考生来说其分值不多,但却是不可忽视的知识点。其知识图谱如图 7-1 所示。

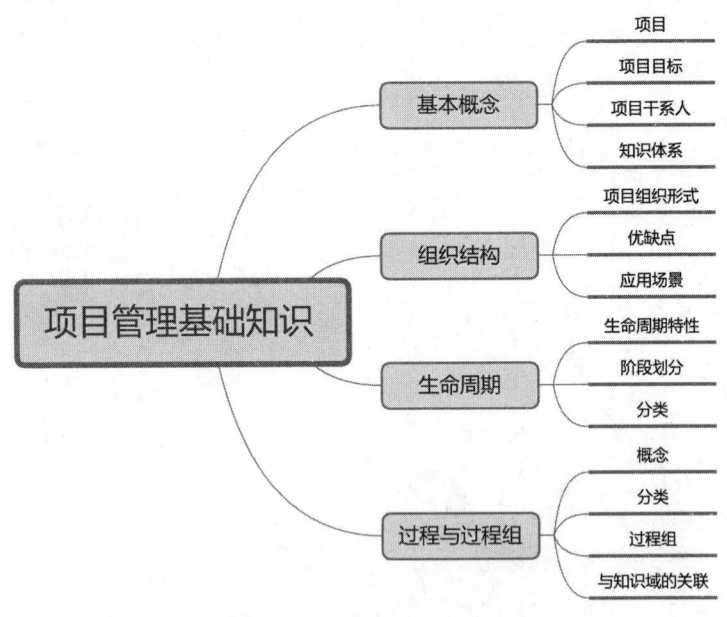

```
项目管理基础知识
├─ 基本概念
│   ├─ 项目
│   ├─ 项目目标
│   ├─ 项目干系人
│   └─ 知识体系
├─ 组织结构
│   ├─ 项目组织形式
│   ├─ 优缺点
│   └─ 应用场景
├─ 生命周期
│   ├─ 生命周期特性
│   ├─ 阶段划分
│   └─ 分类
└─ 过程与过程组
    ├─ 概念
    ├─ 分类
    ├─ 过程组
    └─ 与知识域的关联
```

图 7-1 项目管理基础知识图谱

[辅导专家提示] 本章是整个项目管理知识体系的基础,对后续理解各个项目管理知识域、过程及过程组之间的联系具有关键性作用。建议考生细读本章。

知识点：基本概念

知识点综述

基本概念主要包括项目、项目目标、项目管理等名词术语。"项目的特点"（包括临时性、独特性、渐进明细）、项目目标等知识点的考核频率较高，其余做一般性了解即可。如图 7-2 所示为基本概念知识图谱。

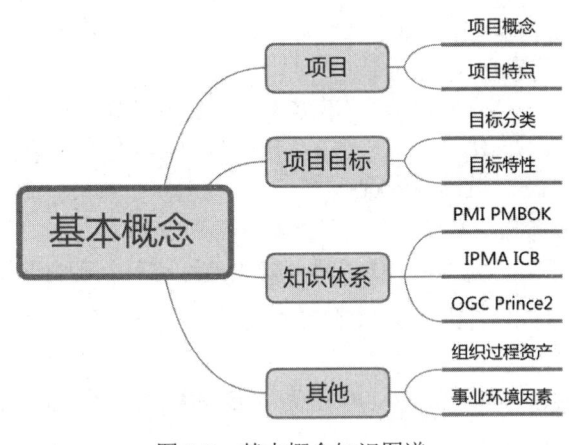

图 7-2　基本概念知识图谱

参考题型

【考核方式 1】　考核项目的特点以及具体内涵。

- 应用软件开发项目执行过程中允许对需求进行适当修改，并对这种变更进行严格控制，充分体现了项目的__(1)__特点。

　　(1) A．临时性　　　　B．独特性　　　　C．渐进明细　　　D．无形性

　　■ **攻克要塞——试题分析**　本题实际考核对"项目特点"的理解，项目的 3 个特点为"临时性、独特性、渐进明细"。"渐进明细"指项目的成果性目标是逐步完成的，项目的产品、成果或服务事先不可见，在项目前期只能粗略地进行项目定义，随着项目的进行才能逐渐明朗、完善和精确。这意味着在项目逐渐明细的过程中一定会有修改，产生相应的变更。因此，在项目执行过程中要对变更进行控制，以保证项目在各相关方同意下顺利开展。

　　■ **参考答案**　(1) C

　　临时性：指每一个项目都有一个明确的开始时间和结束时间，也指项目是一次性的。当项目目标已经实现，或由于项目成果性目标明显无法实现，或项目需求已经不复存在而终止项目时，意味着项目的结束。临时性并不一定意味着项目历时短，项目历时依项目的需要而定。不管什么情况，项目的历时总是有限的，项目要执行多个过程以完成独特产品、提供独特的服务或成果。

　　独特性：项目要提供某一独特产品，提供独特的服务或成果，因此"没有完全一样的项目"。

- 关于项目价值的描述，不正确的是 __(2)__ 。
  - (2) A. 项目存在于组织中，为干系人创造价值
    - B. 价值以过程为导向并定量定义，以获得预期的经济收益为目标
    - C. 项目可通过提高效率、生产力、效果或响应能力来创造价值
    - D. 价值是项目成功的最终指标，可创造满足需要的新产品、服务或结果
  - ■ 攻克要塞——试题分析 价值是指某种事物的作用、重要性或实用性。价值是项目的最终成功指标和驱动因素。项目管理者在坚持"聚焦于价值"原则时，应该以成果而不是过程为导向，从而帮助项目团队获得预期收益，创造价值。
  - ■ 参考答案 (2) B

- 作为项目的一种特征或属性，复杂性是指 __(3)__ 。
  - ①包含多个部分 ②不同部分之间存在差异性
  - ③不同部分之间的动态交互作用 ④交互作用产生的行为远远大于各部分简单的相加
  - (3) A. ①②③ B. ②③④ C. ①③④ D. ①②③④
  - ■ 攻克要塞——试题分析 项目的复杂性是指：①包含多个部分；②不同部分之间的动态交互作用；③不同部分之间存在一定关联；④不同部分之间的交互作用所产生的行为远远大于各部分简单的相加。
  - ■ 参考答案 (3) C

【考核方式2】 考核对项目目标及其相关基本概念的理解。

- __(4)__ 不是项目目标的特性。
  - (4) A. 多目标性 B. 优先性 C. 临时性 D. 层次性
  - ■ 攻克要塞——试题分析 本题实际考核对两个基本概念的理解：项目的特点和项目目标的特性。

  考生很容易把"项目特点"和"项目目标特性"这两个概念弄混。

  项目是为达到特定的目的、使用一定资源、在确定的期间内、为特定发起人提供独特的产品、服务或成果而进行的一次性努力。项目的特点有临时性、独特性、渐进明细。项目目标的特性有多目标性、优先性、层次性。

  本题选项 C 属于项目的特点。
  - ■ 参考答案 (4) C

【考核方式3】 考核其他基本概念的理解。

- __(5)__ 属于制订项目管理计划过程的事业环境因素。
  - (5) A. 配置管理知识库 B. 变更控制程序
    - C. 项目档案 D. 现有的设施和固定资产
  - ■ 攻克要塞——试题分析 能够影响制订项目管理计划过程的事业环境因素包括：政府或行业标准（如产品标准、质量标准、安全标准和工艺标准）；法律法规要求和相关制约因素；垂直市场（如建筑）和专门领域（如环境、安全、风险或敏捷软件开发）的项目管理知识体系；组织的结构、文化、管理实践和可持续性；组织治理框架（通过安排人员、制定政策和确定过程，以结构化的方

式实施控制、指导和协调，从而实现组织的战略和目标）；基础设施（如现有的设施和固定资产）等。

■ **参考答案** （5）D

[辅导专家提示] 项目目标的分类包括约束性目标（管理性目标）和成果性目标（项目目标）。约束性目标（管理性目标）包括时间、费用等；成果性目标（项目目标）指通过项目开发出的满足客户要求的产品、系统、服务或成果。

项目管理的理解：在约束性目标的前提下实现成果性目标。

项目与企业运营的区别：项目具有临时性等特点，而企业运营具有连续性和重复性的特点。

项目与战略的联系：组织通过项目来实现其战略目标。

项目干系人：是指那些积极参与项目，其利益受到项目执行或项目结果影响的个人和组织，他们也可能会对项目及其结果施加影响。项目干系人包括项目经理、项目管理团队、项目团队的其他成员、客户（用户）、发起人、项目组合经理（项目组合评审委员会）、项目集经理、项目管理办公室、职能经理、运营经理、卖方（业务伙伴）等。

其他相关概念：事业环境因素、组织过程资产。

知识点：组织结构

知识点综述

组织在项目管理系统、文化、风格、组织结构和项目管理办公室等方面的成熟度会对项目产生重要的影响。项目的组织结构对能否获得项目所需资源和以何种条件获取资源起着制约作用。

本知识点主要涉及项目组织的 3 种基本形式：职能型、矩阵型和项目型。要求考生掌握每种组织形式的特点及其对项目的影响，理解不同的项目组织形式在职权、可用资源、预算控制者及 PM 角色上的区别。组织结构知识图谱如图 7-3 所示。

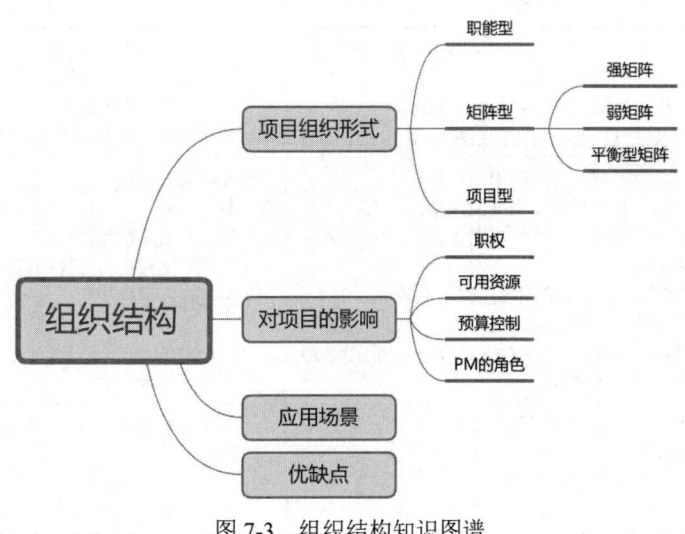

图 7-3 组织结构知识图谱

参考题型

【考核方式1】 考核各类项目组织形式的优缺点。

● 矩阵型组织的缺点不包括__(1)__。

(1) A. 管理成本增加　　　　　　　　B. 员工缺乏事业上的连续性和保障
　　C. 多头领导　　　　　　　　　　D. 资源分配与项目优先的问题产生冲突

■ **攻克要塞——试题分析**　矩阵型组织兼有职能型与项目型的特征。在矩阵型组织中，项目团队成员来自各个不同部门，团队成员同时接受职能部门经理与项目经理的领导。矩阵型组织存在的缺点有管理成本增加、多头领导、难以监测与控制、资源分配与项目优先问题产生冲突、权利难以保持平衡。

本题中，员工缺乏事业上的连续性和保障是项目型组织的缺点。

■ **参考答案**　(1) B

[辅导专家提示]　除了矩阵型，考生还需要了解其他组织形式的优缺点。

【考核方式2】 综合性考核对各组织结构的特点的理解。

● 下列有关项目组织结构的说法中，不正确的是__(2)__。

(2) A. 实施项目的组织结构对能否获得项目所需资源和以何种条件获取资源起着制约作用
　　B. 组织结构主要可分为职能型组织、项目型组织和矩阵型组织
　　C. 与项目型组织相比，强矩阵型组织中项目经理的权力最大
　　D. 有利于重复性工作的过程管理是职能型组织的优点之一

■ **参考答案**　(2) C

■ **攻克要塞——试题分析**　本题为综合性判断题，涉及的内容包括组织结构的特点、分类和用途等。具体分析见下表。

组织结构	优点	缺点
职能型	1. 强大的技术支持，便于知识、技能和经验的交流。 2. 清晰的职业生涯晋升路线。 3. 直线沟通、简单、责任和权限很清晰。 4. 有利于以重复性工作为主的过程管理	1. 职能利益优先于项目，具有狭隘性。 2. 组织横向之间的联系薄弱、部门间协调难度大。 3. 项目经理极少或缺少权力、权威。 4. 项目管理发展方向不明，缺少项目基准
矩阵型	1. 项目经理负责制、有明确的项目目标。 2. 改善了项目经理对整体资源的控制。 3. 获得职能组织更多的支持，最大限度地利用公司的稀缺资源。 4. 改善了跨职能部门间的协调合作；使质量、成本、时间等制约因素得到更好的平衡。 5. 团队成员有归属感、士气高、问题少；出现的冲突较少，且易处理解决	1. 管理成本增加。 2. 多头领导。 3. 难以监测和控制。 4. 资源分配与项目优先的问题产生冲突。 5. 权利难以保持平衡
项目型	1. 结构单一、责权分明、利于统一指挥。 2. 目标明确单一、沟通简洁、方便，决策快	1. 管理成本过高（如项目的工作量不足，则资源配置效率低）。 2. 项目环境比较封闭，不利于沟通、技术知识等共享；员工缺乏事业上的连续性和保障

项目特点	组织类型					
^	职能型	矩阵型			项目型
^	^	弱矩阵	平衡矩阵	强矩阵	^
项目经理的权力	很小或没有	有限	小到中等	中等到大	权力很大或近乎全权
全职参与项目的职员比例	没有	0~25%	15%~60%	50%~95%	85%~100%
项目经理的职位	兼职	兼职	兼职	全职	全职
项目经理的一般头衔	项目协调人/项目领导人	项目协调人/项目领导人	项目经理	项目经理	项目经理
项目管理/行政人员	兼职	兼职	兼职	全职	全职

[辅导专家提示] 对于"组织结构"的知识点来说，解题的关键在于掌握组织结构各自的优缺点，理解不同组织结构对项目所产生的影响，同时要求熟悉3种组织结构的图例。此外，教程中提到了复合型组织结构、基于项目的组织（Project-based Organizations，PBO）。

根据工作需要，一个组织在运作项目时或多或少同时包含上述3种形式，就构成了复合型组织。

基于项目的组织是指建立临时机构来开展工作的各种组织形式。在PBO中，大部分工作都被当作项目来做，可以按项目方式而非职能方式进行管理。

知识点：生命周期

知识点综述

项目经理或其所在的组织会将项目分成几个阶段来进行管理，从而加强对项目的管理控制，并建立起项目与组织持续运营工作之间的联系。从项目开始到项目结束，这一段时间就构成了项目的生命周期，如图7-4所示。对于项目的生命周期来说，关键要掌握生命周期的分类（项目生命周期和产品生命周期），同时了解项目生命周期各阶段的特点及各个生命周期阶段的产出物。

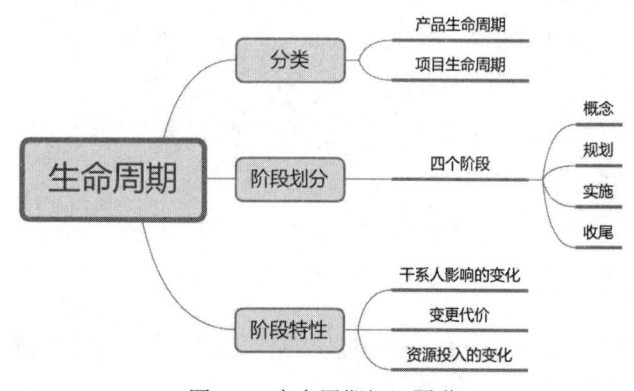

图7-4 生命周期知识图谱

读者在阅读中可思考以下几个问题：为什么划分生命周期；如何划分生命周期；生命周期的每

个阶段完成哪些工作;交付物何时产生,如何评审、验证和确认;每个阶段有哪些人参与。

参考题型

【考核方式1】 考核对项目生命周期和产品生命周期概念的理解。

- 下列关于项目生命周期和产品生命周期的叙述中,错误的是　(1)　。

    (1) A. 产品生命周期开始于商业计划,经过产品构思、产品研发、产品的日常运营直到产品不再被使用

    B. 为了将项目与项目实施组织的日常运营联系起来,项目生命周期也会确定项目结束时的移交安排

    C. 一般来说,产品生命周期包含在项目生命周期内

    D. 每个项目阶段都以一个或一个以上的可交付物的完成和正式批准为标志,这种可交付物是一种可度量、可验证的工作产物

    ■ **攻克要塞——试题分析** 项目是要交付特定的产品、成果和完成特定的服务。项目的生命周期定义了项目的起始与结束,而产品的生命周期比项目的生命周期更长。产品生命周期开始于商业计划,经过产品构思、产品研发、产品的日常运营直到产品不再被使用。产品生命周期关注的是整个产品从规划到开发,再到最终维护和消亡的整个过程。一个产品往往会由多个项目来实现,也可能分多个迭代周期来实现。由于项目有特定的目标,一般产品开发出来后通过验收,则项目生命周期就算完成了。而产品生命周期则不同,既包括项目开始前的预研、评估和可行性研究,也包括项目完成后产品的维护和废弃。因此,一般来说,项目生命周期只是产品生命周期的一个阶段。

    ■ **参考答案**　(1) C

【考核方式2】 考核对项目生命周期各阶段的理解。

- 在项目的一个阶段末,开始下一阶段前,应该确保　(2)　。

    (2) A. 下一阶段的资源能得到　　　　　　B. 进程达到它的基准

    　　 C. 采取纠正措施,获得项目结果　　　D. 达到阶段的目标并正式接受项目阶段成果

    ■ **攻克要塞——试题分析** 本题考核的实际内容是阶段控制的工具——评审。在项目的一个阶段末开始下一阶段前应该通过评审的方式确保达到阶段的目标。评审的作用是批准项目进入到下一阶段。

    ■ **参考答案**　(2) D

知识点:过程与过程组

知识点综述

"过程"是项目管理知识体系中最重要的概念之一。过程是指为了得到预先指定的结果而执行的一系列相关的行动或活动。

项目的实现过程是由一系列的项目阶段或项目工作过程构成的,任何项目都可以划分为多个不同的项目阶段或项目工作过程。对一个项目的全过程所开展的管理工作也是一个独立的过程,这种

项目管理过程也可以进一步划分成不同的阶段或活动。

本知识点要求考生了解过程和过程组的特性，项目管理的十大知识领域、五大过程组及其之间的联系。对每一个过程的描述有 4 个要素：过程名称、输入、输出、工具与技术，如图 7-5 所示。

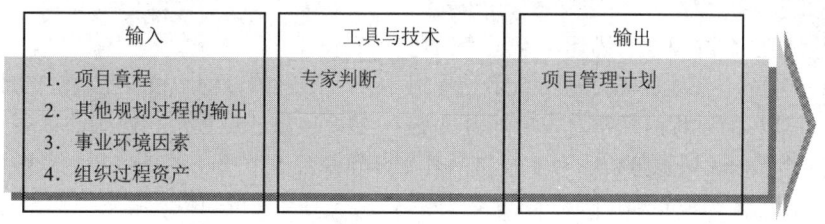

输入	工具与技术	输出
1. 项目章程 2. 其他规划过程的输出 3. 事业环境因素 4. 组织过程资产	专家判断	项目管理计划

图 7-5　过程的输入、输出、工具与技术

与过程对应的还有过程组的概念。对于过程组来说，要提醒考生注意的是，过程组之间并非顺序衔接关系，而是交错关系，过程组之间不存在评审，如图 7-6 所示。

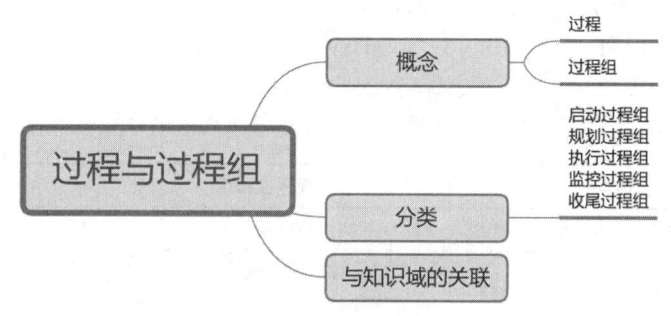

图 7-6　过程与过程组知识图谱

参考题型

【考核方式 1】 综合性考核对各过程组的理解。

- 正式批准项目进入下一阶段，这个决定的过程属于__(1)__的一部分。

（1）A. 授权　　　　　B. 控制　　　　　C. 启动　　　　　D. 计划

■ 攻克要塞——试题分析　本题的关键点在于理解启动过程不仅仅是项目的启动，也包括了项目阶段的启动。

根据 PMI 的定义，共有 5 个过程组，其中启动过程组中定义一个项目或项目阶段的工作与活动，决策一个项目或项目阶段的启动与否。过程组特征见下表。

过程组	描述
启动过程组	定义并批准项目或阶段
计划过程组	定义和细化目标，规划最佳的技术方案和管理计划，以实现项目或阶段所承担的目标和范围
执行过程组	整合人员和其他资源，在项目的生命周期或某个阶段执行项目管理计划，并得到输出与成果
监控过程组	要求定期测量和监控进展、识别实际绩效与项目管理计划的偏差、必要时采取纠正措施，或管理变更以确保项目或阶段目标达成

| 收尾过程组 | 正式接受产品、服务或工作成果，有序地结束项目或阶段 |

■ **参考答案** （1）C

【**考核方式2**】 考核对项目管理过程的理解。
● 关于项目的5个过程组的描述，不正确的是___(2)___。
　　（2）A. 并非所有项目都会经历5个过程组　　B. 项目的过程组很少是离散的或者只出现一次
　　　　　C. 项目的过程组经常会发生相互交迭　　D. 项目的过程组有明确的依存关系

■ **攻克要塞——试题分析** 对于任何项目都必须经历5个项目过程组。这5个项目过程组具有明确的依存关系并在各个项目中按一定的次序执行。它们与应用领域或特定产业无关。在项目完成前，通常个别项目过程组可能会反复出现。项目过程组内含的过程在其组内或组间也可能反复出现。

■ **参考答案** （2）A

【**考核方式3**】 考核过程与过程组之间的联系，根据过程选择对应的过程组。
● 项目管理过程中，执行过程组的主要活动包括___(3)___。
　　①管理质量　②风险识别　③建设团队　④管理团队　⑤合同管理　⑥管理干系人参与
　　（3）A. ①②③④⑥　　B. ①③④⑤⑥　　C. ②③④⑥　　D. ①③④⑥

■ **攻克要塞——试题分析** 十大知识领域和五大过程组之间的联系见下表。

知识领域	项目管理过程组					
	启动过程组	规划过程组	执行过程组	监控过程组	收尾过程组
整合管理	制订项目章程	制订项目管理计划	指导与管理项目执行 管理项目知识	监控项目工作 实施整体变更控制	结束项目或阶段
范围管理		规划范围管理 收集需求 定义范围 创建WBS		确认范围 控制范围	
进度管理		规划进度管理 定义活动 排列活动顺序 估算活动持续时间 制订进度计划		控制进度	
成本管理		规划成本管理 估算成本 制订预算		控制成本	
质量管理		规划质量管理	管理质量	控制质量	
资源管理		规划资源管理 估算活动资源	获取资源 建设团队 管理团队	控制资源	
沟通管理		规划沟通管理	管理沟通	监督沟通	
风险管理		规划风险管理 识别风险 实施定性风险分析	实施风险应对	监督风险	

项目管理基础知识　第 7 章

| | 实施定量风险分析 | | | |
| | 规划风险应对 | | | |

续表

知识领域	项目管理过程组				
	启动过程组	规划过程组	执行过程组	监控过程组	收尾过程组
采购管理		规划采购管理	实施采购	控制采购	
干系人管理	识别干系人	规划干系人参与	管理干系人参与	监督干系人参与	

注：共计 49 个过程，以 PMBOK 第六版为依据。对比上一版本教程，新增了"管理项目知识""控制资源""实施风险应对"，删减了"结束采购"管理过程。

■ **参考答案**　（3）D

[辅导专家提示] 过程和过程组知识点是项目管理知识体系的基础，理解这一部分知识点对了解整个项目管理的知识体系，应对理解型、应用型题目大有裨益。建议考生在复习过程中注意阅读官方教材中的描述。

知识点：项目经理与 PMO

知识点综述

项目经理与项目管理办公室（Project Management Office，PMO）知识点属于项目干系人范畴。项目干系人是指那些积极参与项目、其利益受到项目执行的影响，或其利益受到项目结果影响的个人和组织，他们也可能会对项目及其结果施加影响。项目干系人包括项目经理、项目管理团队、项目团队其他成员、客户（用户）、发起人、项目组合经理（项目组合评审委员会）、项目集经理、项目管理办公室、职能经理、运营经理、卖方（业务伙伴）等。

本知识点的重点在于了解项目管理所需要的专门知识领域（6 点）、项目经理的一般技能要求、PMO 的职责及其与项目经理在目标上的区别、主要的项目干系人等，如图 7-7 所示。

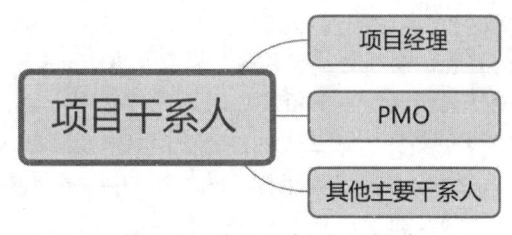

图 7-7　项目干系人知识图谱

参考题型

【考核方式 1】 考核项目管理的技能。

● 有效的项目管理要求项目管理团队至少需要理解和使用下列　(1)　方面的专门知识。

①项目管理知识体系　②项目应用领域的知识、标准和规定　③项目的环境知识　④通用的管理知识和技能　⑤软技能或人际关系际能　⑥经验、知识、工具与技术

（1）A. ①②③　　　　B. ①②③④　　　C. ①②③④⑤　　D. ①②③④⑤⑥

■ **攻克要塞——试题分析**　此类题目属于识记性题目。解答此类题目的关键不在于记忆，而是要根据常识和经验进行判断。

■ **参考答案**　（1）D

【考核方式2】　考核对PMO的理解。

● 关于PMO的描述中，不正确的是　(2)　。

（2）A. PMO在组织内部承担起了将组织战略目标通过一个个的项目执行加以实现的职能
　　　B. PMO建立组织内项目管理的支撑环境
　　　C. PMO负责组织内多项目的管理和监控
　　　D. PMO和项目经理追求相同的任务目标，并受相同的需求驱动

■ **攻克要塞——试题分析**　本题涉及PMO的主要职能问题及其与项目经理之间的关系。

PMO在管辖范围内集中协调管理多个项目的组织单元。PMO关注于与上级组织或客户的整体业务目标相联系的项目或子项目之间的协调计划、优先级和执行情况。项目经理和PMO在组织中处于不同的层次，追求不同的目标，受不同的需求所驱使。其区别见下表。

序号	项目经理	PMO
1	项目经理负责在项目约束条件下完成特定的项目成果性目标	PMO是具有特殊授权的组织机构，其工作目标包含组织级的观点
2	项目经理关注特定目标	PMO管理重要的大型项目范围的变化以达到经营目标
3	项目经理控制赋予项目的资源以最好地实现项目目标	PMO对所有项目之间的共享组织资源进行优化使用
4	项目经理管理中间产品的范围、进度、成本与质量	PMO管理整体的风险、整体的机会和所有的项目依赖关系
5	项目经理一般直接向PMO管理人员进行汇报	

■ **参考答案**　（2）D

[辅导专家提示] PMO有支持型、控制型和指令型3种。

支持型 PMO担当顾问的角色，向项目提供模板、最佳实践、培训，以及来自其他项目的信息和经验教训。这种类型的PMO其实就是一个项目资源库，对项目的控制程度很低。

控制型 PMO不仅给项目提供支持，而且通过各种手段要求项目服从PMO的管理策略，例如要求采用项目管理框架或方法论，使用特定的模板、格式和工具，或者要求项目经理服从组织对项目的治理。这种类型的PMO对项目的控制程度属于中等。

指令型 PMO直接管理和控制项目。这种类型的PMO对项目的控制程度很高。

【考核方式3】　考核项目经理的职能。

● 关于项目经理相关能力的描述，不正确的是　(3)　。

（3）A. 项目管理、战略和商务、领导力是项目经理需关注的技能
　　　B. 人际交往占据项目经理的绝大部分工作内容

C. 领导力关注近期目标，关注可操作性的问题和问题解决

D. 战略和商务技能有助于项目经理了解与项目相关的商业因素

■ **攻克要塞——试题分析**　"领导力"不等同于"管理"。领导力关注长期愿景，管理关注近期目标。

■ **参考答案**　（3）C

课堂练习

- 下列描述中，__(1)__ 不是项目特点。
  （1）A. 任务要满足一定性能、质量、数量、技术指标等要求
  　　B. 项目具有特定的目标，项目实施是为了达到项目的目标
  　　C. 项目利用有限资源（人力、物力、财力等）在规定的时间内完成任务
  　　D. 项目的实施具有周而复始的循环性，类似于企业的运作

- 以下关于项目目标的论述中，不正确的是__(2)__。
  （2）A. 项目目标就是所能交付的成果或服务的期望效果
  　　B. 项目目标应分解到相关岗位
  　　C. 项目目标应是可测量的
  　　D. 项目是一个多目标系统，各目标在不同阶段要给予同样的重视

- 以下关于项目与项目管理的描述不正确的是__(3)__。
  （3）A. 项目临时性是指每一个项目都有一个明确的开始时间和结束时间
  　　B. 渐进明细是指项目的成果性目标是逐步完成的
  　　C. 项目的目标不存在优先级，项目目标具有层次性
  　　D. 项目整合管理属于项目管理核心知识域

- 工作通常可划分为项目或运作（运营），以下对这两者的描述正确的是__(4)__。
  （4）A. 项目和运作是完全分离的、不重叠的
  　　B. 项目是临时性的和独特的，运作是具有连续性和重复性的
  　　C. 项目和运作都是重复性的
  　　D. 一个项目能分解成多个运作

- 项目具有临时性、独特性与渐进明细的特点，其中临时性指__(5)__。
  （5）A. 项目的工期短
  　　B. 每个项目都有明确的开始时间与结束时间
  　　C. 项目的成果性目标是逐步完成的
  　　D. 项目经理可以随时取消项目

- 下列关于项目干系人的说法，不正确的是__(6)__。
  （6）A. 项目干系人也称为项目利益相关者或项目利害关系者
  　　B. 项目管理团队必须明确项目干系人，确定其需求，然后对这些需求进行管理并施加影响，确保项目取得成功

  C．客户和用户是每个项目的关键干系人

  D．PMO 不属于项目干系人的范畴

● 在__(7)__中，项目经理的权力最小。

 （7）A．强矩阵型组织   B．平衡矩阵型组织

   C．弱矩阵型组织   D．项目型组织

● 矩阵型组织的缺点不包括__(8)__。

 （8）A．管理成本增加   B．员工缺乏事业上的连续性和保障

   C．多头领导   D．资源分配与项目优先的问题产生冲突

● 关于 PMO 的叙述，__(9)__是错误的。

 （9）A．PMO 可以为项目管理提供支持服务

   B．PMO 应该位于组织的中心区域

   C．PMO 可以为项目管理提供培训、标准化方针及程序

   D．PMO 可以负责项目的行政管理

● 项目管理过程中，__(10)__不完全属于监控过程组。

 （10）A．范围确认、监督和控制项目工作、整体变更控制

    B．进度控制、控制沟通、风险监督与控制

    C．成本控制、质量保证、范围控制

    D．范围控制、控制干系人参与

第 8 章 项目立项管理

知识点图谱与考点分析

项目立项管理的知识在信息系统项目管理师考试中的分值大约为 2 分。该章节有两个特点：所涉及的知识点以识记性居多；净现值、投资回收期等计算题属于考核难点。

项目立项管理知识图谱如图 8-1 所示。

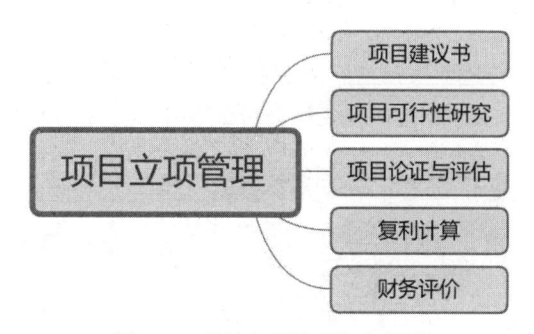

图 8-1 项目立项管理知识图谱

知识点：项目建议书

知识点综述

项目建议书是项目发展周期初始阶段的产物，是国家或上级主管部门选择项目的依据，也是可行性研究的依据。涉及利用外资的项目，在项目建议书批准后方可开展对外工作，有些企业单位根据自身发展需要自行决定建设的项目，也参照这一模式首先编制项目建议书。

本知识点属于识记性内容。在本章中，类似的识记知识点较多，包括：①项目建议书的内容；②项目可行性研究的内容；③项目招标等。建设方立项管理知识图谱如图 8-2 所示。

```
                    ┌─ 项目建议书
      建设方立项管理 ─┼─ 项目可行性研究
                    └─ 项目招标
```

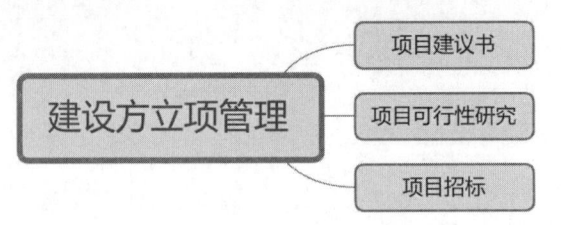

图 8-2 建设方立项管理知识图谱

参考题型

【考核方式 1】 考核项目建议书内容，属于识记性知识点。

● 下列选项中属于项目建议书核心内容的是 __(1)__ 。
  ①项目的必要性　　　　②风险因素及对策　　　　③项目的市场预测
  ④产品方案的市场预测　　⑤项目建设必需的条件
  (1) A. ①②③④　　B. ①②③⑤　　C. ①③④⑤　　D. ②③④⑤

■ **攻克要塞——试题分析**　项目建议书，又称立项申请，是项目建设单位向上级主管部门提交项目申请时所必需的文件，是该项目建设筹建单位或项目法人，根据国民经济的发展、国家和地方中长期规划、产业政策、生产力布局、国内外市场、所在地的内外部条件、本单位的发展战略等，提出的某一具体项目的建议文件，是对拟建项目提出的框架性的总体设想。项目建议书是项目发展周期的初始阶段，是国家或上级主管部门选择项目的依据，也是可行性研究的依据。项目建议书包括的核心内容有：项目的必要性；项目的市场预测；产品方案或服务的市场预测；项目建设必需的条件。

本题中，"风险因素及对策"不是项目建议书的核心内容，是可行性研究的内容。

■ **参考答案**　(1) C

[辅导专家提示] 类似的考核内容还有"可行性研究的内容"，需重点注意。

【考核方式 2】 考核对项目建议书的理解。

● 关于项目建议书的描述，不正确的是 __(2)__ 。
  (2) A. 项目建议书是针对拟建项目提出的总体性设想
      B. 项目建议书是项目建设单位向上级主管部门提交的项目申请文件
      C. 项目建议书包含总体建设方案、效益和风险分析等内容
      D. 项目建议书是银行批准贷款或行政主管部门审批决策的依据

■ **攻克要塞——试题分析**　项目评估是银行批准贷款或行政主管部门审批决策的依据。

■ **参考答案**　(2) D

【考核方式 3】 考核承建方的立项管理。

● __(3)__ 是承建方项目立项的第一步，其目的在于选择投资机会、鉴别投资方向。
  (3) A. 项目论证　　B. 项目评估　　C. 项目识别　　D. 项目可行性分析

■ **攻克要塞——试题分析**　承建方的立项管理主要包括：项目识别、项目论证、投标等步骤；项目识别是承建方项目立项的第一步，其目的在于选择投资机会、鉴别投资方向。

■ **参考答案**　(3) C

知识点：可行性研究

知识点综述

可行性研究主要考核：①可行性研究的阶段；②可行性研究的内容；③可行性研究的步骤。

参考题型

【考核方式】 考核可行性研究中对具体内容的理解。

- 可行性研究过程中，__(1)__ 的内容是：从资源配置的角度衡量项目的价值，评价项目在实现区域经济发展目标、有效配置经济资源、增加供求、创造环境、提高人民生活等方面的效益。

  (1) A. 技术可行性研究　　　　　　　B. 经济可行性研究
  　　C. 社会可行性研究　　　　　　　D. 市场可行性研究

  ■ 攻克要塞——试题分析　根据题干分析，本题考核项目可行性研究内容中的"经济可行性研究"，从题干中的关键字如"经济发展目标"等即可判断。

  ■ 参考答案　(1) B

[辅导专家提示] 本知识点在近几年的考核中频率较高，连续多次分别考核了技术可行性、组织可行性及经济可行性等。要求考生了解可行性研究的内容，同时了解每项内容的具体含义，出题过程中常见的考核方式是给出一段文字描述，要求考生判断属于可行性研究中的哪一项具体内容。

项目可行性研究内容一般应包括以下内容。

（1）技术可行性：主要从项目实施的技术角度，合理设计技术方案，并进行比较、选择和评价。

（2）经济可行性：主要是从资源配置的角度衡量项目的价值，评价项目在实现区域经济发展目标、有效配置经济资源、增加供应、创造就业、改善环境、提高人民生活等方面的效益。

（3）社会效益可行性：分析组织内部效益可行性（包括品牌效益、技术创新力、竞争力、人员提升与管理提升收益）与对社会发展的可行性（包括公共、文化、环境、社会责任感、国防等效益）。

（4）运行环境可行性分析：从用户的管理体制、管理方法与制度、人员素质、工作习惯、数据积累、软硬件基础等方面进行分析。

知识点：供应商内部立项

知识点综述

本知识点多次考核供应商内部立项的工作内容。一般来说，系统集成供应商主要根据项目的特点和类型，决定是否要在组织内部为所签署的外部项目单独立项。例如，针对包含软件开发任务的项目通常需要进行内部立项，而那些单一的设备采购类项目则无须单独立项。

系统集成供应商在进行项目内部立项时一般包括的内容有项目资源估算、项目资源分配、准备项目任务书和任命项目经理等。

参考题型

【考核方式】 考核供应商内部立项内容。

- 供应商在进行项目内部立项时，立项内容不包括__(1)__。

  (1) A．项目资源估算　　B．项目资源分配　　C．任命项目经理　　D．项目可行性研究

  ■ 攻克要塞——试题分析　系统集成供应商在进行项目内部立项时一般包括的内容有项目资源估算、项目资源分配、准备项目任务书和任命项目经理等。

  ■ 参考答案　(1) D

知识点：项目论证

知识点综述

项目论证是指对拟实施项目技术上的先进性、适用性，经济上的合理性、盈利性，实施上的可能性、风险可控性进行全面科学的综合分析，为项目决策提供客观依据的一种技术经济研究活动。项目论证活动一般开始于可行性研究之后、项目评估之前。本知识点主要涉及项目论证的方法，要求考生了解项目论证中主要方法的区别。项目论证知识图谱如图 8-3 所示。

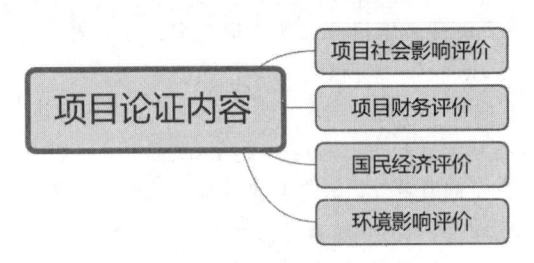

图 8-3　项目论证知识图谱

参考题型

【考核方式】 考核对项目论证的理解。

- 项目论证是指对拟实施项目技术上的先进性、适用性，经济上的合理性、盈利性，实施上的可能性、风险可控性进行全面科学的综合分析，为项目决策提供客观依据的一种技术经济研究活动。下列关于项目论证的叙述中，错误的是__(1)__。

  (1) A．项目论证的作用之一是作为筹措资金、向银行贷款的依据

  　　B．项目论证的内容之一是国民经济评价，通常运用影子价格、影子汇率、影子工资等工具或参数

  　　C．数据资料是项目论证的支柱

  　　D．项目财务评价是从项目的宏观角度判断项目或不同方案在财务上的可行性的技术经济活动

■ **攻克要塞——试题分析** 项目论证的作用主要体现在以下几个方面：①确定项目是否实施的依据；②筹措资金、向银行贷款的依据；③编制计划、设计、采购、施工以及机构设置、资源配置的依据。

项目论证是防范风险、提高项目效率的重要保证，而数据资料是项目论证的支柱之一。

项目论证的内容包括项目运行环境评价、项目技术评价、项目财务评价、项目国民经济评价、项目环境评价、项目社会影响评价、项目不确定性和风险评价、项目综合评价等。其中财务评价是项目经济评价的主要内容之一，它是从项目的微观角度，在国家现行财税制度和价格体系的条件下，从财务角度分析、计算项目的财务盈利能力、清偿能力及外汇平衡等财务指标，据以判断项目或不同方案在财务上的可行性的技术经济活动。

■ **参考答案** （1）D

知识点：项目评估

知识点综述

项目评估是在可行性研究的基础之上，由第三方对拟建项目进行评价、分析和论证，进而判断项目是否可行，重点是评估项目的必要性。对于项目评估，重点掌握评估的依据、内容、流程及具体评估的方法（包括项目评估法、企业评估法、总量评估法和增量评估法）。项目评估知识图谱如图8-4所示。

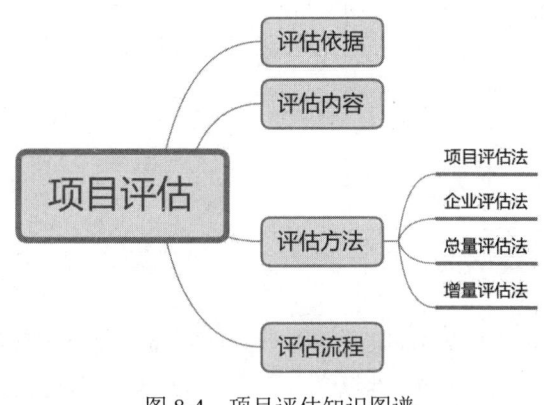

图 8-4 项目评估知识图谱

参考题型

【考核方式】 综合性考核对项目评估方法的理解。

● 建设方在进行项目评估时，根据项目的类型不同所采用的评估方法也不同。如果使用总量评估法，其难点是 __(1)__ 。

（1）A. 如何准确确定新增投入资金的经济效果　　B. 确定原有固定资产重估值
　　　C. 评价追加投资的经济效果　　　　　　　　D. 确定原有固定资产对项目的影响

■ **攻克要塞——试题分析** 项目评估是指在项目可行性研究的基础上，由第三方根据国家颁布的政策、法规、方法、参数和条例，从项目、国民经济、社会角度出发，对拟建项目建设的必要性、建设条件、生产条件、产品市场需求、工程技术、经济效益和社会效益等的评价、分析和论证，进而判断其是否可行的一个评估过程。项目评估的方法有项目评估法、企业评估法、总量评估法和增量评估法。

项目评估方法分类比较见下表。

项目评估方法	特点
项目评估法	又称局部评估法，以具体的技术改造项目为评估对象。费用、效益的计量范围仅限于项目本身。适用于关系简单、费用和效益容易分离的技术改造项目
企业评估法	又称全局评估法，从企业全局出发，通过比较一个企业改造和不改造两个不同方案的经济效益来评估项目的经济效益
总量评估法	总量评估法的费用和效益测算采用总量数据和指标，确定原有固定资产重估值是估算总投资的难点。该法简单，易被人们接受，侧重经济效果的整体评估，但无法准确回答新增投入资金的经济效果
增量评估法	增量评估法采用增量数据和指标，并满足可比性原则。这种方法实际上是把改造和不改造两个方案转化成一个方案进行比较，利用方案之间的差额数据来评价追加投资的经济效果

■ **参考答案** （1）B

● 不可作为项目评估依据的是　(2)　。

(2) A. 建议书及其批准文件　　　　B. 可行性研究报告
　　C. 协议文件　　　　　　　　　D. 项目章程

■ **攻克要塞——试题分析** 项目评估的依据包括：项目建议书及其批准文件；项目可行性研究报告；报送组织的申请报告及主管部门的初审意见；项目关键建设条件和工程等的协议文件；必需的其他文件和资料等。

■ **参考答案** （2）D

知识点：复利计算

知识点综述

本知识点考查应试人员对"货币的时间价值"概念的掌握，这是项目投资决策分析的基础，后续的净现值分析和投资回收期计算均以此概念为基础。本知识点根据复利公式进行计算：

$$F_n = P(1+R)^n$$

式中：F_n 为 n 年末的终值；P 为 n 年初的本金；R 为年利率；$(1+R)^n$ 为到 n 年末的复利因子。

参考题型

【考核方式】 考核对复利公式的理解。

● 某集团下属公司年初从银行借款 200 万元，年利率为 3%。银行规定每半年计息一次并计复利，若该公司向银行所借的本金和产生的利息均在第三年末一次性向银行支付，则支付额为　(1)　万元。

(1) A．218.69　　　　B．238.81　　　　C．218.55　　　　D．218.00

■ **攻克要塞——试题分析**　本题考查的是计算复利，复利计算的公式：

$$F_n = P(1+R)^n$$

式中：R 表示年利率。

本题目中，由于是每半年计息一次，所以 $n=6$，需要注意的是：R 与 n 是相对应的，每半年计息一次，因此 R 也应该化为半年的利率，即 $R=1.5\%$，代入公式计算：

$$F_n = 200 \times [(1+0.015)^6] = 218.69（万元）$$

■ **参考答案**　（1）A

知识点：财务评价

知识点综述

本知识点属于考核的难点。涉及的概念较多，如时间价值、现金流量、现值、净现值（NPV）、动态投资回收期、静态投资回收期等。

财务评价属于可行性研究的方法，包括静态评价方法和动态评价方法。其中，静态评价方法包括投资回收率和投资回收期；动态评价方法包括净现值、内部收益率、动态投资回收期、收益/成本比值等。详细可研方法知识图谱如图8-5所示。

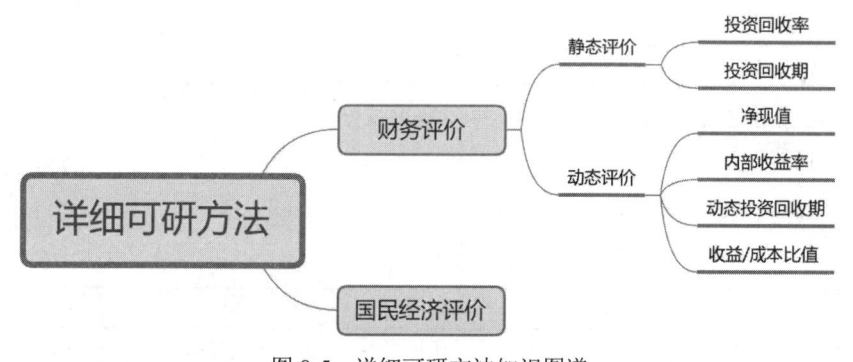

图 8-5　详细可研方法知识图谱

财务评价中所涉及的计算题的关键点在于理解公式、掌握概念并熟悉公式。

参考题型

【**考核方式 1**】　考核净现值的计算。要求考生理解资金的时间价值，掌握现值和净现值的计算公式。

● 某项目各期的现金流量见下表。

期数	0	1	2
净现金流量/万元	−630	330	440

设贴现率为 10%，则项目的净现值约为___(1)___万元。

(1) A. 140　　　　　B. 70　　　　　C. 34　　　　　D. 6

■ **攻克要塞——试题分析**　解答本题的关键在于掌握现值和净现值的计算公式。现值的计算公式为

$$P = \frac{F}{(1+i)^n}$$

式中：P 为现值；F 为终值；i 为贴现率。

净现值计算公式：

$$NPV = \sum_{t=0}^{n} \frac{(CI-CO)_t}{(1+i)^t}$$

式中：CI 为现金流入；CO 为现金流出；$CI-CO$ 为现金流量。净现值是现值累加后的结果。

本题中，现金流量表计算见下表。

期数	0	1	2
净现金流量/万元	−630	330	440
现值/万元	−630/(1+i)^0	330/(1+i)^1	440/(1+i)^2

将 i=10%代入，得到现值表见下表。

期数	0	1	2
净现金流量/万元	−630	330	440
现值/万元	−630	300	363.64

将现值进行累加（−630+300+363.64），得到净现值。

■ **参考答案**　(1) C

【**考核方式 2**】考核投资收益率。

● 某项目投资额为 190 万元，实施后的利润分析见下表。

利润分析	第 0 年	第 1 年	第 2 年	第 3 年
利润值/万元	—	67.14	110.02	59.23

假设贴现率为 0.1，则项目的投资收益率为___(2)___。

(2) A. 0.34　　　　　B. 0.41　　　　　C. 0.58　　　　　D. 0.67

■ **攻克要塞——试题分析**　本知识点的关键在于理解并掌握计算公式。

投资收益率又称投资利润率，是指投资收益（税后）占投资成本的比率。投资收益率反映投资的收益能力。

投资收益率（又称投资回报率 ROI）=投资收益/投资成本×100%

本题中，投资收益率= 运营期年均净收益/投资总额×100%，在计算年均净收益时，需要先根据公式

$$P = \frac{F}{(1+i)^n}$$

计算每年的贴现值，此处 i=0.1。

利润分析	第0年	第1年	第2年	第3年
利润值/万元	—	67.14	110.02	59.23
贴现值/万元		61.04	90.93	44.50

因此，运营期年平均收益=(61.04+90.93+44.50)/3 =65.49。

投资总额为 190 万元，代入公式后得到投资收益率为 34%，即 0.34。

■ **参考答案** （2）A

【**考核方式3**】 综合性考核动态投资回收期、投资回报率。

● 某集团下属公司 2009 年年初计划投资 1000 万元开发一套中间件产品，预计从 2009 年开始，年实现销售收入 1500 万元，年市场销售成本 1000 万元。该产品的系统分析员张工根据财务总监提供的贴现率，制作了产品销售现金流量表，如下表所示。根据表中的数据，该产品的动态投资回收期是___（3）___年。

单位：万元

年度	2009	2010	2011	2012	2013
投资	1000	—	—	—	—
成本	—	1000	1000	1000	1000
收入	—	1500	1500	1500	1500
净现金流量	–1000	500	500	500	500
净现值	–925.23	428.67	396.92	367.51	340.29

（3）A．1 B．2 C．3.27 D．3.73

■ **攻克要塞——试题分析** 投资回收期是用投资方案所产生的净现金收入回收初始全部投资所需的时间。对于投资者来讲，为了减少投资的风险，投资回收期越短越好。计算投资回收期时，根据是否考虑资金的时间价值可分为静态投资回收期（不考虑资金的时间价值因素）和动态投资回收期（考虑资金的时间价值因素）。一般来说，投资回收期从信息系统项目开始投入之日算起，即包括建设期，单位通常用"年"表示。

静态投资回收期：例如，一笔 1000 元的投资，当年收益，每年的净现金收入为 500 元，则静态投资回收期为 T = 1000/500 = 2 年。

动态投资回收期：考虑资金的时间价值，动态投资回收期 T_p 的计算公式如下：

T_p=累计折现值开始出现正值的年份数-1+|上一年累计折现值|/当年折现值

本题中，第 4 年（2012 年）累计折现值开始大于 0，所以：

动态投资回收期 = (4-1)+(428.67+396.92-925.23)/367.51 = 3.27

■ **参考答案** （3）C

[辅导专家提示] 投资回收期指标直观、简单，便于为投资者衡量风险。投资者关心的是用较

短的时间回收全部投资,但其缺点是没有反映投资回收期以后的情况,因而不能全面反映项目在整个寿命期内真实的经济效果。所以投资回收期一般用于粗略评价,需要与其他指标结合起来使用。

此题还有一种答案可能性,不考虑投入期,则回收期为2.27,具体解题过程中根据题目条件灵活判断。

【考核方式4】 考核投资回报率。

● 下表列出了A、B、C、D四个项目的投资及销售收入,根据投资回报率评估,应该选择投资__(4)__。

项目	投资额/万元	销售额/万元
A	2000	2200
B	1500	1600
C	1000	1200
D	800	950

(4) A. A项目　　　　B. B项目　　　　C. C项目　　　　D. D项目

■ 攻克要塞——试题分析　本题考核"投资回报率",投资回报率是指通过投资而应返回的价值,企业从一项投资性商业活动的投资中得到的经济回报。

投资回报率=年利润或年均利润/投资总额×100% =（累计净现值/累计成本现值）×100%

A项目=(2200-2000)/2000=10%；B项目=(1600-1500)/1500=6.7%；C项目=(1200-1000)/1000=20%；D项目=(950-800)/800=18.8%。

■ 参考答案　　(4) C

课堂练习

● 某软件公司项目A的利润分析见下表。设贴现率为10%,第2年的利润净现值是__(1)__元。

利润分析	第0年	第1年	第2年	第3年
利润值/元		889000	1139000	1514000

(1) A. 1378190　　　　B. 949167　　　　C. 941322　　　　D. 922590

● 下表为一个即将投产项目的计划收益表,经计算,该项目的投资回收期是__(2)__。

	第1年（投入年）	第2年（销售年）	第3年	第4年	第5年	第6年	第7年
净收益/元	-270	35.5	61	86.5	61	35.5	31.5
累计净收益/元	-270	-234.5	-173.5	-87	-26	9.5	41

(2) A. 4.30　　　　B. 5.73　　　　C. 4.73　　　　D. 5.30

● 下列有关项目论证的概念、作用和内容的叙述中,错误的是__(3)__。

(3) A. 项目论证是为项目决策提供客观依据的一种技术经济研究活动

　　B. 项目论证是防范风险、提高项目效率的重要保证

　　C. 项目论证是确定项目是否实施的依据

D．项目财务评价是项目论证的内容之一，它是从项目的宏观角度，在国家现行财税制度和价格体系的条件下，从财务角度分析、计算项目的财务盈利能力、清偿能力和外汇平衡等财务指标，据此判断项目或不同方案在财务上的可行性的技术活动

● 评估开发所需的成本和资源属于可行性研究中 __(4)__ 的主要内容。

（4）A．社会可行性研究　　　　　　B．经济可行性研究
　　 C．技术可行性研究　　　　　　D．实施可行性研究

● 立项管理是项目管理中的一项重要内容。从项目管理的角度看，立项管理主要是解决项目的 __(5)__ 问题。

（5）A．技术可行性　　　　　　　　B．组织战略符合性
　　 C．高层偏好　　　　　　　　　D．需求收集和确认

● 系统集成供应商在进行项目内部立项时的工作不包括 __(6)__ 。

（6）A．项目资源估算　　　　　　　B．任命项目经理
　　 C．组建项目 CCB　　　　　　　D．准备项目任命书

● 项目建议书中不包含 __(7)__ 。

（7）A．产品方案或服务的市场预测　B．项目建设必需的条件
　　 C．项目的市场预测　　　　　　D．风险因素及对策

● 针对新中标的某政务工程项目，系统集成商在进行项目内部立项时，内容一般不包括 __(8)__ 。

（8）A．项目资源分配　　　　　　　B．任命项目经理
　　 C．项目可行性研究　　　　　　D．准备项目任务书

● 关于项目可行性研究的描述中，不正确的是 __(9)__ 。

（9）A．初步可行性研究可以形成初步可行性报告
　　 B．项目初步可行性研究与详细可行性研究的内容大致相同
　　 C．小项目一般只做详细可行性研究，初步可行性研究可以省略
　　 D．初步可行性研究的方法有投资估算法、增量效益法等

● 项目经理小张在组织项目核心团队编写可行性研究报告。对多种技术方案进行比较、选择和评价属于 __(10)__ 分析。

（10）A．投资必要性　　　　　　　　B．技术可行性
　　　C．经济可行性　　　　　　　　D．组织可行性

第9章 项目整合管理

知识点图谱与考点分析

项目整合管理过程负责项目的全生命周期管理、全局性管理和综合性管理。对于项目整合管理知识点的复习，第一要点在于理解"整合管理"活动，理解整合管理知识领域中各管理过程的意义和各过程之间的衔接关系。此外，整合管理也是下午考试案例分析题经常考核的内容，主要涉及项目的变更、阶段性验收或项目收尾等。

本章中，同样也涉及较多识记性的内容，具体包括：项目章程（作用、内容）、项目管理计划（项目管理计划中的子计划、计划的组成、计划的编制方法、原则等）、变更（变更的流程）等，这些内容往往也是下午考试案例分析题考核的要点之一。

知识点：整合管理过程

知识点综述

十大知识领域的过程是常考点。对于此类题目，关键在于识记全部过程。整合管理过程知识图谱如图 9-1 所示。

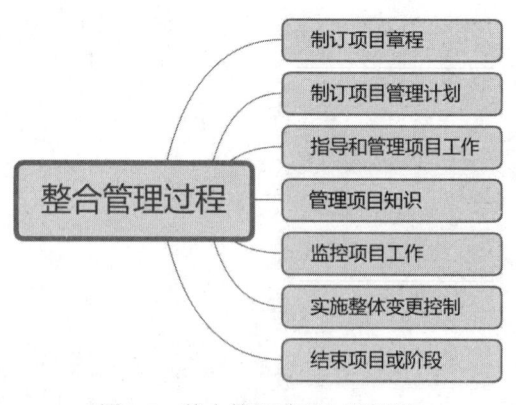

图 9-1 整合管理过程知识图谱

参考题型

【考核方式1】 考核整合管理知识领域中所涉及的过程。
- 项目整合管理的主要过程是___(1)___。
  (1) A．制订项目管理计划、执行项目管理计划、项目范围变更控制
  　　B．制订项目管理计划、指导和管理项目执行、项目整体变更控制
  　　C．项目日常管理、项目知识管理、项目管理信息系统
  　　D．制订项目管理计划、确定项目组织、项目整体变更控制

■ **攻克要塞——试题分析** 项目整合管理的主要过程有：①制订项目章程，正式授权项目或项目阶段的开始；②制订项目管理计划；③指导和管理项目工作；④管理项目知识；⑤实施整体变更控制；⑥结束项目或阶段。

■ **参考答案** (1) B

【考核方式2】 考核过程的输入、输出和工具。
- 下列___(2)___不是项目启动的依据。
  (2) A．专家判断　　　B．合同　　　C．项目工作说明书　　　D．组织过程资产

■ **攻克要塞——试题分析** "依据"即过程的输入。本题中，专家判断是"项目启动"的工具，不是输入。

■ **参考答案** (2) A

[辅导专家提示] 项目启动的依据除了合同、项目工作说明书、组织过程资产外，还包括事业环境因素和商业论证。

【考核方式3】 考核某一过程中输入、输出或工具的具体含义。
- ___(3)___属于制订项目管理计划过程的组织过程资产的内容。
  ①项目干系人对风险的承受力　②组织的标准政策、流程和程序
  ③项目管理计划模板　④项目管理信息系统　⑤历史信息和经验教训知识库
  (3) A．①②③④⑤　　B．②③④⑤　　C．②③⑤　　D．①④⑤

■ **攻克要塞——试题分析** 本题考核过程输入"组织过程资产"的具体含义。在项目管理全部过程的输入和输出中，组织过程资产出现的频率非常高。能够影响制订项目管理计划过程的组织过程资产主要包括：①组织的标准政策、流程和程序；②项目管理计划模板；③变更控制程序，包括修改正式的组织标准、政策、计划、程序或项目文件，以及批准和确认变更所须遵循的步骤；④监督和报告方法、风险控制程序以及沟通要求；⑤以往类似项目的相关信息（如范围、成本、进度与绩效测量基准、项目日历、项目进度网络图和风险登记册）；⑥历史信息和经验教训知识库等。

■ **参考答案** (3) C

【考核方式4】 考核对项目整合管理的理解。
- ___(4)___没有体现项目经理作为整合者的作用。
  (4) A．与项目干系人全面沟通，来了解他们对项目的需求
  　　B．充分发挥自身经验，制订尽可能详细的项目管理计划

C. 在相互竞争的众多干系人之间寻找平衡点
D. 通过沟通、协调达到各种需求的平衡

■ **攻克要塞——试题分析** 常识题，根据题干描述选项 B "充分发挥自身经验，制订尽可能详细的项目管理计划"，这里我们看到的是项目经理个人经验的发挥，而不是基于整合的角度。作为整合者，项目经理必须：①通过与项目干系人进行主动、全面的沟通，来了解他们对项目的需求；②在相互竞争的众多干系人之间寻找平衡点；③通过协调工作，来达到各种需求间的平衡，实现整合。

■ **参考答案** （4）B

整合管理过程补充知识点

输入、输出、工具与技术是常考知识点。表 9-1 对整合管理中过程的主要输入、输出和工具与技术进行了整理。对于以下内容，不需要死记硬背，把握过程之间的关联及过程的主要输入、输出即可。

表 9-1 整合管理中过程的输入、输出和工具与技术

过程名称	输入、输出、工具与技术	
制订项目章程	主要输入	立项管理文件、协议、事业环境因素、组织过程资产
	主要输出	<u>项目章程</u>、假设日志
	主要工具	数据收集、人际关系与团队技能、会议
制订项目管理计划	主要输入	项目章程、<u>其他过程的输出</u>、事业环境因素、组织过程资产
	主要输出	<u>项目管理计划</u>
	主要工具	专家判断、数据收集、人际关系与团队技能、会议
指导和管理项目工作	主要输入	项目管理计划、项目文件、批准的变更请求、事业环境因素、组织过程资产
	主要输出	<u>可交付成果</u>、工作绩效信息、变更请求、问题日志、组织过程资产（更新）、项目管理计划（更新）、项目文件（更新）
	主要工具	专家判断、项目管理信息系统、会议
管理项目知识	主要输入	项目管理计划、项目文件、可交付成果、事业环境因素、组织过程资产
	主要输出	经验教训登记册、项目管理计划（更新）、组织过程资产（更新）
	主要工具	专家判断、知识管理、信息管理、人际关系与团队技能
监控项目工作	主要输入	项目管理计划、项目文件、工作绩效信息、协议、事业环境因素、组织过程资产
	主要输出	<u>变更请求</u>、工作绩效报告、项目管理计划（更新）、项目文件（更新）
	主要工具	专家判断、数据分析、决策、会议
实施整体变更控制	主要输入	项目管理计划、项目文件、工作绩效信息、协议、变更请求、事业环境因素、组织过程资产
	主要输出	<u>批准的变更请求</u>、项目管理计划（更新）、项目文件（更新）
	主要工具	专家判断、变更控制工具、<u>数据分析</u>、决策、会议
结束项目或阶段	主要输入	项目管理计划、项目章程、项目文件、立项管理文件、协议、采购文档、组织过程资产、验收的可交付成果
	主要输出	项目文件（更新）、项目最终报告、最终产品/服务或成果、组织过程资产（更新）
	主要工具	专家判断、数据分析、会议

注：下划线部分为重要输入/输出项。

知识点：制订项目章程

知识点综述

项目章程的重要性在整个项目管理过程中不言而喻，它可以看作项目的"宪法"，对项目的实施赋予合法的地位，同时又约定大致范围，任命并授权项目经理。项目章程是正式批准一个项目的文档。项目章程应当由项目组织以外的项目发起人或投资人发布，其在组织内的级别应能批准项目，并有相应的为项目提供所需资金的权利。制订项目章程是制订一份正式批准项目或阶段的文件，并记录能反映干系人需要和期望的初步要求的过程。制订项目章程知识图谱如图9-2所示。

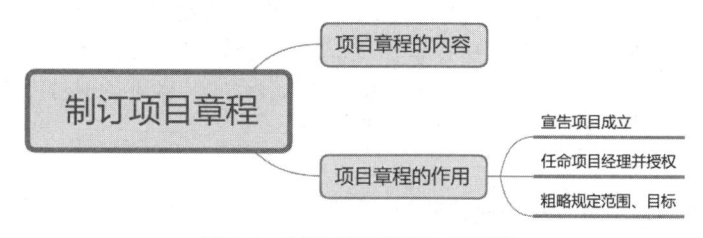

图9-2 制订项目章程知识图谱

参考题型

【考核方式1】 考核项目章程的具体内容，要求识记。

- 下列 __(1)__ 不属于项目章程的组成内容。

    (1) A．工作说明书　　　　　　　　B．指定项目经理并授权
    　　C．预先批准的财务资源　　　　D．项目需求

    ■ 攻克要塞——试题分析　A选项"工作说明书（SOW）"是制订项目章程的输入之一。

    ■ 参考答案　(1) A

    [辅导专家提示] ①把输入、输出、工具与技术等混合考是出题形式之一；②近年常见的一种考核方式是："项目章程的内容不包括（ ）"。

    项目章程的内容如下：①项目目的；②可测量的项目目标和相关的成功标准；③项目需求、高层级需求、高层级项目描述、边界定义以及主要可交付成果；④整体项目风险；⑤委派的项目经理及其职责和职权并授权；⑥项目退出标准；⑦总体里程碑进度计划；⑧预先批准的财务资源；⑨项目审批要求；⑩关键干系人名单，发起人或其他批准项目章程的人员的姓名和职位等。

【考核方式2】 通过场景来考核对项目章程的理解。

- 某项目经理所在的单位正在启动一个新的项目，配备了虚拟项目小组。根据过去的经验，该项目经理认识到矩阵环境下的小组成员有时对职能经理的配合超过对项目经理的配合。因此，该项目经理决定请求单位制订 __(2)__ 。

    (2) A．项目计划　　　　　　　　　　B．项目章程
    　　C．项目范围说明书　　　　　　　D．人力资源管理计划

■ **攻克要塞——试题分析** 项目章程为项目经理使用组织资源进行项目活动提供了授权。尽可能在项目早期确定和任命项目经理。项目章程是由在项目团队之外的组织、计划或综合行动管理机构颁发并授权核准的，通常项目章程由**项目发起人**发布。在多阶段项目中，这一过程的用途是确认或细化在以前制订项目章程过程中所做的各个决定。

本题中，由于"小组成员有时对职能经理的配合超过对项目经理的配合"，而项目章程为项目经理使用组织资源进行项目活动提供了授权，因此需要寻求项目章程的解决。

■ **参考答案** （2）B

【考核方式3】考核项目章程的输入、输出、工具与技术。

- ___(3)___ 不属于制订项目章程过程的工具与技术。
  （3）A．头脑风暴　　　　B．访谈　　　　C．焦点小组　　　　D．假设日志

■ **攻克要塞——试题分析** 制订项目章程的工具与技术包含：数据收集（具体手段包括头脑风暴、访谈、焦点小组等）；专家判断；人际关系与团队技能（具体手段包括冲突管理、会议管理、引导等）；会议。假设日志属于制订项目章程的输出。

■ **参考答案** （3）D

- ___(4)___ 不属于制订项目章程过程的输入。
  （4）A．会议　　　　B．谅解备忘录　　　　C．组织过程资产　　　　D．市场需求

■ **攻克要塞——试题分析** 制订项目章程的输入包括立项管理文件（市场需求、商业需求、客户要求、技术分析、项目边界等）；协议[合同、协议、口头协议、谅解备忘录、服务水平协议（SLA）等]；组织过程资产；事业环境因素等。会议属于制订项目章程的工具与技术。

■ **参考答案** （4）A

- 制订项目章程需要的人际关系与团队技能中，___(5)___ 有助于干系人就目标、成功标准、高层级需求、项目过程、总体里程碑和其他内容达成一致意见。
  （5）A．冲突管理　　　　B．访谈　　　　C．会议管理　　　　D．头脑风暴

■ **攻克要塞——试题分析** 制订项目章程需要的人际关系与团队技能具体手段包括冲突管理、会议管理、引导等。冲突管理有助于干系人就项目目标、成功标准、高层级需求、总体里程碑、项目描述等内容达成一致意见；引导是指有效引导团队活动，形成决定、结论、解决方案；会议管理包括准备议程，邀请每个关键干系人代表，准备和发送会议纪要及行动计划。

■ **参考答案** （5）A

知识点：制订项目管理计划

知识点综述

制订项目管理计划是对定义、编制、整合和协调所有子计划所必需的行动进行记录的过程。项目管理计划确定项目的执行、监控和收尾方式，其内容会因项目的复杂性和所在应用领域而异。制订项目管理计划需要整合一系列相关过程，而且要持续到项目收尾。制订项目管理计划知识图谱如图9-3所示。

项目整合管理　第9章

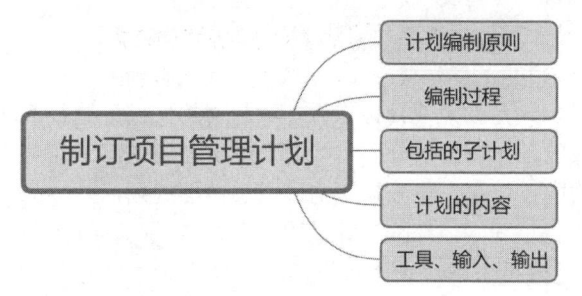

```
                           ┌─ 计划编制原则
                           ├─ 编制过程
        制订项目管理计划 ────┼─ 包括的子计划
                           ├─ 计划的内容
                           └─ 工具、输入、输出
```

图 9-3　制订项目管理计划知识图谱

在制订项目管理计划的过程中将产生一份项目管理计划，该计划需要通过不断更新来渐进明细。这些更新需要由实施整体变更控制过程进行控制和批准。在项目计划考核的过程中，常涉及的考点有项目计划编制的原则、工具、输入、内容等。

参考题型

【考核方式1】　考核项目管理计划的内容、计划编制的方法和原则。

● 制订项目管理计划的输入包含　(1)　。

(1) A．项目章程　　　　　　　　　B．工作分解结构
　　C．风险管理计划　　　　　　　D．质量计划

■ **攻克要塞——试题分析**　根据表9-1，解答本题可以采用排除法，四个选项中，仅有A选项和题目中的"项目管理计划"共同属于整合管理知识领域。B选项属于范围管理，C选项属于风险管理，D选项属于质量管理。

■ **参考答案**　(1) A

【考核方式2】　根据计划的具体内容条目找到对应的计划。

● 项目小组建设对于项目的成功很重要，因此，项目经理想考查项目小组工作的技术环境如何，有关信息可以在　(2)　中找到。

(2) A．小组章程　　　　　　　　　B．项目管理计划
　　C．人员配备管理计划　　　　　D．组织方针和指导原则

■ **攻克要塞——试题分析**　项目管理计划包括以下内容：①项目背景，如项目名称、客户名称、项目的商业目的等；②项目经理、客户方联系人、项目领导小组和项目实施小组、项目经理的主管领导、客户方的主管领导；③项目的总体技术解决方案；④对用于完成这些过程的工具和技术的描述；⑤项目最终目标和阶段性目标；⑥选择的项目的生命周期和相关的项目阶段；⑦进度计划；⑧项目预算；⑨变更流程和变更控制委员会；⑩沟通管理计划；⑪对于内容、范围和时间的关键管理评审，以便确定遗留问题和未决决策。

除了进度计划和项目预算之外，项目管理计划可以是概要的或详细的，可以包含一个或多个分计划。而人员配备管理计划是项目管理计划的一个分计划，描述的是何时及怎样满足人力资源需求。

■ **参考答案**　(2) B

【考核方式3】 考核项目管理计划编制的方法。

- 在滚动式计划中，___(3)___。

（3）A．关注长期目标、允许短期目标作为持续活动的一部分进行滚动

　　　B．近期要完成的工作在工作分解结构最下层详细规划

　　　C．远期要完成的工作在工作分解结构最下层详细规划

　　　D．为了保证项目里程碑，在战略计划阶段做好一系列详细的活动计划

■ **攻克要塞——试题分析** 滚动式计划是将计划期不断向前延伸，连续编制计划的方法。其编制方法是：在已编制出的计划的基础上，每经过一段固定的时期（如一个月或一个季度等，这段固定的时期称为滚动期），便根据变化了的环境条件和计划的实际执行情况，从确保实现计划目标出发对原计划进行调整。每次调整时保持原计划期限不变，而将计划期限顺序向前推进一个滚动期。

■ **参考答案** （3）B

[辅导专家提示] 编制项目计划所遵循的基本原则有：全局性原则、全过程原则、人员和资源的统一组织与管理原则、技术工作与管理工作协调的原则。具体有：①目标的统一管理；②方案的统一管理；③过程的统一管理；④技术工作与管理工作的统一协调；⑤计划的统一管理；⑥人员和资源的统一管理；⑦各干系人的参与。参与项目计划的制订过程有利于提高项目管理计划的合理性和科学性，也有利于提高项目实施人员在项目的实施过程中对计划的掌握与理解。

项目计划的编制过程是一个渐进明细、逐步细化的过程。近期的计划制订得详细些，远期的计划制订得概要些，随着项目的推进，项目计划也在不断细化。

【考核方式4】 变化题型，考核项目管理计划编制的输入、输出、工具与技术。

- 与逐步完善的计划编制方法相对应的是___(4)___。

（4）A．进度表　　　B．初图　　　C．扩展探索　　　D．滚动波策划

■ **攻克要塞——试题分析** 项目管理计划要涉及关于范围、技术、风险和成本的所有方面。在制订项目管理计划的过程中，要从许多具有不同完整性和可信度的信息源收集信息。在项目执行阶段出现并被批准的变更导致的更新可能会对项目管理计划产生重大的影响。项目管理计划的更新为满足整体项目已定义的范围提供了大体上准确的进度、成本和资源要求。项目管理计划的这种渐进明细经常被称为"滚动波策划"，这意味着计划的编制是一个反复和持续的过程。

■ **参考答案** （4）D

- ___(5)___ 不属于制订项目管理计划过程的输入。

（5）A．项目章程　　　B．组织过程资产　　　C．项目管理计划　　　D．事业环境因素

■ **攻克要塞——试题分析** 该过程的输入包括项目章程；其他过程的输出；组织过程资产；事业环境因素等。项目管理计划属于该过程的输出。

■ **参考答案** （5）C

- 下列说法中错误的是___(6)___。

（6）A．可用于制订项目管理计划过程的数据收集技术主要包含头脑风暴、核对单、焦点小组、访谈等

　　　B．可用于制订项目管理计划过程的人际关系与团队技能包含冲突管理、引导、会议管理等

C．项目团队把项目管理计划作为初始项目规划的起点

D．项目管理计划是说明项目执行、监控和收尾方式的一份文件，它整合并综合了所有知识领域的子管理计划和基准

- ■ **攻克要塞——试题分析** 项目团队把项目章程作为初始项目规划的起点。
- ■ **参考答案** （6）C

知识点：指导和管理项目工作

知识点综述

本知识点主要考核过程的输入、输出、工具与技术。主要输出之一除"变更请求"外，还包括：①纠正措施；②预防措施；③缺陷补救。

参考题型

【考核方式】 考核过程的输入、输出、工具与技术。

- 指导与管理项目工作过程的输出不包括__（1）__。
    - （1）A．工作绩效数据　　　　　　　　B．批准的变更请求
    　　　C．项目管理计划更新　　　　　　D．项目文件更新
    - ■ **攻克要塞——试题分析** 批准的变更请求是过程"监控项目工作"的输出。
    - ■ **参考答案** （1）B
- __（2）__是为了修正不一致的产品或产品组件而进行的有目的的活动。
    - （2）A．纠正措施　　B．预防措施　　C．缺陷补救　　D．产品更新
    - ■ **攻克要塞——试题分析** 本题要求考生能够区分各选项的差异。
    纠正措施：为使项目工作绩效重新与项目管理计划一致而进行的有目的的活动。
    预防措施：为确保项目工作的未来绩效符合项目管理计划而进行的有目的的活动。
    缺陷补救：为了修正不一致的产品或产品组件而进行的有目的的活动。
    - ■ **参考答案** （2）C
- __（3）__不属于指导与管理项目工作过程的输入。
    - （3）A．项目管理计划　　B．项目文件　　C．变更请求　　D．组织过程资产
    - ■ **攻克要塞——试题分析** 指导与管理项目工作过程的输入包括项目管理计划、项目文件、批准的变更请求、组织过程资产、事业环境因素。变更请求属于指导与管理项目工作过程的输出。
    - ■ **参考答案** （3）C
- 下列说法中错误的是__（4）__。
    - （4）A．可作为指导与管理项目工作过程输入的项目管理计划组件有变更管理计划、配置管理计划、范围基准、进度基准、成本基准
    　　　B．可交付成果是某一个过程、阶段结束时，必须产出的产品、服务
    　　　C．工作绩效数据是在项目工作中，从每个执行活动中收集到的原始观察结果和测量值

D. 指导与管理项目工作过程的工具与技术包含专家判断、会议、项目管理信息系统等

■ 攻克要塞——试题分析　项目管理计划的任何组件都可用作指导与管理项目工作的输入。

■ 参考答案　（4）A

- （5）属于工作绩效数据。
  ①关键绩效指标（KPI）　　②净值分析　　③进度活动的实际开始日期
  ④可交付成果状态　　　　⑤合同绩效信息　⑥缺陷的数量
  （5）A．①②③④　　B．①③④⑥　　C．②③⑤⑥　　D．③④⑤⑥

■ 攻克要塞——试题分析　工作绩效数据是项目工作中，从每个执行活动中收集到的原始观察结果和测量值。工作绩效数据包括关键绩效指标（KPI）；活动开始、完成、持续时间；实际成本；缺陷数、可交付成果状态等。净值分析和合同绩效信息属于工作绩效报告的内容。

■ 参考答案　（5）B

知识点：管理项目知识

知识点综述

本知识点主要考核过程的输入、输出、工具与技术。

参考题型

【考核方式】考核过程的输入、输出、工具与技术。

- 　（1）　不属于管理项目知识过程的输入。
  （1）A．项目管理计划　　　　　　　　B．里程碑清单
  　　C．资源分解结构　　　　　　　　D．供方选择标准

■ 攻克要塞——试题分析　管理项目知识过程的输入包括项目管理计划；项目文件（主要包括资源分解结构、项目团队派工单、供方选择标准、干系人登记册）；可交付成果；事业环境因素；组织过程资产。里程碑清单属于监控项目工作过程的输入。

■ 参考答案　（1）B

- 下列说法中错误的是　（2）　。
  （2）A．可作为管理项目知识过程输入的项目文件主要包括资源分解结构、项目团队派工单、供方选择标准、干系人登记册
  　　B．项目管理计划的所有组成部分都是管理项目知识的输入
  　　C．经验教训登记册属于管理项目知识的工具与技术
  　　D．可用于管理项目知识过程的人际关系与团队技能主要包括积极倾听、引导、领导力、人际交往、大局观等

■ 攻克要塞——试题分析　经验教训登记册属于管理项目知识过程的输出。

■ 参考答案　（2）C

知识点：监控项目工作

知识点综述

本知识点主要考核过程的输入、输出、工具与技术。

参考题型

【考核方式】 考核过程的输入、输出、工具与技术。
- __(1)__ 不属于监控项目工作过程的输入。
   (1) A．项目管理计划　　B．项目文件　　C．协议　　D．工作绩效报告
   ■ 攻克要塞——试题分析　监控项目工作过程的输入包含项目管理计划、项目文件、协议、工作绩效信息、组织过程资产、事业环境因素等。工作绩效报告属于监控项目工作过程的输出。
   ■ 参考答案　（1）D
- __(2)__ 不属于可用于监控项目工作过程的数据分析技术。
   (2) A．挣值分析　　B．决策　　C．根本原因分析　　D．偏差分析
   ■ 攻克要塞——试题分析　可用于监控项目工作过程的数据分析技术主要包括备选方案分析、成本效益分析、挣值分析、根本原因分析、趋势分析、偏差分析。
   ■ 参考答案　（2）B

知识点：实施整体变更控制

知识点综述

项目的整体变更控制过程是从项目的全局来考虑和处理变更的，并负责变更的全过程管理。整体变更控制过程贯穿于整个项目过程的始终。实施整体变更控制知识图谱如图9-4所示。

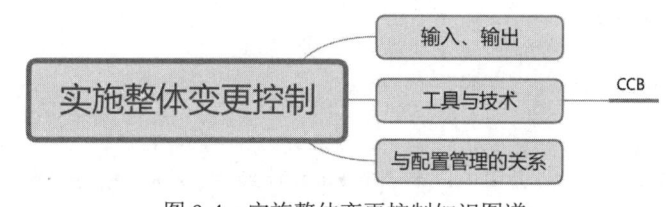

图9-4　实施整体变更控制知识图谱

参考题型

【考核方式1】 考核变更过程工具之一——变更控制委员会。
- 下列关于变更控制委员会（CCB）的描述，错误的是　__(1)__ 。
   (1) A．CCB也称为配置控制委员会，是配置项变更的监管组织

105

B．CCB 任务是对建议的配置项变更作出评价、审批及监督已批准变更的实施
　　C．CCB 组织可以只有一个人
　　D．CCB 包括的人员一定要面面俱到，应涵盖变更涉及的所有团体，才能保证其管理的有效性

■ 攻克要塞——试题分析　本题考核对 CCB 的理解。
　　项目的变更很可能需要额外的项目资源与时间，因此应建立来自不同领域的项目利益相关者在内的变更控制委员会，以评估范围变更对项目或组织带来的影响。这个委员会应当由具有代表性的人员组成，而且有能力在管理上做出承诺。CCB 包括的人员不一定要面面俱到。组织可以把主要的几个项目干系人纳入这个委员会，根据每个项目的特殊需要，还可以由几个项目组员轮流参与。
■ 参考答案　（1）D
[辅导专家提示]　项目变更控制委员会是决策机构，参与变更管理时一般不进行变更执行工作。

【考核方式2】　考核变更过程的输入、输出、工具与技术。
● 整体变更控制的工具技术不包括　(2)　。
　　（2）A．专家判断　　　B．标杆对照　　　C．会议　　　D．变更控制工具
■ 攻克要塞——试题分析　标杆对照是"规划质量管理"的工具。
■ 参考答案　（2）B

●　(3)　不属于实施整体变更控制的输入。
　　（3）A．项目管理计划　　B．工作绩效报告　C．专家判断　　D．变更请求
■ 攻克要塞——试题分析　实施整体变更控制的输入包含项目管理计划、工作绩效报告、项目文件、变更请求、组织过程资产、事业环境因素等。专家判断属于实施整体变更控制过程的工具与技术。
■ 参考答案　（3）C

●　(4)　不可用于实施整体变更控制过程输入的项目文件。
　　（4）A．需求跟踪矩阵　　B．风险报告　　C．估算依据　　D．里程碑清单
■ 攻克要塞——试题分析　可用于实施整体变更控制过程输入的项目文件主要包括需求跟踪矩阵、风险报告、估算依据。
■ 参考答案　（4）D

整体变更控制补充知识点

　　变更控制的流程如下：①变更申请：记录变更的提出人、日期、申请变更的内容等信息；②变更评估：对变更的影响范围、严重程度、经济和技术可行性进行系统分析；③变更决策：由具有相应权限的人员或机构决定是否实施变更；④变更实施：由管理者指定的工作人员在受控状态下实施变更；⑤变更验证：由配置管理人员或受到变更影响的人对变更结果进行评价，确定变更结果和预期是否相符、相关内容是否进行了更新、工作产物是否符合版本管理的要求；⑥沟通存档：将变更后的内容通知给可能会受到影响的人员，并将变更记录汇总归档。如提出的变更在决策时被否决，其初始记录也应予以保存。

[辅导专家提示] 变更控制的流程是变更控制中经常涉及的知识点，在解题过程中也常作为判断的依据，要求考生非常熟悉该流程。

变更管理与配置管理的关系

如果把项目整体的交付成果视作项目的配置项，配置管理可视为对项目完整性管理的一套系统，当用于项目基准调整时，变更管理可视为配置管理的一部分。变更管理与配置管理为相关联的两套机制，变更管理是在项目交付或基准配置调整时，由配置管理系统调用；变更管理最终应将对项目的调整结果反馈给配置管理系统，以确保项目执行与项目的账目一致。

知识点：结束项目或阶段

知识点综述

结束项目或阶段（又称"项目收尾"）过程就是结束项目某一阶段中的所有活动并正式收尾该项目阶段的过程。这一过程也包括关闭整个项目活动，以收尾整个项目。项目收尾过程还要恰当地移交已完成或已取消的项目和阶段。项目不能结项、不能收尾的原因及项目收尾过程中的工作和产生的相关文档也是下午考试案例分析题的考点之一。

参考题型

【考核方式1】 考核项目收尾和合同收尾之间的关系，要求识记和理解。
- 下列关于项目收尾与合同收尾关系的叙述，正确的是　(1)　。
  (1) A．项目收尾与合同收尾无关
  　　B．项目收尾与合同收尾等同
  　　C．项目收尾包括合同收尾和管理收尾
  　　D．合同收尾包括项目收尾和管理收尾
  ■ 攻克要塞——试题分析　项目收尾包括管理收尾和合同收尾。
  管理收尾是对于内部来说的，把做好的项目文档等归档，对外宣称项目已经结束并转入维护期，把相关的产品说明转到维护组，同时进行经验教训总结。
  合同收尾就是按照合同约定，项目组和业主一项项地核对，检查是否完成了合同所有的要求，是否可以把项目结束掉，也就是我们通常所说的项目验收。
  ■ 参考答案　(1) C
- 结束项目或阶段过程的主要作用包括　(2)　。
  ①存档项目或阶段信息　　　　　　②利用已有的项目知识改进项目成果
  ③对项目工作的可交付成果进行综合管理　④确定项目工作的基础
  ⑤释放组织团队资源
  (2) A．①②⑤　　　　B．①⑤　　　　C．①③⑤　　　　D．①④
  ■ 攻克要塞——试题分析　结束项目或阶段的主要作用：对项目或阶段信息进行存档，完成计划工作；释放组织团队资源，便于展开新工作。

■ **参考答案** （2）B

【**考核方式2**】 考核行政收尾阶段的概念理解及主要工作。

● 关于项目收尾的描述，不正确的是___（3）___。

(3) A. 项目收尾分为管理收尾和合同收尾
    B. 管理收尾和合同收尾都要进行产品核实，都要总结经验教训
    C. 每个项目阶段结束时都要进行相应的管理收尾
    D. 对于整个项目而言，管理收尾发生在合同收尾之前

■ **攻克要塞——试题分析** 管理收尾又称为"行政收尾"。从整个项目来说，合同收尾发生在行政收尾之前；如果是以合同形式进行的项目，在收尾阶段，先要进行采购审计和合同收尾，然后进行行政收尾。

项目总结属于项目收尾的行政收尾，检查项目团队成员及相关干系人是否按规定履行了所有职责。

■ **参考答案** （3）D

【**考核方式3**】 考核项目验收、项目总结、项目后评价的内容。

● 信息系统集成项目完成验收后要进行一个综合性的项目后评价，评价的内容一般包括___（4）___。

(4) A. 系统目标评价、系统质量评价、系统技术评价、系统可持续性评价
    B. 系统社会效益评价、系统过程评价、系统技术评价、系统可用性评价
    C. 系统目标评价、系统过程评价、系统效益评价、系统可持续性评价
    D. 系统责任评价、系统环境影响评价、系统效益评价、系统可持续性评价

■ **攻克要塞——试题分析** 项目收尾包括管理收尾与合同收尾。

本题考核项目后评价，信息系统后评价的主要内容一般包括信息系统的目标评价、信息系统过程评价、信息系统效益评价和信息系统可持续性评价四个方面。

■ **参考答案** （4）C

[辅导专家提示] 下午考试案例分析题不定期考核项目收尾的相关内容，具体考核内容一般包括：

项目验收的内容：①验收测试；②系统试运行；③系统文档验收；④项目终验。

项目总结会讨论的内容：①项目绩效；②技术绩效；③成本绩效；④进度计划绩效；⑤项目的沟通；⑥识别问题和解决问题；⑦意见和建议。

【**考核方式4**】 考核该过程的输入、输出、工具与技术。

● ___（5）___不属于结束项目或阶段的输入。

(5) A. 项目或阶段收尾要求   B. 配置管理知识库
    C. 验收的可交付成果   D. 项目最终报告

■ **攻克要塞——试题分析** 结束项目或阶段的输入包括项目管理计划；组织过程资产（包括项目或阶段收尾要求、配置管理知识库等）；验收的可交付成果（包括产品规范、交货收据、工作绩效文件等）；项目章程；项目文件；立项管理文件（包括可行性研究报告、项目评估报告等）；协议；采购文档。项目最终报告属于结束项目或阶段的输出。

■ **参考答案** （5）D

- 可用于结束项目或阶段的数据分析技术中,评估现有文件有助于总结经验教训和分享知识,以改进未来项目和组织资产的是__(6)__。

　　(6) A．文件分析　　　B．回归分析　　　C．趋势分析　　　D．偏差分析

　　■ **攻克要塞——试题分析** 可用于结束项目或阶段的数据分析技术主要包括:
  - 文件分析:评估现有文件有助于总结经验教训和分享知识,以改进未来项目和组织资产。
  - 回归分析:该技术分析作用于项目结果的不同项目变量之间的相互关系,以提高未来项目的绩效。
  - 趋势分析:可用于确认组织所用模式的有效性,并且为未来项目而进行相应的模式调整。
  - 偏差分析:可通过比较计划目标与最终结果来改进组织的测量指标。

　　■ **参考答案**　　(6) A

课堂练习

- 发布项目章程标志着项目的正式启动。以下围绕项目章程的叙述中,__(1)__是不正确的。
  - (1) A．制订项目章程的工具和技术包括专家判断
  　　B．项目章程要为项目经理提供授权,方便其使用组织资源进行项目活动
  　　C．项目章程应当由项目发起人发布
  　　D．项目经理应制订项目章程后再任命

- 经项目各有关干系人同意的__(2)__就是项目的基准,为项目的执行、监控和变更提供了基础。
  - (2) A．项目合同书　　　　　　　　B．项目管理计划
  　　C．项目章程　　　　　　　　　D．项目范围说明书

- 下列针对项目整体变更控制过程的叙述,不正确的是__(3)__。
  - (3) A．配置管理的相关活动贯穿整体变更控制的始终
  　　B．整体变更控制过程主要体现在确定项目交付成果阶段
  　　C．整体变更控制过程贯穿于项目的始终
  　　D．整体变更控制的结果可能引起项目范围、项目管理计划、项目交付成果的调整

- 企业通过多年项目实施经验总结归纳出的 IT 项目可能出现的风险列表属于__(4)__范畴。
  - (4) A．事业环境因素　　　　　　　B．定性分析技术
  　　C．组织过程资产　　　　　　　D．风险规划技术

- 以下关于项目整合管理的叙述,正确的是__(5)__。
  - (5) A．项目整合管理把各个管理过程看成是完全独立的
  　　B．项目整合管理过程是线性的过程
  　　C．项目整合管理是对管理过程组中的不同过程和活动进行识别、定义、整合、统一和协调的过程
  　　D．项目整合管理不涉及成本估算过程

- 项目执行过程中,客户要求对项目范围进行修改,项目经理首先应该__(6)__。
  - (6) A．向 CCB 提交正式的变更请求

B．通知客户在项目进展过程中不可以进行范围修改
　　　C．重写项目计划添加新的需求并实施
　　　D．听取高级管理层关于预算和资源计划的建议
● 整合者是项目经理承担的重要角色之一，关于整合者的叙述，不正确的是__(7)__。
　　(7) A．整合者从技术角度审核项目
　　　B．通过与项目干系人主动、全面沟通，了解他们对项目的需求
　　　C．在相互竞争的干系人之间寻找平衡点
　　　D．通过协调工作，达到项目需求间的平衡，实现整合
● 关于变更控制委员会（CCB）的描述，不正确的是__(8)__。
　　(8) A．CCB 的成员可能包括客户或项目经理的上级领导
　　　B．一般来说，项目经理会担任 CCB 的组长
　　　C．针对某些变更，除了 CCB 批准以外，可能还需要客户批准
　　　D．针对可能影响项目目标的变更，必须经过 CCB 批准
● 项目章程的内容不包括__(9)__。
　　(9) A．项目的总体质量要求　　　　　B．项目的成功标准
　　　C．项目范围管理计划　　　　　　D．项目的审批要求
● 一项新的国家标准出台后，某项目经理意识到新标准中的某些规定将导致其目前负责的一个项目必须重新设定一项技术指标，该项目经理首先应该__(10)__。
　　(10) A．撰写一份书面的变更请求
　　　B．召开一次变更控制委员会会议，讨论所面临的问题
　　　C．通知受到影响的项目干系人将采取新的项目计划
　　　D．修改项目计划和 WBS，以保证该项目产品符合新标准

第10章 项目范围管理

知识点图谱与考点分析

项目范围管理是项目管理的核心内容之一,是几乎所有规划工作的基础。在本章的学习中,注意掌握范围管理的相关术语(如产品范围、项目范围、范围基准等)及范围管理的各个过程,注意区分定义范围、创建WBS、范围确认这些过程。项目范围管理知识图谱如图10-1所示。

图 10-1 项目范围管理知识图谱

知识点:基本概念

知识点综述

项目范围管理的基本概念部分主要涉及项目范围、产品范围、范围基准的概念,以及对检查点、里程碑、基线、范围基准等概念的理解。项目范围管理基本概念知识图谱如图10-2所示。

本知识点的关键在于区分项目范围和产品范围两者之间的联系、识记范围基准的组成内容等。

项目产品范围是指客户对项目最终产品或服务所期望包含的特征和功能的总和。项目工作范围是为了交付满足产品范围要求的产品、服务或成果所必须完成的全部工作的总和。

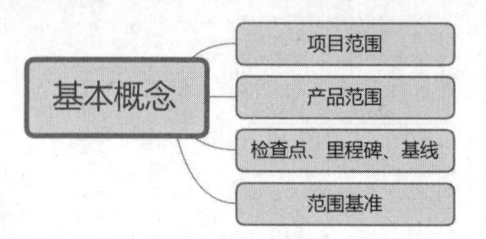

图 10-2 项目范围管理基本概念知识图谱

参考题型

【考核方式1】 识记题。考核对范围基准的理解、范围基准组成内容的识记。
- 范围基准是指___(1)___。
  (1) A．经批准的 WBS 和 WBS 字典
  　　B．详细范围说明书
  　　C．经批准并已确认了的范围说明书、WBS 和 WBS 字典
  　　D．项目管理计划

■ **攻克要塞——试题分析** 范围基准是指经批准并已确认了的范围说明书、WBS 和 WBS 字典。注意区分范围基准中的交付物分别产生于范围管理的不同过程。

■ **参考答案** (1) C

【考核方式2】 理解题。考核产品范围和项目范围之间的关联。
- 如果产品范围作了变更，下一步应该调整___(2)___。
  (2) A．项目范围　　　B．进度表　　　C．SOW　　　D．质量基准

■ **攻克要塞——试题分析** 产品范围描述是项目范围说明书的重要组成部分，因此产品范围变更后，首先受到影响的是项目范围。在项目范围调整之后，才能调整项目的进度表和质量基线等。

■ **参考答案** (2) A

[辅导专家提示] 项目范围说明书在所有项目干系人之间建立了一个对项目范围的共识，描述了项目的主要目标，为评估是否为客户需求进行变更或附加的工作是否在项目范围之内提供基线。

知识点：规划范围管理

知识点综述

规划范围管理（又称"范围管理计划编制"）就是定义、确认和控制项目范围的过程，该过程在整个项目中是管理范围的指南。本过程的主要作用是在整个项目期间为如何管理范围提供指南和方向。

参考题型

【考核方式】考核该过程的输入、输出、工具与技术。
- ___(1)___ 不属于规划范围管理的输入。
  (1) A．需求管理计划　　B．项目章程　　C．质量管理计划　D．项目生命周期描述

■ **攻克要塞——试题分析** 规划范围管理包含项目章程；项目管理计划（包含质量管理计划、项目生命周期描述、开发方法等）；事业环境因素；组织过程资产等。需求管理计划属于规划范围管理的输出。

■ **参考答案** （1）A

● ___(2)___ 不属于规划范围管理的工具与技术。

(2) A．头脑风暴　　　　B．专家判断　　　C．会议　　　　D．备选方案分析

■ **攻克要塞——试题分析** 规划范围管理的工具与技术包含专家判断、数据分析、会议等。其中，适用于规划范围管理过程的数据分析技术主要是备选方案分析。

■ **参考答案** （2）A

知识点：收集需求

知识点综述

收集需求是确定、记录并管理干系人需求的过程。本过程的主要作用是为定义产品范围和项目范围工作提供基础。

参考题型

【考核方式】考核该过程的输入、输出、工具与技术。

● ___(1)___ 不属于收集需求的输入。

(1) A．立项管理文件　　B．需求跟踪矩阵　C．项目文件　　　D．项目章程

■ **攻克要塞——试题分析** 收集需求的输入包含立项管理文件、项目管理计划、项目文件、项目章程、协议、事业环境因素、组织过程资产等。需求跟踪矩阵属于收集需求的输出。

■ **参考答案** （1）B

● ___(2)___ 不是用于收集需求过程的数据收集技术。

(2) A．头脑风暴　　　　B．决策　　　　　C．问卷调查　　　D．标杆对照

■ **攻克要塞——试题分析** 可用于收集需求过程的数据收集技术主要包括头脑风暴、访谈、焦点小组、问卷调查、标杆对照。

■ **参考答案** （2）B

● ___(3)___ 用于确认项目可交付成果的成功完成。

(3) A．业务需求　　　　B．解决方案需求　C．质量需求　　　D．过度与就绪需求

■ **攻克要塞——试题分析** 需求的类别一般包括：

1）业务需求：即组织高层级需要。

2）干系人需求：即干系人的需要。

3）解决方案需求：为满足业务需求和干系人需求，产品、服务或成果必须具备的特性、功能和特征。解决方案需求可以细分为功能需求（描述产品功能）和非功能需求（描述产品保密性、可靠性、性能、安全性、服务水平等）。

4）过渡与就绪需求：即培训、数据转换等需求。

5）项目需求：项目本身所需的条件、行动、过程等。例如，合同责任、里程碑日期、制约因素等。

6）质量需求：确认项目可交付成果的成功完成。例如，认证、测试、确认等。

■ **参考答案**　（3）C

知识点：定义范围

知识点综述

定义范围过程中产生的关键交付物是范围说明书。项目范围说明书详细描述了项目的可交付成果，以及为提交这些可交付成果而必须开展的工作。项目范围说明书也表明项目干系人之间就项目范围所达成的共识。同时，项目范围说明书明确指出哪些工作不属于项目范围，使项目团队能开展更详细的规划，并可在执行过程中指导项目团队的工作；它还为评价变更请求或额外工作是否超出项目边界提供基准。

参考题型

【考核方式1】　考核定义范围过程的输入和输出。

● 定义范围的主要交付物是__(1)__。

（1）A．WBS 和 WBS 字典　　　　　　B．项目范围说明书
　　　C．批准的变更申请　　　　　　　　D．产品范围描述

■ **攻克要塞——试题分析**　范围定义的主要交付物实际就是范围定义过程的输出。

■ **参考答案**　（1）B

● __(2)__ 不属于项目范围说明书的内容。

（2）A．项目的可交付成果　　　　　　B．项目的假设条件
　　　C．干系人清单　　　　　　　　　　D．验收标准

■ **攻克要塞——试题分析**　理解题，从题目上看是考核考生对范围说明书所包含的内容的熟悉程度，实际考核的是对范围概念的理解，选项C明显不属于范围说明书的范畴。

■ **参考答案**　（2）C

[辅导专家提示] 考生对某些识记类的知识点要灵活处理，看上去要背诵的某些知识点，实际只需一定程度的理解即可，在做选择题的过程中，能够辨认出正确项或错误项即可。

【考核方式2】　考核定义范围中输入、输出和工具的具体内容，如考核范围说明书的具体内容。

● 项目范围说明书主要包括的内容是__(3)__。
①项目的目标　②工作说明书　③产品的验收标准　④项目的边界　⑤产品范围描述
⑥论证项目的业务方案，包括投资回报率　⑦项目的约束条件

（3）A．①②③④　　　B．④⑤⑥⑦　　　C．①③④⑤⑦　　　D．②③④⑤⑥

■ **攻克要塞——试题分析**　项目范围说明书包括以下内容：①项目的目标；②产品范围描述；

③项目的可交付物；④项目边界；⑤产品验收标准；⑥项目的约束条件；⑦项目的假定。本题可以采用"排除法"，选项⑥属于立项管理中的内容，由此可以排除 B、D 选项。选项②属于项目章程的输入，是独立的文档，并且在范围说明书之前已经产生，由此可以排除 A、D 选项。

■ 参考答案 (3) C

● ___(4)___ 不是定义范围过程输入的项目文件。
(4) A．假设日志　　　B．需求文件　　　C．风险登记册　　　D．项目管理计划
■ 攻克要塞——试题分析 可作为定义范围过程输入的项目文件主要包括假设日志、需求文件、风险登记册。

■ 参考答案 (4) D

● 下列关于定义范围的工具与技术的说法中，___(5)___ 是错误的。
(5) A．可用于定义范围过程的数据分析技术是备选方案分析
　　　B．可用于定义范围过程的决策技术是多标准决策分析
　　　C．产品分析可用于定义产品和服务，包括针对产品或服务提问并回答，以描述要交付产品的用途、特征及其他方面
　　　D．定义范围过程中，只需要征求用户领导、重要用户的意见
■ 攻克要塞——试题分析 定义范围过程中，应征求具备类似项目的知识或经验的个人或小组的意见。

■ 参考答案 (5) D

【考核方式3】 综合性考核对范围定义过程的理解。

● 小王正在负责管理一个产品开发项目。开始时，产品被定义为"最先进的个人数码产品"，后来被描述为"先进个人通信工具"。在市场人员的努力下，该产品与某市交通局签订了采购意向书，与用户、市场人员和研发工程师进行了充分的讨论后，被描述为"成本在 1000 元以下，能通话、播放 MP3、运行 Windows CE 的个人掌上电脑"。这表明产品的特征正在不断地变更、改进，但是小王还需将___(6)___ 与其相协调。
(6) A．项目范围定义　　　　　　　　B．项目干系人的利益
　　　C．范围变更控制系统　　　　　　D．用户的战略计划
■ 攻克要塞——试题分析 产品范围描述了项目承诺交付的产品、服务或结果的特征。这种描述会随着项目的开展而逐渐细化产品特征。但产品特征的细化必须在适当的范围定义下进行，特别是对于基于合同开展的项目。项目的范围一旦定义，得到项目相关干系人定义且确认后就不能随意改变，即使产品特征在逐渐细化，也要在相关干系人定义并确认后的项目范围内进行。

■ 参考答案 (6) A

知识点：创建 WBS

知识点综述

WBS 是以可交付成果为导向的工作层级分解，其分解的对象是项目团队为实现项目目标、提

交所需可交付成果而实施的工作。工作分解结构组织并定义项目的总范围，代表着现行项目范围说明书所规定的工作。WBS 知识图谱如图 10-3 所示。

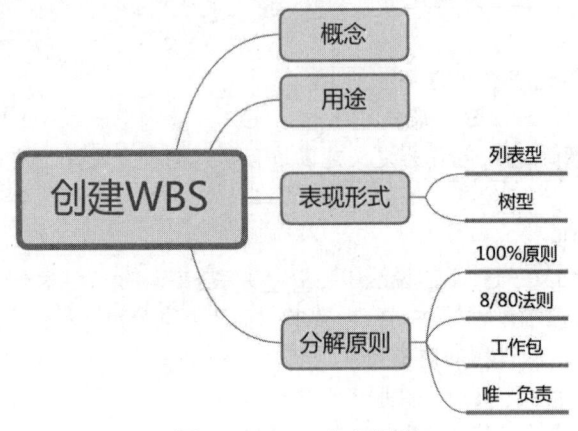

图 10-3 WBS 知识图谱

在 WBS 中，计划要完成的工作包含在工作分解结构底层的组成部分中，这些组成部分称为工作包。可以针对工作包安排进度、估算成本和实施监控。

参考题型

【考核方式 1】 考核对 WBS 的理解。

● 下列关于工作分解结构的叙述，错误的是　(1)　。

(1) A．工作分解结构是项目各项计划和控制措施制订的基础和主要依据
　　B．工作分解结构是面向可交付物的层次型结构
　　C．工作分解结构可以不包括分包出去的工作
　　D．工作分解结构能明确项目各方面相关的工作界面，便于责任划分和落实

■ 攻克要塞——试题分析　工作分解结构组织并定义项目的总范围。

■ 参考答案　(1) C

【考核方式 2】 考核工作包，理解 WBS 的分解活动。

● 下列关于 WBS 的叙述，错误的是　(2)　。

(2) A．WBS 是管理项目范围的基础，详细描述了项目所要完成的工作
　　B．WBS 最底层的工作单元称为功能模块
　　C．树型结构图的 WBS 层次清晰、直观、结构性强
　　D．比较大的、复杂的项目一般采用列表形式的 WBS 表示

■ 攻克要塞——试题分析　项目的工作分解结构（WBS）是管理项目范围的基础，它组织并定义了整个项目范围，详细描述了项目所要完成的工作。WBS 最底层的工作单元称为工作包，它是定义工作范围和项目组织、设定项目产品的质量和规格、估算和控制费用、估算时间周期和安排进度的基础。

WBS 的表现形式主要有两种：①树型结构，类似于组织结构图。树型结构图的 WBS 层次清晰、非常直观，结构性很强，但不容易修改，一般在一些中小型的项目中用得较多。大型项目的 WBS 要首先分解为子项目，然后各子项目进一步分解出自己的 WBS。②列表形式。列表形式能够反映出项目所有的工作要素，但直观性较差，常用在一些大型、复杂的项目中，因为有些项目分解后，内容分类较多，容量较大，用缩进图表的形式表示比较方便，也可以装订成册。在项目管理软件中，通常也会采用列表形式的 WBS。

■ 参考答案 （2）B

● 关于 WBS 的描述，正确的是__（3）__。
（3）A．WBS 中的各项工作为可交付成果提供服务
B．WBS 的内容一般会超出完成可交付成果的活动范围
C．WBS 的元素可以用一人或多人
D．WBS 应包括分包的工作，但不包括管理工作

■ 攻克要塞——试题分析　WBS 必须是面向可交付成果的：项目的目标是提供产品或服务，WBS 各项工作是确保成功交付产品或服务。因此选项 A 正确。WBS 必须符合项目的范围，因此选项 B 错误；WBS 中的元素必须有人负责，且只有一人负责，因此选项 C 错误；WBS 包括项目管理工作（包含外包部分），因此选项 D 错误。

另外，其他 WBS 创建与分解原则有：
➢ WBS 的底层应该支持计划和控制，便于管理者对项目的计划、控制项目进度和预算。
➢ WBS 应控制在 4～6 层。
➢ WBS 编制需要主要干系人参与，WBS 并非一成不变的。

■ 参考答案 （3）A

【考核方式3】　考核该过程的输入、输出、工具与技术。

● __（4）__ 不属于创建 WBS 过程的输入。
（4）A．项目管理计划　　　　　　　B．需求文件
C．项目范围说明书　　　　　　D．更新的假设日志

■ 攻克要塞——试题分析　创建 WBS 过程的输入包括项目管理计划；项目文件（包括需求文件、项目范围说明书等）；事业环境因素；组织过程资产。更新的假设日志属于创建 WBS 过程的输出。

■ 参考答案 （4）D

【考核方式4】　考核范围基准的特点。

● __（5）__ 不属于范围基准的内容。
（5）A．批准的范围说明书　　　　　B．WBS
C．项目管理计划　　　　　　　D．相应的 WBS 字典

■ 攻克要塞——试题分析　范围基准是经过批准的范围说明书、WBS 和相应的 WBS 字典。范围基准是项目管理计划的组成部分。

■ 参考答案 （5）C

知识点：范围确认

知识点综述

范围确认又称范围核实，核实范围时，项目管理团队必须向客户出示能够明确说明项目（或项目阶段）成果的文件（如项目管理文件、需求说明书、技术文件、竣工图纸等）。提交的验收文件是客户已经认可了的此项目产品或某个阶段的文件。范围确认应该贯穿项目的始终。如果项目在早期被终止，则范围确认过程将记录其完成的情况。范围确认知识图谱如图10-4所示。

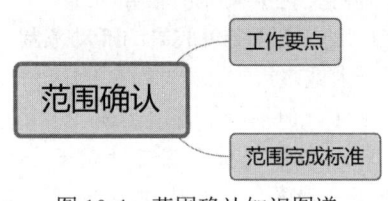

图10-4 范围确认知识图谱

参考题型

【考核方式1】侧重于概念考核，要求理解概念。

- ___(1)___ 是客户等项目干系人正式验收并接受已完成的项目可交付物的过程。
  - (1) A. 范围确认　　　　B. 范围控制　　　　C. 范围基准　　　　D. 里程碑清单

  ■ 攻克要塞——试题分析　范围确认是客户等项目干系人正式验收并接受已完成的项目可交付物的过程。

  范围控制监控项目状态（如项目的工作范围状态和产品范围状态）也是控制范围变更的过程。

  范围基准：项目范围说明书、与之联系的WBS及WBS字典作为项目的范围基准，在整个项目的生命期，这个范围基准被监控、核实和确认。

  ■ 参考答案　(1) A

【考核方式2】判断题形式，本质仍然是对"范围确认"工作的理解。

- 下列关于项目范围确认的描述，___(2)___ 是正确的。
  - (2) A. 范围确认是一项对项目范围说明书进行评审的活动
    - B. 范围确认活动通常由项目组和质量管理员参与执行即可
    - C. 范围确认过程中可能会产生变更申请
    - D. 范围确认属于一项质量控制活动

  ■ 攻克要塞——试题分析　范围确认是客户等项目干系人正式验收并接受已完成的项目可交付物的过程。包括审查项目可交付物以保证每一个交付物令人满意地完成。如果项目在早期被终止，项目范围确认过程将记录其完成情况。项目范围确认应该贯穿项目的始终。范围确认与质量控制不同，它是有关工作结果的接受问题，而质量控制是有关工作结果正确与否的问题。质量控制一般在范围确认之前完成，当然也可以并行进行。

■ 参考答案 （2）C
- 关于范围确认的描述，不正确的是 (3) 。
  (3) A. 范围确认的作用之一是确保验收过程具有客观性
  B. 范围确认过程通常先于控制质量过程，二者也可同时进行
  C. 在范围确认时，先检查可交付成果是否具有明确的质量标准
  D. 管理层、客户、项目管理人员在范围确认时的关注点有所不同

■ 攻克要塞——试题分析　控制质量过程通常先于范围确认过程，但二者也可同时进行。

■ 参考答案 （3）B

【考核方式3】考核范围确认的工具与技术。

- 某项目团队针对三个方案进行投票，支持A方案的人有35%，支持B方案的人有40%，支持C方案的人有25%，根据以上投票结果选取了B方案，此决策依据的是群体决策中的 (4) 。
  (4) A. 一致同意原则　　　　　　　B. 相对多数原则
  C. 大多数原则　　　　　　　　D. 独裁原则

■ 攻克要塞——试题分析　本题考核群体决策技术，群体决策技术就是为达成某种期望结果，而对多个未来行动方案进行评估的过程。达成群体决策的方法：①一致同意原则；②大多数原则；③相对多数原则；④独裁原则。

■ 参考答案 （4）B

- (5) 不可作为范围确认过程输入的项目文件。
  (5) A. 需求文件　　　　　　　　B. 需求跟踪矩阵
  C. 质量报告　　　　　　　　D. 范围基准

■ 攻克要塞——试题分析　可作为范围确认过程输入的项目文件主要包括需求文件、需求跟踪矩阵、质量报告、经验教训登记册等。范围基准属于项目管理计划组件。

■ 参考答案 （5）D

- (6) 不属于范围确认过程的输出。
  (6) A. 验收的可交付成果　　　　　B. 项目文件
  C. 变更请求　　　　　　　　　D. 工作绩效信息

■ 攻克要塞——试题分析　范围确认过程的输出包括验收的可交付成果、变更请求、工作绩效信息、项目文件（更新）。

■ 参考答案 （6）B

知识点：范围控制

知识点综述

范围管理过程中，经常结合范围控制和具体的案例进行综合性考核。一般给出一段关于范围管理相关的案例描述，要求考生在阅读完案例场景的内容后作出判断，此类题目难度较高，涉及范围管理过程中各类概念的综合理解。范围控制的工具与技术：偏差分析。

参考题型

【考核方式1】 综合性考核。要求深入理解概念，有难度。

- 某公司正在为某省某部门开发一套出入管理系统，该系统包括 15 个业务模块，计划开发周期为 9 个月，即在当年 10 月底之前交付。开发团队共有 15 名工程师。由于需求变化，管理系统需于 8 月 15 日投入使用。为此，客户要求公司在新系统中实现新的业务功能，该功能实现预计有 5 个模块，并要求在 8 月 15 日前交付实施。但公司无法立刻为项目组提供新的人力资源。面对客户的变更需求，下列__(1)__处理方法最合适。

    (1) A. 拒绝客户的变更需求，要求签订一个新合同，通过一个新项目来完成

    B. 接受客户的变更需求，并争取如期交付，建立公司的声誉

    C. 采用多次发布的策略，将 20 个模块重新排定优先次序，并在 8 月 15 日之前发布一个包含需求变化功能的版本，其余延后交付

    D. 在客户同意增加项目预算的条件下，接受客户的变更需求，并如期交付项目成果

    ■ **攻克要塞——试题分析** 本题所考核的内容涉及范围变更。该项目的范围变更不能拒绝，题干中已指出"公司无法立刻为项目组提供新的人力资源"。合适的处理方法只有"采用多次发布的策略"。一般来说，"拒绝"和"完全接受"两种方式均不可取，因此，A、B 选项不在可选之列。

    ■ **参考答案** (1) C

- 当范围变更导致成本基线发生变化时，项目经理需要做的工作不包括__(2)__。

    (2) A. 重新确定新的需求基线   B. 发布新的成本基准

    C. 调整项目管理计划   D. 调整项目章程

    ■ **攻克要塞——试题分析** 项目章程的作用是授权，与成本基线变化无关，且项目章程不由项目经理发布和调整。

    ■ **参考答案** (2) D

【考核方式2】 考核该过程的输入、输出、工具与技术。

- __(3)__ 是控制范围常用的工具与技术。

    (3) A. 引导式研讨会   B. 产品分析   C. 偏差分析   D. 标杆对照

    ■ **攻克要塞——试题分析** 范围控制的工具是数据分析，具体包括偏差分析和趋势分析。偏差分析是一种确定实际绩效与基准的差异程度及原因的技术。

    ■ **参考答案** (3) C

- __(4)__ 不属于控制范围过程的输入。

    (4) A. 项目管理计划   B. 项目文件   C. 变更请求   D. 组织过程资产

    ■ **攻克要塞——试题分析** 控制范围过程的输入有项目管理计划（包括范围管理计划、需求管理计划、变更管理计划、配置管理计划、范围基准、绩效测量基准等）；项目文件；组织过程资产；工作绩效数据。变更请求是控制范围过程的输出。

    ■ **参考答案** (4) C

范围管理过程补充知识点

输入、输出、工具与技术是常考知识点。表 10-1 对范围管理过程中的主要输入、输出、工具进行了整理。

表 10-1 范围管理过程中的输入、输出和工具

过程名称		输入、输出、工具
规划范围管理	主要输入	项目章程、项目管理计划、事业环境因素、组织过程资产
	主要输出	范围管理计划、需求管理计划
	主要工具	专家判断、数据分析、会议
收集需求	主要输入	立项管理文件、项目章程、项目管理计划、项目文件、协议、事业环境因素、组织过程资产
	主要输出	需求文件、需求跟踪矩阵
	主要工具	专家判断、数据收集、数据分析、决策、数据表现、人际关系与团队技能、系统交互图、原型法
定义范围	主要输入	项目章程、项目管理计划、项目文件、事业环境因素、组织过程资产
	主要输出	项目范围说明书、项目文件（更新）
	主要工具	专家判断、数据分析、决策、人际关系与团队技能、产品分析
创建 WBS	主要输入	项目管理计划、项目文件、事业环境因素、组织过程资产
	主要输出	范围基准、项目文件（更新）
	主要工具	专家判断、分解
范围确认	主要输入	项目管理计划、项目文件、工作绩效数据、核实的可交付成果
	主要输出	验收的可交付成果、变更请求、工作绩效信息、项目文件（更新）
	主要工具	检查、决策
范围控制	主要输入	项目管理计划、项目文件、工作绩效数据、组织过程资产
	主要输出	工作绩效信息、变更请求、项目管理计划（更新）、项目文件（更新）
	主要工具	数据分析

课堂练习

- 下列有关工作分解结构的叙述，错误的是 __(1)__ 。
  - (1) A．项目的工作分解结构（WBS）是管理项目范围的基础，详细描述了项目所要完成的工作
    - B．WBS 最底层的工作单元称为工作包
    - C．WBS 一般用图形或列表表示，其中分级树型结构适用于一些大的、复杂的项目中
    - D．凡是出现在 WBS 中的工作都应该属于项目的范围
- 项目管理计划、项目文件、核实的可交付成果、工作绩效数据都是范围确认的 __(2)__ 。
  - (2) A．工具　　　　　B．技术　　　　　C．成果　　　　　D．输入
- 下列有关核实范围相关内容的叙述，错误的是 __(3)__ 。

（3）A．范围确认是客户等项目干系人正式验收并接受已完成的项目可交付物的过程

B．范围确认应贯穿项目的始终

C．范围确认是有关工作结果正确与否的问题，而质量控制一般在范围确认之前完成

D．范围确认完成时，同时应对确认中调整的 WBS 和 WBS 字典进行更新

- 以下关于项目范围和产品范围的叙述，不正确的是___（4）___。

（4）A．项目范围是为了获得具有规定特性和功能的产品、服务和结果，而必须完成的项目工作

B．产品范围是表示产品、服务和结果的特性和功能

C．项目范围是否完成以产品要求作为衡量标准

D．项目的目标是项目范围管理计划编制的一个基本依据

- 项目的工作分解结构是管理项目范围的基础，描述了项目需要完成的工作，___（5）___是实施工作分解结构的依据。

（5）A．项目活动估算　　　　　　　　B．组织过程资产

C．详细项目范围说明书　　　　　D．更新的项目管理计划

- ___（6）___是在范围确认中使用的工具。

（6）A．决策　　　　B．网络图　　　　C．控制图表　　　　D．关键路径法

- 关于范围控制的描述不正确的是___（7）___。

（7）A．范围控制是监督项目和产品的状态，管理范围基准变更的过程

B．必须以书面的形式记录各种变更

C．每次需求变更经过需求评审后都要重新确定新的基准

D．项目成员可以提出范围变化的要求，并经客户批准后实施

- 关于工作分解结构（WBS）的描述，不正确的是___（8）___。

（8）A．一般来说 WBS 应控制在 4～6 层为宜

B．WBS 是项目时间、成本、人力等管理工作的基础

C．WBS 必须且只能包括整个项目 100%的工作内容

D．WBS 的制订由项目主要干系人完成

第11章 项目进度管理

知识点图谱与考点分析

每一个项目都有一个进度要求，项目进度管理就是保证项目的所有工作都在指定的时间内完成。

项目进度管理包括 6 个管理过程：规划进度管理、定义活动、排列活动顺序、估算活动持续时间、制订进度计划和控制进度。项目进度管理知识图谱如图 11-1 所示。

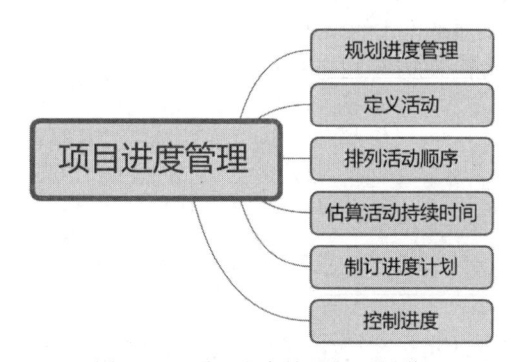

图 11-1　项目进度管理知识图谱

本章的重点是关键路径法，难点是计算题，包括利用三点估算法计算完工概率，我们将介绍用面积法来解此类计算题。比较常见的考核内容是过程的输入、输出、工具与技术。

[辅导专家提示] 官方教程第 4 版中将"估算活动资源"过程放到"资源管理"知识域中。

知识点：规划进度管理

知识点综述

规划进度管理是为规划、编制、管理、执行和控制项目进度而制订政策、程序和文档的过程。规则进度管理的主要作用：在整个项目期间为项目进度管理提供指南和方向。

参考题型

【考核方式】 考核输入、输出、工具与技术的具体内容。

- 规划进度管理是为实施项目进度管理制订政策、程序，并形成文档化的项目进度管理计划的过程，__(1)__ 不属于规划进度管理的输入。
  - (1) A．项目章程　　　　B．范围管理计划　　C．里程碑清单　　D．组织文化
  - ■ 攻克要塞——试题分析　规划进度管理的输入包括：①项目管理计划（包括范围管理计划和开发方法）；②项目章程；③组织过程资产；④事业环境因素。
  - ■ 参考答案　(1) C

- __(2)__ 不是规划进度管理的输入。
  - (2) A．事业环境因素　　B．项目管理计划　　C．活动清单　　D．项目章程
  - ■ 攻克要塞——试题分析　活动清单是"活动定义"过程的输出。
  - ■ 参考答案　(2) C

- 下列四个选项中，__(3)__ 是错误的。
  - (3) A．规划进度管理过程的工具与技术包含专家判断、数据分析、会议
  　　　B．进度管理计划是项目管理计划的组成部分，属于规划进度管理过程的输出
  　　　C．进度管理计划为编制、监督和控制项目进度建立准则和明确活动要求
  　　　D．进度管理计划必须是正式的，非常详细的
  - ■ 攻克要塞——试题分析　进度管理计划可以是正式的或非正式的，非常详细的或高度概括的。
  - ■ 参考答案　(3) D

知识点：定义活动

知识点综述

定义活动是项目进度管理的第一个过程，在定义活动中涉及一些基本概念，比如活动的时间参数 ES（最早开始时间）、EF（最早完成时间）、LS（最迟开始时间）、LF（最迟完成时间）、TF（总时差）、FF（自由时差）及三个基本概念（检查点、里程碑、基线）。定义活动知识图谱如图 11-2 所示。

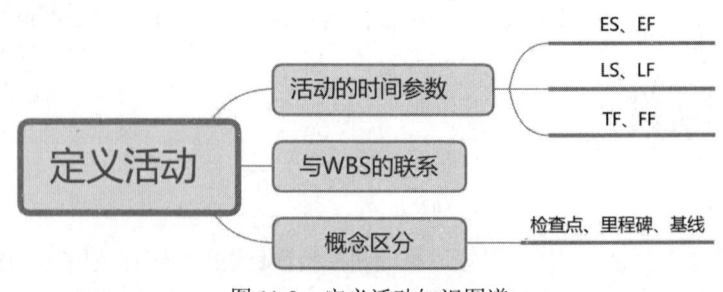

图 11-2　定义活动知识图谱

参考题型

【考核方式1】 考核里程碑的基本概念。

- 下列有关里程碑的说法中，__(1)__ 是错误的。
  (1) A．里程碑显示了项目为达到最终目标而必须经过的条件或序列状态
    B．一个好的里程碑，最突出的特征是达到此里程碑的标准毫无歧义
    C．里程碑计划的编制一般不宜从项目的终结点开始，而应反向进行
    D．在确定项目的里程碑时，可采用头脑风暴法

  ■ **攻克要塞——试题分析** 里程碑是由相关人负责的、按计划预定的事件，用于测量工作进度。
  里程碑计划的编制可以从最后一个里程碑（即项目的终结点）开始，反向进行，即先确定最后一个里程碑，再依次逆向确定各个里程碑。在确定项目的里程碑时，可采用头脑风暴法。

  ■ **参考答案** (1) C

  [辅导专家提示] 本题延伸的其他概念：里程碑、检查点、基线。

【考核方式2】 根据给定条件进行时间的参数计算。

- 已知网络计划中，工作M有两项紧后工作，这两项紧后工作的最早开始时间分别为第15天和第18天，工作M的最早开始时间和最迟开始时间分别为第6天和第9天，如果工作M的持续时间为9天，则工作M__(2)__。
  (2) A．总时差为3天　　　　　　　　　B．自由时差为1天
    C．总时差为2天　　　　　　　　　D．自由时差为2天

  ■ **攻克要塞——试题分析** 总时差是指在不延误总工期的前提下，工作的机动时间。工作的总时差等于工作的两个完成时间之差，或等于工作的两个开始时间之差。自由时差是指在不延误紧后工作开工的前提下，工作的机动时间，它等于该工作的紧后工作的最早开始时间与最早完成时间之差，工作的自由时差最小值一定小于或等于其总时差。在考虑总时差时，可以让紧后工作按最迟开始时间开工，借用紧后工作的松弛时间。而在考虑自由时差时，必须保证紧后工作按最早时间开工。

  ■ **参考答案** (2) A

【考核方式3】 考核该过程的输入、输出、工具与技术。

- __(3)__ 不属于定义活动过程的工具与技术。
  (3) A．分解　　　　B．专家判断　　　　C．滚动式规划　　　　D．数据分析

  ■ **攻克要塞——试题分析** 定义活动的工具与技术包括分解、专家判断、滚动式规划、会议。

  ■ **参考答案** (3) D

- 下列四个选项中，__(4)__ 是错误的。
  (4) A．定义活动过程的输入包括项目管理计划、组织过程资产、事业环境因素
    B．定义活动中使用的项目管理计划组件主要包括进度管理计划、范围基准
    C．活动清单属于定义活动过程的输出
    D．滚动式规划是一种迭代式的规划技术，可以详细规划远期要完成的工作

■ **攻克要塞——试题分析** 滚动式规划是一种迭代式的规划技术，即详细规划近期要完成的工作，同时在较高层级上粗略规划远期工作。

■ **参考答案** （4）D

知识点：排列活动顺序

知识点综述

排列活动顺序的目的在于识别活动之间的依赖关系，是后续制订进度计划的关键。排列活动顺序的结果是输出网络图，是后续关键路径计算的前提条件。在排列活动顺序的过程中，重点在于掌握活动之间的几种逻辑关系和依赖关系，同时要求能够绘制单代号网络图、识别箭线图等。排列活动顺序知识图谱如图 11-3 所示。

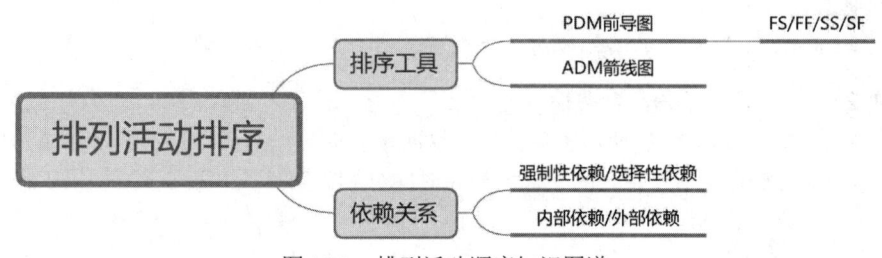

图 11-3 排列活动顺序知识图谱

需要熟悉排列活动顺序相关的工具与技术：提前量和滞后量、前导图法、活动逻辑关系及依赖关系等。

参考题型

【考核方式1】 直接给出 4 种逻辑关系的图形，要求能够判断每种图形所代表的逻辑关系。

● 某项目中有两个活动单元：活动一和活动二，其中活动一开始后活动二才能开始。能正确表示这两个活动之间依赖关系的前导图是 （1） 。

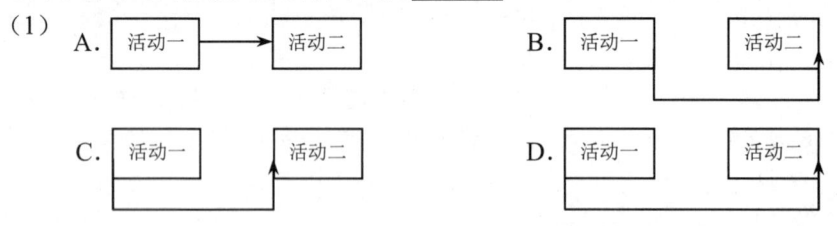

（1） A. 活动一→活动二   B. 活动一、活动二
C. 活动一、活动二   D. 活动一→活动二

■ **攻克要塞——试题分析** 前导图法包括活动之间存在的 4 种依赖关系：

FS 型（前序活动结束后，后续活动才能开始）；FF 型（前序活动结束后，后续活动才能结束）；SS 型（前序活动开始后，后续活动才能开始）；SF 型（前序活动开始后，后续活动才能结束）。

本题中，A、B、C、D 选项分别属于 FS、FF、SS 和 SF 型。

■ **参考答案** （1）C

[辅导专家提示] 判断活动之间的依赖关系一般通过箭线起点和终点在活动方框的位置判断。箭线连在活动方框的左侧（前面）则为S，箭线连在活动方框的右侧（后面）则为F。

【**考核方式2**】 考核活动之间的逻辑关系，一般给出应用场景，要求根据应用场景判别。

● 在某个信息系统项目中存在新老系统切换的问题，在设置项目计划网络图时，新系统上线和老系统下线之间应设置成 （2） 的关系。

（2）A．FS型　　　　B．FF型　　　　C．SF型　　　　D．SS型

■ **攻克要塞——试题分析** 参考上题的分析。

■ **参考答案** （2）C

【**考核方式3**】 考核依赖关系，给出应用场景进行判断。

● 某软件项目测试活动的进度可能取决于外部硬件是否到货，那么这种活动之间的依赖关系为 （3） 。

（3）A．外部依赖关系　　　　　　　B．强制性依赖关系
　　C．可斟酌处理的依赖关系　　　D．内部依赖关系

■ **攻克要塞——试题分析** 在确定活动之间的先后顺序时，有4种依赖关系：①强制性依赖关系（硬逻辑关系）：如在电子项目中，必须先制作原型机，然后才能进行测试；②可斟酌处理的依赖关系（软逻辑关系），又称选择性依赖关系；③外部依赖关系，指涉及项目活动和非项目活动之间关系的依赖关系，如软件项目测试活动的进度可能取决于外部的硬件是否到货；④内部依赖关系，指项目内部活动之间的依赖关系。本题中，测试活动属于软件项目活动，硬件活动属于非项目活动。

■ **参考答案** （3）A

【**考核方式4**】 考核排列活动顺序的工具。

● 下列 （4） 不是排列活动顺序的工具与技术。

（4）A．前导图法　　　　　　　B．关键路径法
　　C．确定依赖关系　　　　　D．提前量和滞后量

■ **攻克要塞——试题分析** 排列活动顺序的工具与技术有：①前导图法（PDM）：又称紧前关系绘图法，是一种用节点表示活动、箭线表示活动关系的项目网络图，也称为单代号网络图（Activity On the Node，AON）；②箭线图法（ADM）：表示方法与前导图法相反，又称为双代号网络图法（Activity On the Arrow，AOA）。③项目管理信息系统；④确定和整合依赖关系：包括强制性依赖关系、可斟酌处理的依赖关系和外部依赖关系；⑤提前量和滞后量。本题中B选项的"关键路径法"是制订进度计划的工具与技术。

■ **参考答案** （4）B

【**考核方式5**】 考核排列活动顺序的方法，掌握推算ES、EF、LS和LF的方法。

● 在下列活动图中，I和J之间的活动开始的最早时间是 （5） 。

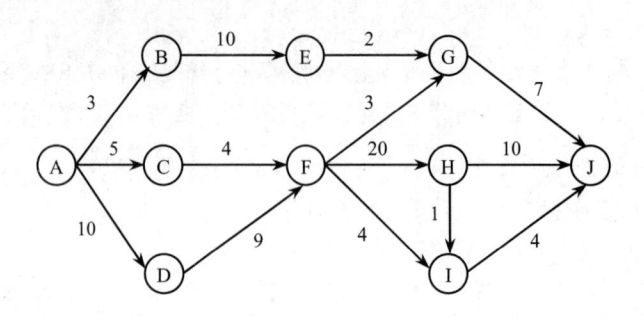

```
         B ──10──→ E ──2──→ G
        ↗ 3              3        ↘ 7
      A ──5──→ C ──4──→ F ──20──→ H ──10──→ J
        ↘ 10           ↗ 9      1 ↘    ↗ 4
         D ───────────       →  I
```

(5) A. 13　　　　　　B. 23　　　　　　C. 29　　　　　　D. 40

■ **攻克要塞——试题分析** 首先确定关键路径为 ADFHJ。I 和 J 之间活动的前序活动是 HI，而 HI 必须等到关键路径上 FH 完成后才能开始，FH 的最早完成时间为 39，HI 的最早完成时间则为 40，所以，I 和 J 之间活动的最早开始时间是 40。

■ **参考答案**　（5）D

【**考核方式 6**】 在网络图的基础上进一步考核关键路径或项目工期。

接上题，求 A 和 J 之间的关键路径。

■ **攻克要塞——试题分析** 本题可以通过观察来确定最长的路径（关键路径为最长的路径）。在图中，显然 ADFHJ 最长，所以关键路径为 ADFHJ，项目的完成工期 T=10+9+20+10=49（天）。

【**考核方式 7**】 间接考核过程的输入和输出。

● 项目进度网络图是　（6）　。

（6）A．活动定义的结果和活动历时估算的输入
　　　B．排列活动顺序的结果和进度计划编制的输入
　　　C．活动计划编制的结果和进度计划编制的输入
　　　D．排列活动顺序的结果和活动历时估算的输入

■ **攻克要塞——试题分析** 项目进度网络图是项目排列活动顺序的结果。进度计划编制的输入有：①项目管理计划：主要包括进度管理计划、范围基准等；②项目文件：主要包括假设日志、风险登记册、活动属性、活动清单、里程碑清单、项目进度网络图、估算依据、持续时间估算、资源需求、项目团队派工单、资源日历等；③协议；④事业环境因素；⑤组织过程资产。项目进度管理中全部过程输入、输出及主要工具见下表。

过程名称	输入、输出及主要工具	
规划进度管理	主要输入	项目管理计划、项目章程、事业环境因素、组织过程资产
	主要输出	进度管理计划
	主要工具	专家判断、分析技术、会议
定义活动	主要输入	项目管理计划、事业环境因素、组织过程资产
	主要输出	活动清单、活动属性、里程碑清单、变更请求、项目管理计划（更新）
	主要工具	分解、滚动式规划、专家判断、会议

续表

过程名称		输入、输出及主要工具
排列活动顺序	主要输入	项目管理计划、项目文件、事业环境因素、组织过程资产
	主要输出	项目进度网络图、项目文件（更新）
	主要工具	紧前关系绘图法、箭线图法、确定和整合依赖关系、提前量和滞后量、项目管理信息系统
估算活动持续时间	主要输入	项目管理计划、项目文件、事业环境因素、组织过程资产
	主要输出	持续时间估算、项目文件（更新）、估算依据
	主要工具	专家判断、<u>类比估算</u>、<u>参数估算</u>、<u>三点估算</u>、<u>自下而上估算</u>、数据分析、决策、会议
制订进度计划	主要输入	项目管理计划、项目文件、协议、事业环境因素、组织过程资产
	主要输出	项目进度计划、进度基准、进度数据、项目日历、变更请求、项目管理计划（更新）、项目文件（更新）
	主要工具	进度网络分析、关键路径法、资源优化、数据分析、提前量和滞后量、进度压缩、计划评审技术、项目管理信息系统、敏捷或适应型发布规划
控制进度	主要输入	项目管理计划、项目文件、工作绩效数据、组织过程资产
	主要输出	工作绩效信息、进度预测、变更请求、项目管理计划（更新）、项目文件（更新）
	主要工具	数据分析、关键路径法、项目管理信息系统、资源优化、提前量和滞后量、进度压缩

■ **参考答案** （6）B

[辅导专家提示] 上表给出了进度管理过程的主要输入、输出及工具。考生需重点关注活动历时估算、制订进度计划和控制进度三个过程的工具。

● ____(7)____ 不属于排列活动顺序过程的输入。

（7）A．假设日志　　　　B．活动属性　　　　C．里程碑清单　　　　D．项目进度网络图

■ **攻克要塞——试题分析** 排列活动顺序过程的输入包括项目管理计划（主要包括进度管理计划、范围基准等）；项目文件（主要包括假设日志、活动属性、活动清单、里程碑清单等）；事业环境因素；组织过程资产。项目进度网络图属于排列活动顺序过程的输出。

■ **参考答案** （7）D

● 下列四个选项中，____(8)____ 是错误的。

（8）A．提前量和滞后量属于排列活动顺序过程的工具与技术
　　　B．提前量是相对于紧前活动紧后活动可提前的时间量
　　　C．滞后量是相对于紧前活动紧后活动需要推迟的时间量
　　　D．提前量一般用正值表示

■ **攻克要塞——试题分析** 提前量一般用负值表示，滞后量一般用正值表示。

■ **参考答案** （8）D

知识点：估算活动持续时间

知识点综述

估算活动持续时间的过程利用计划活动对应的工作范围、需要的资源类型和资源数量，以及相

关的资源日历信息来估算活动持续的时间。估算活动持续时间的主要方法有类比估算法、参数估算法、三点估算法、储备分析等。估算活动持续时间知识图谱如图 11-4 所示。考核的方法一般比较灵活，常见的形式是给出案例场景描述，要求考生根据案例场景从以上几种方法中选择最合适的方法。

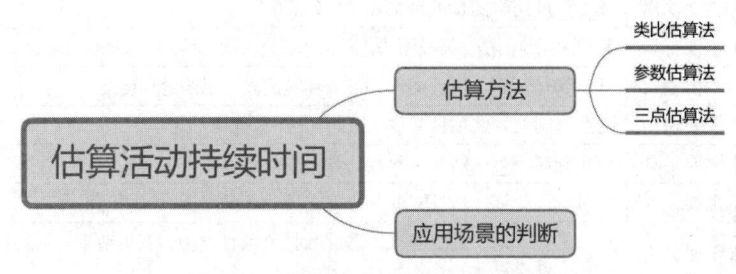

图 11-4　估算活动持续时间知识图谱

由于"三点估算法"的题目变化程度高，我们将单独作为一个知识点进行详细介绍。

参考题型

【考核方式 1】 考核活动持续时间估算的工具——储备分析。

- 项目经理对某软件需求分析活动历时估算的结果是：该活动用时 2 周（假定每周工作时间是 5 天）。随后对其进行储备分析，确定的增加时间是 2 天。下列针对该项目储备分析结果的叙述中，__(1)__ 是不正确的。

  (1) A．增加软件需求分析的应急时间是 2 天

  　　B．增加软件需求分析的缓冲时间是该活动历时的 20%

  　　C．增加软件需求分析的时间储备是 20%

  　　D．增加软件需求分析的历时标准差是 2 天

  ■ 攻克要塞——试题分析　三点估算法的公式如下：
  $$PERT 值 = (最悲观时间 + 4 \times 最有可能时间 + 最乐观时间)/6$$
  $$标准差 = (最悲观时间 - 最乐观时间)/6$$

  显然 D 选项缺乏相关的计算条件，不正确。

  ■ 参考答案　(1) D

【考核方式 2】 网络图的计算，基于网络图推导活动完成的时间。

- 下图中，活动 G 可以拖延 __(2)__ 周而不会延长项目的最终结束日期（图中时间单位为周）。

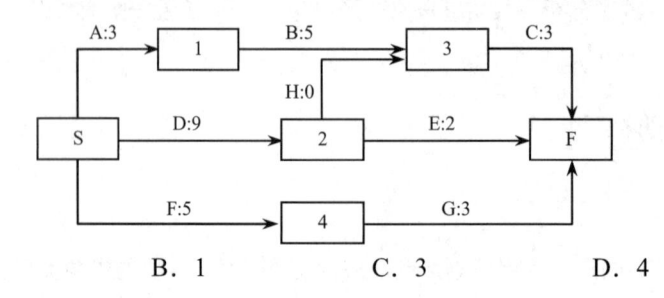

  (2) A．0　　　B．1　　　C．3　　　D．4

■ **攻克要塞——试题分析** 此图为双代号网络图。关键路径为 DHC，整个项目工期 T=9+0+3=12（周）。在求出整个项目工期后，再求 G 的浮动时间。由于全部完成 FH 仅需 8 周，也就意味着 FG 这条路径上的活动可以拖延 4 周（12−8=4）。

■ **参考答案** （2）D

[辅导专家提示] 在本题中，用"代号:工期"的方式来表示一项活动，如 A:3 代表 A 活动所需消耗的时间为 3 周。在题中要注意 H 为虚活动，该活动并没有用虚线来表示，而是直接用 H:0 来表示该活动不消耗资源。因此，H 仅仅是表示活动之间的逻辑关系。

【考核方式3】考核该过程的输入、输出、工具与技术。

● _____ 不属于估算活动持续时间过程的输入。
（3）A．项目管理计划　　B．项目文件　　C．组织过程资产　　D．持续时间估算

■ **攻克要塞——试题分析** 估算活动持续时间过程的输入包括项目管理计划、项目文件、事业环境因素、组织过程资产。持续时间估算属于估算活动持续时间过程的输出。

■ **参考答案** （3）D

● 下列四个选项中，_____ 是错误的。
（4）A．类比估算以过去类似项目的参数值（如持续时间、预算、规模、重量和复杂性等）为基础，来估算当前和未来项目的同类参数或指标
　　B．类比估算属于估算活动持续时间过程的工具与技术
　　C．可在估算活动持续时间过程更新的项目文件主要包括活动属性、假设日志、经验教训登记册等
　　D．数据分析不属于估算活动持续时间过程的工具与技术

■ **攻克要塞——试题分析** 估算活动持续时间过程的工具与技术包括专家判断、类比估算、参数估算、三点估算、决策、自下而上估算、数据分析、会议。

■ **参考答案** （4）D

知识点：三点估算法

知识点综述

三点估算法属于"估算活动持续时间"这一过程中的重要工具，该方法的关键在于掌握求期望工期和标准差的公式，该方法是计划评审技术的基础。三点估算法知识图谱如图 11-5 所示。

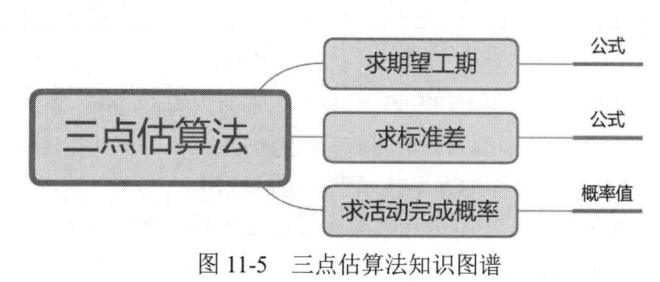

图 11-5 三点估算法知识图谱

参考题型

【考核方式1】 考查活动的期望完成时间，要求掌握三点估算法的公式。

完成活动 A 悲观估计 36 天，最可能估计 21 天，乐观估计 6 天，求该活动的期望完成时间。

PERT 值=(最乐观时间+4×最有可能时间+最悲观时间)/6

$$T = \frac{T_a + 4T_m + T_b}{6}$$

其中：T_a 代表最乐观时间；T_m 代表最可能时间；T_b 代表最悲观时间。

因此，本题中 T = (36+4×21+6)/6 = 21 天，即该活动的期望完成时间为 21 天。

【考核方式2】 求标准差。

完成活动 A 悲观估计 36 天，最可能估计 21 天，乐观估计 6 天，求标准差。

$$\sigma = \frac{T_b - T_a}{6}$$

标准差= (最悲观时间–最乐观时间)/6 = (36–6)/6 = 5（天）

【考核方式3】 在三点估算法的基础上，考核活动完成的概率。

完成活动 A 悲观估计 36 天，最可能估计 21 天，乐观估计 6 天，活动 A 在 16～26 天内完成的概率是多少？

■ **攻克要塞——试题分析** 如果完成工期在 1 个标准差内，则完成概率为 68.26%；如果完成工期在 2 个标准差内，则完成概率为 95.46%；如果完成工期在 3 个标准差内，则完成概率为 99.736%。

根据前面的求解，得知期望工期为 21 天，标准差为 5，活动 A 在 16～26 天内完成，属于 1 个标准差的范围。因此，其完成概率为 68.26%。

[辅导专家提示] 对于此类题目有比较复杂的其他变化方式，可以采用"图形面积法"将"完成概率"问题转换成"图形面积"问题求解。以该题为例：根据工期 21 天、标准差 5 天，绘制分布图形如下。

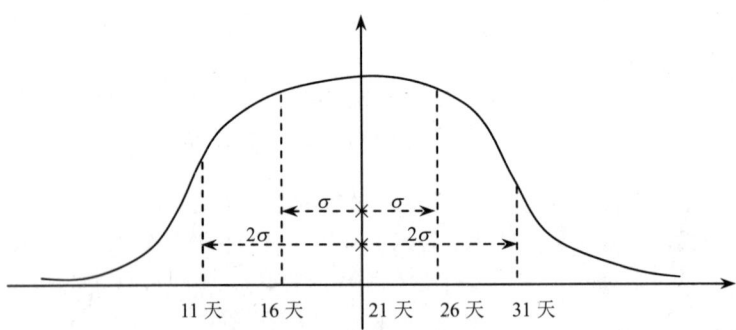

其中，一个标准差（16～26 天）所占据的图形面积为整个图形面积的 68.26%，对应其完成概率 68.26%。

两个标准差（11～31 天）所占据的面积为整个图形面积的 95.46%，对应其完成概率 95.46%。

"图形面积法"将在知识点"计划评审技术"中进行应用。

[辅导专家提示] "三点估算法"知识点的考核在近几年的考试中趋向简单，最近几次考试的相关题目均是考核三点估算法的公式。

知识点：关键路径法&关键链法

知识点综述

关键路径法是"制订进度计划"这一过程的工具，属于必考知识点。对于关键路径法，重点掌握：①求关键路径；②识别关键路径，掌握关键路径判断的两个重要原则；③计算项目活动的总时差和自由时差。

此外，与关键路径法（CPM）同属工具的还有计划评审技术（PERT）和关键链法（理解其与关键路径法的区别，包括项目缓冲、接驳缓冲的设置原则等），如图 11-6 所示。

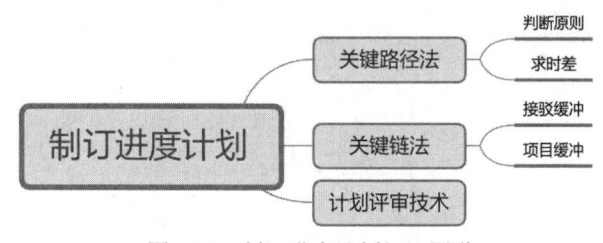

图 11-6 制订进度计划知识图谱

参考题型

【**考核方式 1**】 考核对关键路径的理解，掌握关键路径上节点的几个重要参数。

- 任务的最早开始时间是第 3 天，最晚开始时间是第 13 天，最早完成时间是第 9 天，最晚完成时间是第 19 天，则该任务 __(1)__ 。

　　(1) A．在关键路径上　　B．有滞后　　C．进展情况良好　　D．不在关键路径上

　■ **攻克要塞——试题分析** 判断一项活动在不在关键路径上，关键在于判断总时差是否为 0。如果总时差为 0，则该任务一定在关键路径上；如果总时差不为 0，则不在关键路径上。

　　活动的总时差=最晚开始时间−最早开始时间=最晚完成时间−最早完成时间=13−3=19−9=10>0，从而可以判断该任务不在关键路径上。

　■ **参考答案** (1) D

- 如下某工程单代号网络图中，活动 B 的总浮动时间为 __(2)__ 天。

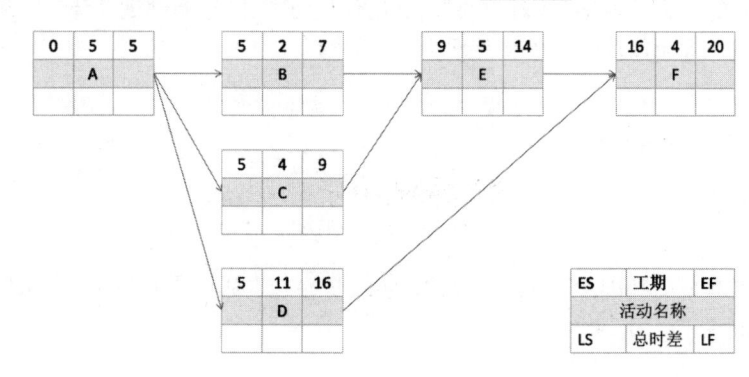

0	5	5
	A	

5	2	7
	B	

9	5	14
	E	

16	4	20
	F	

5	4	9
	C	

5	11	16
	D	

ES	工期	EF
	活动名称	
LS	总时差	LF

133

(2) A. 1 　　　　　　 B. 2 　　　　　　 C. 3 　　　　　　 D. 4

■ **攻克要塞——试题分析**　本题采用观察法，最长路径为 ADF，工期 20 天。

求 B 的总时差，B 所在的路径 ABEF，周期 16 天，所以，B 可以延后 4 天不影响工期。

延伸知识点：总浮动时间的计算方法为：本活动的最迟完成时间减去本活动的最早完成时间，或本活动的最迟开始时间减去本活动的最早开始时间。正常情况下，关键活动的总浮动时间为 0。

■ **参考答案**　（2）D

【**考核方式 2**】 关键路径计算，根据图例来判断关键路径。

● 如下工程进度网络图中，若节点 0 和节点 6 分别表示起点和终点，则关键路径为　（3）　。

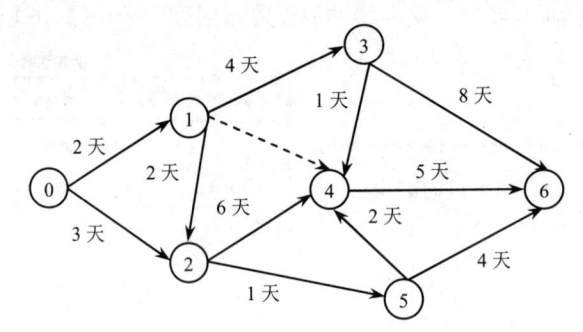

(3) A. 0→1→3→6 　　 B. 0→1→4→6 　　 C. 0→1→2→4→6 　　 D. 0→2→5→6

■ **攻克要塞——试题分析**　本题考核"根据网络图求关键路径"，考生可在网路图基础之上逐步推导。

另外，此图可以采用"穷举法"，根据关键路径判断的原则之一——路径最长的为关键路径，可将 A、B、C、D 中的全部活动进行累加，得到

A. 2+4+8 = 14 天　　 B. 2+0+5 = 7 天　　 C. 2+2+6+5 = 15 天　　 D. 3+1+4 = 8 天

其中，选项 C 的路径最长。

■ **参考答案**　（3）C

[辅导专家提示]　"关键路径法"知识点的重要性不言而喻。考生在复习中要注意的是，常规的考核是通过找关键路径来计算工期，除此之外，还需要掌握以下几点：①关键路径法在下午考试案例题的考核中往往是与挣值分析的题目结合在一起；②关键路径法除了考核计算外，还可以考核对关键路径法的理解；③关键路径法属于制订进度计划的工具，"制订进度计划"过程中，其他的工具也是重点，建议考生阅读教程中相关章节进行总结。

知识点：计划评审技术

知识点综述

此类题目需要具备的基础：①三点估算法，要求掌握三点估算法的公式；②掌握标准差计算公式；③识记三个概率。

标准差	概率
1 个标准差	68.26%
2 个标准差	95.46%
3 个标准差	99.736%

如求项目的完工概率，则需要记住整个项目的标准差计算公式。

参考题型

【考核方式】 考核完工的概率。

- 完成某信息系统集成项目中的一个最基本的工作单元 A 所需的时间，乐观估计需 8 天，悲观估计需 38 天，最可能估计需 20 天，按照 PERT 方法进行估算，项目在 26 天以后完成的概率应是 __(1)__ 。
  （1）A．8.9%　　　　　　B．15.9%　　　　　　C．22.2%　　　　　　D．28.6%

■ 攻克要塞——试题分析　项目的工期 PERT 值=(最乐观估计时间+4×最可能的估计时间+最悲观估计时间)/6=(8+4×20+38)/6=126/6=21（天），标准差=(38–8)/6=5（天）。

采用图形面积法，将完成概率问题转换成图形面积问题进行处理。绘制其分布曲线图如下：

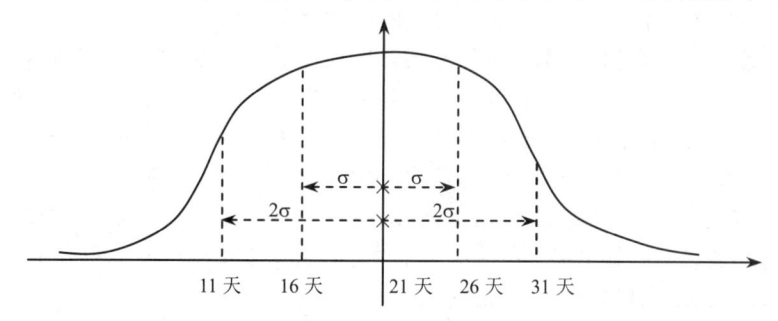

题目要求 26 天以后完成的概率，即求 26 天以后的图形面积占整个图形面积的百分比。

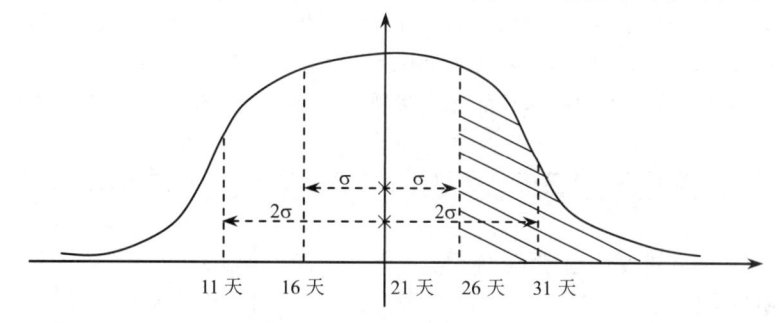

则此部分面积 f = 50%–68.26%/2 = 15.87% ≈ 15.9%。

■ 参考答案　（1）B

[辅导专家提示] 请思考此类题目的其他变化方式。

完成活动 A 悲观估计 36 天，最可能估计 21 天，乐观估计 6 天，请问：①在 16 天内完成的概率是多少？②在 21 天内完成的概率是多少？③在 21 天之后完成的概率是多少？④在 21~26 天之间完成的概率是多少？⑤在 26 天完成的概率是多少？

知识点：制订进度计划

知识点综述

此类题目考核的知识点有：①进度计划相关工具与技术（关键路径法、关键链法，见前述章节）；②进度计划种类（里程碑进度计划、概况性进度计划、详细进度计划）；③资源优化技术、时标网络图。

参考题型

【考核方式】考核该过程的输入、输出、工具与技术。

- 关于制订进度计划的工具与技术的描述，不正确的是__(1)__。
  - (1) A. 总浮动的时间等于本活动的最迟完成时间减去本活动的最早完成时间
    - B. 自由浮动时间等于紧后活动的最早开始时间的最小值减去本活动的最早完成时间
    - C. 资源平滑技术通过缩短项目的关键路径来缩短完工时间
    - D. 关键路径上活动的总浮动时间与自由浮动时间都为 0

  ■ 攻克要塞——试题分析　本题考核对制订进度计划的工具的理解，如果对关键路径的知识比较熟悉，可以逐步判断选项 A、选项 B 和选项 D 正确。选项 C 中对"资源平滑"的描述错误。

  > 资源平衡（Resource Leveling）。资源平衡是为了在资源需求与资源供给之间取得平衡，根据资源制约对开始日期和结束日期进行调整的一种技术。如果共享资源或关键资源只在特定时间可用，数量有限，或被过度分配，如一个资源在同一时段内被分配至两个或多个活动，就需要进行资源平衡。也可以为保持资源使用量处于均衡水平而进行资源平衡。资源平衡往往导致关键路径改变，通常是延长。

  > 资源平滑（Resource Smoothing）。资源平滑是对进度模型中的活动进行调整，从而使项目资源需求不超过预定的资源限制的一种技术。相对于资源平衡而言，资源平滑不会改变项目关键路径，完工日期也不会延迟。也就是说，活动只在其自由浮动时间和总浮动时间内延迟。因此，资源平滑技术可能无法实现所有资源的优化。

  ■ 参考答案　(1) C

[辅导专家提示] 资源平衡和资源平滑都属于资源优化技术，两者的区别在于是否导致关键路径改变。

- __(2)__ 不属于制订进度计划过程的输入。
  - (2) A. 项目进度计划　　　　　　　　B. 项目管理计划
  - 　　C. 假设日志　　　　　　　　　　D. 资源需求

  ■ 攻克要塞——试题分析　制订进度计划过程的输入包括项目管理计划（主要包括进度管理计划、范围基准等）；项目文件（主要包括假设日志、风险登记册、活动属性、活动清单、里程碑清单、项目进度网络图、估算依据、持续时间估算、资源需求、项目团队派工单、资源日历等）；协议；事业环境因素；组织过程资产。项目进度计划属于制订进度计划过程的输出。

  ■ 参考答案　(2) A

- 下列四个选项中，___(3)___ 是错误的。
  - （3）A．关键路径法属于制订进度计划过程的工具与技术
    - B．关键路径法用于在进度模型中估算项目的最长工期，确定逻辑网络路径的进度灵活性
    - C．资源优化技术是根据资源供需情况来调整进度模型的技术
    - D．进度压缩技术是指在不缩减项目范围的前提下，缩短或加快进度工期，以满足进度制约因素、强制日期或其他进度目标
  - ■ 攻克要塞——试题分析 关键路径法用于在进度模型中估算项目的最短工期，确定逻辑网络路径的进度灵活性。
  - ■ 参考答案 （3）B

知识点：控制进度

知识点综述

控制进度是监控项目状态以采取相应措施及管理进度变更的过程。项目的进度控制需要依据项目的进度基准计划对项目的实际进度进行监控，同时采取有效措施，使得项目能够按时完成。

控制进度关注如下内容：①确定项目进度的当前状态；②对于引起进度变更的因素施加影响，以保证这种变化朝着有利的方向发展；③确定项目进度已经变更；④当变更发生时管理实际的变更。

控制进度是整体变更控制过程的一个组成部分。

参考题型

【考核方式1】 考核控制进度的方法。

- 在软件开发项目实施过程中，由于进度需要，有时要采取快速跟进措施。___(1)___ 属于快速跟进范畴。
  - （1）A．压缩需求分析工作周期
    - B．设计图纸全部完成前就开始现场施工准备工作
    - C．使用最好的工程师，加班加点尽快完成需求分析说明书编制工作
    - D．同其他项目协调好关系以减少行政管理的摩擦
  - ■ 攻克要塞——试题分析 进度压缩的两种方法是赶工和并行。

1）赶工：**缩短关键路径**节点历时，但不改变活动间的逻辑关系。赶工只合适增加资源就能压缩进度的活动，可能增加成本和风险，导致效率低下。具体方法有追加资源、加班、支付额外费用。

2）并行（快速跟进）：把正常的顺序执行变成并行执行。但并行可能造成返工，风险更大。

  - ■ 参考答案 （1）B

【考核方式2】 考核控制进度的内容。

- ___(2)___ 属于控制进度的工作内容。
  - （2）A．确定完成项目工作所需花费的时间量　　B．确定完成项目工作所需的资源
    - C．确定工作之间的逻辑关系　　　　　　　　D．确定是否对工作进度偏差采取纠正措施

■ **攻克要塞——试题分析** 此为送分题。控制进度是监督项目活动状态、更新项目进展、管理进度基准变更，以实现计划的过程。

本过程的主要作用是提供发现进度基准偏离的方法，从而可以及时采取纠正和预防措施，以降低风险。

■ **参考答案** （2）D

【考核方式3】考核该过程的输入、输出、工具与技术。

● ___（3）___ 不属于控制进度过程的输入。

（3）A．进度管理计划　　　B．进度基准　　　C．进度数据　　　D．进度预测

■ **攻克要塞——试题分析** 控制进度过程的输入包括项目管理计划（主要包括进度管理计划、进度基准、范围基准、绩效测量基准等）；项目文件（主要包括资源日历、项目进度计划、项目日历、进度数据、经验教训登记册等）；工作绩效数据；组织过程资产。进度预测属于控制进度过程的输出。

■ **参考答案** （3）D

● 下列四个选项中，___（4）___ 是错误的。

（4）A．数据分析属于控制进度过程的工具与技术

　　　B．可用作控制进度过程的数据分析技术包括挣值分析技术

　　　C．检查关键路径的进展情况有助于确定项目进度状态

　　　D．采用进度压缩技术使进度落后的项目活动赶上计划，对剩余工作可采用的唯一措施是赶工

■ **攻克要塞——试题分析** 采用进度压缩技术使进度落后的项目活动赶上计划，可以对剩余工作使用快速跟进或赶工方法。

■ **参考答案** （4）D

● 在控制进度过程的数据分析技术中，___（5）___ 可以通过检查项目绩效随时间的变化情况确定绩效是在改善还是在恶化。

（5）A．储备分析　　　　　　　B．蒙特卡洛分析

　　　C．趋势分析　　　　　　　D．假设情景分析

■ **攻克要塞——试题分析** 控制进度过程中的数据分析具体技术包括趋势分析、关键路径法、挣值分析、偏差分析、假设情景分析、绩效审查、迭代燃尽图等。其中，趋势分析技术用于检查项目绩效随时间的变化情况，以确定绩效是在改善还是在恶化。

■ **参考答案** （5）C

课堂练习

● ___（1）___ 体现了项目计划过程的正确顺序。

（1）A．范围管理计划编制→范围定义→活动定义→估算活动持续时间

　　　B．范围定义→范围规划→活动定义→排列活动顺序→估算活动持续时间

　　　C．范围管理计划编制→范围定义→排列活动顺序→活动定义→估算活动持续时间

　　　D．估算活动持续时间→范围规划→范围定义→活动定义→排列活动顺序

● 某项目的主要约束是质量，为了不让该项目的项目团队感觉时间过于紧张，项目经理在估算项目活动历时的时候应采用 ___（2）___ ，以避免进度风险。

(2) A．专家判断　　　　　B．定量历时估算　　C．设置备用时间　　D．类比估算
- 进度变更控制的内容包括__(3)__。
  ①判断项目进度的当前状态　　　　②对造成进度变更的因素施加影响
  ③查明进度是否已经改变　　　　　④在实际变更出现时对其进行管理
  (3) A．①②③　　　B．②③④　　　C．①②③④　　　D．①③④
- 项目经理小李对某活动工期进行估算时，发现人员的熟练程度和设备供应是否及时对工期至关重要。如果形成最有利组合时，预计17天可以完成；如果形成最不利组合时，预计33天可以完成；按照公司的正常情况，一般22天可以完成，该项目的工期可以估算为__(4)__天。
  (4) A．22　　　　　B．23　　　　　C．24　　　　　D．25
- 某软件开发项目的最快可能完成时间、最可能完成时间和最慢可能完成时间分别为21天、27天和33天，那么该开发项目在25~27天内完成的概率为__(5)__，在27~29天内完成的概率为__(6)__（已知正态分布概率为±1σ内为68.26%，±2σ内为95.46%，±3σ内为99.736%）。
  (5) A．95.46%　　　B．47.73%　　　C．49.868%　　　D．34.13%
  (6) A．68.26%　　　B．34.13%　　　C．31.74%　　　D．95.46%
- 在制订进度计划时，已经完成了：①绘制进度网络图；②活动资源估算；③活动历时估算。此时为了确定各项活动的时差可进行__(7)__。
  (7) A．资源平衡分析　　B．进度压缩分析　　C．关键路线分析　　D．假设情景分析
- __(8)__不属于制订进度计划所采用的工具与技术。
  (8) A．进度网络分析　　B．确定依赖关系　　C．进度压缩　　　D．资源平衡
- 某工程由8个活动组成，其各活动情况见下表，该工程关键路径为__(9)__。

活动	紧前活动	所需天数	活动	紧前活动	所需天数
A		3	F	C	6
B	A	2	G	E	2
C	B	5	H	F、G	5
D	B	7	I	H、D	2
E	C	4			

  (9) A．ABCEGI　　　B．ABCFHI　　　C．ABDHI　　　D．ABDI
- 在制订进度计划时，可以采用多种工具与技术，如关键路径法、资源平衡技术、资源平滑技术等，以下叙述中不正确的是__(10)__。
  (10) A．项目的关键路径可能有一条或多条
  　　　B．随着项目的开展，关键路径法可能也随着不断变化
  　　　C．资源平衡技术往往会导致关键路径延长
  　　　D．资源平滑技术往往会改变项目关键路径，导致项目进度延迟

第12章 项目成本管理

知识点图谱与考点分析

在开始成本管理之前,作为制订项目管理计划过程的一部分,项目管理团队需先行规划,形成一份成本管理计划。项目所需要的成本管理过程及其相关工具与技术,通常在定义项目生命周期时已选定,并记录于成本管理计划中。

成本管理有四个过程:规划成本管理、估算成本、制订预算和控制成本。成本管理的难点在于成本控制中的挣值管理和完工预测。对于挣值管理,难点在于对三个参数的理解,即 AC(实际费用)、PV(计划费用)和 EV(挣值),尤其是 EV;对于完工预测,重点在于如何区分典型偏差和非典型偏差,并据此求剩余工作完工成本。一旦能够区分典型偏差和非典型偏差,则可以套用公式进行项目完工成本的预测。此外,BAC(完工预算)、EAC(完工估算)、VAC(完工偏差)都属于常考知识点。项目成本管理知识图谱如图 12-1 所示。

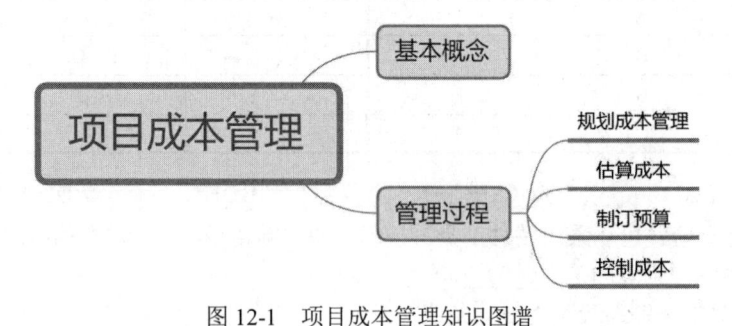

图 12-1 项目成本管理知识图谱

知识点:基本概念

知识点综述

在进行项目预算时,除了要考虑项目的直接成本,还要考虑其间接成本和一些对成本有影响的其他因素，可能包括：①非直接成本；②沉没成本；③学习曲线。基本概念知识图谱如图 12-2 所示。

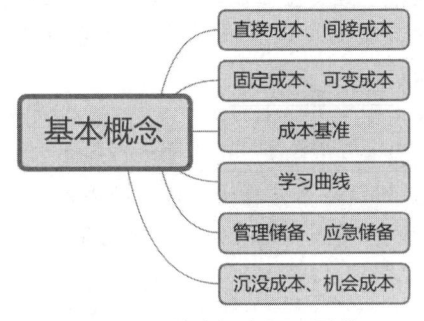

图 12-2 基本概念知识图谱

参考题型

【考核方式 1】 考核对成本基本概念的理解。

● 某企业今年用于信息系统安全工程师的培训费用为 5 万元，其中有 8000 元计入 A 项目成本，该成本属于 A 项目的 __(1)__ 。

(1) A．可变成本　　　B．沉没成本　　　C．实际成本　　　D．间接成本

■ **攻克要塞——试题分析** 成本的类型有可变成本、固定成本、直接成本与间接成本。

间接成本来自一般管理费用科目或几个项目共同担负的项目成本分摊给本项目的费用。显然，题中"8000 元计入 A 项目成本"属于分摊给 A 项目的费用，从而该成本属于 A 项目的间接成本。

■ **参考答案**　(1) D

【考核方式 2】 考核对机会成本、沉没成本等基本概念的理解。

● 投资者赵某可以选择股票和储蓄存款两种投资方式，他于 2017 年 1 月 1 日用 2 万元购进某股票，一年后亏损了 500 元，如果当时他选择储蓄存款，一年后将有 360 元的收益，由此可知，赵某投资股票的机会成本为 __(2)__ 元。

(2) A．500　　　B．360　　　C．860　　　D．140

■ **攻克要塞——试题分析** 机会成本是利用一定的时间或资源生产一种商品时，而失去的利用这些资源生产其他最佳替代品的机会，泛指一切在做出选择后其中一个最大的损失。本题中因为赵某没有选择储蓄导致了 360 元的损失，所以机会成本是 360 元。

■ **参考答案**　(2) B

[辅导专家提示] 要求能够辨识固定成本、可变成本、直接成本、间接成本、机会成本、沉没成本、管理储备、应急储备。

固定成本：不随生产量、工作量或时间的变化而变化的非重复成本为固定成本。

可变成本：随着生产量、工作量或时间而变的成本为可变成本。可变成本又称变动成本。

直接成本：直接可以归属项目工作的成本为直接成本，如项目团队差旅费、工资、项目使用的物料及设备使用费等。

间接成本：来自一般管理费用科目或几个项目共同担负的项目成本所分摊给项目的费用，如税

141

金、额外福利和保卫费用等。

沉没成本：指由于过去的决策已经发生了的，而不能由现在或将来的任何决策改变的成本。沉没成本是一种历史成本，对现有决策而言是不可控成本，在投资决策时应排除其干扰。

- 关于成本的描述，不正确的是 (3) 。

（3）A．投资决策时应尽量考虑沉没成本　　　B．沉没成本是一种历史成本
　　　C．管理储备不包括在成本基准中　　　　D．管理储备是项目总预算中的一部分

■ 攻克要塞——试题分析　沉没成本是指由于过去的决策已经发生了的，而不能由现在或将来的任何决策改变的成本。沉没成本是一种历史成本，对现有决策而言是不可控成本，在投资决策时应排除其干扰。

■ 参考答案　（3）A

基本概念知识点补充

成本基本概念的总结见表 12-1。

表 12-1　成本基本概念的总结

术语	解释
项目成本	项目全过程所耗用的各种成本的总和
全生命周期成本	权益总成本，即开发成本和维护成本的总和
学习曲线	当重复生产许多产品时，产品的单位成本将随着数量的增多呈规律性递减 如果在信息系统项目中采用了项目组成员未使用过的技术和方法，那么在使用这些技术和方法的初期，项目组成员有一个学习的过程，许多时间和劳动投入到尝试和试验中，这些尝试和试验会增加项目的成本。同样，项目组从未从事的项目要比对原有项目进行升级的成本高得多，也是由于项目组必须学习新的知识
管理储备	这是一个单列的计划出来的成本，以备未来不可预见的事件发生时使用。管理储备包含成本或进度储备，以降低偏离成本或进度目标的风险，管理储备的使用需要对项目基准进行变更。它们是未知的事件，项目经理在使用或支出管理储备前，可能需要获得批准。管理储备不是项目成本基准的一部分，但包含在项目总预算中。管理储备不纳入挣值计算
应急储备	为未规划但可能发生的变更提供的补贴，这些变更由风险登记册中所列的已知风险引起。它们是已知的未知事件，是项目范围和成本基准的一部分
成本基准	经批准的按时间安排的成本支出计划，并随时反映经批准的项目成本变更（增加或减少的资金数目），被用于度量和监督项目的实际执行成本。成本基准由按时段汇总估算的成本编制而成，通常以 S 曲线的形式来表示

知识点：规划成本管理

知识点综述

规划成本管理是为了规划、管理、花费和控制项目成本而制订成本管理计划的过程。本过程的主要作用是在整个项目期间为项目成本管理提供指南和方向。

参考题型

【考核方式】 考核该过程的输入、输出、工具与技术。

- ___(1)___ 不属于规划成本管理过程的输入。
  - (1) A. 进度管理计划　　　　　　　　　B. 风险管理计划
  　　　 C. 成本管理计划　　　　　　　　　D. 项目章程中批准的财务资源及项目审批要求
  - ■ **攻克要塞——试题分析**　规划成本管理过程的输入包括项目管理计划（包括进度管理计划、风险管理计划等）；项目章程（包括项目章程中批准的财务资源及项目审批要求）；组织过程资产（包括财务程序和数据库，与成本管理相关的政策、程序、指南、历史信息和经验教训等）；事业环境因素等。成本管理计划属于规划成本管理过程的输出。
  - ■ **参考答案**　(1) C

- 下列四个选项中，不正确的是___(2)___。
  - (2) A. 备选方案分析是适用于成本管理过程的数据分析技术
  　　　 B. 财务程序和数据库不是规划成本管理过程的输入
  　　　 C. 风险管理计划提供识别、分析和监督风险的方法，同时也提供影响成本估算和管理的过程及控制方法
  　　　 D. 进度管理计划确定编制、监督和控制项目进度的准则和活动，同时也提供影响成本估算和管理的过程及控制方法
  - ■ **攻克要塞——试题分析**　组织过程资产（包括财务程序和数据库，与成本管理相关的政策、程序、指南、历史信息和经验教训等）是规划成本管理过程的输入。
  - ■ **参考答案**　(2) B

知识点：估算成本

知识点综述

估算成本是对完成项目活动所需资金进行近似估算的过程。在估算成本过程中，主要步骤如下：①识别并分析项目成本的构成科目；②估算每一成本科目的成本大小；③分析估算成本结果，协调各种成本之间的比例关系。在估算成本知识点中，重点在于了解估算的主要步骤、估算的依据及估算过程中的主要工具和工具所适用的场景。估算成本知识图谱如图 12-3 所示。

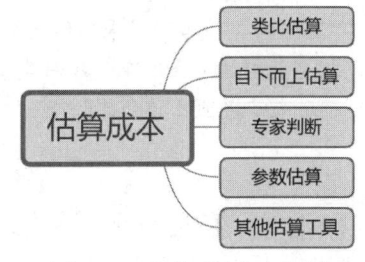

图 12-3　估算成本知识图谱

参考题型

【考核方式】 考核成本估算过程中具体的输入、输出、工具与技术。

- 关于项目成本估算所采用的工具与技术的说法，不正确的是__(1)__。
  - (1) A. 成本估算需要采用定量方法，与估算人员的技术和管理经验无关
  - B. 三点估算法涉及最可能成本、最乐观成本和最悲观成本
  - C. 类比估算相对于其他估算技术，具有成本低、耗时少、准确率低的特点
  - D. 在估算活动成本时，可能会受到质量成本因素的影响

  ■ 攻克要塞——试题分析 本题考核对成本估算各个工具的理解，项目成本估算所采用的工具与技术包括：①专家判断；②类比估算；③参数估算；④自下而上估算；⑤三点估算；⑥储备分析；⑦质量成本（COQ）；⑧项目管理信息系统；⑨决策。

  ■ 参考答案 (1) A

- __(2)__ 不可作为估算成本过程输入的项目文件。
  - (2) A. 风险登记册   B. 资源需求   C. 项目进度计划   D. 估算依据

  ■ 攻克要塞——试题分析 可作为估算成本过程输入的项目文件包括风险登记册、经验教训登记册、资源需求、项目进度计划。成本估算过程更新的项目文件主要包括假设日志、经验教训登记册、风险登记册。估算依据属于估算成本过程的输出。

  ■ 参考答案 (2) D

- 在估算成本过程的工具与技术中，不适用于估算成本过程的数据分析技术是__(3)__。
  - (3) A. 参数估算   B. 备选方案分析   C. 储备分析   D. 质量成本

  ■ 攻克要塞——试题分析 适用于估算成本过程的数据分析技术主要包括备选方案分析、储备分析和质量成本。

  ■ 参考答案 (3) A

- 某高校校园网建设的一个项目经理正在估算该项目的成本，此时尚未掌握项目的全部细节。项目经理应该首先采用的成本估算方法是__(4)__。
  - (4) A. 类比估算法   B. 自下而上估算法   C. 蒙特卡罗分析   D. 参数模型

  ■ 攻克要塞——试题分析 类比估算法是一种通过比照已完成的类似项目的实际成本，估算出新项目成本的方法。类比估算法适合评估一些与历史项目在应用领域、环境和复杂度方面相似的项目。

  自下而上估算法的主要思想是把待开发的软件细分，直到每一个子任务都已经明确所需要的开发工作量，然后把它们加起来，得到软件开发的总工作量。蒙特卡罗分析是一种随机模拟方法，是以概率和统计理论方法为基础的一种计算方法。参数模型通常采用经验公式来预测项目计划所需要的成本、工作量和进度数据。还没有一种估算模型能够适用于所有的项目类型和开发环境，从这些模型中得到的结果必须慎重使用。本题中，由于"尚未掌握项目的全部细节"，因此适合采用类比估算法。

  ■ 参考答案 (4) A

- 关于成本估算，正确的是__(5)__。
  - (5) A. 只能用货币单位进行成本估算，不能用人天数或人时数作为计量单位
  - B. 通货膨胀补贴融资成本不应纳入成本估算

C. 参数估算可以针对整体项目，也可针对项目中的某个部分
D. 应急储备用于应对项目中不可预知的风险

■ **攻克要塞——试题分析** 可以使用货币单位、其他计量单位（如人天数或人时数）进行成本估算，所以 A 选项错误。

成本估算，应该考虑针对项目收费的全部资源，包括人工、材料、设备、服务、设施及特殊成本（例如通货膨胀补贴、融资成本、应急成本），所以 B 选项错误。应急储备包含在成本基准内，用于应对"已知-未知"风险，所以 D 选项错误。

参数估算是指利用历史数据之间的统计关系，来进行项目工作的成本估算，其准确性取决于参数模型的成熟度和基础数据的可靠性。参数估算可以针对整个项目或项目中的某个部分，并可与其他估算方法联合使用。

■ **参考答案** （5）C

知识点：制订预算

知识点综述

制订预算的过程是汇总所有单个活动或工作包的估算成本，并建立一个经批准的成本基准的过程。制订预算知识图谱如图 12-4 所示。

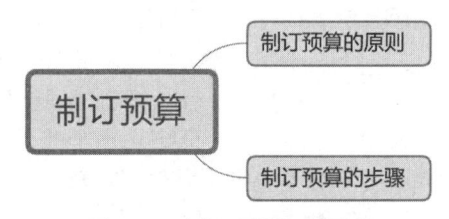

图 12-4 制订预算知识图谱

参考题型

【考核方式1】 考核成本预算过程，包括输入、输出以及对过程的理解。

● 下列关于成本基准计划的叙述中，不正确的是___(1)___。

(1) A. 按时间分段计算，用作度量和监督成本绩效的基准
　　B. 成本基准反映整个项目生命期的实际成本支出
　　C. 按时段汇总估算的成本编制而成
　　D. 通常以 S 曲线的形式表示

■ **攻克要塞——试题分析** 成本基准计划即成本基线，是用来度量和监测项目成本绩效、按时间分段的预算。将按时段估算的成本加在一起即可得出成本基准，通常以 S 曲线的形式显示。

成本基准计划是成本预算阶段的产物，而非成本估算阶段的产物。

■ **参考答案** （1）B

[辅导专家提示] S 曲线也表明项目的预期资金。项目经理在开销之前如能提供必要的信息去支

持资金要求，以确保资金流可用，则其意义非常重大。许多项目（特别是大项目）可能有多个成本基准，以便度量项目成本绩效的各个方面。

【考核方式2】 考核成本预算过程的输入、输出、工具与技术。

● 以下关于项目成本预算的工具与技术的叙述中，不正确的是　(2)　。

(2) A．管理储备金包含在项目预算范围内，是项目成本基准的一部分
　　 B．参数估算技术是运用数学模型，根据项目特性预测项目成本
　　 C．资金限制平衡需要对工作安排进行调整
　　 D．工作包的成本估算汇总到WBS中的更高一级，最终形成项目预算

■ 攻克要塞——试题分析　成本预算、估算、控制三个过程的工具都是重点，本题从选项来看，选项B、C、D考核的是成本预算的工具，但选项A其实质却是考核对管理储备和应急储备的理解。应急储备金包含在项目预算范围内，是项目成本基准的一部分。而管理储备包含在项目预算范围内，但是不属于成本基准。

■ 参考答案　(2) A

[辅导专家提示] 本题涉及的管理储备是一个容易出错的概念。要注意区分项目预算、完工预算、管理储备三者的关系；项目预算=完工预算+管理储备。

此外，成本预算中常见的工具包括：①成本汇总；②资金限制平衡；③专家判断；④历史信息审核；⑤融资；⑥数据分析。

成本预算中其他考点包括：①成本预算的特征；②制订项目成本预算的步骤；③项目预算的组成。

● 制订预算过程的输入中，　(3)　不属于制订预算的项目管理计划组件。

(3) A．成本管理计划　　　　　　　　　B．资源管理计划
　　 C．可行性研究报告　　　　　　　　D．范围基准

■ 攻克要塞——试题分析　用于制订预算的项目管理计划组件主要包括成本管理计划、资源管理计划、范围基准。可行性研究报告属于可行性研究文件。

■ 参考答案　(3) C

● 　(4)　不属于制订预算过程输入的项目文件。

(4) A．估算依据　　　　　　　　　　　B．项目资金需求
　　 C．成本估算　　　　　　　　　　　D．项目进度计划

■ 攻克要塞——试题分析　可作为制订预算过程输入的项目文件主要包括估算依据、成本估算、项目进度计划、风险登记册。项目资金需求属于制订预算过程的输出。

■ 参考答案　(4) B

知识点：控制成本

知识点综述

控制成本是对造成成本基准变更的因素施加影响，监督成本执行并找出与成本基准的偏差，采取措施，将预期的成本超支控制在可接受的范围内。相关的选择题侧重于理解，同时，此类题目的

答案最适宜作为下午考试中成本案例分析题目中的参考答案。因此，此类题目的关键在于理解。

控制成本知识图谱如图 12-5 所示。

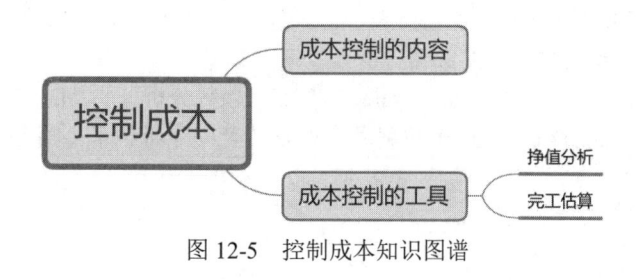

图 12-5　控制成本知识图谱

参考题型

【考核方式1】　识记、理解题。此类题型对下午考试中的案例分析题有参考意义。

● 信息系统项目成本失控的原因通常有　(1)　。
①对信息系统工程项目认识不足；②组织制度不健全；③缺乏科学、严格、明确且完整的成本控制方法和工作制度；④采用的项目成本估算方法不恰当，与项目的实际情况不符；⑤项目规划与设计方面的变更引起相关成本的增加；⑥对风险估计不足。

(1) A．①②③④　　　　B．③④⑤⑥　　　C．①②③④⑤⑥　　　D．以上选项均不正确

■ **攻克要塞——试题分析**　项目成本控制工作是在项目实施过程中，通过项目成本管理，尽量使项目实际发生的成本控制在预算范围内。发生成本失控的原因主要归纳为以下四点：①对工程项目认识不足；②组织制度不健全；③方法问题；④技术的制约。所以，本题所列出的均是成本失控的常见原因。

■ **参考答案**　(1) C

[辅导专家提示] 对于此类综述题，有一种解题策略是用"描述最完全的可能就是答案"的经验来判断。

对此类题要注意总结，此类题目的答案一般可以应用于下午考试的案例分析题中。

【考核方式2】　成本控制的主要内容。

成本控制的主要内容包括：①对造成成本基准变更的因素施加影响；②确保所有变更请求都得到及时处理；③当变更实际发生时，管理这些变更；④确保成本支出不超过批准的资金限额，既不超出按时段、按WBS组件、按活动分配的限额，也不超出项目总限额；⑤监督成本绩效，找出并分析与成本基准间的偏差；⑥对照资金支出，监督工作绩效；⑦防止在成本或资源使用报告中出现未经批准的变更；⑧向有关干系人报告所有经批准的变更及其相关成本；⑨设法把预期的成本超支控制在可接受的范围内。

【考核方式3】　考核该过程的输入、输出、工具与技术。该部分内容在具体考核上更多地是以挣值分析与完工预测的考核为主。

● 　(2)　不属于控制成本过程的输入。
(2) A．项目管理计划　　　B．项目资金需求　C．组织过程资产　　　D．偏差分析

■ **攻克要塞——试题分析** 控制成本过程的输入包括项目管理计划、项目资金需求、组织过程资产、工作绩效数据、项目文件。偏差分析属于控制成本过程的工具与技术。

■ **参考答案** （2）D

● ___(3)___ 不适用于控制成本过程的数据分析。
（3）A．挣值分析　　　　B．偏差分析　　　C．趋势分析　　　D．专家判断

■ **攻克要塞——试题分析** 适用于控制成本过程的数据分析技术主要包括挣值分析、偏差分析、趋势分析、储备分析等。

■ **参考答案** （3）D

知识点：挣值分析

知识点综述

挣值分析属于成本控制的工具，是成本管理的重点和难点，同时也是信息系统项目管理师考试的必考知识点。

解答此类题目的关键在于理解挣值分析的含义，理解 PV、AC 和 EV 等参数的含义，并能在给定的案例中识别出 PV、AC 和 EV，同时理解 CPI、SPI、CV、SV 四个指标的含义，能够根据指标判断项目的绩效状况。挣值分析知识图谱如图 12-6 所示。

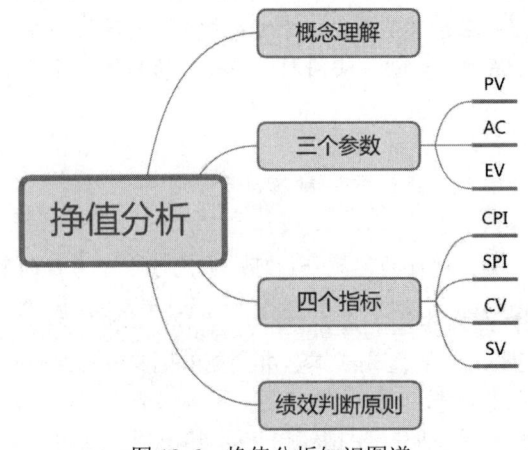

图 12-6　挣值分析知识图谱

参考题型

【考核方式 1】 考核对挣值分析概念的理解。

● 项目进行到某阶段时，项目经理进行了绩效分析，计算出 CPI 值为 0.91，这表示 ___(1)___ 。
（1）A．项目的每 91 元人民币投资中可创造相当于 100 元的价值
　　　B．当项目完成时将会花费投资额的 91%
　　　C．项目仅进展到计划进度的 91%

D．项目的每100元人民币投资只创造相当于91元的价值

■ **攻克要塞——试题分析** CPI是最常用的成本效率指标，其计算公式是CPI=EV/AC。CPI的值若小于1，则表示实际成本超出预算。在本题中，项目经理进行绩效分析时，计算出CPI值为0.91，这表示项目的每100元人民币投资只创造相当于91元的价值。

■ **参考答案** （1）D

[辅导专家提示] 根据近几年的试题考核趋势来看，挣值分析考核的难点集中在对挣值分析基本概念的理解上。下表对三个参数和四个指标进行了总结。

参数名	含义
计划费用（Planned Value，PV）	当前时间点，计划工作的预算成本
实际费用（Actual Cost，AC）	当前时间点，实际完成工作发生的实际成本
挣值（Earned Value，EV）	当前时间点，已完成工作的预算值

名称	公式	具体值表示的含义		
成本偏差（CV） 成本绩效指数（CPI）	CV=EV-AC CPI=EV/AC	CV=0	CPI=1	计划和实际一致
		CV>0	CPI>1	结余
		CV<0	CPI<1	超支
进度偏差（SV） 进度绩效指数（SPI）	SV=EV-PV SPI=EV/PV	SV=0	SPI=1	项目按计划进行
		SV>0	SPI>1	进度超前
		SV<0	SPI<1	进度滞后

【考核方式2】 根据给出的条件，求绩效指标并判断项目的状态。

● 根据下表提供的数据，__(2)__ 最有可能在时间和成本的约束内完成。

项目	PV	AC	EV
甲	1200	700	900
乙	1200	900	700
丙	1200	1000	900

（2）A．项目甲　　　　B．项目乙　　　　C．项目丙　　　　D．项目甲和项目乙

■ **攻克要塞——试题分析** 本题可根据公式SPI=EV/PV和CPI=EV/AC来判断。SPI的值越大，说明项目的实际进度越会相对提前于计划进度；CPI的值越大，说明项目的实际成本相对于预算会越节约。

本题中，甲、乙、丙三个项目的CPI和SPI如下表。

项目	PV	AC	EV	CPI	SPI
甲	1200	700	900	900/700	900/1200
乙	1200	900	700	700/900	700/1200
丙	1200	1000	900	900/1000	900/1200

显然，甲的CPI和SPI均大于其余项目。

■ **参考答案** （2）A

【考核方式3】 根据挣值分析的图形判断当前的绩效状态。

● 项目经理小张对自己正在做的一个项目进行成本挣值分析后，画出了如下图所示的一张图，当前时间为图中的检查日期。根据该图，小张分析：该项目进度___(3)___，成本___(4)___。

(3) A. 正常　　　　　B. 落后　　　　　C. 超前　　　　　D. 无法判断
(4) A. 正常　　　　　B. 超支　　　　　C. 节约　　　　　D. 无法判断

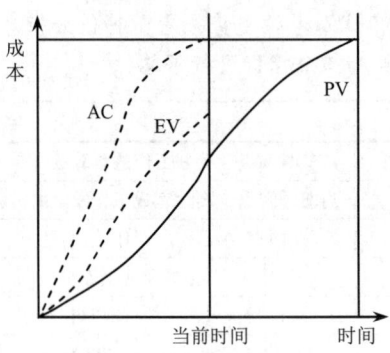

■ 攻克要塞——试题分析　从该图中可以非常直观地看出 EV<AC，EV>PV。由此得出 CV<0，PV>0。因此，当前的绩效状态是：进度超前，成本超支。

■ 参考答案　(3) C　(4) B

[辅导专家提示] 下午考试案例题中曾经出现根据挣值管理的参数来绘制图形的题目。一般来说，有以下 4 种比较常见的图形用来描述项目挣值绩效。

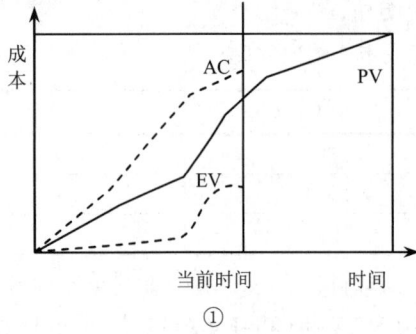

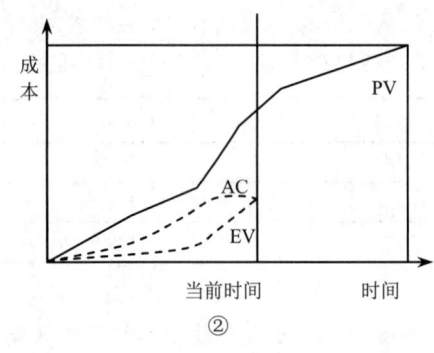

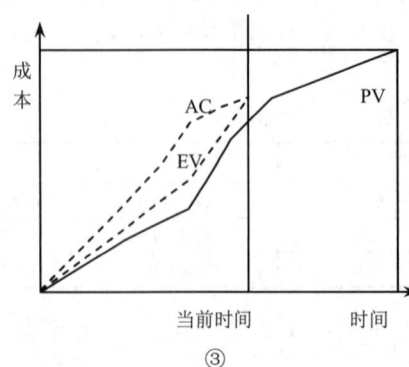

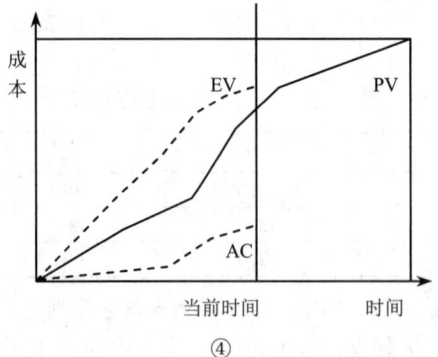

对于 4 种不同的绩效状态，分别可采取以下措施：

①效率低，进度拖延，成本支出超支。

提高效率，如用工作效率高的人员更换一批工作效率低的人员，赶工、工作并行以追赶进度，加强成本监控。

②进度效率较低，进度拖延，成本支出与预算相差不大。

增加高效人员的投入，赶工、工作并行以追赶进度。

③成本效率较低，进度提前，成本支出与预算相差不大。

提高效率，减少人员成本，加强人员培训和质量控制。

④效率高，进度提前，成本支出节约。

检查计划是否有不当之处，密切监控，加强质量控制。

挣值分析是一种进度测量技术，可用来估计和确定变更的程度和范围，所以又称为偏差分析法。挣值法通过测量和计算已完成工作的预算费用与已完成工作的实际费用和计划工作的预算费用，得到有关计划实施的进度和费用偏差，而达到判断项目预算和进度计划执行情况的目的。因而它的独特之处在于可以以预算和费用来衡量工程的进度。

知识点：完工估算

知识点综述

完工预测属于成本管理考核的难点。在历次考试中均作为压轴题出现。一般来说，如果该部分知识点在上午考题中出现，则所占分值大约为 1 分，下午考题中出现的概率最高，而且所占分值比重较大。解答此类题目的关键在于以下两点：

（1）根据给定的案例场景，判断当前项目状态属于典型偏差还是非典型偏差。

（2）熟记典型偏差和非典型偏差的公式。公式的记忆属于最基本的要求。

目前此类知识点的题目也有变化的趋势，灵活性越来越强，要求考生高度理解，不能死记公式。

完工估算知识图谱如图 12-7 所示。

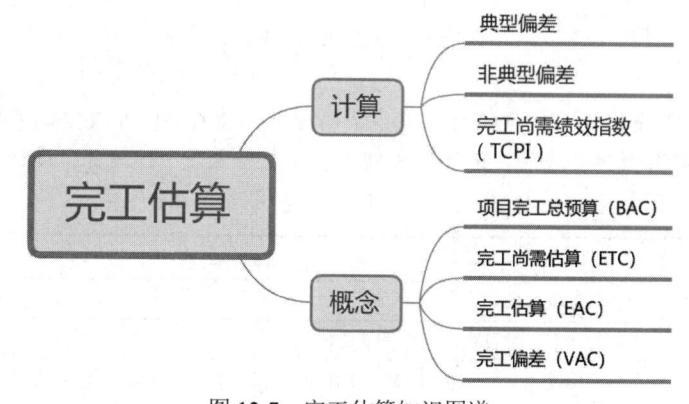

图 12-7 完工估算知识图谱

参考题型

【考核方式1】 间接考核典型偏差，根据题目中的关键词判断当前状态是典型偏差还是非典型偏差，同时考核对公式的熟记程度。

● 项目经理认为，到目前为止的费用在某种程度上是项目将发生的剩余工作所需成本的指示器，则 EAC 的公式为　(1)　。

(1) A. EAC=AC+(BAC–EV)/CPI　　　B. EAC=AC+ETC
　　C. EAC=AC+BAC–EV　　　　　　D. EAC=AC+EV

■ **攻克要塞——试题分析** EAC 为完工估算。EAC=AC+ETC=AC+(BAC–EV)/CPI。因目前的偏差属于典型偏差（目前为止的费用在某种程度上是项目将发生的剩余工作所需成本的指示器），而选项 C 是非典型偏差的 EAC 计算公式。显然选项 A 符合题意。

项目出现成本偏差意味着原来的成本预算出现了问题，已完成工作的预算成本和实际成本不相符。这必然会对项目的总体实际成本带来影响，这时需要重新估算项目的成本。这个重新估算的成本也称为最终估算成本（Estimate at Completion，EAC），即完工估算，EAC = AC + ETC。

完成工作预算（Budget at Completion，BAC）即整个项目所有阶段的预算总和，也就是整个项目成本的预算值。

其中，剩余工作的成本（Estimate to Completion，ETC）即完成项目剩余工作预计还需要花费的成本。ETC 用于预测项目完工所需要花费的成本。

对于 ETC 来说有两种判定情况。

➢ 典型偏差：认为项目日后工作的工作效率将与以前相同，未完成工作的实际成本和未完成工作预算的比例与已完成工作的实际成本和预算的比率相同。

$$EAC = (AC/EV) \times BAC = BAC/CPI$$

或

$$EAC = AC+(BAC–EV)/CPI$$

➢ 非典型偏差：假定未完成工作的效率和已完成工作的效率没有关系，对未完成的工作依然使用原来的预算值。那么，对于最终估算成本就是已完成工作的实际成本加上未完成工作的预算成本，即

$$EAC = AC+BAC–EV$$

■ **参考答案** (1) A

[辅导专家提示] 根据近几年考核情况，典型偏差出现的概率比非典型偏差要高，部分考生很容易被典型偏差和非典型偏差弄混，记忆的关键是，典型偏差是"按趋势"进行，非典型偏差是按照原定的计划进行。下表给出了 BAC、EAC、ETC、VAC 的总结。

参数名	含义与公式	
项目完工总预算（BAC）	所有计划成本的和，BAC=∑PV	
完工尚需估算（ETC）	当前时间点，项目剩余工作完工的估算	
	非典型偏差 （按计划）	ETC=剩下工作量对应计划值=总计划值-已完成工作的计划值（EV），即 ETC = BAC–EV

续表

参数名	含义与公式
完工尚需估算（ETC）	典型偏差（按趋势） ETC=剩下工作量对应计划值/成本绩效指数，即 ETC = (BAC–EV)/CPI
完工估算（EAC）	项目整体完工估算成本，等于 AC+剩余工作的预算 EAC=ETC+AC
完工偏差（VAC）	VAC=BAC–EAC

【考核方式2】考核具体的应用，计算ETC。

● 已知某综合布线工程的挣值曲线如下图所示。总预算为 1230 万元，到目前为止已支出 900 万元，实际完成总工作量的 60%，该阶段的预算费用是 850 万元。按目前的状况发展，要完成剩余的工作还需要___(2)___万元。

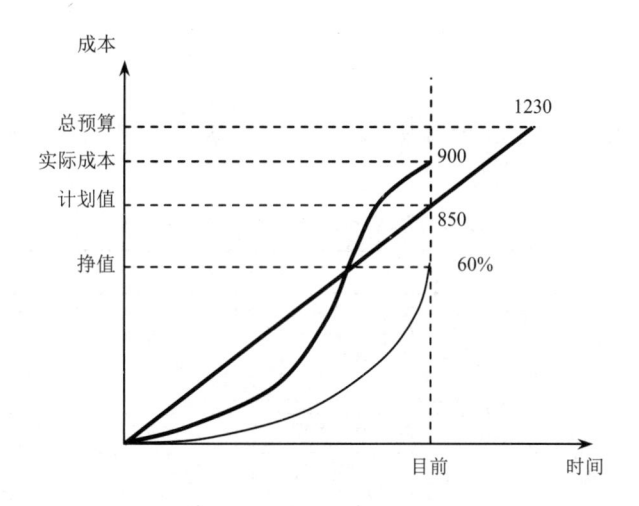

(2) A. 330　　　　　　B. 492　　　　　　C. 600　　　　　　D. 738

■ **攻克要塞——试题分析** 本题考查预测技术。计算ETC剩余工作所需成本。

本题已明显给出典型偏差，并且今后仍"按目前的状况发展"，则ETC=(BAC–EV)/CPI。

这里的BAC是指完工时的 PV 总和（即总预算），为 1230 万元。EV=1230×60%=738（万元），AC 为 900 万元，则 CPI=EV/AC=0.82。则根据公式 ETC=(BAC–EV)/CPI=(1230–738)/CPI=492/0.82=600 万元。对于本题，有以下解题技巧：根据题目给定的条件，目前为止完成了 60%的工作量，花费了 900 万元，也就意味着求剩下 40%的工作量所需要消耗的成本。

完成工作量	对应成本
60%	900
40%	x=?

解方程，得 x=600（万元）。

■ **参考答案**　(2) C

[辅导专家提示] 根据 ETC 的公式，其中 BAC 在题目中很容易找出，因此，其关键点在于如何确定 EV，这是挣值分析类题目的关键点。如果考生在此类题目上碰到障碍，大部分失误都在于把 EV 算错了。因此，了解 PV、EV、AC 的概念其实是这类问题的关键。

【考核方式3】 考核完工估算（EAC）。

● 某工程项目，完工预算为 2000 万元。到目前为止，由于某些特殊原因，实际支出 800 万元，成本绩效指数为 0.8，假设后续不再发生成本偏差，则完工估算（EAC）为 ___(3)___ 万元。

（3）A．2500　　　　　B．2160　　　　　C．2000　　　　　D．2800

■ 攻克要塞——试题分析　根据题目中关键句子"后续不再发生成本偏差"，说明是非典型偏差。则 ETC=BAC-EV=2000-800×0.8=1360（万元）；EAC=AC+ETC=1360+800=2160（万元）。

■ 参考答案　（3）B

[辅导专家提示] 与完工估算相关的其他知识点还有：①完工尚需绩效指数（TCPI）；②完工偏差（VAC），VAC=BAC-EAC。

成本管理过程补充知识点

输入、输出、工具与技术是常考知识点。表 12-2 对本管理过程中的主要输入、输出、工具与技术进行了整理。

表 12-2　成本管理过程的输入、输出和工具

过程名称		输入、输出、工具
规划成本管理	主要输入	项目章程、项目管理计划、事业环境因素、组织过程资产
	主要输出	专家判断、数据分析、会议
	主要工具	成本管理计划
估算成本	主要输入	项目管理计划、项目文件、事业环境因素、组织过程资产
	主要输出	成本估算、估算依据、项目文件（更新）
	主要工具	专家判断、类比估算、参数估算、自下而上估算、三点估算、数据分析、项目管理信息系统、决策
制订预算	主要输入	项目管理计划、可行性研究文件、项目文件、协议、事业环境因素、组织过程资产
	主要输出	成本基准、项目资金需求、项目文件（更新）
	主要工具	专家判断、成本汇总、数据分析、历史信息审核、资金限制平衡、融资
控制成本	主要输入	项目管理计划、项目资金需求、项目文件、工作绩效数据、组织过程资产
	主要输出	工作绩效信息、成本预测、变更请求、项目管理计划（更新）、项目文件（更新）
	主要工具	专家判断、数据分析、完工尚需绩效指数、项目管理信息系统

课堂练习

● 项目经理可以控制 ___(1)___ 。

（1）A．审计成本　　　B．沉没成本　　　C．直接成本　　　D．间接成本

- 项目经理小张对正在做的一个项目进行挣值分析后,发现 CPI 大于 1,则可以判断该项目 (2) 。
  - (2) A. 进度超前 B. 进度滞后
    C. 成本超支 D. 成本节约
- 一般将成本管理划分为成本估算、成本预算和成本控制三个过程。以下关于成本预算的描述中,不正确的是 (3) 。
  - (3) A. 当项目的具体工作无法确定时,无法进行成本预算
    B. 成本基准计划可以作为度量项目绩效的依据
    C. 管理储备是为范围和成本的潜在变化预留的预算,因此需要体现在项目成本基准里
    D. 成本预算过程完成后,可能会引起项目管理计划的更新
- 下图是一项布线工程的计划和实际完成示意图,2009 年 3 月 23 日的 PV、EV、AC 分别是 (4) 。
  - (4) A. PV=4000 元、EV=2000 元、AC=3800 元
    B. PV=4000 元、EV=3800 元、AC=2000 元
    C. PV=3800 元、EV=4000 元、AC=2000 元
    D. PV=3800 元、EV=3800 元、AC=2000 元

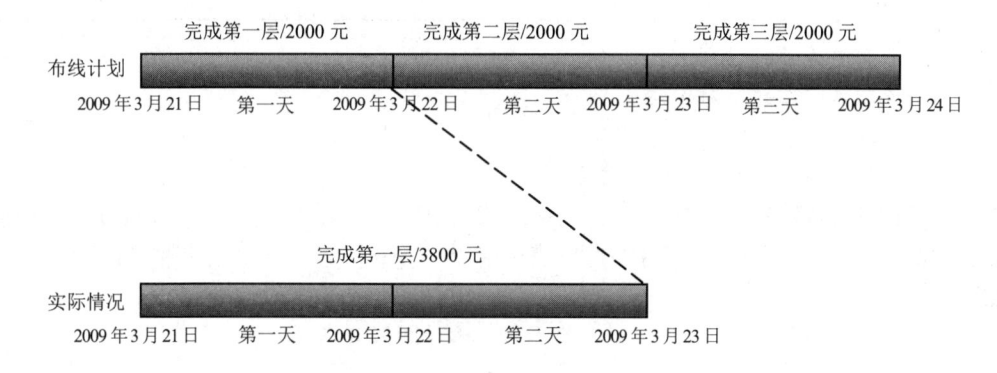

布线计划

完成第一层/2000 元	完成第二层/2000 元	完成第三层/2000 元
2009年3月21日 第一天 2009年3月22日	第二天 2009年3月23日	第三天 2009年3月24日

实际情况

完成第一层/3800 元	
2009年3月21日 第一天 2009年3月22日	第二天 2009年3月23日

- 某项目当前的 PV=150、AC=120、EV=140,则项目的绩效情况是 (5) 。
  - (5) A. 进度超前,成本节约 B. 进度滞后,成本超支
    C. 进度超前,成本超支 D. 进度滞后,成本节约
- 关于成本类型的描述,不正确的是 (6) 。
  - (6) A. 项目团队差旅费、工资、税金、物料及设备使用费为直接成本
    B. 随着生产量、工作量或时间而变化的成本称为变动成本
    C. 利用一定时间或资源生产一种商品时,便失去了使用这些资源生产其他最佳替代品的机会,称为机会成本
    D. 沉没成本是一种历史成本,对现有决策而言是不可控成本
- 某公司组织专家对项目成本进行评估,得到如下结论:最可能成本为 10 万元,最乐观成本为 8 万元,最悲观成本为 12 万元。采用"三点估算法"该项目成本为 (7) 万元。
  - (7) A. 9   B. 10   C. 11   D. 12

- 在进行项目成本估算时,可以使用多种技术和工具,其中,__(8)__ 相对于其他估算技术来说,成本较低,耗时较少,但准确性也较低。

    (8) A. 专家判断　　　　　　　　　　B. 类比估算
    　　 C. 参数估算　　　　　　　　　　D. 三点估算

- 某信息化项目到 2017 年 12 月 31 日的成本执行(绩效)数据如下表,下列说法不正确的是 __(9)__ 。

活动编号	活动	PV/元	AC/元	EV/元
1	召开项目会议	2000	2000	2000
2	制订项目计划	900	1000	900
3	客户需求分析	5000	5500	5000
4	系统总体设计	10500	11500	7350
5	系统编码	20500	22500	19000
6	界面设计	5200	5250	4160
合计		44100	47750	38410

项目总预算(BAC):167500

    (9) A. 非典型偏差时,完工估算(EAC)为 176840 元
    　　 B. 该项目成本偏差为-9340 元
    　　 C. 该项目进度绩效指数为 0.80
    　　 D. 此项目目前成本超支,进度滞后

- 在管理项目及投资决策过程中,需要考虑很多成本因素,比如人员的工资、项目过程中需要的物料、设备等,但是在投资决策的时候不需要考虑__(10)__,还应尽量排除它的干扰。

    (10) A. 机会成本　　　　　　　　　　B. 沉没成本
    　　　C. 可变成本　　　　　　　　　　D. 间接成本

第13章 项目质量管理

知识点图谱与考点分析

"质量管理"章节涉及的概念较多,主要包括质量、质量管理、质量方针、质量目标、质量成本、管理质量、质量控制等。同时还涉及质量的标准——ISO 9000、全面质量管理、六西格玛等。此外,质量管理中的三个主要过程均属重点。要求掌握过程的输入、输出及主要工具的应用。

项目质量管理知识点图谱如图 13-1 所示。

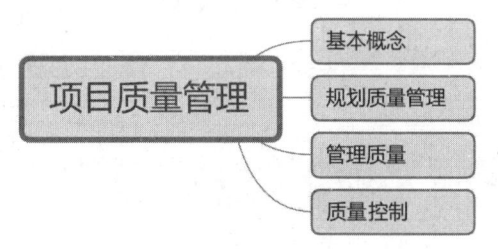

图 13-1 项目质量管理知识点图谱

对于质量管理中涉及的一些主要工具,建议总结相应的关键字,同时,考虑到知识点的延续性,本书保留了旧版中的质量管理工具及其关键字(取工具名称首字和谐音)口诀,便于考生进行记忆,见表 13-1。

表 13-1 质量管理主要工具和过程解释

过程名称	主要工具	旧版工具与关键字
规划质量管理	专家判断、数据收集(标杆对照、头脑风暴、访谈)、数据分析(成本效益分析、质量成本)、决策技术、数据表现(流程图、逻辑数据模型、矩阵图、思维导图)、测试与检查的规划、会议	【关键字:小工牛死直接过】效益成本分析、质量功能展开、流程图、实验设计、质量成本、基准比较、过程决策程序图
管理质量(质量保证)	数据收集(核对单、核查表、统计抽样、问卷调查)、数据分析(绩效审查、根本原因分析)、决策技术、数据表现(因果图、控制图、直方图、散点图)、审计、面向 X 的设计、问题解决、质量改进方法	【关键字:相亲先锯树过河】相互关系图、亲和图、优先级矩阵、矩阵图、树状图、过程决策程序图、活动网络图

续表

过程名称	主要工具	旧版工具与关键字
质量控制	数据收集（核对单、核查表、统计抽样、问卷调查）、数据分析（绩效审查、根本原因分析）、检查、测试/产品评估、数据表现（因果图、控制图、直方图、散点图）、会议	【关键字：流控只因怕见伞】流程图、控制图、直方图、因果图、帕累托图、检查表、散点图

[辅导专家提示] 第 4 版官方教程中将原有的"规划质量管理、保证质量、控制质量"三个过程变更为"规划质量管理、管理质量、控制质量"。

知识点：基本概念

知识点综述

质量管理知识领域中所涉及的基本概念比较多，如质量管理、质量方针、质量目标、质量成本（要求区分质量成本的分类）等。基本概念知识图谱如图 13-2 所示。

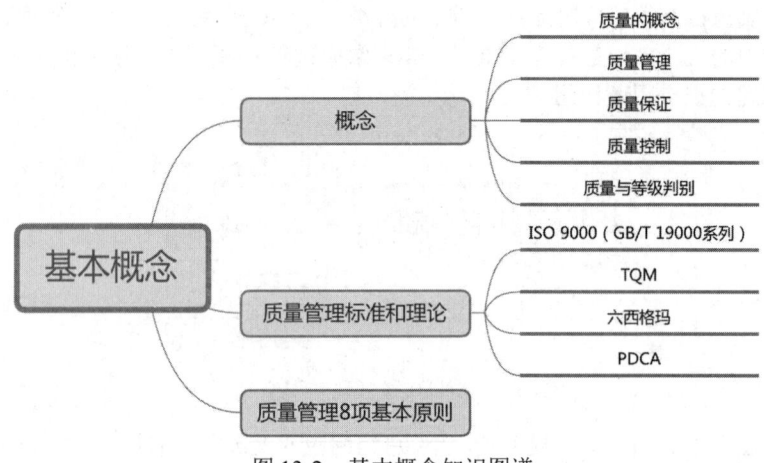

图 13-2 基本概念知识图谱

参考题型

【考核方式 1】 考核对基本概念和术语的理解。

● 项目经理在进行项目质量规划时，应设计出符合项目要求的质量管理流程和标准，由此而产生的质量成本属于__(1)__。

(1) A．纠错成本　　　　B．预防成本　　　　C．评估成本　　　　D．缺陷成本

　　■ **攻克要塞——试题分析** 质量成本分为预防成本、评估成本和缺陷成本。

预防成本是指那些为保证产品符合条件且无产品缺陷而付出的成本，如项目质量计划、质量规划、质量控制计划、质量审计、设计审核、质量度量、测试系统建设、质量培训等。评估成本是指为使工作符合要求目标而进行检查评估所付出的成本，如设计评估、收货检验、采购检验、测试、

测试结果的分析汇报等。缺陷成本又分为内部缺陷成本和外部缺陷成本。

■ **参考答案** （1）B

[辅导专家提示] 质量成本中的相关概念也可参考表13-1。

● "某型号手机，主打商务智能，无线充电、价格低廉，像素高续航强"，__(2)__ 属于对质量的描述。

（2）A．商务智能　　　B．无线充电　　　C．价格低廉　　　D．像素高续航强

■ **攻克要塞——试题分析** 我国国家标准对质量的定义为："一组固有特性满足要求的程序"。比如"像素"是特性，"高"代表程度；"续航"是特性，"强"代表程度。

■ **参考答案** （2）D

● 关于质量的描述，正确的是__(3)__。

（3）A．功能、性能、价格可作为衡量质量的标准
　　　B．质量与等级相关，等级的高低决定了质量的好坏
　　　C．预防错误的成本通常高于检查并纠正错误的成本
　　　D．项目合同通常是进行项目质量管理的主要依据

■ **攻克要塞——试题分析** 没有标准或者约定的情况下，无法使用功能、性能和价格衡量质量，因此A选项错误。质量与等级属于两个不同的概念。质量是一系列内在特性满足要求的程度，等级是对用途相同但技术特性不同的可交付成果的级别分类，因此B选项错误。预防胜于检查，预防错误的成本通常远低于在检查或使用中发现并纠正错误的成本，因此C选项错误。

■ **参考答案** （3）D

【考核方式2】 考核软件过程改进的标准之一——六西格玛。

● 质量管理六西格玛标准的优越之处不包括__(4)__。

（4）A．从结果中检验质量　　　　　　　B．减少了检控质量的步骤
　　　C．培养了员工的质量意识　　　　　D．减少了由于质量问题带来的返工成本

■ **攻克要塞——试题分析** 六西格玛在质量上表示DPMO（100万个机会中出现缺陷的机会）少于3.4。一般企业的缺陷率为3σ~4σ。六西格玛强调对组织过程满足顾客的要求能力进行量化，并在此基础上确定改进目标并寻求改进机会。其核心是将所有的工作作为一种流程，采用量化的方法分析流程中影响质量的因素，找出最关键的因素加以改进，从而达到更高的客户满意度，即采用DMAIC（确定、测量、分析、改进、控制）对组织的关键流程进行改进。

六西格玛的优越之处在于从项目实施过程中改进和保证质量，而不是从结果中检验控制质量。

■ **参考答案** （4）A

知识点：规划质量管理

知识点综述

质量计划属于"规划质量管理"过程的主要输出之一。规划质量过程中，识别项目及其产品的质量要求和标准，并利用质量计划描述项目将如何达到这些要求和标准。

现代质量管理的一个基本准则是：质量是计划出来的，而不是检查出来的。由此可以看到质量计划的重要性。质量计划中，常考的知识点涉及对质量计划的理解及规划质量的相关工具等。

参考题型

【考核方式1】 考核对规划质量过程的理解。
- 有关质量计划的编制，__(1)__ 是正确的。
  (1) A．在整个项目的生命周期，应当定期进行质量计划的编制工作
  　　B．编制质量计划是编制范围说明书的前提
  　　C．仅在编制项目计划时进行质量计划的编制
  　　D．在项目的执行阶段不再考虑质量计划的编制

■ **攻克要塞——试题分析** 质量计划编制是项目质量管理的重要工作，致力于制订质量目标，并规定必要的运行过程和相关资源以实现项目质量目标。在整个项目的生命周期，对于各类计划都存在一个渐进明细、监控调整的过程，不可能一次性完成，因此，对于质量计划来说，在生命周期内应当定期进行质量计划的编制工作。本题中，选项B中的范围说明书是编制质量计划的输入（前提条件）。选项C和选项D均与选项A相矛盾。

■ **参考答案** （1）A

【考核方式2】 识记题，考核规划质量管理过程的工具与技术。
- 规划质量管理的工具与技术不包括 __(2)__ 。
  (2) A．数据收集　　　B．决策技术　　　C．数据表现　　　D．质量审计

■ **攻克要塞——试题分析** 此处考核的是规划质量管理过程（也称"编制质量计划"）的工具与技术。质量管理过程的输入、输出、工具与技术见下表。

管理过程		输入、输出、工具与技术
规划质量管理	输入	项目章程、项目管理计划、项目文件、事业环境因素和组织过程资产
	输出	质量管理计划、质量测量指标、项目管理计划（更新）、项目文件（更新）
	技术	专家判断、数据收集、数据分析、决策技术、数据表现、测试与检查的规划、会议
管理质量	输入	质量管理计划、项目文件、组织过程资产
	输出	质量报告、测试与评估文件、变更请求、项目管理计划（更新）、项目文件（更新）
	技术	数据收集、数据分析、决策技术、数据表现、审计、面向X的设计、问题解决、质量改进方法
质量控制	输入	项目管理计划、项目文件、可交付成果、工作绩效数据、批准的变更请求、事业环境因素、组织过程资产
	输出	工作绩效信息、控制质量测量结果、核实的可交付成果、变更请求、项目管理计划（更新）、项目文件（更新）
	技术	数据收集、数据分析、检查、测试/产品评估、数据表现、会议

■ **参考答案** （2）D

[辅导专家提示] 规划质量管理过程中主要掌握频率较高的一些工具，如效益分析法、质量成本法、标杆对照、实验设计等。

● 下列四个选项中，__(3)__是错误的。
(3) A．成本效益分析属于规划质量管理过程的工具与技术
B．成本效益分析是用来估算备选方案优势和劣势的财务分析工具，以确定可以创造最佳效益的备选方案
C．流程图也称过程图，用来显示将一个或多个输入转化成一个或多个输出的过程
D．流程图不属于规划质量管理过程的工具与技术

■ 攻克要塞——试题分析　流程图属于规划质量管理过程的工具与技术。

■ 参考答案　(3) D

【考核方式3】　考核规划质量管理过程的输入、输出。

● 在项目质量管理中，规划质量管理的输出结果包括__(4)__。
(4) A．质量管理计划、质量测量指标、建议的预防措施、质量检查单、过程改进计划
B．质量管理计划、质量测量指标、更新的项目管理计划
C．质量测量指标、质量检查单、过程改进计划、项目管理计划
D．质量管理计划、质量测量指标、建议的预防措施、过程改进计划、更新的项目管理计划

■ 攻克要塞——试题分析　规划质量管理输出包括质量管理计划、质量测量指标、项目管理计划（更新）、项目文件（更新）。

规划质量管理的输入包括项目章程、项目管理计划、项目文件、事业环境因素和组织过程资产。

■ 参考答案　(4) B

● __(5)__不属于规划质量管理过程的输入。
(5) A．需求管理计划　　　　　　　　B．需求文件
C．质量管理计划　　　　　　　　D．事业环境因素

■ 攻克要塞——试题分析　规划质量管理过程的输入包括项目管理计划（包括需求管理计划、风险管理计划、干系人参与计划、范围基准等）；项目文件（包括假设日志、需求文件、需求跟踪矩阵、风险登记册、干系人登记册等）；项目章程；组织过程资产；事业环境因素。质量管理计划属于规划质量管理过程的输出。

■ 参考答案　(5) C

【考核方式4】　考核对质量基本概念的理解。

● 下列关于质量计划与质量体系之间的描述中，正确的是__(6)__。
(6) A．质量计划是为具体产品、项目、服务或合同准备的
B．质量体系是为具体产品、项目、服务或合同准备的
C．质量体系由单个组织实体采用，通常是质量保证部门
D．质量计划并非组织管理系统的一个组成部分

■ 攻克要塞——试题分析　建立质量保证体系首先要明确并在全体员工中贯彻质量方针，建立健全对形成质量全过程有影响的所有管理者、执行者、操作者的质量责任，建立起质量保证手册、质量程序文件等书面文件。质量体系并非为具体产品、项目、服务或合同准备的。

■ 参考答案　(6) A

知识点：管理质量

知识点综述

管理质量（又称为"质量保证"）一般是每隔一段时间进行的，主要通过系统的质量审计和过程分析来保证项目的质量。对于本知识点，需要掌握以下三点：①管理质量与质量控制的区别；②管理质量中的工具与技术；③管理质量活动包括的内容。管理质量知识图谱如图 13-3 所示。

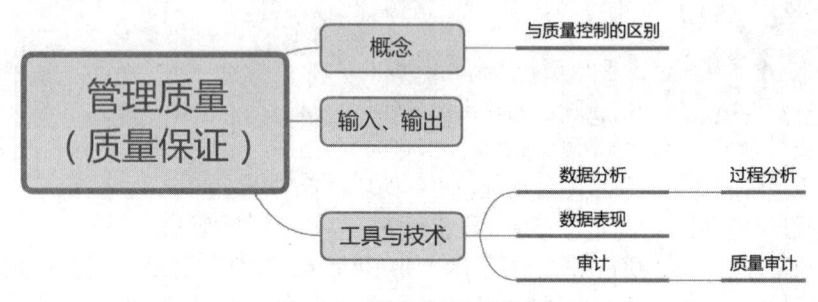

图 13-3　管理质量知识图谱

参考题型

【考核方式 1】 考核对管理质量的工具的理解。

- 下列关于项目质量审计的叙述中，__(1)__ 是不正确的。
  (1) A．质量审计是对其他质量管理活动的结构化审查和独立的评审方法
  　　B．质量审计可以内部完成，也可以委托第三方完成
  　　C．质量审计应该是预先计划的，不应该是随机的
  　　D．质量审计用于判断项目活动是否遵从于项目定义的过程

  ■ 攻克要塞——试题分析　本题考核管理质量的工具——质量审计。
  质量审计是一种独立的结构化审查，用来确定项目活动是否遵循了组织和项目的政策、过程和程序。

  ■ 参考答案　(1) C

- 下列四个选项中，__(2)__ 是错误的。
  (2) A．备选方案分析适用于管理质量过程的数据分析
  　　B．过程分析可以识别过程改进机会
  　　C．根本原因分析是确定引起偏差、缺陷或风险的根本原因的一种分析技术
  　　D．文件分析用于评估已识别的可选方案，以选择那些最合适的质量方案或方法

  ■ 攻克要塞——试题分析　适用于管理质量过程的数据分析技术主要包括备选方案分析、文件分析、过程分析、根本原因分析。备选方案分析用于评估已识别的可选方案，以选择那些最合适的质量方案或方法。

  ■ 参考答案　(2) D

【考核方式2】 考核对质量保证和质量控制的理解，区分其异同。

- 下列有关质量保证和质量控制的说法，错误的是__(3)__。
    - (3) A．质量保证是质量管理的一部分，致力于增强满足质量要求的能力
    - B．质量保证的内容就是保证项目的质量
    - C．质量控制的目标就是确保产品的质量能满足顾客、法律法规等提出的质量要求
    - D．质量控制应贯彻"预防为主与检验把关相结合"的原则

    ■ **攻克要塞——试题分析** 质量保证一般是每隔一定时间（如每个阶段末）进行的，主要通过系统的质量审计和过程分析来保证项目的质量（产品/系统/服务的质量保证、管理过程的质量保证）。

    质量控制是实时监控项目的具体结果，以判断其是否符合相关质量标准，制订有效方案，以消除产生质量问题的原因，也就是说，质量控制检查是否做得正确并纠错。

    一定时间内，质量控制的结果也是质量保证的质量审计对象。质量保证的成果又可以指导下一阶段的质量工作，包括质量控制和质量改进；质量保证是对质量控制过程的质量控制。

    质量计划是质量控制和质量保证的共同依据。满足相关的质量标准并达到质量要求是质量控制和质量保证的共同目标。

    ■ **参考答案** (3) B

【考核方式3】 考核该过程的输入、输出。

- __(4)__ 不属于管理质量过程的输入。
    - (4) A．项目管理计划　　　　　　　　B．质量报告
    - C．项目文件　　　　　　　　　　　D．组织过程资产

    ■ **攻克要塞——试题分析** 管理质量过程的输入包括项目管理计划、项目文件、组织过程资产。质量报告属于管理质量过程的输出。

    ■ **参考答案** (4) B

【考核方式4】 考核对管理质量过程的作用和概念。

- __(5)__ 过程的作用之一是识别无效过程和导致质量低劣的原因。
    - (5) A．规划质量　　B．管理质量　　C．检查质量　　D．控制质量

    ■ **攻克要塞——试题分析** 管理质量过程的主要作用：提高实现质量目标的可能性；识别无效过程和导致质量低劣的原因；基于控制质量过程的数据和结果，形成项目的总体质量状态报告。

    ■ **参考答案** (5) B

知识点：质量控制

知识点综述

质量控制主要侧重于考核相关的工具与技术，主要的工具有：测试、检查（也称为评审、同行评审、审计或走查）、统计抽样、六西格玛、因果图、流程图、直方图、检查表、散点图、排列图（帕累托图）、控制图（管理图、趋势图）、相互关系图等。

对于本知识点，还要基于以上工具区分新 7 种工具和老 7 种工具。质量控制知识图谱如图 13-4 所示。

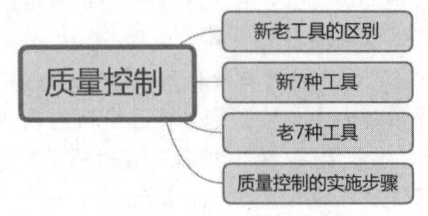

图 13-4 质量控制知识图谱

参考题型

【考核方式 1】 考核质量控制工具的分类，根据图形进行选择。

- 在项目质量管理中有多种质量控制工具，下图中应填入空白处的是__(1)__。

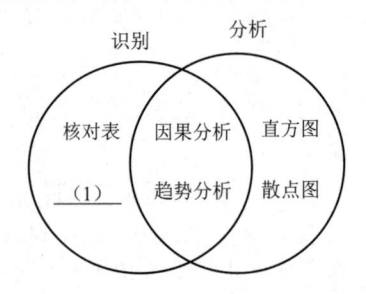

（1）A．控制图　　　　　B．鱼骨图　　　　　C．帕累托图　　　　D．流程图

■ 攻克要塞——试题分析　在质量管理中，直方图、控制图、因果图、排列图（帕累托图）、散点图、核对表和趋势分析等都可以用于项目的质量控制。此外，在项目质量管理中，还用到检查、统计分析等方法。

■ 参考答案　（1）C

【考核方式 2】 考核具体的质量控制工具适用的场景。

- 排列图（帕累托图）可以用来进行质量控制，因为__(2)__。
  （2）A．它将缺陷的数量画成一条曲线，反映了缺陷的变化趋势
  　　B．它将缺陷数量从大到小进行了排列，使人们关注数量最多的缺陷
  　　C．它将引起缺陷的原因从大到小排列，项目团队应关注造成最多缺陷的原因
  　　D．它反映了按时间顺序抽取的样板的数值点，能够清晰地看出过程实现的状态

■ 攻克要塞——试题分析　排列图也称为帕累托图，是按照频率大小的顺序绘制的直方图，表示有多少结果是由已确认类型或范畴的原因造成的。按等级排序的目的是指导如何采取主要纠正措施。项目团队应首先采取措施纠正最多数量缺陷的问题。

■ 参考答案　（2）C

[辅导专家提示] 每种质量工具适用的环境是常考点，见下表。

质量工具名称	工具解释	特点，适用场景
帕累托图（排列图）	基于80/20定律。利用缺陷分布评估来指导纠错行动	从大到小排列，找到问题发生的主次原因
统计抽样	从感兴趣的群体中选取一部分进行检查	降低质量成本。精确度根据抽样的多少来决定
鱼骨图（因果图）	又称石川图，直观地显示出各项因素如何与各种潜在问题或结果联系起来	找到问题潜在的原因
散点图	将表示质量关联的圆点标示在坐标系上	发现两个质量要素之间的关联
直方图	一种垂直的条形图，显示特定情况发生的次数。每个柱形都代表某一个问题的一种属性或特征	直方图用数字和柱形的相对高度直观地表示了引发问题的最普遍的原因
控制图	质量控制图一般有三条线：上控制界限、下控制界限和中心线。将所控制的质量特性用圆点标记	判断项目过程的质量是否处于受控状态

- 下列四个选项中，__(3)__ 是错误的。
  - （3）A．数据收集属于控制质量过程的工具与技术
    - B．检查是指通过对工作产品进行检视来判断是否符合预期标准
    - C．测试是一个验证项目实施阶段是否满足需求的正向过程，在所有的信息系统开发过程中都是最重要的部分
    - D．测试与评估文件属于控制质量过程输入的项目文件

■ 攻克要塞——试题分析　测试是一个验证项目实施阶段是否满足需求的逆向过程，在所有的信息系统开发过程中都是最重要的部分。

■ 参考答案　（3）C

【考核方式3】考核具体的质量控制工具的应用。

- 某项目的质量管理人员在统计产品缺陷时，绘制了如下统计图，并将结果反馈至项目经理，但是由于工期紧张，下列选项中__(4)__ 缺陷可以暂时搁置。

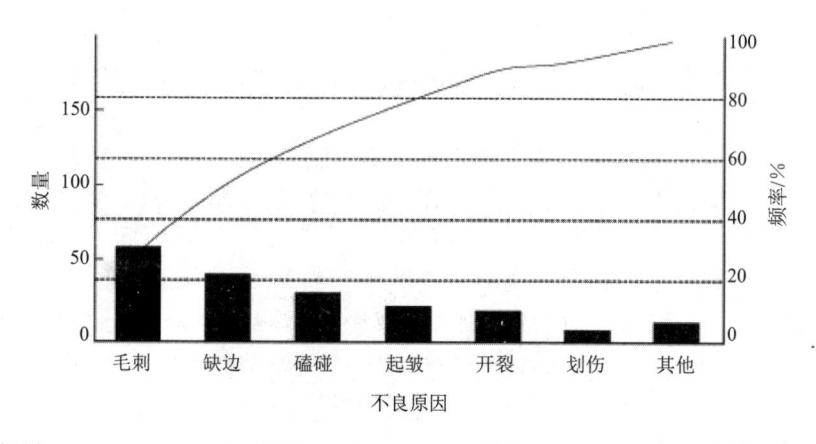

（4）A．起皱　　　　　B．缺边　　　　　C．划伤　　　　　D．磕碰

■ 攻克要塞——试题分析 本题考核对帕累托图的理解，该图的特点是依据二八原理，抓大放小，图中"划伤"的数量最低，所以，可以暂时搁置。

■ 参考答案 （4）C

【考核方式4】根据某种质量控制工具的特点来考核该工具的名称。

- 在质量控制中动态掌握质量状态，判断项目建设过程的稳定性应采用__（5）__。

    （5）A．直方图法　　　　　　　　B．因果分析图法
    　　　C．排列图法　　　　　　　　D．控制图法

■ 攻克要塞——试题分析 直方图法主要用于掌握偏差情况；因果分析图法主要用来分析和说明各种因素和原因如何导致或者产生各种潜在的问题和后果；排列图法主要确定质量问题是由哪些主要因素导致的。这三种方法都是静态分析法，控制图法需要用统计方法来分析判断项目建设过程的稳定性，及时发现项目建设过程中的异常现象，查明各类设备的实际精度，为评定产品质量提供依据。

■ 参考答案 （5）D

[辅导专家提示] 质量控制工具知识点中，要求考生能够识别主要质量工具的图例。

【考核方式5】考核该过程的输入、输出。

- __（6）__不属于控制质量过程的输入。

    （6）A．变更请求　　　　　　　　B．项目文件
    　　　C．工作绩效数据　　　　　　D．批准的变更请求

■ 攻克要塞——试题分析 控制质量过程的输入包括项目管理计划、项目文件、可交付成果、工作绩效数据、批准的变更请求、组织过程资产、事业环境因素。如果控制质量过程期间出现了可能影响项目管理计划任何组成部分或项目文件的变更，项目经理应提交变更请求。变更请求属于控制质量过程的输出。

■ 参考答案 （6）A

- 关于控制质量的描述，不正确的是__（7）__。

    （7）A．控制质量的目的是在用户验收和最终交付之前，测量产品或服务的完整性、合规性和适用性
    　　　B．控制质量时，控制图可用于确定一个过程是否稳定
    　　　C．在瀑布或预测项目中，控制质量活动通常由特定团队成员在整个项目生命周期中持续执行
    　　　D．质量检查既可以针对单个活动的成果，也可以针对项目的最终产品

■ 攻克要塞——试题分析 在敏捷或适应型项目中，控制质量活动可能由所有团队成员在整个项目生命周期中执行；在瀑布或预测型项目中，控制质量活动由特定团队成员在特定时间点或者项目或阶段快结束时执行。

■ 参考答案 （7）C

课堂练习

- 质量控制非常重要，但是进行质量控制也需要一定的成本，__(1)__可以降低质量控制的成本。
  - (1) A．进行过程分析　　　　　　　B．使用抽样统计
  　　　C．对全程进行监督　　　　　　D．进行质量审计
- 某 ERP 系统投入使用后，经过一段时间，发现系统变慢，进行初步检测之后要找出造成该问题的原因，最好采用__(2)__方法。
  - (2) A．质量审计　　　　　　　　　B．散点图
  　　　C．因果分析图　　　　　　　　D．统计抽样
- 为了识别项目中使用的无效和低效政策、过程和程序，可以采用__(3)__方法。
  - (3) A．检查　　　　　　　　　　　B．质量审计
  　　　C．标杆对照　　　　　　　　　D．过程分析
- 项目的质量保证不包括__(4)__，采用的方法和技术不包括__(5)__。
  - (4) A．产品的质量保证　　　　　　B．系统的质量保证
  　　　C．人员的质量保证　　　　　　D．服务的质量保证
  - (5) A．确定质量目标　　　　　　　B．确定保证范围的等级
  　　　C．质量检验　　　　　　　　　D．制订质量保证规划
- 针对规划质量管理的工具与技术的表述，不正确的是__(6)__。
  - (6) A．成本效益法通过比较可能的成本和预期的收益来提高质量
  　　　B．预防成本是质量成本，内部失败成本不是质量成本
  　　　C．统计抽样的频率和规模应在规划质量管理过程中确定
  　　　D．实验设计是规划质量管理过程中使用的一种统计方法
- 在项目质量管理中，规划质量管理阶段的输出结果包括__(7)__。
  - (7) A．质量管理计划、质量测量指标、建议的预防措施、质量检查单、过程改进计划
  　　　B．质量管理计划、质量测量指标、质量检查单、过程改进计划、更新的项目管理计划
  　　　C．质量测量指标、质量检查单、过程改进计划、项目管理计划
  　　　D．质量管理计划、质量测量指标、更新的项目文件、更新的项目管理计划
- 质量管理阶段经历了手工艺人时代、质量检验阶段、统计质量控制阶段和__(8)__四个阶段。
  - (8) A．零缺陷质量管理　　　　　　B．全面质量管理
  　　　C．过程质量管理　　　　　　　D．精益质量管理

第14章
项目资源管理

知识点图谱与考点分析

项目资源管理包括规划资源管理、估算活动资源、获取资源、建设团队、管理团队、控制资源，这个过程相互之间有影响。项目资源管理知识图谱如图 14-1 所示。

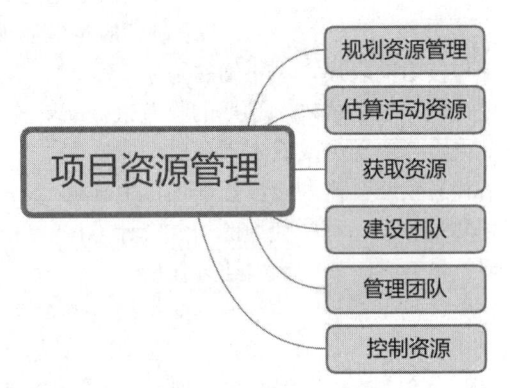

图 14-1 项目资源管理知识图谱

资源管理章节学习的重点是：①对资源管理过程的理解；②熟悉每个过程的输入、输出和工具。

[辅导专家提示] 本章节是在原有的"人力资源管理"知识域的基础上进行了更新，新版教程用"资源管理"替代了原有的"人力资源管理"，考虑人力资源管理本身就是项目管理的重点，因此，在本章的习题中仍保留原有"人力资源管理"相关的习题。

知识点：规划资源管理

知识点综述

规划资源管理是定义如何估算、获取、管理和利用团队以及实物资源的过程。本过程的主要作用是根据项目类型和复杂程度确定适用于项目资源的管理方法和管理程度。

在规划资源管理的考核中，通常涉及的内容有：主要工具和资源管理计划的内容，尤其以工具的考核居多。规划资源管理知识图谱如图 14-2 所示。

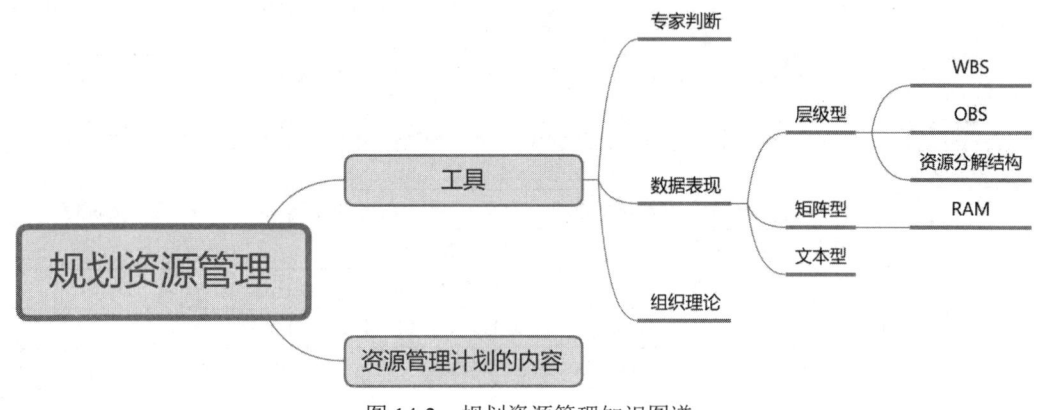

图 14-2 规划资源管理知识图谱

参考题型

【考核方式 1】 考核"规划资源管理"过程的输入、输出。

● 规划资源管理的输出不包括__(1)__。

(1) A．角色和职责　　　　　　　　　B．人力资源模板
　　　C．项目的组织结构图　　　　　　D．团队章程

■ 攻克要塞——试题分析　规划资源管理的输入、输出、工具与技术如下表所示，规划资源管理的输出为资源管理计划、团队章程等，其中，资源管理计划包括识别资源、获取资源、角色与职责、项目组织图、项目团队资源管理、培训、团队建设、资源控制、认可奖励计划等。

■ 参考答案　　(1) B

过程名称		输入、输出、工具与技术
规划资源管理	主要输入	项目章程、项目管理计划、项目文件、事业环境因素、组织过程资产
	主要输出	资源管理计划、团队章程、项目文件（更新）
	主要工具	专家判断、数据表现、组织理论、会议
估算活动资源	主要输入	项目管理计划、项目文件、事业环境因素、组织过程资产
	主要输出	资源需求、估算依据、资源分解结构、项目文件（更新）
	主要工具	专家判断、自下而上估算、类比估算、参数估算、数据分析、项目管理信息系统、会议
获取资源	主要输入	项目管理计划、项目文件、事业环境因素、组织过程资产
	主要输出	物质资源分配单、项目团队派工单、资源日历、变更请求、项目管理计划（更新）、项目文件（更新）、事业环境因素（更新）、组织过程资产（更新）
	主要工具	决策、人际关系与团队技能、预分派、虚拟团队

续表

过程名称		输入、输出、工具与技术
建设团队	主要输入	项目管理计划、项目文件、事业环境因素、组织过程资产
	主要输出	团队绩效评价、变更请求、项目管理计划(更新)、项目文件(更新)、事业环境因素(更新)、组织过程资产(更新)
	主要工具	集中办公、虚拟团队、沟通技术、人际关系与团队技能、认可与奖励、培训、个人和团队评估、会议
管理团队	主要输入	项目管理计划、项目文件、工作绩效报告、团队绩效评价、事业环境因素、组织过程资产
	主要输出	变更请求、项目管理计划(更新)、项目文件(更新)、事业环境因素(更新)
	主要工具	人际关系与团队技能、项目管理信息系统
控制资源	主要输入	项目管理计划、项目文件、工作绩效数据、协议、组织过程资产
	主要输出	工作绩效信息、变更请求、项目管理计划(更新)、项目文件(更新)
	主要工具	数据分析、问题解决、人际关系与团队技能、项目管理信息系统

● ___(2)___ 不属于规划资源管理过程的输入。

(2) A．项目管理计划　　　　　　　　B．资源管理计划
　　C．项目章程　　　　　　　　　　D．组织过程资产

■ 攻克要塞——试题分析　规划资源管理过程的输入包括项目管理计划、项目章程、项目文件、组织过程资产、事业环境因素。资源管理计划属于规划资源管理过程的输出。

■ 参考答案　(2) B

● ___(3)___ 不属于团队章程的内容。

(3) A．团队价值观　　B．资源日历　　C．沟通指南　　D．冲突处理过程

■ 攻克要塞——试题分析　团队章程是体现项目价值观、共识，提供共识的文件。其主要内容包括决策标准和过程、沟通指南、冲突处理过程、团队共识、团队价值观、会议指南等。

■ 参考答案　(3) B

【考核方式2】考核规划资源管理过程中的工具。具体工具参考表14-1。

● 下列关于下表的描述中，___(4)___ 是错误的。

活动	人员				
	小张	小王	小李	小赵	小钱
定义	R	I	I	A	I
测试	A	C	I	I	C
开发	R	C	I	I	C

(4) A．该表是一个责任分配矩阵
　　B．该表表示了需要完成的工作和团队成员之间的关系
　　C．该表不应包含虚拟团队成员
　　D．该表可用于人力资源计划编制

■ **攻克要塞——试题分析** 本题考核责任分配矩阵（RAM）。RAM被用来表示需要完成的工作和团队成员之间的联系。RAM是用于制订人力资源计划的技术与工具之一。从表中可以知道，这是一个负责/批准/审核/知会（Responsible/Accountable/Consulted/Informed，RACI）表。RACI表是RAM的一种形式。虚拟团队是指一群拥有共同目标、履行各自职责，却很少有时间或者没有时间能面对面开会的人员。RAM中应该包含虚拟团队成员。

■ **参考答案** （4）C

【考核方式3】考核规划资源管理的工具。

● 下列有关项目规划资源管理方面的叙述中，错误的是__(5)__。

（5）A．规划资源管理是定义如何估算、获取、管理、利用资源（实物资源和团队资源）的过程

B．资源分解结构（RBS）用来分解项目中各种类型的资源，不属于层次结构图

C．有效的资源规划还需要考虑稀缺资源的可用性和竞争方面的问题，并编制相应的计划

D．组织理论是规划资源管理的技术和工具

■ **攻克要塞——试题分析** 层次结构图包括 WBS、OBS、RBS 等。其中，RBS 为风险（Risk）分解结构或资源（Resource）分解结构。

■ **参考答案** （5）B

● 下列四个选项中，__(6)__ 是错误的。

（6）A．图表适用于规划资源管理过程的数据表现

B．一般来说，层级型可用于表示高层级角色，而文本型则更适用于记录详细职责

C．职责分配矩阵属于矩阵型的数据表现技术

D．工作分解结构按照组织现有的部门、单元或团队排列，并在每个部门下列出项目活动或工作包

■ **攻克要塞——试题分析** 组织分解结构（OBS）按照组织现有的部门、单元或团队排列，并在每个部门下列出项目活动或工作包。

■ **参考答案** （6）D

知识点：估算活动资源

知识点综述

估算活动资源是估算项目所需的团队资源、材料、设备的类型和数量的过程。本过程的主要作用：明确完成项目所需的资源种类、数量、特性。

参考题型

【考核方式】考核该过程的输入、输出、工具与技术。

● __(1)__ 不属于估算活动资源过程的输入。

（1）A．项目管理计划　　　　　　　　B．项目文件

C．估算依据　　　　　　　　　　D．组织过程资产

■ **攻克要塞——试题分析** 估算活动资源过程的输入包括项目管理计划、项目文件、事业环境因素、组织过程资产。估算依据属于估算活动资源过程的输出。

■ **参考答案** （1）C

● 下列四个选项中，___(2)___ 是错误的。

（2）A. 估算活动资源时，应征求具备团队和物质资源规划和估算方面的专业知识或接受过相关培训的个人或小组的意见

B. 参数估算的准确性取决于参数模型的成熟度和基础数据的可靠性

C. 适用于估算活动资源过程的数据分析技术是备选方案分析

D. 自上而下估算是首先对团队和实物资源在活动级别上进行估算，然后汇总成工作包、控制账户和总体项目层级上的估算

■ **攻克要塞——试题分析** 自下而上估算是首先对团队和实物资源在活动级别上进行估算，然后汇总成工作包、控制账户和总体项目层级上的估算。

■ **参考答案** （2）D

知识点：获取资源

知识点综述

获取资源是获取项目所需的团队成员、设施、设备、材料、用品和其他资源的过程。本过程的主要作用：①概述和指导资源的选择；②将选择的资源分配给相应的活动。获取资源知识图谱如图14-3所示。

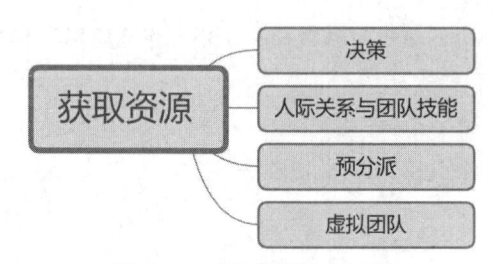

图 14-3　获取资源知识图谱

参考题型

【考核方式】考核该过程的输入、输出、工具与技术。

● 下列___(1)___不是获取资源的工具和技术。

（1）A. 事先分派　　　　B. 资源日历　　　　C. 决策　　　　D. 虚拟团队

■ **攻克要塞——试题分析** 获取资源的工具与技术包括：事先分派（或预分派）、人际关系与团队技能、虚拟团队、决策等。

获取资源的输出包括：物质资源分配单、项目团队派工单、资源日历、变更请求、项目管理计

划（更新）、项目文件（更新）、事业环境因素（更新）、组织过程资产（更新）。

■ 参考答案　（1）B

[辅导专家提示]　"获取资源"对应原"组建项目团队"。"获取资源"的工具中，"虚拟团队"考核频率较高，"决策"是教程改版后新增的工具。

● ___(2)___ 不属于获取资源过程的输入。

（2）A．资源日历　　　　　　　　　　B．资源管理计划
　　　C．资源需求　　　　　　　　　　D．采购管理计划

■ 攻克要塞——试题分析　获取资源过程的输入包括：项目管理计划（资源管理计划、成本基准、采购管理计划等）；项目文件（项目进度计划、资源需求、干系人登记册等）；事业环境因素；组织过程资产。资源日历属于获取资源过程的输出。

■ 参考答案　（2）A

● 下列四个选项中，___(3)___ 是错误的。

（3）A．适用于获取资源过程的决策技术是多标准决策分析
　　　B．适用于获取资源过程的人际关系与团队技能是谈判
　　　C．项目团队派工单记录了团队成员及其在项目中的角色和职责
　　　D．资源日历属于获取资源过程的输入

■ 攻克要塞——试题分析　资源日历属于获取资源过程的输出。

■ 参考答案　（3）D

● ___(4)___ 不是虚拟团队的优势。

（4）A．更好地利用不在同一地理区域的专家的技术
　　　B．提高沟通效率，便于分享知识和经验
　　　C．将在家办公的员工纳入团队
　　　D．节约差旅费用和办公场地费用

■ 攻克要塞——试题分析　虚拟团队是通过新技术（电子邮件、网络视频会议、电话等）构建团队，开展工作。虚拟团队可在不同地理位置的员工之间组建团队；可实现居家办公；可以节约过高的差旅费用、办公室开支等；但团队成员沟通可能产生误解，团队成员之间难以分享知识和经验。

■ 参考答案　（4）B

知识点：建设团队

知识点综述

有效团队建设的直接结果是建设成了一个高效、运行良好的项目团队，团队的整体效率提高，从而提高了项目的绩效。在"团队建设"知识点中，重点在于：①理解团队建设的阶段划分；②理解团队建设的工具，包括激励理论的具体应用；③识记团队建设的具体内容。

建设团队知识图谱如图14-4所示。

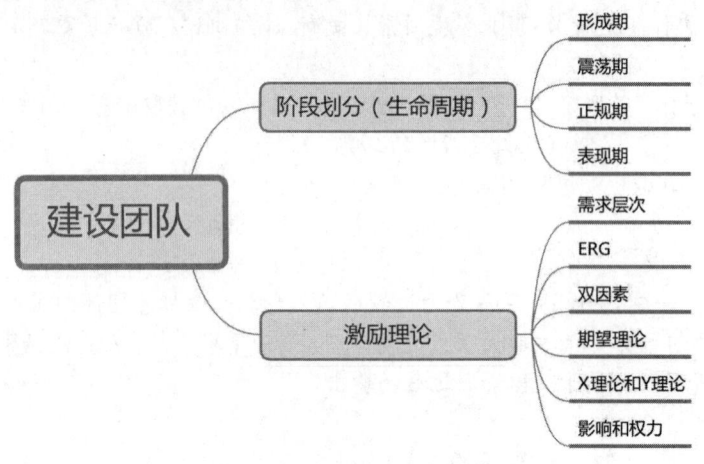

图 14-4 建设团队知识图谱

参考题型

【考核方式1】 识记题。考核建设团队的具体内容。
● 项目团队建设内容一般不包括___(1)___。
　(1) A．培训　　　　　　B．认可和奖励　　　C．职责分配　　　D．同地办公
　　■ 攻克要塞——试题分析　团队建设的内容依据其使用的工具与技术，有一般管理技能、培训、团队建设活动、基本原则、集中办公、认可和奖励等。职责分配是人力资源计划编制过程要完成的工作。
　　■ 参考答案　(1) C

【考核方式2】 理解题。考核对激励理论的理解。
● 下列对相关激励理论的叙述中，错误的是___(2)___。
　(2) A．典型的激励理论有马斯洛的需求层次理论、赫茨伯格的双因素理论和期望理论
　　　B．自我实现是马斯洛需求层次中的最高需求层次
　　　C．期望理论认为，一个目标对人的激励程度受目标效价与期望值两个因素的影响
　　　D．Y理论强调应对员工严格监督、控制与管理，以强迫员工努力工作
　　■ 攻克要塞——试题分析　本题所考核的知识点涉及马斯洛的需求层次理论、期望理论、双因素理论、X理论和Y理论。
　　X理论是把人的工作动机视为获得经济报酬的"实利人"的人性假设理论。采用X理论管理的唯一激励办法就是以经济报酬来激励生产，只要增加金钱奖励，便能取得更高的产量。所以这种理论特别重视满足职工生理及安全的需要，同时也很重视惩罚，认为惩罚是最有效的管理工具。
　　Y理论认为，一般人本性不厌恶工作，如果给予适当机会，人们会喜欢工作并渴望发挥其才能；多数人愿意对工作负责，寻求发挥能力的机会；能力的限制和惩罚不是使人去为组织目标而努力的唯一办法；激励在需要的各个层次上都起作用；想象力和创造力是人类广泛具有的。因此，Y理论激励的办法是：扩大工作范围；尽可能把职工工作安排得富有意义，并具有挑战性；工作之后引起自豪，

满足其自尊和自我实现的需要；使职工达到自我激励。只要启发内因，实行自我控制和自我指导，在条件适合的情况下就能实现组织目标与个人统一起来的最理想状态。

■ **参考答案** （2）D

【考核方式3】 理解、识记团队建设的生命周期。

● 优秀团队的建设并非一蹴而就，要经历几个阶段，一般按顺序可划分为__(3)__四个阶段。

（3）A．形成期、震荡期、表现期、正规期　　B．形成期、表现期、震荡期、正规期
　　　C．形成期、磨合期、表现期、正规期　　D．形成期、震荡期、正规期、表现期

■ **攻克要塞——试题分析** 一个项目团队从开始到终止是一个不断成长和变化的过程，这个发展过程可以描述为四个时期：形成期、震荡期、正规期和表现期。

形成期：由单个的个体成员转变为团队成员，开始形成共同目标，对未来有美好的期待。

震荡期：团队成员开始执行被分配的任务，一旦遇到超出预想的困难，希望被现实打破。个体之间开始争执，互相指责，并且开始质疑项目经理的能力。

正规期：经过一段时间的磨合，团队成员之间相互熟悉了解，矛盾基本解除，项目经理得到了团队的认可。

表现期：此时团队成员之间配合默契，对项目经理产生了信任，成员积极工作，努力实现目标，这时集体荣誉感也非常强。

■ **参考答案** （3）D

【考核方式4】考核该过程的输入、输出、工具与技术。

团队建设过程中除了用到"激励理论"外，其余的工具还包括：①人际关系技能；②培训；③团队建设活动；④基本规则；⑤集中办公；⑥认可和奖励；⑦人事测评工具。

● __(4)__不属于建设团队过程的输入。

（4）A．资源管理计划　　　　　　　　B．团队章程
　　　C．团队绩效评价　　　　　　　　D．项目团队派工单

■ **攻克要塞——试题分析** 建设团队过程的输入包括项目管理计划（主要包括资源管理计划）；项目文件（主要包括团队章程、项目进度计划、项目团队派工单、资源日历、经验教训登记册等）；事业环境因素；组织过程资产。团队绩效评价属于建设团队过程的输出。

■ **参考答案** （4）C

● 下列四个选项中，__(5)__是错误的。

（5）A．建设团队过程使用到的项目管理计划组件是资源管理计划
　　　B．集中办公是指把许多或全部最活跃的项目团队成员安排在同一个地点工作，以增强团队工作能力
　　　C．在建设项目团队过程中，需要对成员的优良行为给予认可与奖励
　　　D．培训包括旨在提高项目团队成员能力的全部正式活动

■ **攻克要塞——试题分析** 培训包括旨在提高项目团队成员能力的全部活动，可以是正式的或非正式的。

■ **参考答案** （5）D

知识点：管理团队

知识点综述

管理团队是指跟踪个人和团队的绩效，提供反馈，解决问题，协调变更，以提高项目的绩效。项目管理团队必须观察团队的行为，管理冲突，解决问题并评估团队成员的绩效。实施项目团队管理后，应将项目人员配备管理计划进行更新，可以提出变更请求，更新人力资源计划，实现问题的解决。同时为组织绩效评估提供依据，为组织的数据库增加新的经验教训。

管理团队知识图谱如图 14-5 所示。

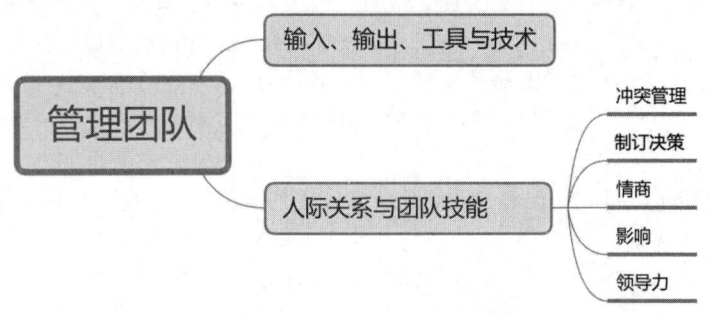

图 14-5　管理团队知识图谱

参考题型

【考核方式 1】 识记题。考核管理团队的输入、输出、工具与技术。

- （1）____不是管理项目团队的工具与技术。

  （1）A．制订决策能力　　B．角色定义　　C．情商　　D．冲突管理

  ■ **攻克要塞——试题分析**　管理项目团队的工具与技术有：①人际关系与团队技能：包括冲突管理、制订决策能力、情商、影响、领导力等；②项目管理信息系统。

  ■ **参考答案**　（1）B

- （2）____不属于管理团队过程的输入。

  （2）A．团队章程　　　　　　　　　B．项目团队派工单
  　　　C．变更请求　　　　　　　　　D．团队绩效评价

  ■ **攻克要塞——试题分析**　管理团队过程的输入包括项目管理计划（主要是资源管理计划）；项目文件（包括团队章程、问题日志、项目团队派工单、经验教训登记册等）；工作绩效报告；团队绩效评价；事业环境因素；组织过程资产。变更请求属于管理团队过程的输出。

  ■ **参考答案**　（2）C

【考核方式 2】 理解题。考核冲突管理中具体方法的应用。

- 冲突管理中最有效的解决冲突的方法是___(3)___。

  （3）A．问题解决　　B．求同存异　　C．强迫　　D．撤退

■ **攻克要塞——试题分析** 常见的冲突管理有 6 种方法：①问题解决：双方一起积极地定义问题，收集问题的信息，开发并分析解决方案，最后直到选择一个最合适的方法来解决问题，双方都会满意，也就是说双赢，它是冲突管理中最有效的解决方法；②合作：集合多方的观点和意见，得出一个多数人接受并承诺的冲突解决方案；③强制：以牺牲其他各方的观点为代价，强制采纳一方的观点；④妥协：冲突各方协商并寻找一种能够使其都在一定程度上满意、但没有任何一方完全满意，是一种都做一些让步的冲突解决方法；⑤求同存异：冲突各方都关注他们一致的一面，而淡化不一致的一面。让大家都冷静下来，先把工作做完；⑥撤退：把眼前的或潜在的冲突搁置起来，从冲突中撤退。

显然，冲突管理中最有效的解决冲突方法是问题解决。

■ **参考答案** （3）A

● 下列四个选项中，___(4)___ 是牺牲其他方，强制采用一方观点。
  （4）A．合作　　　　　B．妥协　　　　　C．问题解决　　　D．强制
  ■ **攻克要塞——试题分析** 强制是牺牲其他方，强制采用一方观点。
  ■ **参考答案** （4）D

知识点：控制资源

知识点综述

控制资源是为了按计划分配和使用实物资源、监督资源使用并采取必要的纠正措施的过程。本过程的主要作用：①确保所分配的资源适时、适地用于项目；②释放不再使用的资源。

参考题型

【考核方式 1】考核该过程的输入、输出、工具与技术。
● ___(1)___ 不属于控制资源过程的输入。
  （1）A．资源管理计划　　B．资源需求　　C．资源分解结构　D．工作绩效信息
  ■ **攻克要塞——试题分析** 控制资源过程的输入包括项目管理计划（主要是资源管理计划）；项目文件（包括项目进度计划、问题日志、资源需求、资源分解结构、经验教训登记册、物质资源分配单、风险登记册）；工作绩效数据；协议；组织过程资产。工作绩效信息属于控制资源过程的输出。
  ■ **参考答案** （1）D

● 下列四个选项中，___(2)___ 有助于项目成本出现差异时确定最佳的纠正措施。
  （2）A．备选方案分析　　B．成本效益分析　C．绩效审查　　D．趋势分析
  ■ **攻克要塞——试题分析** 适用于控制资源过程的数据分析技术主要包括如下内容。
  ➢ 备选方案分析：有助于选择最佳解决方案以纠正资源使用偏差，可将加班和增加团队资源等备选方案与延期交付或阶段性交付比较，以权衡利弊。
  ➢ 成本效益分析：有助于项目成本出现差异时确定最佳的纠正措施。

> 绩效审查：分析成本和进度工作绩效信息有助于指出可能影响资源使用的问题。
> 趋势分析：使用趋势分析，基于当前绩效信息来确定未来项目阶段所需的资源。

■ 参考答案　（2）B

【考核方式2】考核该过程的概念。

- ___(3)___ 过程的主要作用是确保所分配的资源可适时、适地用于项目。

　（3）A. 规划资源　　　　　　　　　　　B. 获取资源
　　　　C. 估算活动资源　　　　　　　　　D. 控制资源

■ 攻克要塞——试题分析　控制资源过程的主要作用是确保所分配的资源适时、适地可用于项目；确保资源在不再需要时被释放。

■ 参考答案　（3）D

课堂练习

- 在规划资源管理过程中，一般会涉及组织结构图和职位描述。其中，根据组织现有的部门、单位或团队进行分解，把工作包和项目的活动列在负责的部门下面的图采用的是 ___(1)___ 。

　（1）A. 工作分解结构（WBS）　　　　　B. 组织分解结构（OBS）
　　　　C. 资源分解结构（RBS）　　　　　D. 责任分配矩阵（RAM）

- 小王作为项目经理正在带领项目团队实施一个新的信息系统集成项目。项目团队共同工作了相当一段时间，正处于项目团队建设的发挥阶段，此时一个新成员加入该团队，则 ___(2)___ 。

　（2）A. 团队建设将从震荡阶段重新开始
　　　　B. 团队将继续处于发挥阶段
　　　　C. 团队建设将从震荡阶段重新开始，但很快就会步入发挥阶段
　　　　D. 团队建设将从形成阶段重新开始

- 作为项目管理计划的一部分，资源管理计划提供了关于如何分类、分配、管理和释放项目资源的指南。___(3)___ 不属于资源管理计划的内容。

　（3）A. 识别资源　　　　　　　　　　　B. 人力资源模板
　　　　C. 角色与职责　　　　　　　　　　D. 项目组织图

- 对团队成员的激励永远是困扰项目经理的一个问题，对于高创新要求的项目团队来说，利用 ___(4)___ 方法相对会更加有效。

　（4）A. 赋予更大的责任和权力　　　　　B. 大幅增加薪酬
　　　　C. 给予必要的关心和照顾　　　　　D. 给予更高的社会地位

- ___(5)___ 不属于规划资源管理的工具与技术。

　（5）A. OBS　　　　B. RAM　　　　C. RBS　　　　D. SWOT

- 关于责任分配矩阵（RAM）的描述，不正确的是 ___(6)___ 。

　（6）A. 大型项目中，RAM可分为多个层
　　　　B. 针对具体的一项活动可分配多个成员，每个成员承担不同的工作任务

C．RAM 中用不同的字母表示不同的职责

D．RAM 中每项活动中可以有一个以上成员对任务负责

- 项目经理常用领导力、影响力和有效决策等人际关系技能来管理团队，根据项目管理的领导与管理理论，如果针对新员工，采用__(7)__领导方式更有效。

（7）A．民主型　　　　　B．部分授权　　　C．放任型　　　　D．指导型

- 关于项目团队管理，不正确的是__(8)__。

（8）A．项目团队管理用于跟踪个人和团队的绩效，解决问题和协调变更

B．项目成员的工作风格差异是冲突的来源之一

C．在一个项目团队环境下，项目经理不应公开处理冲突

D．合作、强制、妥协、求同存异等是解决冲突的方法

第 15 章
项目沟通管理与干系人管理

知识点图谱与考点分析

本章节包括沟通管理和干系人管理两个部分。沟通管理章节所涉及的知识点不多，在考核方式上以沟通管理的经验为主，比项目管理的其他知识领域更简单一些。

项目沟通管理这一章在历年上午考试的考题中所占分值为 1 分左右。项目沟通管理知识图谱如图 15-1 所示。干系人管理主要考核识别干系人的工具，如权力/利益方格等。

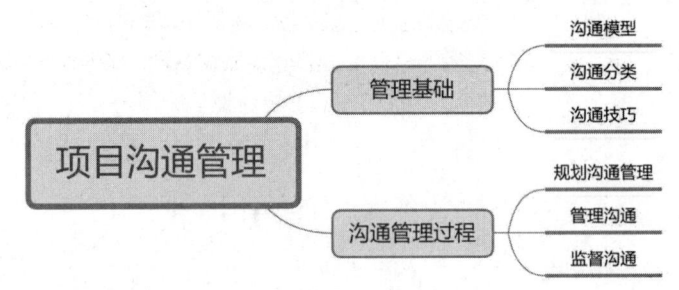

图 15-1 项目沟通管理知识图谱

知识点：沟通管理过程

知识点综述

了解沟通管理过程、工具与技术，具体见表 15-1。

表 15-1 沟通管理输入、输出、工具与技术

过程名称		输入、输出、工具与技术
规划沟通管理	主要输入	项目章程、项目管理计划、项目文件、事业环境因素、组织过程资产
	主要输出	沟通管理计划、项目管理计划（更新）、项目文件（更新）
	主要工具	专家判断、沟通需求分析、沟通技术、沟通模型、沟通方法、人际关系与团队技能、数据表现、会议

续表

过程名称		输入、输出、工具与技术
管理沟通	主要输入	项目管理计划、项目文件、工作绩效报告、事业环境因素、组织过程资产
	主要输出	项目沟通记录、项目管理计划（更新）、项目文件（更新）、组织过程资产（更新）
	主要工具	沟通技术、沟通方法、沟通技能、项目管理信息系统、项目报告、人际关系与团队技能、会议
监督沟通	主要输入	项目管理计划、项目文件、工作绩效数据、事业环境因素、组织过程资产
	主要输出	工作绩效信息、变更请求、项目管理计划（更新）、项目文件（更新）
	主要工具	专家判断、项目管理信息系统、数据表现、人际关系与团队技能、会议

参考题型

【考核方式】 识记题。考核主要过程的工具与技术。
- 以下__(1)__不是监督沟通的技术和方法。
  (1) A. 业务数据分析　　B. 会议　　C. 项目管理信息系统　　D. 专家判断
  ■ 攻克要塞——试题分析　监督沟通的技术和方法：专家判断、项目管理信息系统、数据表现、人际关系与团队技能、会议。
  ■ 参考答案　(1) A

知识点：规划沟通管理

知识点综述

项目沟通管理中的规划沟通管理（又称"沟通管理计划编制"）过程确定项目干系人的信息和沟通需求：哪些人是项目干系人、他们对于该项目的收益水平和影响程度、谁需要什么样的信息、何时需要以及怎样分发给他们。规划沟通管理知识图谱如图15-2所示。

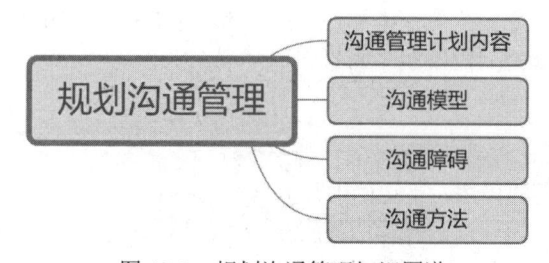

图15-2　规划沟通管理知识图谱

参考题型

【考核方式1】 理解题。考核对沟通计划的理解。
- 项目文档应发送给__(1)__。
  (1) A. 执行机构所有的干系人　　　　B. 所有项目干系人

C．项目管理小组成员和项目主办单位　　D．沟通管理计划中规定的人员

■ **攻克要塞——试题分析**　项目沟通管理中的"规划沟通"过程确定项目干系人的信息和沟通需求。也就是说，沟通的结果应当通过什么形式、向谁汇报、由谁执行、由谁监督以及使用什么方法来发布。

■ **参考答案**　（1）D

【考核方式2】 识记题。考核沟通管理的过程。

● 下列　(2)　不属于项目沟通管理的范畴。

(2) A．编制沟通计划　　B．记录工作日志　　C．管理沟通　　D．监督沟通

■ **攻克要塞——试题分析**　项目沟通管理的过程包括：规划沟通管理（编制沟通计划）、管理沟通、监督沟通。记录工作日志不属于项目沟通管理范畴。

■ **参考答案**　（2）B

[辅导专家提示] 项目沟通管理是确保及时、正确地产生、收集、分发、储存和最终处理项目信息所需的过程。项目经理花费大量的时间用于与项目团队、项目干系人、客户和赞助商沟通。项目中的每一个成员都应当了解沟通是如何在整体上影响项目的。

● 关于规划沟通的描述，正确的是　(3)　。

(3) A．应根据需要在整个项目期间定期开展，持续保持其成果适用性

B．确保所有沟通参与者之间的信息流动的最优化

C．应尽量采用小组沟通方法来实现沟通管理计划所规定的沟通需求

D．沟通管理计划基于项目范围管理计划制订和更新，与其同等重要

■ **攻克要塞——试题分析**　规划沟通管理过程应根据需要在整个项目期间定期开展。监督沟通过程的主要作用是依据沟通管理计划和干系人参与计划，优化信息流动。沟通方法属于规划沟通管理的工具与技术之一。干系人之间分享信息方法包括交互式（互动）沟通、推式沟通、拉式沟通等。实现沟通管理计划所规定的沟通需求的方法包括人际（个人间）沟通、小组沟通、公众沟通、大众传播、网络和社交工具沟通等。

沟通管理计划是规划沟通管理的输出产物，而规划沟通管理的输入有项目章程、项目管理计划（主要包括资源管理计划、干系人参与计划等）、项目文件（主要包括需求文件、干系人登记册等）、事业环境因素、组织过程资产，没有项目范围管理计划。

■ **参考答案**　（3）A

【考核方式3】 考核该过程的输入、输出、工具与技术。

● 关于规划沟通管理过程的描述，不正确的是　(4)　。

(4) A．项目章程属于规划沟通管理过程的输入，项目章程会列出主要干系人清单

B．项目管理计划属于规划沟通管理过程的输入，可用于规划沟通管理的项目管理计划组件主要包括资源管理计划、干系人参与计划

C．事业环境因素、组织过程资产均属于规划沟通管理过程的输入

D．变更日志、问题日志、经验教训登记册、质量报告、风险报告、干系人登记册等项目文件可作为规划沟通管理过程的输入

■ **攻克要塞——试题分析**　变更日志、问题日志、经验教训登记册、质量报告、风险报告、

干系人登记册等项目文件可作为管理沟通过程的输入。

需求文件、干系人登记册等项目文件可作为规划沟通管理过程的输入。

■ **参考答案** （4）D

知识点：管理沟通

知识点综述

管理沟通是依据沟通管理计划，生成、收集、分发、储存、检索及最终处置项目信息的过程。本过程的主要作用：促进项目干系人之间实现有效率的且有效果的信息流动。

参考题型

【考核方式1】 考核该过程的输入、输出、工具与技术。

- ___(1)___ 不属于管理沟通过程的输入。

    （1）A．项目管理计划　　B．项目文件　　C．工作绩效报告　　D．项目沟通记录

    ■ **攻克要塞——试题分析** 管理沟通过程的输入包括项目管理计划、项目文件、工作绩效报告、事业环境因素、组织过程资产。项目沟通记录属于管理沟通过程的输出。

    ■ **参考答案** （1）D

- 在适用于管理沟通过程的沟通技能中，示意、语调和面部表情等适当的肢体语言来表达意思属于___(2)___。

    （2）A．沟通胜任力　　B．反馈　　C．非口头技能　　D．演示

    ■ **攻克要塞——试题分析** 示意、语调和面部表情等适当的肢体语言来表达意思属于非口头技能。模仿和眼神交流也是重要的非口头技能。

    ■ **参考答案** （2）C

- 关于项目报告的描述，不正确的是___(3)___。

    （3）A．项目报告发布是收集和发布项目信息的行为

    　　B．项目报告应尽量详尽，让所有干系人全面了解项目情况

    　　C．项目信息应发布给众多干系人

    　　D．可以定期或临时准备项目信息并编制项目报告

    ■ **攻克要塞——试题分析** 项目报告发布是收集和发布项目信息的行为。项目信息应发布给众多干系人，不同干系人，所发项目报告形式、内容详略程度并不同。

    ■ **参考答案** （3）C

【考核方式2】 识记题。考核绩效报告的具体内容。

- 绩效报告是指收集所有基准数据并向项目干系人提供项目绩效信息的报告。一般来说，绩效信息包括为实现项目目标而输入的资源使用情况。以下属于绩效报告的内容的是___(4)___。

    ① 项目的进展和调整情况　　② 项目的完成情况　　③ 项目干系人分析

    ④ 项目的总投入和资金到位情况　　⑤ 项目执行中存在的问题及改进措施

⑥ 项目预测　　　　　　　　　　　⑦ 变更请求

（4）A．①②③④⑤　　B．②③④⑤⑥　　C．①②④⑤⑥⑦　　D．①②③④⑤⑥

■ **攻克要塞——试题分析**　本题属于识记性题目，绩效报告的内容不包括项目干系人分析。

■ **参考答案**　（4）C

【考核方式3】 根据给定的信息进行判断。

- 项目经理在项目管理过程中需要收集多种工作信息，如完成了多少工作、花费了多少时间、发生了什么样的成本及存在什么突出问题等，以便 ___(5)___ 。

　　（5）A．执行项目计划　　　　　　　　B．进行变更控制
　　　　　C．报告工作绩效　　　　　　　　D．确认项目范围

■ **攻克要塞——试题分析**　选项A指执行在项目管理计划中所定义的工作达到项目的目标；选项B指评审所有的变更请求、批准变更、控制对可交付物和组织过程资产的变更；选项C指收集并发布有关项目绩效的信息给项目干系人，通常这些信息包括状态报告、进展报告和项目预测；选项D指项目干系人对项目范围的正式确认，但实际上，项目范围确认贯穿整个项目生命周期的始终，从WBS的确认（或合同中具体分工界面的确认）到项目验收时范围的检验。从题干和各个选项的分析可知，答案应该是C。

■ **参考答案**　（5）C

[辅导专家提示] 一般来说，凡涉及"完成了多少工作、花费了多少时间、发生了什么样的成本"之类的关键词，其答案往往和绩效报告相关。

【考核方式4】 给出具体的案例环境，根据环境信息进行判断。

- 每次项目经理会见其所负责的赞助商，赞助商都强调对该项目进行成本控制的重要性，赞助商总是询问有关成本绩效的情况，如哪些预算实现了、哪些预算没有实现。为了回答其问题，项目经理应该提供 ___(6)___ 。

　　（6）A．绩效报告　　　　　　　　　　　B．绩效衡量图表
　　　　　C．资源生产力分析　　　　　　　　D．趋势分析统计数据

■ **攻克要塞——试题分析**　绩效报告的主要输出包括状态报告、进展报告、项目预测和变更请求；其依据包括项目工作绩效信息、项目管理计划和其他项目记录（文件）；绩效评审、偏差分析、趋势分析、挣值分析是绩效报告过程的常用工具与技术。本题中的"绩效衡量图表"属于绩效报告的一部分。

■ **参考答案**　（6）A

知识点：监督沟通

知识点综述

监督沟通是**在整个项目生命周期**中对沟通进行监督和控制的过程，以确保满足项目干系人对信息的需求。本过程的主要作用：依据沟通管理计划和干系人参与计划，优化信息流动。

参考题型

【考核方式】考核该过程的输入、输出、工具与技术。

- __(1)__ 不属于监督沟通过程的输入。

    (1) A．项目管理计划　　B．项目文件　　C．工作绩效数据　　D．变更请求

    ■ **攻克要塞——试题分析**　监督沟通过程的输入包括项目管理计划、项目文件、工作绩效数据、事业环境因素、组织过程资产。变更请求属于监督沟通过程的输出。

    ■ **参考答案**　(1) D

- 下列四个选项中，__(2)__ 是错误的。

    (2) A．监督沟通时，适用的数据表现技术是干系人参与度评估矩阵

    　　B．适用于监督沟通过程的人际关系与团队技能主要包括观察

    　　C．适用于监督沟通过程的人际关系与团队技能主要包括交谈

    　　D．虚拟会议适用于回应干系人请求，不适用制订决策

    ■ **攻克要塞——试题分析**　面对面或虚拟会议适用于制订决策，回应干系人请求，与提供方、供应方及其他项目干系人讨论。

    ■ **参考答案**　(2) D

知识点：沟通模型

知识点综述

沟通是个双向的过程，是信息的生成、传递、接收和理解检查的过程。沟通模型知识点属于规划沟通过程，其知识图谱如图 15-3 所示。

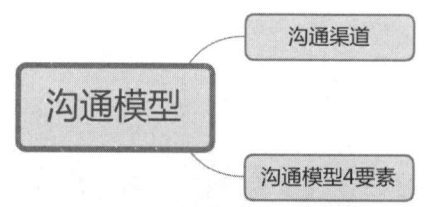

图 15-3　沟通模型知识图谱

对于沟通模型，要求考生掌握：①识别沟通模型的组成要素（信息发送者、信息接收者、反馈、传递渠道）；②计算沟通渠道的数量，掌握计算公式：沟通渠道=$n\times(n-1)/2$。

参考题型

【考核方式 1】考核对沟通概念的理解。

- 下列关于沟通与沟通管理的叙述中，错误的是 __(1)__ 。

    (1) A．沟通就是信息生成、传递和接收的过程

    　　B．沟通的基本单元是个人与个人之间的沟通

C. 项目沟通管理在人员与信息之间提供取得成功所必需的关键联系
D. 项目沟通管理包括保证及时恰当地生成、搜集、加工处理、传播、存储、检索与管理项目信息所需的各个过程

■ **攻克要塞——试题分析** 本题实际考核沟通模型，如下图所示。一般沟通模型包括信息发送者、信息、信息接收者、反馈和传递渠道几个部分，而且沟通模型往往还是一个循环的过程。本题中，选项 A 缺少反馈过程。

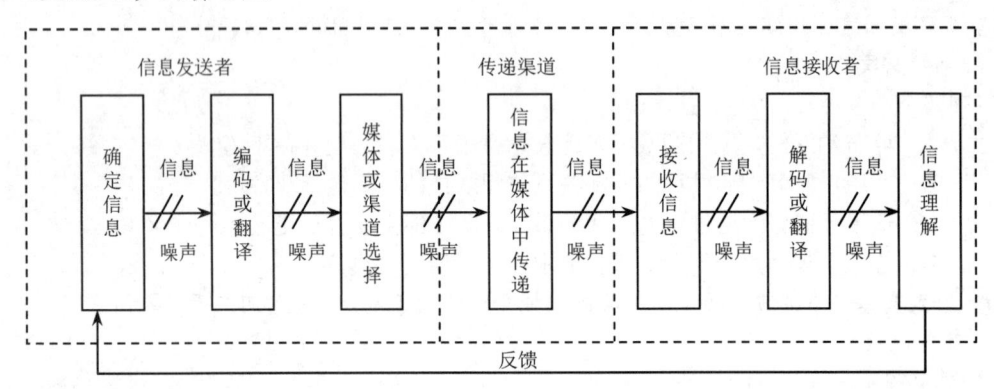

```
信息发送者                          传递渠道              信息接收者
┌──────────────────────────┐ ┌──────────────┐ ┌──────────────────────────┐
│ 确定   信息   编码   信息   媒体   信息   信息在   信息   接收   信息   解码   信息   信息   │
│ 信息   ///    或     ///   或     ///   媒体中   ///    信息   ///    或     ///   理解   │
│        噪声   翻译   噪声   渠道   噪声   传递    噪声          噪声   翻译   噪声         │
│               噪声          选择                                                          │
└──────────────────────────┘ └──────────────┘ └──────────────────────────┘
         ▲                                                                        │
         └────────────────────────── 反馈 ─────────────────────────────────────────┘
```

■ **参考答案** （1）A

【**考核方式 2**】 考核沟通渠道的数量。

● 由 n 个人组成的大型项目组，人与人之间交互渠道的数量级为　(2)　。
(2) A. n^2　　　　B. n^3　　　　C. n　　　　D. 2^n

■ **攻克要塞——试题分析** 沟通渠道数的计算公式 $n×(n–1)/2$，从而交互渠道的数量级为 n^2。

■ **参考答案** （2）A

知识点：干系人管理过程

知识点综述

了解干系人管理过程输入、输出、工具与技术，具体见表 15-2。

表 15-2　干系人管理过程输入、输出、工具与技术

过程名称	输入、输出、工具与技术	
识别干系人	主要输入	立项管理文件、项目章程、项目管理计划、项目文件、协议、事业环境因素、组织过程资产
	主要输出	干系人登记册、变更请求、项目管理计划（更新）、项目文件（更新）
	主要工具	专家判断、数据收集、数据分析、数据表现、会议
规划干系人参与	主要输入	项目章程、项目管理计划、项目文件、协议、事业环境因素、组织过程资产
	主要输出	干系人参与计划
	主要工具	专家判断、数据收集、数据分析、决策、数据表现、会议

续表

过程名称		输入、输出、工具与技术
管理干系人参与	主要输入	项目管理计划、项目文件、事业环境因素、组织过程资产
	主要输出	变更请求、项目管理计划（更新）、项目文件（更新）
	主要工具	专家判断、沟通技能、人际关系与团队技能、基本规则、会议
监督干系人参与	主要输入	项目管理计划、项目文件、工作绩效数据、事业环境因素、组织过程资产
	主要输出	工作绩效信息、变更请求、项目管理计划（更新）、项目文件（更新）
	主要工具	数据分析、决策、数据表现、沟通技能、人际关系与团队技能、会议

参考题型

【考核方式】 识记题。考核主要过程的输入、输出、工具与技术。

- ___(1)___ 不属于管理干系人参与的输入。
  (1) A．项目管理计划　　B．项目文件　　C．事业环境因素　　D．问题日志
  ■ 攻克要塞——试题分析　管理干系人的输入包括：项目管理计划、项目文件、事业环境因素、组织过程资产。
  ■ 参考答案　(1) D

知识点：干系人分析

知识点综述

本节主要知识点包括：①干系人分析的方法——权力/利益方格、权力/影响方格、影响/作用方格、凸显模型。其中，权力/利益方格考核频率较高；②干系人参与评估矩阵。

参考题型

【考核方式1】 识记题。考核权力/利益方格。

- 关于下图干系人权力和利益方格的描述中，不正确的是___(1)___。
  (1) A．项目经理的主管领导就是A区的干系人，要"令其满意"
  　　B．项目客户是B区的干系人，要"重点管理、及时报告"
  　　C．对于C区的干系人，要"随时告知"
  　　D．对于D区的干系人，花最少的精力监督即可

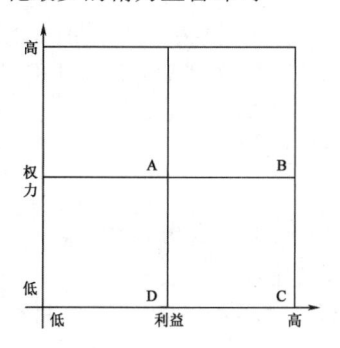

■ **攻克要塞——试题分析**　首先关注处于 B 区的干系人，他们对项目有很高的权力，也很关注项目的结果，项目经理应该"重点管理，及时报告"，应采取有力的行动让 B 区干系人满意。项目的客户和项目经理的主管领导，就是这样的项目干系人。

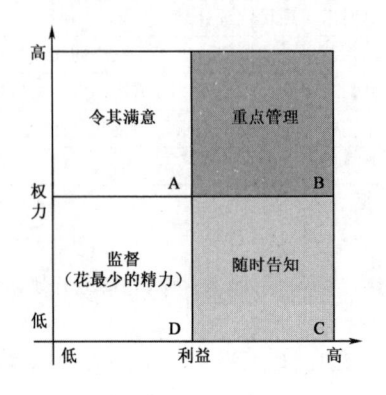

```
高
│   令其满意    │   重点管理
权             A             B
力
│   监督       │   随时告知
│ （花最少的精力）│
低             D             C
└──────────────────────────
低        利益         高
```

■ **参考答案**　（1）A

【**考核方式 2**】　识记题。考核干系人参与评估矩阵。

干系人参与评估矩阵。

干系人	不知晓	抵制	中立	支持	领导
干系人1	C			D	
干系人2			C	D	
干系人3				D C	

干系人的参与程度可分为如下类别：①不知晓。对项目和潜在影响不知晓。②抵制。知晓项目和潜在影响，抵制变更。③中立。知晓项目，既不支持，也不反对。④支持。知晓项目和潜在影响，支持变更。⑤领导。知晓项目和潜在影响，积极致力于保证项目成功。

知识点：识别干系人

知识点综述

识别干系人过程是识别影响项目决策、结果、活动的个人或者组织，并分析他们的利益、参与度、依赖度、影响力等信息的过程。该过程的主要作用是找出各类干系人，并记录各类干系人对项目的影响。

参考题型

【**考核方式**】　考核该过程的输入、输出、工具与技术。

● 　（1）　不属于识别干系人过程的输入。
　（1）A．立项管理文件　　　B．项目章程　　　C．项目管理计划　　　D．干系人登记册

■ **攻克要塞——试题分析** 识别干系人过程的输入包括立项管理文件、项目章程、项目管理计划、项目文件、协议、事业环境因素、组织过程资产。干系人登记册属于识别干系人过程的输出。

■ **参考答案** （1）D

- 下列四个选项中，__(2)__ 是错误的。
  - (2) A．适用于识别干系人过程的数据收集技术主要包括问卷和调查、头脑风暴
  - B．适用于识别干系人过程的数据分析技术主要包括干系人分析、文件分析
  - C．权力/利益方格、权力/影响方格，或影响/作用方格属于识别干系人过程的数据表现技术
  - D．干系人登记册是识别干系人过程的主要输入，记录已识别干系人的信息

■ **攻克要塞——试题分析** 干系人登记册是识别干系人过程的主要输出，记录已识别干系人的信息。

■ **参考答案** （2）D

知识点：规划干系人参与

知识点综述

规划干系人参与（又称"编制项目干系人管理计划"），基于分析干系人的利益、项目参与度、项目依赖度、项目影响力等信息，制订恰当的管理策略，调动干系人参与项目的全过程。本过程的主要作用：制订可行的干系人互动计划。

参考题型

【考核方式1】 考核该过程的输入、输出、工具与技术。

- __(1)__ 不属于规划干系人参与过程的输入。
  - (1) A．项目章程　　　B．项目管理计划　C．项目文件　　　D．干系人参与计划

■ **攻克要塞——试题分析** 规划干系人参与过程的输入包括项目章程、项目管理计划、项目文件、协议、事业环境因素、组织过程资产。干系人参与计划属于规划干系人参与过程的输出。

■ **参考答案** （1）D

- 下列四个选项中，__(2)__ 是错误的。
  - (2) A．适用于规划干系人参与过程的数据收集技术是标杆对照
  - B．适用于规划干系人参与过程的数据分析技术主要包括假设条件和制约因素分析、根本原因分析
  - C．适用于规划干系人参与过程的决策技术主要包括优先级排序或分级
  - D．适用于规划干系人参与过程的数据表现技术主要包括思维导图

■ **攻克要塞——试题分析** 适用于规划干系人参与过程的数据表现技术主要包括思维导图、干系人参与度评估矩阵。

■ **参考答案** （2）D

【考核方式2】考核该过程的作用。

- 通过干系人进行沟通协作，满足其需求与期望处理问题，促进其合理参与属于__(3)__过程的工作。

  (3) A. 识别干系人   B. 规划干系人参与
    C. 管理干系人参与   D. 监督干系人参与

■ **攻克要塞——试题分析** 项目干系人管理的过程包括如下内容。

> 识别干系人：定期识别干系人，分析和记录他们的利益、参与度、相互依赖性、影响力和对项目潜在的影响。
> 规划干系人参与：根据干系人的需求、期望、利益和对项目的潜在影响，制订项目干系人参与项目的方法。
> 管理干系人参与：与干系人进行沟通和协作，以满足其需求与期望，并处理问题，以促进干系人合理参与。
> 监督干系人参与：监督项目干系人关系，并通过修订参与策略和计划来引导干系人合理参与项目。

■ **参考答案** (3) C

知识点：管理干系人参与

知识点综述

  管理干系人参与属于执行过程。管理干系人就是在整个项目生命周期中，依据项目干系人管理计划，与干系人进行沟通和协作，促使干系人合理参与项目，并满足干系人需求，解决项目问题的过程。本过程的主要作用：尽可能提高干系人的支持度，减少干系人的抵制。

参考题型

【考核方式】考核该过程的输入、输出、工具与技术。

- __(1)__ 不属于管理干系人参与过程的输入。

  (1) A. 事业环境因素   B. 项目管理计划
    C. 项目文件   D. 变更请求

■ **攻克要塞——试题分析** 管理干系人参与过程的输入包括项目管理计划、项目文件、事业环境因素、组织过程资产。变更请求属于管理干系人参与过程的输出。

■ **参考答案** (1) D

- 下列四个选项中，__(2)__ 是错误的。

  (2) A. 管理干系人参与是通过与干系人进行沟通协作，以满足其需求与期望、处理问题，并促进干系人合理参与的过程
    B. 可用于管理干系人参与的项目管理计划组件主要包括干系人参与计划
    C. 项目经理应确保及时解决冲突

D．管理干系人参与过程的输出部分中，变更的项目管理计划组件主要是沟通管理计划

■ **攻克要塞——试题分析** 管理干系人参与过程的输出部分中，变更的项目管理计划组件主要包括沟通管理计划、干系人参与计划。

■ **参考答案** （2）D

知识点：监督干系人参与

知识点综述

监督干系人参与过程是全面监控项目干系人的关系，及时调整计划和策略，调动干系人参与的过程。本过程的主要作用：随着项目进展和环境变化，维持并提升干系人参与项目的效率和效果。

参考题型

【**考核方式**】考核该过程的输入、输出、工具与技术。

- （1）____不属于监督干系人参与过程的输入。
  （1）A．工作绩效数据　　　　　　　B．项目管理计划
  　　　C．项目文件　　　　　　　　　D．变更请求

■ **攻克要塞——试题分析** 监督干系人参与过程的输入包括项目管理计划、项目文件、工作绩效数据、事业环境因素、组织过程资产。变更请求属于监督干系人参与过程的输出。

■ **参考答案** （1）D

- （2）____不适用于监督干系人参与过程的数据分析技术。
  （2）A．备选方案分析　　　　　　　B．根本原因分析
  　　　C．干系人分析　　　　　　　　D．多标准决策分析

■ **攻克要塞——试题分析** 适用于监督干系人参与过程的数据分析技术主要包括备选方案分析、根本原因分析、干系人分析。多标准决策分析属于监督干系人参与过程的决策技术。

■ **参考答案** （2）D

- 在以下干系人参与度矩阵中，需要授权管理职责并引导其积极参与项目执行的干系人是____（3）____。

干系人	未知	抵制	中立	支持	领导
干系人1			○●		
干系人2			●	○	
干系人3			●		○

注：○表示期望参与水平，●表示实际参与水平。

（3）A．干系人1　　　B．干系人2　　　C．干系人3　　　D．干系人2和干系人3

■ **攻克要塞——试题分析** 显然需要授权管理职责并引导其积极参与项目执行的干系人属于领导型干系人。

■ **参考答案** （3）C

课堂练习

- 系统集成工程建设的沟通协调非常重要，有效的沟通可以提升效率、降低内耗。以下关于沟通的叙述，__(1)__是错误的。
    (1) A．坚持内外有别的原则，要把各方掌握的信息控制在各方内部
        B．系统集成商经过广泛的需求调查，有时会发现业主的需求之间存在自相矛盾的现象
        C．一般来说，参加获取需求讨论会的人数控制在5~7人是最好的
        D．如果系统集成商和客户就项目需求沟通不够，只是依据招标书的信息做出建议书，可能会导致项目计划不合理，因而造成项目延期、成本超出、纠纷等问题

- 在实际沟通中，__(2)__问题更有利于被询问者表达自己的见解和情绪。
    (2) A．封闭式　　　　B．开放式　　　　C．探询式　　　　D．假设式

- 在管理项目团队时，项目经理可以运用__(3)__等方法来解决冲突。
    (3) A．求同存异、观察、强制　　　　B．求同存异、妥协、增加权威
        C．强制、问题解决、撤退　　　　D．强制、妥协、预防

- 沟通管理计划的编制是确定__(4)__的过程，即明确谁需要何种信息、何时需要以及如何向他们传递。
    (4) A．干系人信息与沟通需求　　　　B．沟通方式与信息发布
        C．干系人提供的绩效信息　　　　D．干系人管理与经验教训总结

- 项目经理80%甚至更多的时间都用于进行项目沟通工作。在项目的沟通管理计划中可以不包括__(5)__。
    (5) A．传达信息所需的技术或方法　　　　B．沟通频率
        C．干系人登记册　　　　　　　　　　D．对要发布信息的描述

- 你正在组织项目沟通协调会，参加会议的人数为12人，沟通渠道有__(6)__条。
    (6) A．66　　　　　B．72　　　　　C．96　　　　　D．132

- 项目团队中原来有5名成员，后来又有4人加入项目。与之前相比项目成员之间沟通渠道增加了__(7)__条。
    (7) A．26　　　　　B．10　　　　　C．20　　　　　D．36

第16章 项目风险管理

知识点图谱与考点分析

  风险管理就是要在风险成为影响项目成功的威胁之前，识别、着手处理并消除风险的源头。项目风险管理就是项目管理团队通过风险识别、风险估计和风险评价，并以此为基础合理地使用多种管理方法、技术和手段对项目活动涉及的风险实行有效的控制，采取主动行动、创造条件、尽量扩大风险事件的有利结果、妥善处理风险事故造成的不利后果，以最少的成本保证安全，可靠地实现项目的总目标。

  在风险管理中，重点关注风险管理的过程、风险分析及风险应对的方法，尤其是定量分析的方法属于考核难点之一。风险管理知识图谱如图16-1所示。

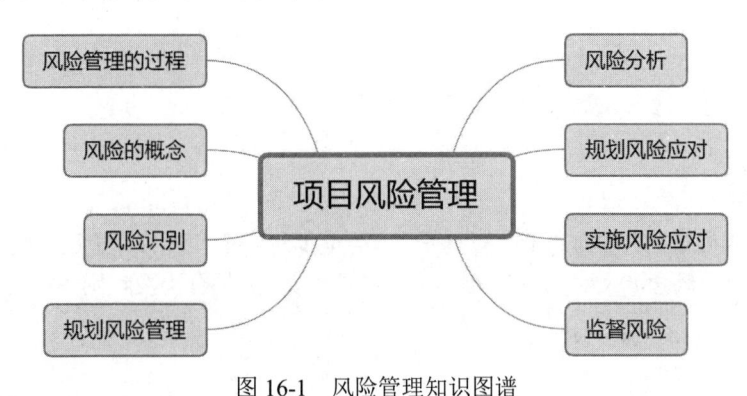

图 16-1 风险管理知识图谱

知识点：风险管理的过程

知识点综述

  在考核方式上，除了考核对7个管理过程的理解，还考核各个过程的输入、输出及工具与技术等。常见的考核方式有：在选项中将过程及过程的输入、输出和工具混在一起，要求考生进行识别。

参考题型

【考核方式1】 识记题。考核对风险管理过程的识记。

- 在项目风险管理的基本过程中，不包括__(1)__。

（1）A．风险分析　　　　　　　　　　B．风险监控
　　　C．风险规避措施　　　　　　　　D．风险管理计划编制

■ **攻克要塞——试题分析**　风险管理的基本过程包括七项主要活动：规划风险管理（风险管理计划编制）、风险识别、实施定性风险分析、实施定量风险分析、规划风险应对、实施风险应对、监督风险。选项C"风险规避措施"是规划风险应对（制订风险应对计划）的一项输出，不属于风险管理基本过程中的活动。

■ **参考答案**　（1）C

[辅导专家提示]考生在选择过程中，也可以根据各选项的词性来判断，A、B、D选项都属于动词结构，而C选项属于名词结构。

【考核方式2】 考核对风险管理过程的理解，根据文字的描述找到相应的过程。

- 确定哪些风险会影响项目并记录风险的特性，这个过程称为__(2)__。

（2）A．风险识别　　　B．风险处理　　　C．经验教训学习　　　D．风险分析

■ **攻克要塞——试题分析**　风险识别就是采用系统化的方法识别出项目中已知的和可预测到的风险，是一项反复的过程，项目团队应该参与该过程，以便形成针对风险的应对措施，并保持一种责任感。

确定风险并记录特性属于风险识别的范畴，所以答案是A。

■ **参考答案**　（2）A

知识点：风险的概念

知识点综述

风险是一种不确定的事件或条件，一旦发生，会至少对一个项目目标造成影响，如范围、进度、成本和质量。风险的概念涉及对风险和风险管理的理解、风险的分类及识别等。风险的概念知识图谱如图16-2所示。

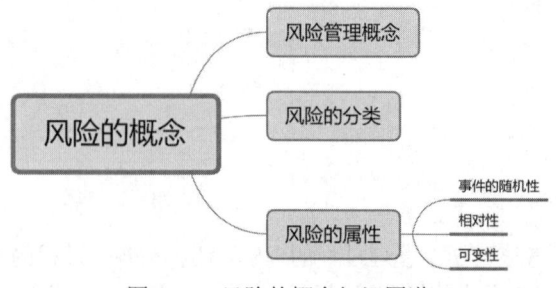

图16-2　风险的概念知识图谱

风险的分类方法有多种，如图 16-3 所示。

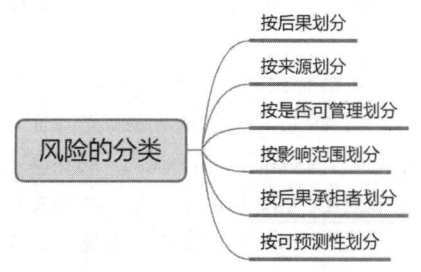

图 16-3　风险的分类知识图谱

参考题型

【考核方式1】 考核对风险的理解。
● 下列 ___(1)___ 不是对风险的正确认识。
　　(1) A．所有项目都存在风险　　　　B．风险可以转化成机会
　　　　C．风险可以完全回避或消除　　D．对风险可以进行分析和管理
　　■ 攻克要塞——试题分析　每一个项目都有风险。完全回避或消除风险，或者只享受权益而不承担风险是不可能的；另外，对项目风险进行认真的分析、科学的管理能够避开不利条件、少受损失、取得预期的结果并实现项目目标。
　　■ 参考答案　(1) C

【考核方式2】 考核风险的分类。给出分类后的结果，要求考生识别分类的方式。
● 按照风险可能造成的后果，可将风险划分为___(2)___。
　　(2) A．局部风险和整体风险　　　　B．自然风险和人为风险
　　　　C．纯粹风险和投机风险　　　　D．已知风险和不可预测风险
　　■ 攻克要塞——试题分析　按照风险可能造成的后果，可将风险划分为纯粹风险和投机风险。纯粹风险是不能带来机会、无获得利益可能的风险。既可以带来机会、获得利益，又隐含威胁、造成损失的风险称为投机风险。按照风险来源或损失产生的原因，风险可分为自然风险和人为风险；按照影响范围，风险可分为局部风险和整体风险；按照风险的可预测性，风险可分为已知风险、可预测风险和不可预测风险。
　　■ 参考答案　(2) C

【考核方式3】 考核风险的分类，要求根据风险场景识别风险类型。
● 软件项目中，技术风险威胁到要开发软件的质量及交付时间，而___(3)___不属于技术风险。
　　(3) A．采用先进技术开发而目前尚无用户真正需要的产品或系统
　　　　B．软件需要使用新的或未经证实的硬件接口
　　　　C．产品需求要求开发某些程序构件，这些构件与以前所开发的构件完全不同
　　　　D．需求中要求使用新的分析、设计或测试方法
　　■ 攻克要塞——试题分析　本题考核风险的另一种分类形式，要求考生从选项中区分商业风

195

险、技术风险和项目风险。选项 A 尽管采用了先进的技术，但其关键的风险所在是"尚无用户真正需要"，因此，选项 A 应属于商业风险。选项 B、C、D 均属于技术风险。

■ **参考答案**　（3）A

[辅导专家提示] 项目风险包括潜在的预算、进度、人员和组织、资源、用户和需求问题，项目复杂性，规模和结构的不确定性等。商业风险包括市场风险（系统虽然很优秀，但不是市场真正想要的）、策略风险（系统不再符合企业的信息系统战略）、销售风险（开发了销售部门不清楚如何推销的系统）、管理风险（由于重点转移或人员变动而失去上级支持）和预算风险（开发过程没有得到预算或人员的保证）。技术风险主要指潜在的设计、实现、接口、测试和维护方面的问题，规格说明的多义性、技术上的不确定性、技术陈旧、采用最新技术等。

知识点：风险识别

知识点综述

本知识点要求掌握常见的风险识别技术及技术的特点，风险识别知识图谱如图 16-4 所示。

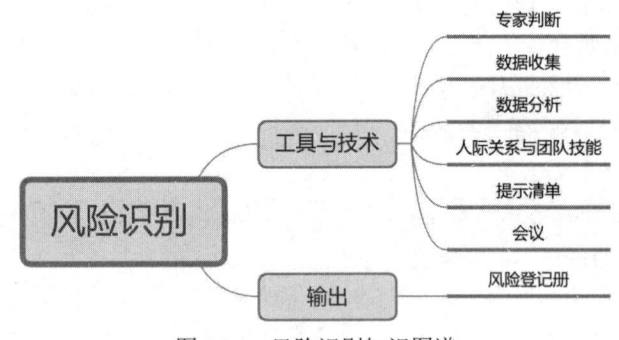

图 16-4　风险识别知识图谱

参考题型

【考核方式】　考核风险识别的输入、输出、工具与技术。

● 风险识别的输出是__(1)__。

　　(1) A. 风险因素　　　　　　　　　B. 已识别风险清单
　　　　C. 风险概率　　　　　　　　　D. 风险损失

■ 攻克要塞——试题分析　风险识别过程的输出是风险登记册，其中包括：已识别风险清单、潜在风险责任人、潜在风险应对措施清单。

■ **参考答案**　（1）B

● __(2)__ 不属于识别风险过程的输入。

　　(2) A. 项目管理计划　　B. 项目文件　　C. 采购文档　　D. 风险报告

■ 攻克要塞——试题分析　风险识别过程的输入包括项目管理计划、项目文件、采购文档、协议、事业环境因素、组织过程资产。风险报告属于风险识别过程的输出。

- **参考答案** （2）D
- 关于风险识别的描述，不正确的是___(3)___。
  - （3）A．可使用类似项目信息的核查单替代所需的风险识别
  - B．在风险管理计划中应规定识别风险的迭代频率和迭代参与程度
  - C．从组织外部采购商品和服务可能引发新的项目风险
  - D．使用SWOT分析法可以拓宽项目识别风险的范围
- **攻克要塞——试题分析** 核查单列举了需要考虑项目、行动或要点的清单。核查单不可能列举所有风险，所以不能取代所需的风险识别工作。
- **参考答案** （3）A

知识点：规划风险管理

知识点综述

风险管理计划属于规划风险管理过程的输出。规划风险管理的重要性在于可提高其他5个风险管理过程的成功概率，同时还为风险管理活动安排充足的资源和时间，并为评估风险奠定一个共同认可的基础。规划风险管理过程在项目构思阶段就应开始，并在项目规划阶段早期完成。规划风险管理知识图谱如图16-5所示。

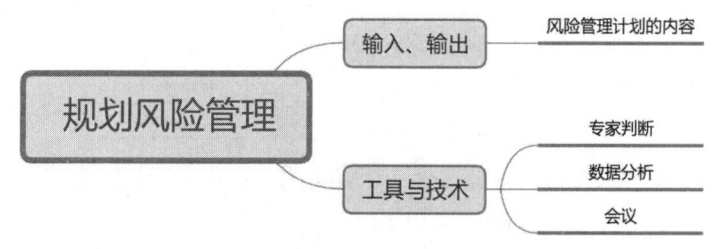

图16-5 规划风险管理知识图谱

参考题型

【考核方式1】 识记题。考核风险管理计划的内容。

- 风险管理计划描述如何安排与实施项目风险管理，它的基本内容包括___(1)___。
  ①方法论　②角色与职责　③预算　④风险概率及影响的定义
  ⑤汇报格式　⑥风险管理表格
  （1）A．①②③④⑤　　B．②③④⑤⑥　　C．①②③④⑥　　D．①②③⑤⑥
- **攻克要塞——试题分析** 本题将风险管理计划中的部分内容作为选项进行考核。风险管理计划的内容包括：方法论、角色与职责、预算、时间安排（实施风险管理的次数和频率）、风险分类、风险概率及影响的定义、概率和影响矩阵、项目干系人承受度、汇报格式、跟踪、应急计划、应急储备。
- **参考答案** （1）A

【考核方式2】考核该过程的输入、输出、工具与技术。
- ___(2)___ 不属于规划风险管理过程的输入。
    (2) A．项目管理计划　　B．项目章程　　C．项目文件　　D．风险管理计划
    ■ 攻克要塞——试题分析　规划风险管理过程的输入包括项目管理计划、项目章程、项目文件、事业环境因素、组织过程资产。风险管理计划属于规划风险管理过程的输出。
    ■ 参考答案　(2) D

知识点：风险分析

知识点综述

本知识点包括风险定性分析和风险定量分析。风险定性分析包括对已识别风险进行优先级排序，以便采取进一步措施，如进行风险量化分析或风险应对；风险定量分析过程定量地分析风险对项目目标的影响，它也为用户在面对很多不确定因素时提供了一种量化的方法，以做出尽可能恰当的决策。

重点需掌握风险分析过程中各种工具的应用，具体知识图谱如图16-6和图16-7所示。

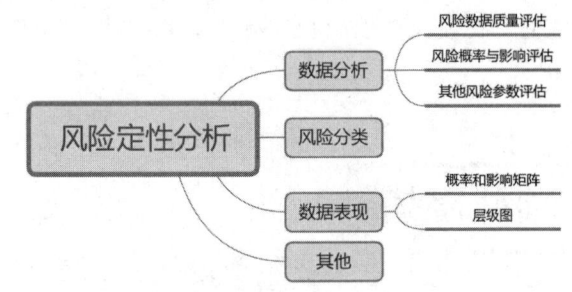

图16-6　风险定性分析知识图谱

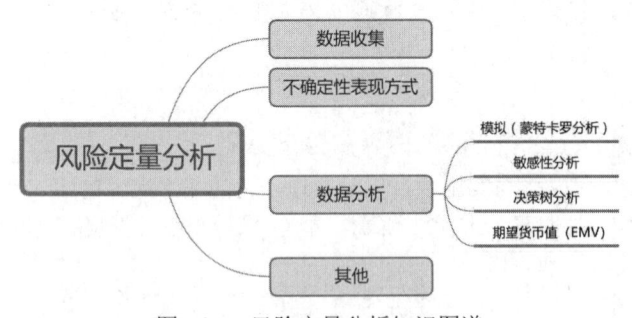

图16-7　风险定量分析知识图谱

参考题型

【考核方式1】　识记题。要求区分风险定性分析和风险定量分析的工具。
- 在进行项目风险定性分析时，一般不会涉及___(1)___；在进行项目风险定量分析时，一般不会

涉及__(2)__。
(1) A. 风险数据质量评估　　　　　B. 风险概率和影响评估
    C. 风险紧迫性评估　　　　　　D. 建模和仿真
(2) A. 概率及影响矩阵　　　　　　B. 期望货币值分析
    C. 敏感性分析　　　　　　　　D. 风险信息访谈

■ **攻克要塞——试题分析** 风险定性分析通过对风险发生的概率及影响程度的综合评估来确定其优先级。在进行风险定性分析时，经常会使用到的工具与技术包括风险概率和影响评估、概率及影响矩阵、风险数据质量评估、风险分类和风险紧迫性、邻近性、潜伏期、可管理性、可控性、可监测性、关联度、战略影响力、密切度评估。风险定量分析工具与技术包括数据收集和表现技术（风险信息访谈、概率分布和专家判断）、建模技术（灵敏度分析、期望货币值分析、建模和仿真）。

■ **参考答案** (1) D　(2) A

【考核方式2】理解题。考核风险分析工具的应用。
● 准确和无偏颇的数据是量化风险分析的基本要求。可通过__(3)__来检查对风险的理解程度。
(3) A. 风险数据质量评估　　　　　B. 概率及影响评估
    C. 敏感性分析　　　　　　　　D. 影响图

■ **攻克要塞——试题分析** 检查人们对风险的理解程度属于风险定性分析，定性分析的方法有风险概率及影响评估、概率及影响矩阵、风险数据质量评估等。选项B并没有说明是"风险发生概率"，而选项C和选项D都是定量分析的工具与技术。

■ **参考答案** (3) A

● 关于风险分析的技术，不正确的是__(4)__。
(4) A. 概率影响矩阵适用于两个以上的参数对风险进行分类的情况
    B. 蒙特卡罗分析，是使用模型模拟大量单个项目风险和其他不确定性来源的综合影响，以评估它们对项目目标的潜在影响
    C. 敏感性分析，是将项目结果变化与定量风险分析模型中的要素变化之间建立联系的方法
    D. 影响图是不确定条件下进行决策的图形辅助工具

■ **攻克要塞——试题分析** 层级图可以用两个以上的参数对风险进行分类；而概率和影响矩阵则不适用两个以上的参数对风险进行分类。

概率和影响矩阵即风险级别评定矩阵，是将概率与对目标影响映射起来的表格，并以此为依据建立一个对风险或风险情况评定等级（例如极低、低、中、高、极高）的矩阵。

■ **参考答案** (4) A

【考核方式3】理解题。考核对风险分析工具的理解。
● 下图是某项目成本风险的蒙特卡罗分析图。以下说法中不正确的是__(5)__。
(5) A. 蒙特卡罗分析法也称为随机模拟法
    B. 该图用于风险分析时，可以支持定量分析
    C. 根据该图，用41万元完成的概率是12%，如果要达到75%的概率，需要增加5.57万元作为应急储备

D. 该图显示，用45万元的成本也可能完成计划

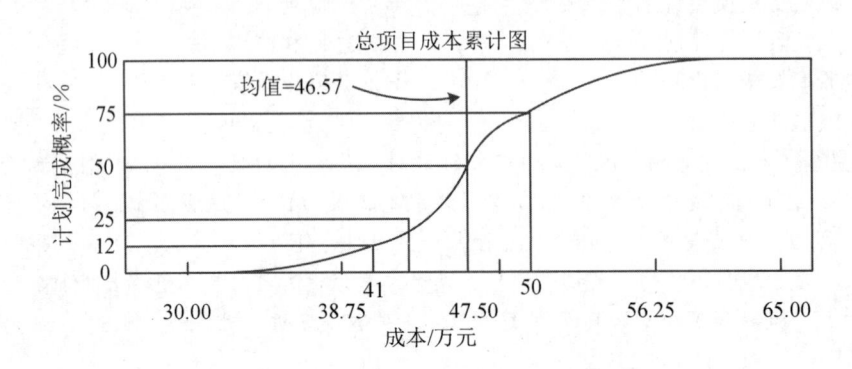

总项目成本累计图

均值=46.57

■ **攻克要塞——试题分析** 本题考核蒙特卡罗分析的综合应用。本图表明了项目成本的乐观估计值、悲观估计值和最可能估计值符合一定的资金分布。从此图可以看出，该项目在41万元内完成的概率仅有12%，为了达到75%的成功概率则需要50万元。因此，如完成概率从12%提高到75%，则需要增加9万元。

■ **参考答案** （5）C

[辅导专家提示] 定量分析工具中注意风险值的计算，风险值=风险发生的概率×风险发生的后果。定性分析工具注意各个工具的归属关系，包括工具的图例，能识别工具、理解工具的用途。

数据收集和展示技术包括：①访谈；②概率分布。

定量风险分析和建模技术包括：①敏感性分析；②龙卷风图；③预期货币价值分析；④建模和模拟。

【考核方式4】考核风险分析的输入、输出。

- ___(6)___ 不属于实施定量风险分析过程的输入。

  （6）A．项目管理计划　　　　　　　B．项目文件

  C．事业环境因素　　　　　　　D．影响图

  ■ **攻克要塞——试题分析** 实施定量风险分析过程的输入包括项目管理计划、项目文件、事业环境因素、组织过程资产。影响图属于实施定量风险分析过程的工具与技术。

  ■ **参考答案** （6）D

- ___(7)___ 不属于实施定性风险分析过程的输入。

  （7）A．项目管理计划　　　　　　　B．项目文件

  C．事业环境因素　　　　　　　D．会议

  ■ **攻克要塞——试题分析** 实施定性风险分析过程的输入包括项目管理计划、项目文件、事业环境因素、组织过程资产。会议属于实施定性风险分析过程的工具与技术。

  ■ **参考答案** （7）D

知识点：规划风险应对

知识点综述

风险应对就是对项目风险提出处置意见和方法。项目风险应对包括对风险有利机会的跟踪和对风险不利影响的控制，应对策略包括消极的应对策略和积极的应对策略，风险应对知识图谱如图 16-8 所示。

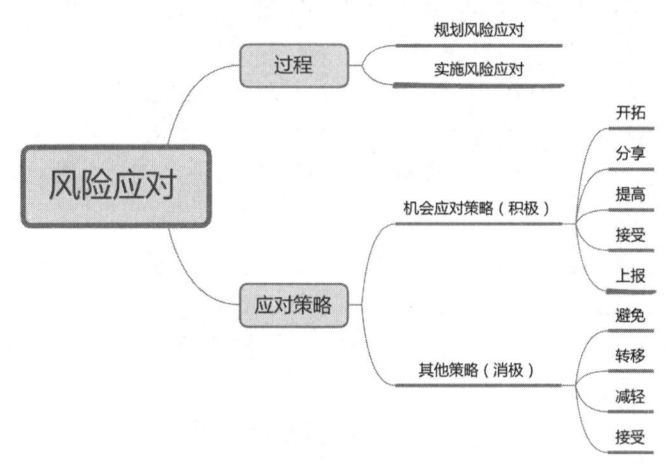

图 16-8　风险应对知识图谱

参考题型

【考核方式 1】　考核风险应对措施中的具体方法。

● 在一个子系统中增加冗余设计，以增加某信息系统的可靠性。这属于风险应对策略中的　(1)　。

(1) A．避免　　　　　B．减轻　　　　　C．转移　　　　　D．接受

■ 攻克要塞——试题分析　选项 A 是指改变项目计划以排除风险或条件，或者保护项目目标，使其不受影响，或对受到威胁的一些目标降低要求，如延长进度或减少范围；选项 B 是指设法把不利的风险事件的概率或后果降低到一个可接受的临界值；选项 C 是指设法将风险的后果连同应对的责任转移到他方身上；选项 D 是指避免来自项目的所有风险通常是不可能的，所以有时要采取一种风险接受策略。

■ 参考答案　(1) B

[辅导专家提示]　本题选项 D 接受策略既可是积极的，也可是消极的。常见的积极接受是建立应急储备，应对已知或潜在的未知威胁或机会；消极接受则不需要采取任何行动，待风险发生时视情况进行处理。

【考核方式 2】　综合性理解。

● 某项目经理刚刚完成了项目的风险应对计划，　(2)　应该是风险管理的下一步措施。

(2) A．确定项目整体风险的等级　　　　B．开始分析那些在产品文档中发现的风险
　　　C．在工作分解结构上增加任务　　　D．进行风险审核

■ 攻克要塞——试题分析　规划风险应对是继风险识别、风险分析与评估之后，针对风险量化结果，为降低项目风险的负面效应制订风险应对策略和技术手段的过程。风险应对计划必须与风险的严重程度和成功实现项目目标的有效性相适应，与风险发生的过程、时间和由风险导致的后果相适应。
选项A和选项D属于风险分析的范畴，选项B属于风险识别的范畴。

■ 参考答案　（2）C

【考核方式3】考核该过程的输入、输出、工具与技术。

● ＿（3）＿不属于规划风险应对过程的输入。
　　（3）A．项目管理计划　　B．项目文件　　C．事业环境因素　　D．变更请求

■ 攻克要塞——试题分析　规划风险应对过程的输入包括项目管理计划、项目文件、事业环境因素、组织过程资产。变更请求属于规划风险应对过程的输出。

■ 参考答案　（3）D

知识点：实施风险应对

知识点综述

实施风险应对是执行风险应对计划的过程。本过程的主要作用：①确保按计划执行风险应对措施；②管理整体项目风险，最小化单个项目的威胁、最大化单个项目的机会。

参考题型

【考核方式】考核该过程的输入、输出、工具与技术。

● ＿（1）＿不属于实施风险应对过程的输入。
　　（1）A．项目管理计划　　B．项目文件　　C．组织过程资产　　D．变更请求

■ 攻克要塞——试题分析　实施风险应对过程的输入包括项目管理计划、项目文件、组织过程资产。变更请求属于实施风险应对过程的输出。

■ 参考答案　（1）D

知识点：监督风险

知识点综述

监督风险（风险监控）过程跟踪已经识别的风险、监测残余风险和识别新的风险，保证风险计划的执行，并评价这些计划对减轻风险的有效性。风险监控可能涉及选择备用策略方案、执行某一应急计划、采取纠正措施或重新制订项目计划。风险监控经常会使用风险再评估、风险审计、定期的风险评审、偏差和趋势分析、技术绩效测评及预留管理等技术。监督风险知识图谱如图16-9所示。

项目风险管理　　第 16 章

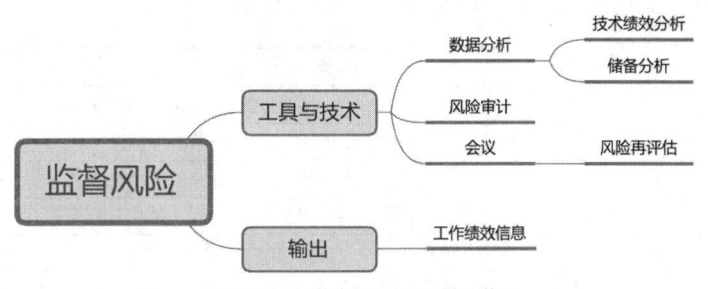

图 16-9　监督风险知识图谱

储备分析是指在项目的执行过程中总有可能发生某些风险,这会对预算和时间的应急储备产生正面或负面的影响。通过比较剩余的预留储备和风险可以看出预留储备是否合适。

参考题型

【考核方式 1】考核对风险监控工具的理解。要求考生了解各个工具,能够根据给定的场景来选择合适的工具。

● 在处理已识别的风险及其根源时,__(1)__用来检查并记录风险应对策略和风险管理过程的效果。
　　(1) A. 风险再评估　　　　B. 风险审计　　　　C. 预留管理　　　　D. 偏差和趋势分析

　■ **攻克要塞——试题分析**　风险审计可以通过应用风险管理方法,对风险管理过程的充分性和有效性进行检查、评价和报告,提出改进意见,为管理层或审计委员会提供帮助。风险审计包括确定风险领域、评价风险控制程序的有效性、检查风险管理过程的效果。

　■ **参考答案**　(1) B

[辅导专家提示] 一般来说,题干中出现了"检查并记录"关键词,则选项中必有"审计"选项。

【考核方式 2】考核该过程的输入、输出。

● __(2)__不属于监督风险过程的输入。
　　(2) A. 项目管理计划　　B. 项目文件　　C. 工作绩效数据　　D. 变更请求

　■ **攻克要塞——试题分析**　监督风险过程的输入包括项目管理计划、项目文件、工作绩效数据、工作绩效报告。变更请求属于监督风险过程的输出。

　■ **参考答案**　(2) D

风险管理过程补充知识点

输入、输出、工具与技术是常考知识点。表 16-1 对本管理过程中的主要输入、输出和工具与技术进行了整理。

表 16-1　风险管理过程的输入、输出和工具

过程名称	输入、输出和工具	
规划风险管理	主要输入	项目章程、项目管理计划、项目文件、事业环境因素、组织过程资产
	主要输出	风险管理计划
	主要工具	专家判断、数据分析、会议

203

续表

过程名称		输入、输出和工具
风险识别	主要输入	项目管理计划、项目文件、采购文档、协议、事业环境因素、组织过程资产
	主要输出	风险登记册、风险报告、项目文件（更新）
	主要工具	专家判断、数据收集、数据分析、人际关系与团队技能、提示清单、会议
实施定性风险分析	主要输入	项目管理计划、项目文件、事业环境因素、组织过程资产
	主要输出	项目文件（更新）
	主要工具	专家判断、数据收集、数据分析、人际关系与团队技能、风险分类、数据表现、会议
实施定量风险分析	主要输入	项目管理计划、项目文件、事业环境因素、组织过程资产
	主要输出	项目文件（更新）
	主要工具	专家判断、数据收集、人际关系与团队技能、不确定性表现方式、数据分析
规划风险应对	主要输入	项目管理计划、项目文件、事业环境因素、组织过程资产
	主要输出	变更请求、项目管理计划（更新）、项目文件（更新）
	主要工具	专家判断、数据收集、人际关系与团队技能、威胁应对策略、机会应对策略、应急应对策略、整体项目风险应对策略、数据分析、决策
实施风险应对	主要输入	项目管理计划、项目文件、组织过程资产
	主要输出	变更请求、项目文件（更新）
	主要工具	专家判断、人际关系与团队技能、项目管理信息系统
监督风险	主要输入	项目管理计划、项目文件、工作绩效数据、工作绩效报告
	主要输出	数据分析、审计、会议
	主要工具	工作绩效信息、变更请求、项目管理计划（更新）、项目文件（更新）、组织过程资产（更新）

课堂练习

- 下列 __(1)__ 不属于风险识别的方法或工具。
  （1）A．访谈　　　　　　B．头脑风暴　　　C．核查单　　　D．风险分类
- 某公司希望举办一个展销会以扩大市场，选择北京、天津、上海、深圳作为候选会址。获利情况除了与会址有关外，还与天气有关。天气可分为晴、多云和多雨三种。通过天气预报，估计三种天气情况发生的概率分别为 0.25、0.50、0.25，其收益（单位：万元）情况见下表，使用决策树进行决策的结果为 __(2)__ 。

选址	晴 (0.25)	多云 (0.50)	多雨 (0.25)
北京	4.5	4.4	1
天津	5	4	1.6
上海	6	3	1.3
深圳	5.5	3.9	0.9

（2）A．北京　　　　　　B．天津　　　　　C．上海　　　　D．深圳

- 项目策略是否仍然有效是在风险管理的__(3)__过程确定的。

    (3) A. 风险识别　　　　B. 定量风险分析　C. 风险应对规划　D. 风险监督
- 因时间紧，经过评估，某智能监控软件涉及的图像传输速度与精度指标难以满足客户需求，项目团队欲将该软件开发分包给技术实力很强的企业。这种风险应对措施称为风险__(4)__。

    (4) A. 接受　　　　　B. 规避　　　　C. 减轻　　　　D. 转移
- 某公司正在准备竞标一个系统集成项目，为了估算项目收益，技术总监带领风险管理团队对项目可选的两种方案进行了决策树分析，分析图如下。以下说法中正确的是__(5)__。

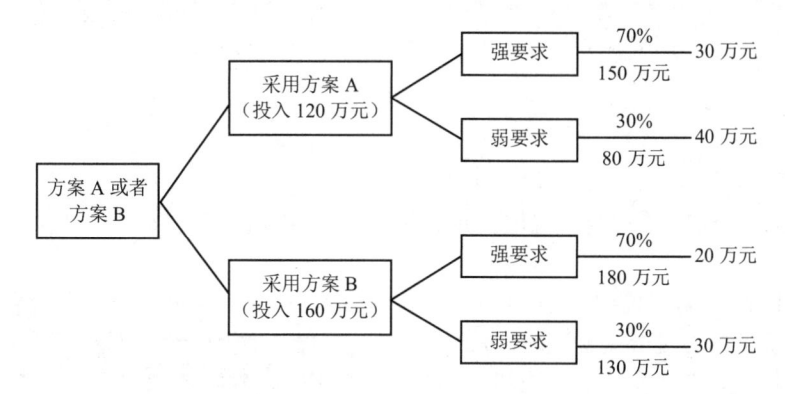

```
                              ┌─ 强要求 ─ 70% ─ 30 万元
              ┌─ 采用方案 A ──┤          150 万元
              │  (投入 120 万元)│
              │              └─ 弱要求 ─ 30% ─ 40 万元
方案 A 或者    │                        80 万元
方案 B ───────┤
              │              ┌─ 强要求 ─ 70% ─ 20 万元
              │  采用方案 B   │          180 万元
              └─(投入 160 万元)┤
                              └─ 弱要求 ─ 30% ─ 30 万元
                                        130 万元
```

    (5) A. 以上进行的是风险定性分析，根据分析，该公司应采用方案 B

    　　B. 以上进行的是风险定量分析，根据分析，该公司应采用方案 B

    　　C. 以上进行的是风险定性分析，根据分析，该公司应采用方案 A

    　　D. 以上进行的是风险定量分析，根据分析，该公司应采用方案 A
- __(6)__不属于项目风险的特性。

    (6) A. 可变性　　　　B. 必然性　　　C. 相对性　　　D. 不确定性
- 风险应对策略中，__(7)__可用于应对积极风险。

    (7) A. 规避　　　　　B. 转移　　　　C. 减轻　　　　D. 分享
- 风险可以从不同角度、根据不同的标准来进行分类。百年不遇的暴雨属于__(8)__。

    (8) A. 不可预测风险　B. 可预测风险　C. 已知风险　　D. 技术风险
- __(9)__是检查并记录风险应对措施在处理已识别风险及其根源方面的有效性，以及风险管理过程的有效性。

    (9) A. 风险再评估　　　　　　　　　B. 技术绩效测量

    　　C. 偏差和趋势分析　　　　　　　D. 风险审计
- 在进行项目风险定性分析时，可能会涉及__(10)__。

    (10) A. 建立概率及影响矩阵　　　　　B. 决策树分析

    　　 C. 敏感性分析　　　　　　　　　D. 建模和模拟

第17章 项目采购管理

知识点图谱与考点分析

采购管理所占的分值占整个考试的比例并不高,常考的知识点有采购管理计划及相关工具与技术等。

按照官方教材的编排,"采购管理"章节中另一个比较重要的内容是合同管理,涉及合同签订、合同履行、合同变更、合同档案管理、违约管理及合同的索赔等知识点。项目采购管理知识图谱如图 17-1 所示。

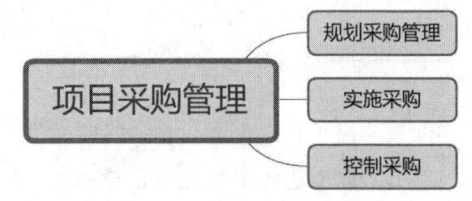

图 17-1 项目采购管理知识图谱

知识点:规划采购管理

知识点综述

规划采购管理的输入、输出与工具如图 17-2 所示。

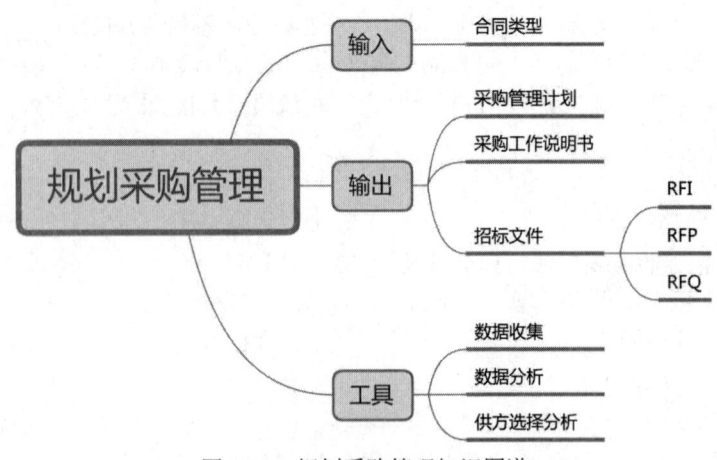

图 17-2 规划采购管理知识图谱

参考题型

【考核方式1】 考核采购计划编制过程中的具体工具。比较深入地考核对该过程及过程工具的理解。

- 自制或外购的决定需要考虑___(1)___。
    (1) A．战术成本和战略成本　　　B．管理成本和项目成本
    　　 C．拖延成本和滞留成本　　　D．直接成本和间接成本

    ■ **攻克要塞——试题分析**　自制和外购分析用来分析和决定某种产品或服务由项目执行组织自我完成或者外购，这是一种通用的管理技术。自制或外购分析都应考虑间接成本和直接成本。例如，在外购分析时应包括采购产品的成本和管理购买过程的间接费用。自制和外购分析必须反映执行组织的观点和项目的直接需求。

    ■ **参考答案**　(1) D

- 在采购中，潜在卖方的报价建议书是根据买方的___(2)___制订的。
    (2) A．采购文件　　　B．评估标准　　　C．工作说明书　　　D．招标通知

    ■ **攻克要塞——试题分析**　采购文件用来得到潜在卖方的报价建议书，属于编制采购计划过程的输出。

    ■ **参考答案**　(2) A

- 某公司准备采购一批设备，附加技术服务。在供方选择时应优先选择___(3)___。
    ①相同预算技术得分最高的　　　②设备成本和服务成本最低的
    ③能够在预算范围内完成相关工作的　　　④服务人员资质最强的
    (3) A．①②　　　B．③④　　　C．①③　　　D．②④

    ■ **攻克要塞——试题分析**　供方选择分析属于规划采购过程的工具与技术。选择供方的方法有最低成本、仅凭资质、基于质量或技术方案得分、基于质量和成本、唯一来源、固定预算等。
    显然，①属于基于质量或技术方案得分的方法；而③属于能够在预算范围内完成相关工作的方法。

    ■ **参考答案**　(3) C

【考核方式2】 考核该过程的输入、输出。

- ___(4)___不属于规划采购管理过程的输入。
    (4) A．立项管理文件　　　B．项目章程　　　C．项目管理计划　　　D．采购管理计划

    ■ **攻克要塞——试题分析**　规划采购管理过程的输入包括立项管理文件、项目章程、项目管理计划、项目文件、事业环境因素、组织过程资产。采购管理计划属于规划采购管理过程的输出。

    ■ **参考答案**　(4) D

知识点：实施采购

知识点综述

实施采购中主要考核工具与技术，输入与输出。主要用的工具与技术有：①投标人会议；②数据分析；③独立估算；④专家判断；⑤广告。

参考题型

【考核方式】 考核实施过程中的输入、输出及具体工具与技术。

● 某项目的项目经理小王决定采用投标人会议的方式选择卖方。以下做法正确的是 __(1)__ 。
 (1) A. 限制参会者提问的次数，防止少数人问太多的问题
    B. 防止参会者私下提问
    C. 小王不需要参加投标人会议，只需采购管理员参与即可
    D. 设法获得每个参会者的机密信息

■ **攻克要塞——试题分析** 本题考核"实施采购"过程的工具——投标人会议。投标人会议是指在准备建议书之前与潜在供应商举行的会议。投标人会议用来确保所有潜在供应商对采购目的（如技术要求和合同要求等）有一个清晰的、共同的理解。对供应商问题的答复可能作为修订条款包含到采购文件中。在投标人会议上，所有潜在供应商都应得到同等对待，以保证一个好的招标结果。

■ **参考答案** (1) B

● __(2)__ 不属于实施采购过程的输入。
 (2) A. 项目管理计划   B. 采购文档
    C. 卖方建议书   D. 选定的卖方

■ **攻克要塞——试题分析** 实施采购过程的输入包括项目管理计划、采购文档、卖方建议书、项目文件、事业环境因素、组织过程资产。选定的卖方属于实施采购过程的输出。

■ **参考答案** (2) D

● 下列四个选项中，__(3)__ 是错误的。
 (3) A. 投标人会议是在卖方提交建议书之前，在买方和潜在卖方之间召开的会议
    B. 适用于实施采购过程的人际关系与团队技能是谈判
    C. 适用于实施采购过程的数据分析技术主要包括建议书评估
    D. 广告属于实施采购过程的输出

■ **攻克要塞——试题分析** 广告属于实施采购过程的工具与技术。

■ **参考答案** (3) D

● 关于实施采购的描述，正确的是 __(4)__ 。
 (4) A. 复杂且高风险的采购在授予卖方合同前要由组织授权管理者审批
    B. 采购管理计划中应包含清晰且详细的采购目标、需求及成果
    C. 实施采购过程的主要作用是确保买卖双方履行法律协议，满足项目
    D. 实施采购过程的输出包括卖方履行的工作绩效达成情况

■ **攻克要塞——试题分析** 因项目不同，采购管理计划可以是正式的或非正式的，也可以是非常详细的或高度概括的，因此选项 B 不正确。实施采购是获取卖方应答、选择卖方并授予合同的过程，因此选项 C 不正确。工作绩效信息属于控制采购过程的输出，因此选项 D 不正确。

■ **参考答案** (4) A

知识点：控制采购

知识点综述

控制采购是管理采购关系、监督合同执行情况，并根据需要实施变更和采取纠正措施的过程。控制采购的依据是项目管理计划、采购文件、合同及合同管理计划、绩效报告、已批准的变更申请、工作绩效报告和工作绩效信息，经过使用合同变更控制系统、买方主持的绩效评审、检查和审计、绩效报告、支付系统、索赔管理和自动的工具系统等工具和技术，顺利完成合同。

参考题型

【考核方式1】 考核过程概念的理解。

- 关于控制采购的描述，不正确的是__(1)__。
  - (1) A. 控制采购是管理采购关系、监督合同执行，并依需要实施变更和采取纠正措施的过程
  - B. 采购是买方行为，卖方不需要控制采购过程
  - C. 控制采购过程中，还需要财务管理工作
  - D. 控制采购可以保证采购产品质量的控制

■ **攻克要塞——试题分析** 控制采购过程是买卖双方都需要的。该过程确保卖方的执行过程符合合同需求，确保买方可以按合同条款去执行。对于使用来自多个供应商提供的产品、服务或成果的大型项目来说，合同管理的关键是管理买方卖方间的接口，以及多个卖方间的接口。

■ **参考答案** (1) B

【考核方式2】 考核输入、输出、工具与技术。

- 控制采购的输入不包括__(2)__。
  - (2) A. 项目管理计划   B. 采购关闭   C. 协议   D. 采购文档

■ **攻克要塞——试题分析** 控制采购的输入包括项目管理计划、项目文件、采购文档、协议、工作绩效数据、批准的变更请求、事业环境因素、组织过程资产等。

■ **参考答案** (2) B

- __(3)__ 不属于控制采购过程的输入。
  - (3) A. 采购文档   B. 协议   C. 工作绩效数据   D. 采购关闭

■ **攻克要塞——试题分析** 控制采购过程的输入包括项目管理计划、项目文件、采购文档、协议、工作绩效数据、批准的变更请求、事业环境因素、组织过程资产。采购关闭属于控制采购过程的输出。

■ **参考答案** (3) D

- 下列四个选项中，__(4)__ 是错误的。
  - (4) A. 有争议的变更称为索赔，如果不能妥善解决，它们会成为争议并最终引发申诉
  - B. 用于监督和控制采购的数据分析技术主要包括绩效审查、挣值分析、趋势分析
  - C. 审计是对采购过程的结构化审查
  - D. 检查是指对项目经理正在执行的工作进行结构化审查

■ **攻克要塞——试题分析** 检查是指对承包商正在执行的工作进行结构化审查。
■ **参考答案** （4）D

知识点：采购合同类型

知识点综述

采购合同的知识点主要涉及合同类型的选择，如图 17-3 所示，一般的考核方式是根据给定的条件来选择合适的合同类型。一般来说，按照承包方式划分（按信息系统范围划分），可分为总承包合同、单项承包合同以及分包合同；按照合同价款支付方式划分，可分为固定总价合同、成本补偿合同和工时材料合同（又称"单价合同"）。固定总价合同最简单的形式是采购单。

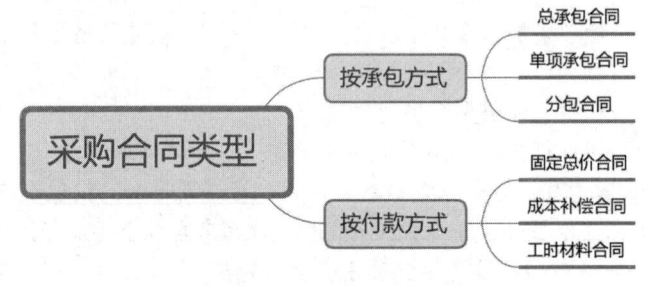

图 17-3 采购合同类型知识图谱

此外，关注合同签订注意事项。

参考题型

【考核方式1】 考核项目合同类型。
● 关于项目合同的分类，正确的是__(1)__。
（1）A．信息系统工程项目合同通常按照信息系统范围和项目总价划分
　　　B．需要立即开展工作的项目不适宜采用成本补偿合同
　　　C．工程量大、工期较长、技术复杂的项目宜采用总价合同
　　　D．工料合同兼有成本补偿合同和总价合同的特点，适用范围较宽

■ **攻克要塞——试题分析** 本题考核对各合同类型的理解，主要涉及总价合同、成本补偿合同、工时材料合同。

选项 A 错，信息系统工程项目合同通常有两种分类方式，一种是按信息系统范围划分；另一种是按项目付款方式划分。选项 B，对于成本补偿合同，发包人须承担项目实际发生的一切费用，因此也承担了项目的全部风险，承包人由于无风险，其报酬往往也较低，这类合同的缺点是发包人对工程造价不易控制，承包人也往往不注意降低项目成本。选项 C 错，总价合同又称固定价格合同，适用于工程量不太大且能精确计算、工期较短、技术不太复杂、风险不大的项目。选项 D，工料合同是兼具成本补偿合同和总价合同的某些特点的混合型合同，这类合同主要适用于以下项目：①需

210

立即开展工作的项目;②对项目内容及技术经济指标未确定的项目;③风险大的项目。

■ **参考答案** (1) D

[辅导专家提示] 总价合同分为固定总价合同、变动总价合同(总价加激励费用合同 FPIF)和总价加经济价格调整合同(FP-EPA)。其中,总价加经济价格调整合同已经考核。

【考核方式2】 考核不同类型合同的适用环境,根据具体的合同类型来选择其匹配的环境条件。

● 对承建方来说,总价合同适用于__(2)__的项目。

　　(2) A. 工期长、工程量变化幅度很大　　　B. 工期长、工程量变化幅度不太大
　　　　 C. 工期短、工程量变化幅度不太大　　D. 工期短、工程量变化幅度很大

■ **攻克要塞——试题分析** 总价合同是指根据单位工程量的固定价格和实际完成的工程量计算合同实际总价的工程承包合同。如果采用固定单价合同,在整个施工过程中,合同单价是固定不变的,实际支付时以投标时的价格和实际完成的工程量为准计算。因此,采用固定单价合同不利于业主控制工程造价。业主的工作量增加,主要表现在核实已完成工程量的工作量加大;而对于承建方而言,不存在工程量风险。但是,如果工期长,工程量变化幅度大的话,则由于物价上涨等原因,可能造成承建方在单价上受损。因此,不管是对于业主还是承建方,固定单价合同只适用于工期短、工程量变化幅度不太大的项目。

■ **参考答案** (2) C

● 下列四个选项中,__(3)__是错误的。

　　(3) A. 适用于规划采购管理过程的数据收集技术是市场调研
　　　　 B. 适用于规划采购管理过程的数据分析技术是自制或外购分析
　　　　 C. 一旦完成自制或外购分析,并决定从项目外部渠道采购,就应制订一套采购策略
　　　　 D. 成本补偿合同适用于工作类型可预知、需求能清晰定义且不太可能变更的情况

■ **攻克要塞——试题分析** 总价合同适用于工作类型可预知、需求能清晰定义且不太可能变更的情况。成本补偿合同适用于工作不断演进、很可能变更或未明确定义的情况。

■ **参考答案** (3) D

【考核方式3】 根据环境条件选择适合的合同类型,此种考核方式恰好与考核方式1相反。要求考生能够理解适用的环境并进行分辨。

● 对于工作规模或产品界定不明确的外包项目,一般应采用__(4)__的形式。

　　(4) A. 固定总价合同　　B. 成本补偿合同　　C. 工时材料合同　　D. 采购单

■ **攻克要塞——试题分析** 工时材料合同(也称"单价合同")综合了固定总价合同和成本补偿合同两者的优点。类似于成本补偿合同,它具有可扩展性,在签订合同时并没有确定项目的总价。这样,当项目成本上升时,它能和成本补偿合同一样增加合同总价。同样地,工时材料合同也类似于固定总价合同。

　　例如,工时或材料的单价是由买卖双方事先确定的。双方可以商定各级别工程师的费用,或者在合同中包含一个最高不超过成本限额的条款。因此,当工作规模或产品界定不明确时,一般应采用工时材料合同。

■ **参考答案** (4) C

知识点：合同收尾

知识点综述

合同收尾涉及的内容较少，主要考点有采购审计的特点、合同档案管理系统的概念。

参考题型

【考核方式】 考核采购审计的概念。

- 某项采购已经到了合同收尾阶段，为了总结这次采购过程中的经验教训，以供公司内的其他项目参考借鉴，公司应组织__(1)__。

  （1）A．业绩报告　　　B．采购评估　　　C．项目审查　　　D．采购审计

  ■ **攻克要塞——试题分析**　合同收尾的工具有采购审计和合同档案管理系统。

  采购审计是对采购的完整过程进行系统审查，其目标是找出本次采购的成功和失败之处，可以用于项目执行组织内的其他项目借鉴。

  ■ **参考答案**　（1）D

知识点：合同管理

知识点综述

合同管理涉及的内容比较多，包括签订管理、履行管理、变更管理、档案管理及违约管理。注意合同索赔及合同签订过程中的若干注意事项。合同管理知识图谱如图17-4所示。

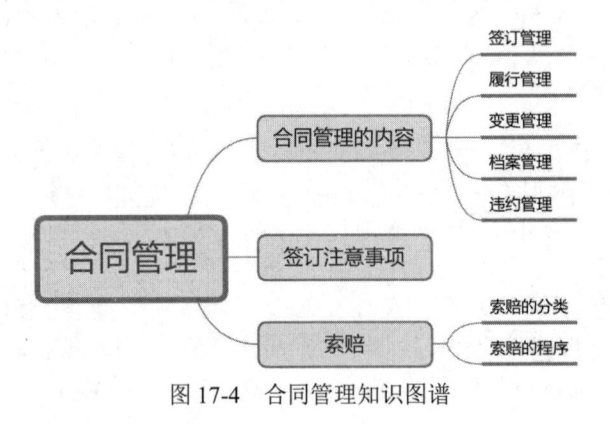

图17-4　合同管理知识图谱

参考题型

【考核方式1】 考核合同管理的内容。

- 加强合同管理对于提高合同执行水平、减少合同纠纷进而加强和改善建设单位和承建单位的经营管理、提高经济效益，都具有十分重要的意义。该过程主要包括__(1)__。

(1) A. 合同签订管理、合同履行管理、合同变更管理及合同档案管理
　　B. 合同签订管理、合同索赔管理、合同变更管理及合同绩效管理
　　C. 合同谈判管理、合同履行管理、合同纠纷管理及合同档案管理
　　D. 合同谈判管理、合同风险管理、合同变更管理及合同档案管理

■ **攻克要塞——试题分析**　本题考查合同管理的内容和过程。合同管理的过程主要包括签订管理、履行管理、变更管理、档案管理以及违约管理。

■ **参考答案**　（1）A

【考核方式2】　考核合同变更管理、包括合同变更的原则、内容、步骤等。

● 合同变更处理的首要原则是__（2）__。

(2) A. 公平合理　　　B. 经济利益优先　　C. 安全环保　　　D. 甲方优先

■ **攻克要塞——试题分析**　本题考核的内容为合同管理，包括合同签订管理、合同履行管理、合同变更管理、合同档案管理。其中，公平合理是合同变更的处理原则。

■ **参考答案**　（2）A

[辅导专家提示] 公平合理的原则在案例分析中以填空题方式出现多次。

● 合同变更的处理由__（3）__来完成。

(3) A. 配置管理系统　　B. 变更控制系统　　C. 发布管理系统　　D. 知识管理系统

■ **攻克要塞——试题分析**　合同变更的处理由合同变更控制系统来完成。合同变更控制系统包括文书记录工作、跟踪系统、争议解决程序以及各种变更所需的审批层次。合同变更控制系统是项目整体变更控制系统的一部分。

■ **参考答案**　（3）B

【考核方式3】　考核合同索赔的程序及索赔程序中相关的时间要求。

● 按照索赔程序，索赔方要在索赔通知书发出后__（4）__内，向监理方提出延长工期和（或）补偿经济损失的索赔报告及有关资料。

(4) A. 2周　　　　B. 28天　　　　C. 30天　　　　D. 3周

■ **攻克要塞——试题分析**　本题考核对合同索赔程序的理解。项目发生索赔事件之后，遵循的流程如右图。

索赔具体流程如下：①提出索赔要求。当出现索赔事项时，索赔应以书面的索赔通知书形式，在索赔事项发生后的 28 天以内，向监理工程师正式提出索赔意向通知。②报送索赔资料。在索赔通知书发出后的 28 天内，向监理工程师提出延长工期和（或）补偿经济损失的索赔报告及有关资料。③监理工程师答复。监理工程师在收到送交的索赔报告有关资料后，于 28 天内给予答复，或要求索赔方进一步补充索赔理由和证据。④监理工程师逾期答复后果。监理工程师在收到承包人送交的索赔报告的有关资料后 28 天未予答复或未对承包人作进一步要求，视为该项索赔已经认可。⑤持续索赔。⑥仲裁与诉讼。

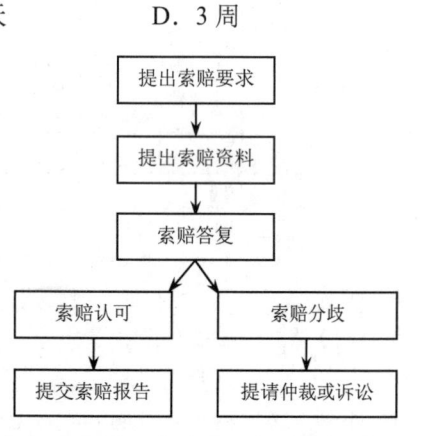

■ **参考答案** （4）B

【知识点延伸】项目发生索赔事件后，一般先由监理工程师调解，若调解不成，由政府建设主管机构进行调解，若仍调解不成，由经济合同仲裁委员会进行调解或仲裁。在整个索赔过程中，遵循的原则是索赔的有理性、索赔依据的有效性、索赔计算的正确性。

合同索赔的重要前提条件是合同一方或双方存在违约行为和事实，并且由此造成了损失，责任应由对方承担。对提出的合同索赔，属于客观原因造成的延期或买方也无法预见到的情况，例如，特殊反常天气达到合同中特殊反常天气的约定条件。卖方可能得到延长工期，但得不到费用补偿；属于买方的原因造成拖延工期，不仅应给卖方延长工期，还应给予费用补偿。

[辅导专家提示] 合同索赔的考核多次出现在下午考试的案例题中，要求考生了解合同索赔的流程图，并能够用文字来描述具体的索赔流程。

采购管理过程补充知识点

输入、输出、工具与技术是常考知识点。表 17-1 对采购管理中过程的主要输入、输出、工具进行了整理。

表 17-1 采购管理过程的输入、输出与工具

过程名称		输入、输出、工具
规划采购管理	主要输入	立项管理文件、项目章程、项目管理计划、项目文件、事业环境因素、组织过程资产
	主要输出	采购管理计划、采购策略、采购工作说明书、招标文件、自制或外购决策、独立成本估算、供方选择标准、变更请求、项目文件（更新）、组织过程资产（更新）
	主要工具	专家判断、数据收集、数据分析、供方选择分析、会议
实施采购	主要输入	项目管理计划、项目文件、采购文档、卖方建议书、事业环境因素、组织过程资产
	主要输出	选定的卖方、协议、变更请求、项目管理计划（更新）、项目文件（更新）、组织过程资产（更新）
	主要工具	专家判断、广告、投标人会议、数据分析、人际关系与团队技能
控制采购	主要输入	项目管理计划、项目文件、采购文档、协议、工作绩效数据、批准的变更请求、事业环境因素、组织过程资产
	主要输出	采购关闭、采购文档（更新）、工作绩效信息、变更请求、项目管理计划（更新）、项目文件（更新）、组织过程资产（更新）
	主要工具	专家判断、索赔管理、数据分析、检查、审计

课堂练习

- 下列__(1)__活动应在编制采购计划过程中进行。
  (1) A．自制或外购决策　　　　　　B．回答卖方的问题
  　　C．制订合同　　　　　　　　　D．制订 RFP 文件
- 下列有关采购工作说明书的叙述，错误的是__(2)__。
  (2) A．采购工作说明书定义了与合同相关的部分项目范围
  　　B．每个采购工作说明书都来自于项目的范围基准

C. 采购工作说明书是编制采购计划的输出

D. 采购工作说明书与项目工作说明书相同

- 当不能迅速确定准确的工作量时，__(3)__ 适用于动态增加人员、专家或其他外部支持人员等情况。

    (3) A. 固定总价合同   B. 工时材料合同

       C. 成本补偿合同   D. 分包合同

- 某承建单位准备把机房项目中的消防系统工程分包出去，并准备了详细的设计图纸和各项说明。该项目工程包括火灾自动报警、广播、火灾早期报警灭火等。为使总体成本可控，该分包合同宜采用 __(4)__ 方式。

    (4) A. 单价合同   B. 成本加酬金合同

       C. 总价合同   D. 委托合同

- 签订信息系统工程项目合同时有需要注意的事项。下列选项中 __(5)__ 在合同签订时不要考虑。

    (5) A. 当事人的法律资格   B. 验收标准

       C. 项目管理计划   D. 技术支持服务

- __(6)__ 不属于控制采购过程的工具与技术。

    (6) A. 工作绩效信息   B. 索赔管理

       C. 绩效审查   D. 检查与审计

- __(7)__ 的项目不适合使用总价合同。

    (7) A. 工程量不大且能精确计算   B. 技术不复杂

       C. 项目内容未确定   D. 风险较小

- 关于合同违约索赔的描述，不正确的是 __(8)__ 。

    (8) A. 项目索赔事件中，监理工程师和政府建设主管机构承担调解责任，经济合同仲裁委员会承担调解或仲裁责任

       B. 合同索赔遵循的原则包括索赔的有理性、索赔依据的有效性、索赔计算的正确性

       C. 对于属于买方的原因造成拖延工期，只需给卖方延长工期，不应给予费用补偿

       D. 《中华人民共和国民法典》中与合同纠纷相关的条款，可以作为工程索赔的法律依据

- 关于自制/外购分析的描述，不正确的是 __(9)__ 。

    (9) A. 有能力自行研制某种产品的情况下，也有可能需要外部采购

       B. 决定外购后，需要进一步分析是购买还是租借

       C. 总价合同对进行自制/外购分析过程没有影响

       D. 任何预算限制都有可能影响自制/外购分析

第18章 配置管理

知识点图谱与考点分析

配置管理知识点在上午考试的选择题和下午考试的案例题中多次出现。对于本章知识，注意阅读官方教材中的相关内容并识记关键知识点。配置管理知识图谱如图 18-1 所示。

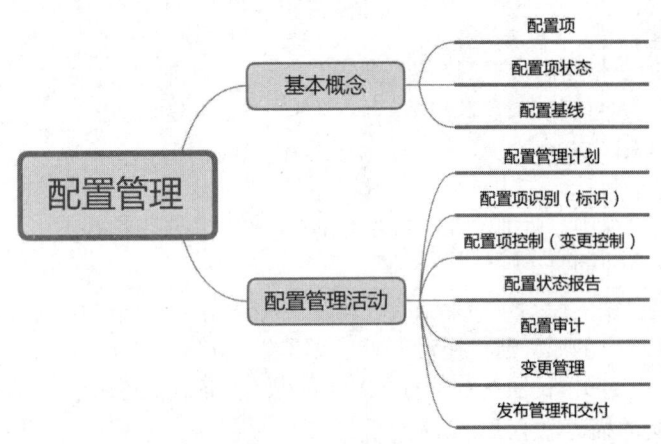

图 18-1 配置管理知识图谱

软件配置管理的主要活动包括：配置识别、变更控制、状态报告和配置审计。

知识点：配置管理基本概念

知识点综述

配置管理知识点涉及的概念较多，而且比较重要。根据以往的培训经验，很多缺乏软件工程经验的考生在配置管理的基本概念上很容易模糊，不能理解配置管理活动的作用。在基本概念中，最重要的是掌握**配置**、**配置项**、**基线**等概念，如图 18-2 所示。

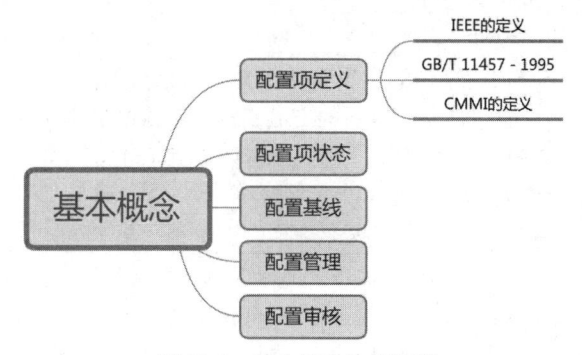

图 18-2 基本概念知识图谱

CMMI 对配置管理的定义：配置管理是运用配置标识、配置控制、配置状态、配置状态统计和配置审计，建立和维护工作产品的完整性。GB/T 11457—1995 对配置管理的定义：配置管理是标识和确定系统中配置项的过程，在系统整个生存周期内控制这些配置项的投放和变更，记录并报告配置的状态和变更要求，验证配置项的完整性和正确性。

基线是一组拥有唯一标识号的需求、设计、源代码文卷及相应的可执行代码、构造文卷和用户文档。基线建立之后，变更要通过评价和验证变更的正式程序来控制。

参考题型

【考核方式1】 考核配置管理中的基本概念，如基线、配置项等。

● 以下有关基线的叙述，错误的是__(1)__。

(1) A．基线由一组配置项组成
　　B．基线不能再被任何人任意修改
　　C．基线是一组经过正式审查并且达成一致的范围或工作产品
　　D．产品的测试版本不能被看作基线

■ 攻克要塞——试题分析　本题考核了对基线概念的理解。在官方教材中对基线的定义如下："一组拥有唯一标识号的需求、设计、源代码文卷以及相应的可执行代码、构造文卷和用户文档构成一条基线。"

基线按照项目阶段划分，有需求基线、设计基线、测试基线、产品基线等。

选项 D 中，测试版本可以形成测试基线。

■ 参考答案　(1) D

[辅导专家提示] 对于配置管理的基线，除了按照项目阶段划分外，还有以下三种基线：功能基线——最初通过的功能配置；分配基线——最初通过的分配配置；产品基线——最初通过的或有条件地通过的产品配置。

【考核方式2】 考核基本的定义。

● 下列有关信息（文档）与配置管理内容的叙述，错误的是__(2)__。

(2) A．配置管理的定义是应用技术和管理的指导及监督来标识和用文档来记录配置项的功能和物理特征，控制对这些特征的变更、记录和报告变更处理过程和实现状态、验证与

规定的需求的一致性
B. 基线可看作一个相对稳定的逻辑实体,其组成部分不能被任何人任意修改
C. 配置项的组成可能包括交付客户的产品、内部工作产品、采购的产品、使用的工具等
D. IEEE 对配置库的定义为硬件、软件或者两者兼有的集合,为配置管理指定的、在配置管理过程中作为一个单独的实体来对待

■ **攻克要塞——试题分析** 本题综合性考核了四个概念:配置管理、基线、配置项、配置库。可作为配置项管理的有:外部交付的软件产品和数据、指定的内部软件工作产品和数据、指定的用于创建或支持软件产品的支持工具、供方/供应商提供的软件和客户提供的设备/软件。典型配置项包括项目计划书、需求文档、设计文档、源代码、可执行代码、测试用例、运行软件所需的各种数据,它们经评审和检查通过后进入软件配置管理。

■ **参考答案** (2) D

知识点:文档管理规范

知识点综述

信息系统文档的规范化管理主要体现在文档书写规范、图表编号规则、文档目录编写标准和文档管理制度等几个方面。

参考题型

【考核方式1】 考核文档管理规范。

● 在开发人员编写程序时,程序的开始要用统一的格式,包含程序名称、程序功能、调用和被调用的程序、程序设计人等信息,体现了信息系统文档管理的__(1)__。
(1) A. 文档书写规范　　　　　　　B. 图表编写规则
　　C. 文档目录编写标准　　　　　D. 文档管理制度

■ **攻克要塞——试题分析** 信息系统文档的规范化管理主要体现在文档书写规范、图表编号规则、文档目录编写标准和文档管理制度等几个方面。

■ **参考答案** (1) A

● 文档的规范化管理主要体现在__(2)__方面。
①文档书写规范　　　②文档质量级别　　　③图表编号规则
④文档目录书写规范　⑤文档管理制度　　　⑥文档安全标准
(2) A. ①②③④　　B. ②③④⑤　　C. ③④⑤⑥　　D. ①③④⑤

■ **攻克要塞——试题分析** 文档的规范化管理主要体现在文档书写规范、图表编号规则、文档目录书写规范和文档管理制度等方面。

■ **参考答案** (2) D

【考核方式2】 考核文档分类。

● 质量保证计划属于软件文档中的__(3)__。

(3) A. 开发文档　　　　B. 产品文档　　　C. 管理文档　　　D. 说明文档

■ **攻克要塞——试题分析**　软件文档分为三类：开发文档、产品文档、管理文档。本题考核开发文档。开发文档描述开发过程本身，基本的开发文档有：①可行性研究报告和项目任务书；②需求规格说明；③功能规格说明；④设计规格说明，包括程序和数据规格说明；⑤开发计划；⑥软件集成和测试计划；⑦质量保证计划；⑧安装和测试信息。

■ **参考答案**　(3) A

知识点：配置管理计划

知识点综述

制订配置管理计划的目的是便于 CMO（配置管理员）按计划开展配置管理工作，并保持配置管理工作的一致性。配置管理计划的主要内容包括配置管理软硬件资源、配置项计划、基线计划、交付计划、备份计划、配置审核和评审、变更管理等，由 CCB 审批该计划。配置管理计划知识图谱如图 18-3 所示。

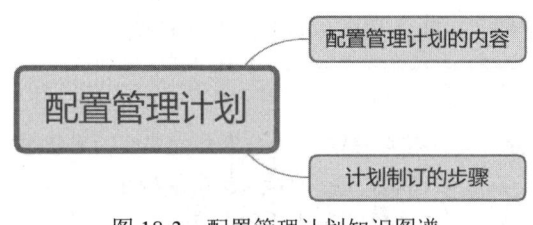

图 18-3　配置管理计划知识图谱

参考题型

【考核方式】　间接考核配置管理计划。

● 进行配置管理的第一步是　(1)　。

(1) A. 制订识别配置项的准则　　　　B. 建立并维护配置管理的组织方针
　　　C. 制订配置项管理表　　　　　　D. 建立 CCB

■ **攻克要塞——试题分析**　配置管理活动的第一步是制订配置管理计划，而 A、B、C、D 四个选项均非配置管理计划。此时则需仔细分析，制订配置管理计划的第一个步骤是"建立并维护配置管理的组织方针"。

本题属于间接考核配置管理计划，要求考生熟悉制订配置管理计划。制订配置管理计划的步骤如下：①建立并维护配置管理的组织方针；②确定配置管理需使用的资源；③分配责任；④培训计划；⑤确定配置管理的项目干系人，并确定其介入时机；⑥制订识别配置项的准则；⑦制订配置项管理表；⑧确定配置管理软硬件资源；⑨制订基线计划；⑩制订配置库备份计划；⑪制订变更控制流程；⑫制订审批计划。

■ **参考答案**　(1) B

知识点：配置状态报告

知识点综述

配置状态报告也称配置状态统计，其任务是有效地记录和报告管理配置所需要的信息，目的是及时、准确地给出配置项的当前状况，供相关人员了解，以加强配置管理工作。

参考题型

● 某软件企业为了及时、准确地获得某软件产品配置项的当前状态，了解软件开发活动的进展状况，要求项目组出具配置状态报告，该报告的内容应包括___(1)___。
①各变更请求概要：变更请求号、申请日期、申请人、状态、发布版本、变更结束日期
②基线库状态：库标识、至某日预计库内配置项数、实际配置项数、与前一版本的差异描述
③发布信息：发布版本、计划发布时间、实际发布时间、说明
④备份信息：备份日期、介质、备份存放位置
⑤配置管理工具状态
⑥设备故障信息：故障编号、设备编号、申请日期、申请人、故障描述、状态
  (1) A. ①②③⑤   B. ②③④⑥
    C. ①②③④   D. ②③④⑤

■ **攻克要塞——试题分析**　本题考核配置状态报告的内容，解题方法如下：
确定选项①是配置状态报告的内容，选项 B 和选项 D 排除。
比较选项 A 和选项 C 的区别在选项④和选项⑤；其中选项④属于数据安全（备份）方面的内容，选项⑤配置管理工具属于配置项范畴，所以排除选项 A。

■ **参考答案**　(1) C

知识点：配置审计

知识点综述

1. 功能配置审计

功能配置审计是审计配置项的一致性（配置项的实际功效是否与其需求一致），具体验证以下几个方面：①配置项的开发已圆满完成；②配置项已达到配置标识中规定的性能和功能特征；③配置项的操作和支持文档已完成并且是符合要求的。

2. 物理配置审计

物理配置审计是审计配置项的完整性（配置项的物理存在是否与预期一致），具体验证如下几个方面：①要交付的配置项是否存在；②配置项中是否包含了所有必需的项目。

参考题型

【考核方式】 考核两种配置审计方式：功能审计、物理审计。
- 关于配置管理，不正确的是　(1)　。
  （1）A．配置管理计划制订时需了解组织结构环境和组织单元之间的联系
  　　　B．配置标识包含识别配置项，并为其建立基线等内容
  　　　C．配置状态报告应着重反映当前基线配置项的状态
  　　　D．功能配置审计是审计配置项的完整性，验证所交付的配置项是否存在
  ■ 攻克要塞——试题分析　选项D描述的是物理配置审计，物理配置审计是审计配置项的完整性，而功能配置审计是审计配置项的一致性。
  ■ 参考答案　（1）D
- 在配置审计的工作中，　(2)　不属于功能配置审计验证的内容。
  （2）A．要交付的配置项是否存在
  　　　B．配置项的开发已圆满完成
  　　　C．配置项已达到配置标识中规定的性能和功能特征
  　　　D．配置项的操作和支持文档已完成并且是符合要求的
  ■ 攻克要塞——试题分析　配置审计也称配置审核或配置评价，包括功能配置审计和物理配置审计。

  功能配置审计的内容包括：
  （1）配置项的开发是否已圆满完成。
  （2）配置项是否已达到规定的性能和功能特定特性。
  （3）配置项的运行和支持文档是否已完成、是否符合要求。

  物理配置审计的内容包括：
  （1）要交付的配置项是否存在。
  （2）配置项中是否包含了所有必需的项目等。

  ■ 参考答案　（2）A

知识点：发布管理和交付

知识点综述

　　发布管理和交付活动的任务是有效控制软件产品和文档的发行和交付，在软件产品的生存周期内妥善保存代码和文档。具体包含5项主要任务：①存储；②复制；③打包；④交付；⑤重建。
　　由于发布管理和交付相关知识点在中高项考试中，至今都没有考查过，因此暂时不放试题。

知识点：变更管理

知识点综述

本节涉及的知识点包括：①变更的内容；②变更的分类；③变更管理的角色职责与流程。

参考题型

【考核方式】 识记题。考核变更的流程图。

- 下面是变更控制管理流程图，该流程图缺少 __(1)__ 。
  (1) A．评估影响记录　　　B．配置审计　　　C．变更定义　　　D．记录变更实施情况

  ■ 攻克要塞——试题分析　变更管理的一般工作程序如下：①提出变更申请；②变更影响分析；③CCB审查批准；④实施变更；⑤监控变更实施，记录变更实施情况；⑥结束变更。

  本流程图中缺少"⑤监控变更实施，记录变更实施情况"。

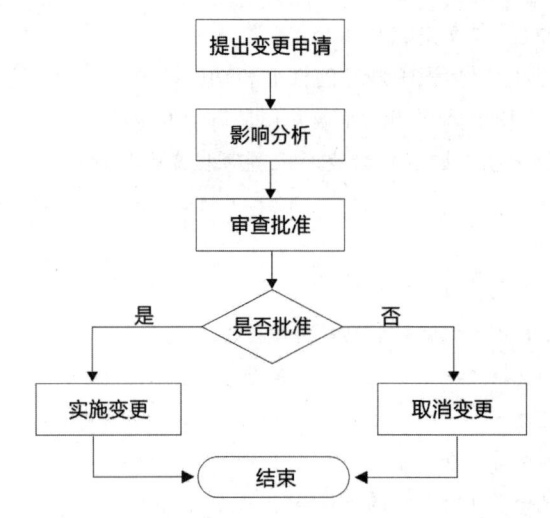

```
     提出变更申请
          ↓
      影响分析
          ↓
      审查批准
          ↓
     是否批准
    是／    ＼否
 实施变更    取消变更
    ＼      ／
      结束
```

■ 参考答案　(1) D

知识点：配置库

知识点综述

配置库知识点属于配置项标识。对于配置库来说，要掌握三种分类以及三种库的适用场景，同时要求掌握三种不同的配置库的命名方式，比如开发库又称动态库。一般在考核过程中，可能不直接考核标准名称，而采用其他的名称。此外，配置库的建库模式也是考核的要点之一。配置项识别知识图谱如图18-4所示。

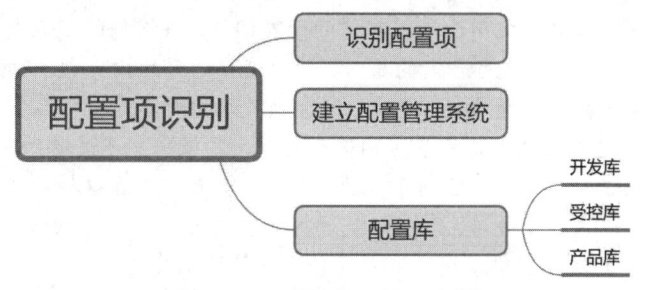

图 18-4　配置项识别知识图谱

参考题型

【考核方式1】 识记题。考核配置库的组成。

- 配置库通常由__(1)__组成。

　　(1) A. 动态库、静态库和产品库　　　　B. 开发库、备份库和产品库
　　　　C. 动态库、主库和产品库　　　　　D. 主库、受控库和产品库

　　■ **攻克要塞——试题分析**　本题考核配置库的组成，关键点在于区分库的命名方式。

动态库（开发库）：包含正在创建或修改的配置元素，它们是开发者的工作空间，受开发者控制。动态库中的配置项处于版本控制之下。

主库（受控库）：包含基线和对基线的更改。主库中的配置项被置于完全的配置管理之下。

静态库（备份库或产品库）：包含备用的各种基线的档案。静态库被置于完全的配置管理之下。

　　■ **参考答案**　(1) C

【考核方式2】 考核对三种配置库的应用环境的理解。

- 信息系统项目完成后，最终产品或项目成果应置于__(2)__内，当需要在此基础上进行后续开发时，应将其转移到__(3)__后进行。

　　(2) A. 开发库　　　　B. 服务器　　　　C. 受控库　　　　D. 产品库
　　(3) A. 开发库　　　　B. 服务器　　　　C. 受控库　　　　D. 产品库

　　■ **攻克要塞——试题分析**　配置库有三种：开发库、受控库、产品库。

信息系统项目完成后，最终产品或项目成果应置于产品库内，当需要在此基础上进行后续开发时，应将其转移到受控库后进行。

　　■ **参考答案**　(2) D　(3) C

【考核方式3】 配置库建库的模式及建立配置库的工具。

- 配置库的建库模式有多种，在产品继承性较强、工具比较统一、采用并行开发的组织，一般会按__(4)__建立配置库。

　　(4) A. 开发任务　　　　　　　　　　　B. 客户群
　　　　C. 配置项类型　　　　　　　　　　D. 时间

　　■ **攻克要塞——试题分析**　本题考核配置库建库的模式。建库的模式有两种：按配置项类型建库和按任务建库。

按配置项的类型分类建库，适用于通用软件的开发组织。在这样的组织内，产品的继承性往往较强，工具比较统一，对并行开发有一定的需求。使用这样的库结构有利于对配置项的统一管理和控制，同时也能提高编译和发布的效率。但由于这样的库结构并不是面向各个开发团队的开发任务的，所以可能会造成开发人员的工作目录结构过于复杂，带来一些不必要的麻烦。

按开发任务建立相应的配置库，适用于专业软件的开发组织。在这样的组织内，使用的开发工具种类繁多，开发模式以线性发展为主，所以就没有必要把配置项严格地分类存储，人为增加目录的复杂性。对于研发性的软件组织来说，采用这种设置策略比较灵活。

■ 参考答案　（4）C

[辅导专家提示]可以用 VSS、CVS、SVN 等工具建立配置库。

知识点：配置项识别

知识点综述

配置项识别是配置管理的一个要素，包括选择一个系统的配置项和在技术文档中记录配置项的功能和物理特性。配置项识别是配置管理活动的基础，也是制订配置管理计划的重要内容。

参考题型

【考核方式】考核配置识别的内容。

● 配置识别是配置管理的一项活动，包括选择一个系统的配置项和在技术文档中记录配置项的功能和物理特性。其功能不包括__(1)__。

（1）A．识别需要受控的软件配置项　　　　B．建立和控制基线
　　　C．识别组件、数据及产品获取点和准则　D．识别源程序

■ 攻克要塞——试题分析　配置识别是配置管理员的职能，包括如下内容：①识别需要受控的软件配置项；②给每个产品和它的组件及相关的文档分配唯一的标识；③定义每个配置项的重要特征以及识别其所有者；④识别组件、数据及产品获取点和准则；⑤建立和控制基线；⑥维护文档和组件的修订与产品版本之间的关系。

■ 参考答案　（1）D

知识点：版本管理

知识点综述

配置项的版本控制作用于多个配置管理活动之中，如创建配置项、配置项的变更和配置项的评审等。在项目开发过程中，绝大部分的配置项都要经过多次的修改才能最终确定下来，对配置项的任何修改都将产生新的版本。版本管理的考点主要集中在配置项状态（草稿、正式、修改）变迁的规则以及版本号的命名规则。版本管理知识图谱如图18-5 所示。

配置管理　第 18 章

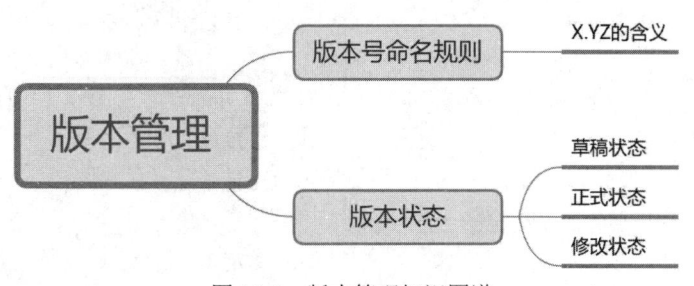

图 18-5　版本管理知识图谱

参考题型

【考核方式 1】 考核版本号的命名规则，要求能够应用命名规则来判断版本的状态。

- 某个配置项的版本由 1.11 变为 1.12，按照配置版本号规则，表明__(1)__。

　　(1) A. 目前配置项处于正在修改状态，配置项版本升级幅度较大

　　　　B. 目前配置项处于正在修改状态，配置项版本升级幅度较小

　　　　C. 目前配置项处于正式发布状态，配置项版本升级幅度较大

　　　　D. 目前配置项处于正式发布状态，配置项版本升级幅度较小

■ **攻克要塞——试题分析**　根据版本号的命名规则，版本号 X.YZ = 1.12。Z 值不为 0，则处于修改状态，同时升级幅度较小。

■ **参考答案**　(1) B

[辅导专家提示] 处于草稿状态的配置项的版本号格式为 0.YZ。处于正式发布状态的配置项的版本号格式为 X.Y，其中 X 为主版本号，取值范围为 1~9，Y 为次版本号，取值范围为 1~9，配置项第一次正式发布时，版本号为 1.0。如果配置项的版本升级幅度比较小，一般只增大 Y 值，X 值保持不变。只有当配置项版本升级幅度比较大时，才允许增大 X 值。处于正在修改状态的配置项的版本号格式为 X.YZ，在修改配置项时，一般只增大 Z 值，X、Y 值保持不变。

【考核方式 2】 考核配置项状态变迁规则。

- 配置项的状态可以分为"草稿""正式"和"修改"。以下叙述中__(2)__是正确的。

　　(2) A. "草稿"经过修改未通过评审时，状态为"修改"

　　　　B. "草稿"经过修改未通过评审时，状态仍为"草稿"

　　　　C. "草稿"经过修改通过评审时，状态为"修改"

　　　　D. "正式"的配置项发生变更，状态变为"草稿"

■ **攻克要塞——试题分析**　配置项刚刚建立时，其状态为"草稿"；配置项通过评审后，其状态变为"正式"；此后若更改配置项，则其状态变为"修改"；当配置项修改完毕并重新通过评审时，其状态又变为"正式"。

■ **参考答案**　(2) B

225

课堂练习

- 在信息系统开发的某个阶段工作结束时,应将工作产品及有关信息存入配置库的__(1)__。

    (1) A. 受控库　　　　　　　　　　　　B. 开发库

    　　C. 产品库　　　　　　　　　　　　D. 知识库

- __(2)__ 不是创建基线或发行基线的主要步骤。

    (2) A. 获得 CCB 的授权　　　　　　　B. 确定基线配置项

    　　C. 形成文件　　　　　　　　　　　D. 建立配置管理系统

- 以下关于基线和配置项的叙述中,不正确的是__(3)__。

    (3) A. 所有配置项的操作权限应由变更管理委员会严格管理

    　　B. 基线配置项向软件开发人员开放读取的权限

    　　C. 非基线配置项可能包含项目的各类计划和报告等

    　　D. 每个配置项的基线都要纳入配置控制,对这些基线的更新只能采用正式的变更管理过程

- 配置项的状态可分为"草稿""正式"和"修改"三种。以下关于配置项状态的叙述中,不正确的是__(4)__。

    (4) A. 配置项处于"草稿"状态时,版本号格式为 0.YZ

    　　B. 配置项第一次成为"正式"文件时,版本号为 1.0

    　　C. 配置项处于"修改"状态时,版本号应改回 0.YZ

    　　D. 对于配置项的任何版本都应该保存,不能抛弃旧版本

- 配置识别是配置管理的一项活动,包括选择一个系统的配置项和在技术文档中记录配置项的功能和物理特性。其功能不包括__(5)__。

    (5) A. 识别需受控的软件配置项　　　　B. 建立和控制基线

    　　C. 识别组件、数据及产品获取点和准则　D. 识别源程序

- 关于配置库的描述,不正确的是__(6)__。

    (6) A. 开发库用于保存开发人员当前正在开发的配置项

    　　B. 受控库包含当前的基线及对基线的变更

    　　C. 产品库包含已发布使用的各种基线

    　　D. 开发库是开发人员的个人工作区,由配置管理员控制

- 关于软件配置管理的描述,不正确的是__(7)__。

    (7) A. 配置控制委员会成员必须是专职人员

    　　B. 配置库包括动态库(开发库)、受控库(主库)、静态库(产品库)

    　　C. 常用的配置管理工具有 SVN、GIT 等

    　　D. 配置项的状态分为草稿、正式和修改三种

- 在项目变更管理中,变更影响分析一般由__(8)__负责。

    (8) A. 变更申请提出者　　　　　　　　B. 变更管理员

    　　C. 变更控制委员会　　　　　　　　D. 项目经理

第三篇 高级知识篇

【综述】

高级知识篇的内容包含三个部分：管理科学基础、大型及复杂项目管理和高级知识。

第 19 章
管理科学基础

知识点图谱与考点分析

　　管理科学基础所涉及的知识点包括图论应用、资源分配问题、线性规划问题、决策分析等。这些内容往往是高级考试上午试题中最难的部分，考生很难拿满分。此部分题目不仅"难"，还缺乏相应的复习资料，在教材中没有任何章节对此部分知识进行描述，市面上的各类辅导教材中也很难找到相应的讲解。

　　本书中所列举的都是经典例题，考生务必细细揣摩解题思路和方法。

　　在考核上，分值比较固定在 4～5 分之间，难度是上午考试题中最高的。

　　另外，根据我们多年的培训经验，此类题型在解答过程中，最难的地方在于找不到解题的思路，考生们可能看了题目 5 分钟都不知道如何着手解答。在授课过程中，当我们讲解此类题目的时候，考生能够豁然开朗，而下一次碰到类似题目的时候，仍然不知道从何下手。因此，我们认为解答此类题目的关键点有以下两点：

　　（1）通过大量做题，熟悉题型，形成定式思维，碰到同类题型的时候自然想到解题办法。

　　（2）通过例题掌握本书中总结的解题思路，实际考试中"依葫芦画瓢"来解题。

　　管理科学基础知识图谱如图 19-1 所示。

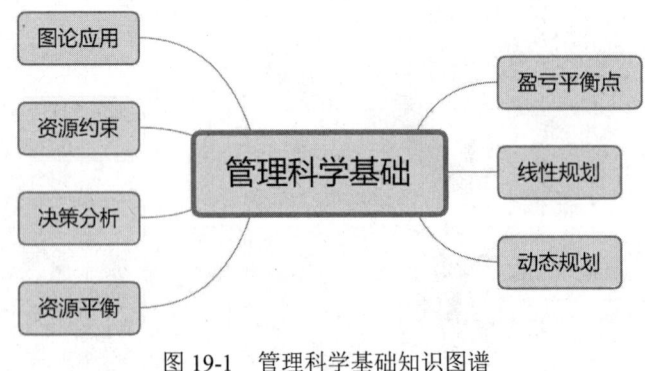

图 19-1　管理科学基础知识图谱

知识点：图论应用

知识点综述

图论应用题考核常见形式是基于几个城市铺设通信线路，求最短的通信线路铺设长度。对于此类题型的解题方法是"破圈法"，"圈"指的是回路。用"破圈法"构造最小生成树。破圈法是"见圈破圈"，即如果看到图中有一个圈，就将这个圈的边去掉一条，直至图中再无一圈为止。

参考题型

● 某地区的通信线路图如下，假设其中标注的数字代表通信线路的长度（单位：千米），现在要求至少要架设　(1)　千米的线路，才能保持6个城市的通信连通。

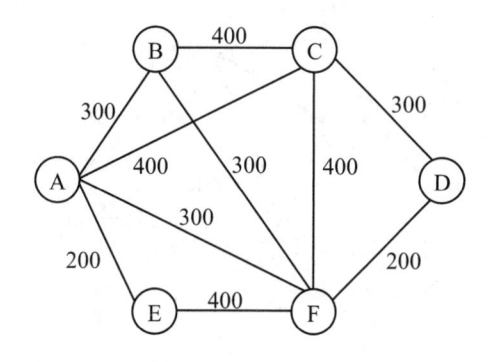

(1) A. 900　　　　　B. 1100　　　　　C. 1300　　　　　D. 1500

■ **攻克要塞——试题分析**　此类题型解题的算法：在保证无回路的前提下选择（$n-1$）条最小权边。

分析题目，要求至少架设多长的线路才能保持通信连通，也就意味着途中A、B、C、D、E、F六个点之间能够全部连接起来，且连接长度最短即可。因此，在铺设线路过程中，首先要考虑先连通两点之间最短的，然后考虑次之，直到刚好连通为止。

第一步：选择最小权边200，AE、DF连通。

第二步：选择最小权边300（200选完之后，最小的权边是300），有AB、BF、AF、CD。

第三步：由于AB、AF、BF之间构成了回路，所以，这三条线路至少剔除一条。

这样，在图中就有两个200的线路和三个300的线路。

因此，至少铺设1300千米的线路。

本题关键在于确定解题的算法和画图分析。

■ **参考答案**　(1) C

● 某公司从甲地向丁地运送物质，运输过程中先后需经过乙、丙两个中转站。其中乙中转站可以选择乙1和乙2两个可选地点，丙中转站可以选择丙1、丙2、丙3三个可选地点，各相邻两地之间的距离见下表，则甲地到丁地之间的最短距离是　(2)　。

地点	乙1	乙2	丙1	丙2	丙3	丁
甲	26	30				
乙1			18	28	32	
乙2			30	32	26	
丙1						30
丙2						28
丙3						20

（2）A．64　　　　B．74　　　　C．76　　　　D．68

■ **攻克要塞——试题分析**　本题和上一题的区别在于，考生需要基于表格来进行分析。解题步骤如下：①首先根据表格画图，在空白图中标示出甲、乙1、乙2、丙1、丙2、丙3、丁；②根据表格中的关系进行连线，并标上图中各边的权值；③逐一选择最小权值的边，直到连通。

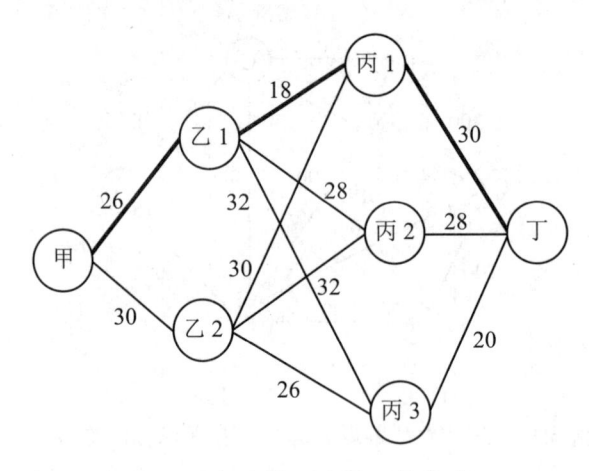

由上图可以知道，甲→乙1→丙1→丁为最短路径，长度为74。

■ **参考答案**　（2）B

[辅导专家提示] 图论题目的解题关键思路："在保证无回路的前提下选择（$n-1$）条最小权边"。具体解题过程中按照以下步骤进行：①画空白的图；②选择（$n-1$）条最小的权边；③破圈，如果有回路；④回路的"边"的数量决定了可选路径。

知识点：资源约束

知识点综述

资源约束类知识点，一般是在一定条件下，合理安排人力物力等资源，使经济效果达到最好。通常是求先行目标函数在线性约束条件下的最大值或最小值问题，也称为线性规划问题。本知识点是本章中考核最多的知识点。此类题型的解题方法如下：①找决策变量；②决策变量和目标函数之间的关系；③决策变量所受的限制条件，确定其所要满足的约束条件。

参考题型

● 某企业需要采用甲、乙、丙三种原材料生产Ⅰ、Ⅱ两种产品。生产两种产品所需原材料数量、单位产品可获得利润及企业现有原材料数见下表。

资源	产品	产品/吨 Ⅰ	产品/吨 Ⅱ	现有原材料/吨
资源	甲	1	1	4
	乙	4	3	12
	丙	1	3	6
单位利润/（万元每吨）		9	12	

则公司可以获得的最大利润是__(1)__万元。取得最大利润时，原材料__(2)__尚有剩余。

(1) A．21　　　　　　B．34　　　　　　C．39　　　　　　D．48
(2) A．甲　　　　　　B．乙　　　　　　C．丙　　　　　　D．乙和丙

■ **攻克要塞——试题分析**　解答本题的思路如下：

1）确定目标函数和决策变量。

题目的目标是求最大利润，而影响最大利润的条件显然是产品Ⅰ、Ⅱ的数量。因此，假设生产Ⅰ、Ⅱ两种产品分别为 x 吨和 y 吨，公司获得的利润为 z 万元。

依据题意，目标函数为：

最大利润 $Z=9x+12y$，决策变量为 x 和 y。

2）确定约束条件。

约束条件有：

$$x+y\leq 4 \quad (a)$$
$$4x+3y\leq 12 \quad (b)$$
$$x+3y\leq 6 \quad (c)$$

此处给出了三个方程式，常规情况下，求二元一次方程组只需要两个方程式即可，因此，我们需要联立方程式求解。

联立式（a）、式（b）解方程，得 $x=0$，$y=4$，代入式（c）不成立。
联立式（a）、式（c）解方程，得 $x=3$，$y=1$，代入式（b）不成立。
联立式（b）、式（c）解方程，得 $x=2$，$y=4/3$，代入式（a）成立。
所以，$x\leq 2$，$y\leq 4/3$，取最大值代入目标函数 $z=9x+12y=34$。
x、y 取最大值，代入式（a），得 $2+4/3<4$。
很显然，甲原材料有剩余。

■ **参考答案**　（1）B　（2）A

[辅导专家提示] 资源约束的题目在解题上遵循以下三个步骤：

（1）列出目标函数。

（2）找出决策变量，并假设 x 和 y。

（3）找到约束条件，根据约束条件列方程式。

尤其要注意资源约束类题型的关键是**找到受约束的资源及约束条件**。

知识点：决策分析

知识点综述

决策分析类题型包括决策树、决策表、决策论等，尤其决策论为难点。新近考核的题型为决策中的后悔值准则。本节主要介绍决策表技术和不确定决策中的后悔值准则的解题思路。

参考题型

- 某企业开发了一种新产品，拟定的价格方案有三种：较高价、中等价、较低价。估计这种产品的销售状态也有三种：销路较好、销路一般、销路较差。根据以往的销售经验，得出这三种价格方案在三种销路状态下的收益值见下表。

收益值/万元	销路较好	销路一般	销路较差
较高价	20	11	8
中等价	16	16	10
较低价	12	12	12

企业一旦选择了某种决策方案，在同样的销路状态下，可能会产生后悔值（即所选决策方案产生的收益与最佳决策收益值的差值）。例如，如果选择较低价决策，在销路较好时，后悔值就为 8 万元。因此，可以根据上述收益值表制作后悔值表，见下表（空缺部分有待计算）。

后悔值/万元	销路较好	销路一般	销路较差
较高价	0		
中等价		0	
较低价	8		0

企业作定价决策前，首先需要选择决策标准。该企业决定采用最小-最大后悔值决策标准（坏中求好的保守策略），为此，该企业应选择决策方案 __(1)__ 。

(1) A. 较高价   B. 中等价

     C. 较低价   D. 中等价或较低价

■ **攻克要塞——试题分析** 本题的关键点之一是理解后悔值的概念：

后悔值 = 所选决策方案产生的收益-最佳决策收益值。在这个基础上完善后悔值表。

例如，选择较低价决策，销路较好时，后悔值=20-12=8（万元）。

据此，得到的后悔值表见下表。

后悔值/万元	销路较好	销路一般	销路较差
较高价	0	5	4
中等价	4	0	2
较低价	8	4	0

本题的关键点之二是得出后悔值表后，如何进行选择判断。题目中给出的标准是最小-最大后悔值，但同时又说明了坏中求好。也就是先选出"最坏"的情况，对比后再选出"最好"的那一个。

因此，基于表格的判断情况见下表。

后悔值/万元	销路较好	销路一般	销路较差	行最大值
较高价	0	5	4	**5**
中等价	4	0	2	**4**
较低价	8	4	0	**8**

基于表格分析，表格右侧给出了每一种策略的最坏情况，而中间后悔值为 4 的是相对最好的。所以选择中等价格策略。

■ **参考答案**　（1）B

[辅导专家提示] 后悔值准则属于非确定性决策，在非确定性决策中，除了后悔值准则外，还有悲观主义准则（小中取大）和乐观主义准则（大中取大）。

仍然以此题为例，如果按照悲观主义准则（小中取大），则：

收益值/万元	销路较好	销路一般	销路较差	行最小值
较高价	20	11	8	**8**
中等价	16	16	10	**10**
较低价	12	12	12	**12**

因此，按照悲观主义小中取大准则，应选择较低价策略。

如果按照乐观主义准则（大中取大），则：

收益值/万元	销路较好	销路一般	销路较差	行最大值
较高价	20	11	8	**20**
中等价	16	16	10	**16**
较低价	12	12	12	**12**

因此，按照乐观主义大中取大的准则，应选择较高价策略。

[辅导专家提示] 对于决策论的题目，注意解题思路，在做题过程中要明确：确定要决策的问题是什么。此外，对于决策表之类的题目，可以画决策树进行分析，因为画图也是一种让思路更加清晰的方法。在画图过程中，首先画出的也是待决策点。

知识点：资源平衡

知识点综述

"资源利用与平衡"类的题目假设资源是有限的，如何在有限资源条件下安排资源。比如，人力资源有限，如何合理安排有限的工作人员到工作中去；或生产工具有限，如何安排生产等，从而规避对生产工具、工作人员使用的冲突。

参考题型

- T 和 H 分别作为系统需求分析师和软件设计工程师，参与①、②、③、④四个软件的开发工作。T 的工作必须发生在 H 开始工作之前。每个软件开发工作需要的工时见下表。

开发步骤	开发工作			
	①	②	③	④
需求分析	7天	3天	5天	6天
软件设计	8天	4天	6天	1天

在最短的软件开发工序中，单独压缩 __(1)__ 对进一步加快进度没有帮助。

(1) A．①的需求分析时间　　　　　　B．①的软件设计时间
　　C．③的需求分析时间　　　　　　D．③的软件设计时间

■ **攻克要塞——试题分析**　解答本题实际上分两个步骤：

第一步：找到最短的软件开发工序。
第二步：基于第一步的答案分析四个选项。

对于解答此类问题，最常用的方法是画图，本题中采用类似时标网络图的图形。在图中，分别用不同的色彩表示不同的工作任务。每个方格代表一天。

首先分析：

1）需求分析和软件设计时间有逻辑关系，在某一项需求分析工作没有结束的时候，软件设计工作只能等待。
2）最后收尾的工作一定是某一项软件设计工作。
3）第一项需求分析工作和最后一项软件设计工作在具体执行过程中，是没有并行的。

因此，为了缩短工期，减少等待时间，第一项的需求分析工作和最后一项的软件设计工作应该是越短越好。

因此，②的需求分析最早开始，整体的设计工作就只需要等待 3 天即可。④的软件设计工作收尾。

确定头尾两个工作，这全部工作的工序安排可能为：②①③④ 或 ②③①④。

图形如下：

方案1	1	2	3	4	5	6	7	8	9	10	11	12	13	14	15	16	17	18	19	20	21	22	23	24	25
需求分析		②					①						③						④						
软件设计				②											①						③				④
方案2	1	2	3	4	5	6	7	8	9	10	11	12	13	14	15	16	17	18	19	20	21	22	23	24	25
需求分析		②			③						①								④						
软件设计				②						③										①			④		

工序最短的应该是方案2，②③①④。

基于方案2再分析：

1）如果压缩①的需求分析，可以导致①的设计时间提前，从而缩短工期。

2）如果压缩①的软件设计，同样缩短工期。

3）如果压缩③的需求分析，会导致①的需求分析提前，后续①、④的设计也将整体提前。

4）压缩③的软件设计时间没有意义，因为①的软件设计必须等其需求分析完成后才能开始。

■ **参考答案**　（1）D

● 某项目包括 A、B、C、D、E、F、G、H 八个活动，各个活动的紧前活动、所需时间和所需人数见下表（假设每个人均能承担各项活动的工作）。

作业	A	B	C	D	E	F	G	H
紧前作业	—	—	A	B	C	C	D, E	G
所需时间/周	2	1	1	1	2	1	2	1
所需人数	8	4	5	4	4	3	7	8

求工期和完成工作最少需要多少人？

■ **攻克要塞——试题分析**　本题包含两个小问题。

1）求工期。

2）计算完成工作所需要的人数。

对于第1问，用单代号网络图进行计算即可得到关键路径为 ACEGH，工期为 8 天。此为常规题，基本属于送分题，解题方法不再赘述。关键在于第2问所需要的人数。由于题目问最少需要的人数，因此，需要调整工序平衡资源的需求。

第一步，基于关键路径画出时标网络图。

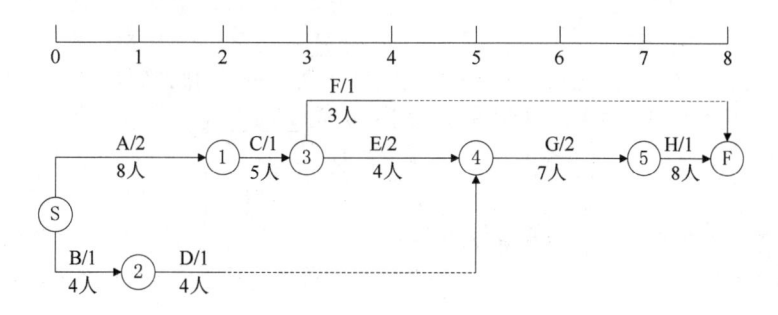

第二步，基于时标网络图调整工作顺序。

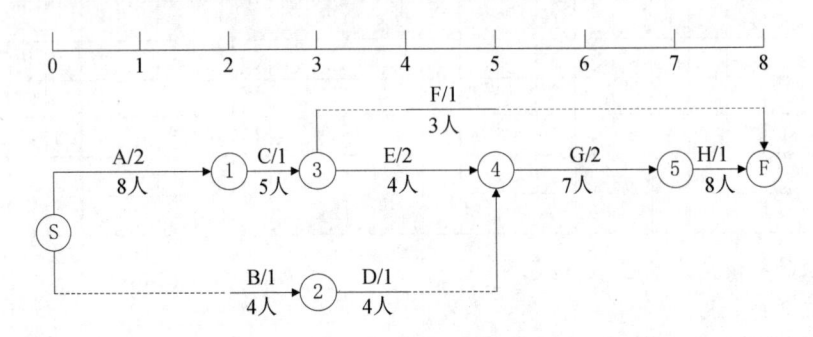

```
0     1     2     3     4     5     6     7     8
                        F/1
                        3人
      A/2      C/1      E/2      G/2      H/1
      8人   ①  5人  ③  4人   ④  7人   ⑤  8人  Ⓕ
   S
              B/1      D/1
              4人   ②  4人
```

基于上图分析，B 工作与 A 错开，F 工作与 D 错开，这样所需人数为 9 人。
[辅导专家提示] 对于资源平衡类的题目，解题方法可遵循以下步骤：
1）确定关键路径。
2）基于关键路径绘制时标网络图。
3）资源优先满足关键路径。
4）非关键路径错开。

时标网络图在解题过程中是非常重要的一个工具。在时标网络计划中，以实箭线表示工作，实箭线的水平投影长度表示该工作的持续时间；以虚箭线表示虚工作，由于虚工作的持续时间为零，故虚箭线只能垂直画；以波形线表示工作与其紧后工作之间的时间间隔。时标网络计划既具有网络计划的优点，又具有横道计划直观易懂的优点。

知识点：盈亏平衡点

知识点综述

盈亏平衡点（Break Even Point，BEP）又称零利润点、保本点、盈亏临界点等。通常是指全部销售收入等于全部成本时（销售收入线与总成本线的交点）的产量。以盈亏平衡点为界限，当销售收入高于盈亏平衡点时，企业盈利；反之，企业就亏损。盈亏平衡点可以用销售量来表示，即盈亏平衡点的销售量；也可以用销售额来表示，即盈亏平衡点的销售额。

参考题型

● 假设某 IT 服务企业，其固定成本为 30 万元，每项服务的变动成本为 1000 元/次，提供每项服务的价格为 1500 元/次，那么该企业的盈亏平衡点为 __(1)__ 次。
(1) A．200 B．300
    C．600 D．无法确定

■ 攻克要塞——试题分析　假设盈亏平衡点的服务次数为 x，则成本=300000+1000x。其中固定成本是与服务次数无关的，变动成本的总额由服务次数决定。

收入=1500x。

根据公司"成本=收入",推导出 x=600。

■ **参考答案** (1) C

● 某项目年生产能力为 8 万台,年固定成本为 1000 万元,预计产品单台售价为 500 元,单台产品可变成本为 300 元,则项目的盈亏平衡点产量为__(2)__万台。

(2) A. 1.3 B. 2
　　C. 4　　D. 5

■ **攻克要塞——试题分析** 假设盈亏平衡点的产量为 x 万台

成本=1000+300x

收入=500x

成本=收入,即 1000+300x=500x,由此推导出 x=5

■ **参考答案** (2) D

[辅导专家提示] 解答盈亏平衡点题目的关键点如下:
1) "成本=收入"公式。
2) 按照成本项目和收入项目归集。

尤其当题目条件比较复杂的时候,按照"成本=收入"公式可以有效地屏蔽题目中的干扰项,简化计算,避免失误。

知识点:线性规划

知识点综述

线性规划是研究在有限的资源条件下,如何有效地使用这些资源达到预定目标的数学方法。用数学的语言来说,也就是在一约束条件下寻找目标函数的极值问题。

线性规划模型用在原材料单一、生产过程稳定不变、分解型生产类型的组织是十分有效的,例如,石油化工厂等。对于产品结构简单、工艺路线短,或者零件加工组织,有较大的应用价值。

一般来说,一个经济管理问题满足以下条件时,才能建立线性规划的模型。

(1) 要求解问题的目标函数能用数值指标来反映,且为线性函数。

(2) 存在着多种方案。

(3) 要求达到的目标是在一定约束条件下实现的,这些约束条件可用线性等式或不等式描述。

参考题型

● 某化工企业接到一份 10 吨新材料研发的订单 100 万元,该材料由甲、乙、丙三种原材料构成,其中所含金属 A 不少于 4400 克,金属 B 不少于 4800 克,金属 A 和金属 B 在原材料中的含量及单价见下表。经过不断测算和实验,为了获得满足客户要求的这种新材料,该企业最多可获得的利润为__(1)__万元。

	甲	乙	丙
金属 A 含量/（克/吨）	400	600	400
金属 B 含量/（克/吨）	800	200	400
单价/（万元/吨）	7	6	5

（1）A. 58　　　　　B. 64　　　　　C. 42　　　　　D. 56

■ **攻克要塞——试题分析**　本题考核线性规划知识点。

本题解题的思路：假设甲生产 x 吨，乙生产 y 吨，丙生产 z 吨，成本为 s，则：

成本 $s=7x+6y+5z$，求出最小成本 $\min(s)$，即可得到最大利润。

根据约束条件列方程式：

$400x+600y+400z=4400$　　（1）

$800x+200y+400z=4800$　　（2）

$x+y+z=10$　　（3）

解方程式：

(2)-(1) → $400x-400y=400$ → $x=y+1$

代入(3)，$z=9-2y$

解方程式得到：　$x=3$；$y=2$；$z=5$

$\min(s)=7x+6y+5z=58$

所以，利润$=100-\min(s)=42$（万元）

■ **参考答案**　（1）C

知识点：动态规划

知识点综述

动态规划法是决策分析中的一种常用方法，是解决多阶段决策过程问题的一种最优化方法。多阶段决策过程就是将问题分成若干个相互联系的阶段，每个阶段都作出决策，从而使整个过程达到最优化。许多实际问题利用动态规划法处理，常比线性规划法更为有效，特别是对于那些离散型问题。

动态规划的实质是分治思想和解决冗余。动态规划是一种将问题实例分解为更小的、相似的子问题，并存储子问题的解而避免计算重复的子问题，以解决最优化问题的算法策略。由此可知，动态规划法与分治法和贪心法类似，它们都是将问题实例归纳为更小的、相似的子问题，并通过求解子问题产生一个全局最优解。其中贪心法的当前选择可能要依赖已经作出的所有选择，但不依赖于有待于做出的选择和子问题。因此，贪心法自顶向下，一步一步地作出贪心选择；而分治法中的各个子问题是独立的（即不包含公共的子问题），因此，一旦递归地求出各子问题的解后，便可自下而上地将子问题的解合并成问题的解。但不足的是，如果当前选择可能要依赖子问题的解时，则难以通过局部的贪心策略达到全局最优解；如果各子问题是不独立的，则分治法要做许多不必要的工作，重复地解公共的子问题。

管理科学基础 第19章

参考题型

- 关于动态规划的描述,不正确的是 __(1)__ 。
  (1) A. 动态规划是解决多阶段决策过程最优化解的一种常用算法思想
      B. 动态规划的实质是分治思想和解决冗余,与分治法和回溯法类似
      C. 在处理离散型问题时,动态规划比线性规划效果更好
      D. 一个标准的动态规划算法包括划分阶段和选择状态两个步骤

■ **攻克要塞——试题分析** 本题考核动态规划的概念,内容来源于官方教程。

动态规划法是决策分析中的一种常用方法,是解决多阶段决策过程问题的一种最优化方法。多阶段决策过程就是将问题分成若干个相互联系的阶段,每个阶段都作出决策,从而使整个过程达到最优化。许多实际问题利用动态规划法处理,常比线性规划法更为有效,特别是对于那些离散型问题。

设计一个标准的动态规划算法,通常可按划分阶段和选择状态两个步骤进行。

动态规划的实质是分治思想和解决冗余,是解决最优化问题的算法策略,与分治法和贪心法类似。

■ **参考答案** (1) B

课堂练习

- 五项任务需要分配到四种不同型号的机器上来执行。四种型号的机器分别有 25、30、20 台和 30 台。五项任务的工作量分别是 20、20、30、10 和 25,不能把第四类机器分配到第四项任务上。每项任务中的每个工作量在执行时需占用任意型号的 1 台机器。各类机器分配到各项任务时发生的单位成本见下表。

机器型号	任务一	任务二	任务三	任务四	任务五
一	10	2	3	15	9
二	5	10	15	2	4
三	15	5	14	7	15
四	20	15	13	—	8

任务分配的最优方案中,总成本是 __(1)__ 。
  (1) A. 500   B. 605
      C. 560   D. 520

- 两家工厂 A1 和 A2 向三个零售店 B1、B2 和 B3 供应某种商品。A1 和 A2 可供应的商品件数分别是 200 和 300,而 B1、B2 和 B3 的需求量分别是 100 件、200 件和 50 件。各工厂和零售店之间可以进行转运。运输的单位成本见下表(例如,表中第 4 列第 3 行的数字"5"表示将一件商品从 A2 运到 B1 的成本)。

工厂和零售店	A1	A2	B1	B2	B3
A1	0	6	7	8	9
A2	6	0	5	4	3
B1	7	2	0	5	1
B2	1	5	1	0	4
B3	8	9	7	6	0

则在最优的转运安排中，满足各零售店商品需求的运输总成本是___(2)___。

(2) A．1750　　　　　　　　　　B．1550
　　C．1350　　　　　　　　　　D．850

● A、B、C、D、E、F、G 代表 7 个村落，村落之间的道路连通情况如下图所示（边上的数据为距离，单位为公里）。这 7 个村落拟合建一所小学，已知 A 村有小学生 50 人，B 村有小学生 40 人，C 村有小学生 60 人，D 村有小学生 20 人，E 村有小学生 70 人，F 村有小学生 80 人，G 村有小学生 100 人，则拟合建的小学应建在___(3)___村落，才能使学生上学所走的总路程最短。

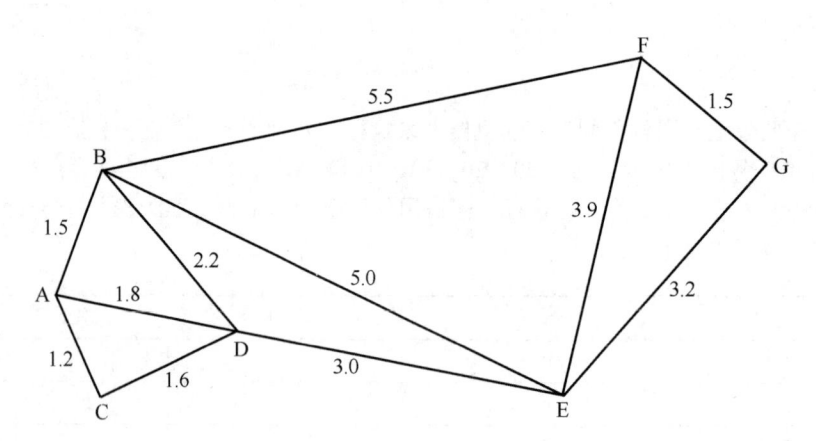

(3) A．C　　　　　B．A　　　　　C．F　　　　　D．E

● 某公司现有 400 万元用于投资甲、乙、丙三个项目，投资额以万元为单位。已知甲、乙、丙三项投资的可能方案及相应获得的收益见下表。

项目 \ 投资额 收益	100	200	300	400
甲	4	6	9	10
乙	3	9	10	11
丙	5	8	11	15

则该公司能够获得的最大收益是__(4)__万元。

(4) A．1700 B．1800
    C．2000 D．2100

● 某企业要投产一种新产品，生产方案有四个：A．新建全自动生产线；B．新建半自动生产线；C．购置旧生产设备；D．外包加工生产。未来该产品的销售前景估计为较好、一般和较差三种，不同情况下该产品的收益值见下表（单位：万元）。

生产方案	销售前景		
	较好	一般	较差
A	800	200	–300
B	600	250	–150
C	450	200	–100
D	300	100	–20

根据后悔值（在同样的条件下，选错方案所产生的收益损失值）方法，决策应该选__(5)__方案。

(5) A．新建全自动生产线 B．新建半自动生产线
    C．购置旧生产设备   D．外包加工生产

● 弘道公司准备将新招聘的 4 名销售员分配到下属 3 个销售点甲、乙、丙，各销售点增加若干名销售员后可增加的月销售额见下表。根据下表，只要人员分配适当，公司每月最多可以增加销售额__(6)__元。

(6) A．43000 B．47000 C．48000 D．49000

增加销售额/元	增1人	增2人	增3人	增4人
甲	12000	22000	30000	38000
乙	11000	20000	24000	30000
丙	13000	25000	30000	36000

● 某水库现在的水位已超过安全线，上游河水还在匀速流入。为了防洪，可以利用其 10 个泄洪闸（每个闸的泄洪速度相同）来调节泄洪速度。经测算，若打开 1 个泄洪闸，再过 10 个小时就能将水位降到安全线；若同时打开 2 个泄洪闸，再过 4 个小时就能将水位降到安全线。现在抗洪指挥部要求再过 1 小时必须将水位降到安全线，为此，应立即同时打开__(7)__个泄洪闸。

(7) A．6 B．7
    C．8 D．9

● 以下关于数学建模的叙述中，不正确的是__(8)__。

(8) A．数学模型是对现实世界的一种简化的抽象描述
    B．数学建模时需要在简单性和准确性之间求得平衡
    C．数学模型应该用统一的、普适的标准对其进行评价
    D．数学建模需要从失败和用户的反馈中学习和改进

- 下图中从 A 到 E 的最短路线是___(9)___，其长度是___(10)___。

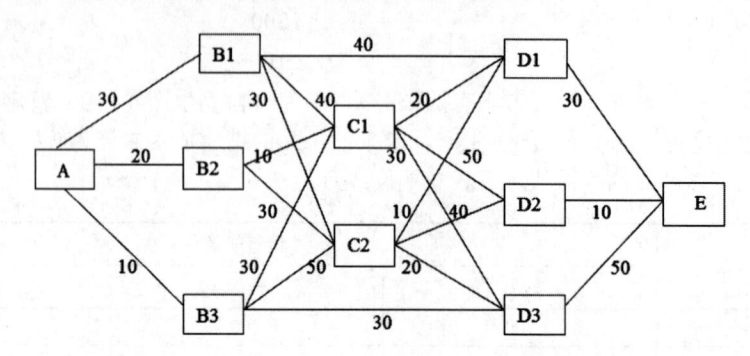

（9）A．A—B1—C1—D2—E B．A—B2—C1—D1—E
    C．A—B3—C2—D2—E D．A—B2—C2—D3—E
（10）A．70   B．80   C．90   D．100

第20章 大型及复杂项目管理

知识点图谱与考点分析

组织级项目管理是一种包括项目管理、大型项目管理和项目组合管理的系统管理体系，以及建立组织级的项目管理能力。大型及复杂项目管理和多项目管理，都属于组织级的项目管理。此外，新版教程中增加了项目集管理、项目组合管理知识点需要重点关注。

从统计数值和频率来看，本章属于考核的重点，且内容涉及大项目的论文写作。

大型及复杂项目管理知识图谱如图 20-1 所示。

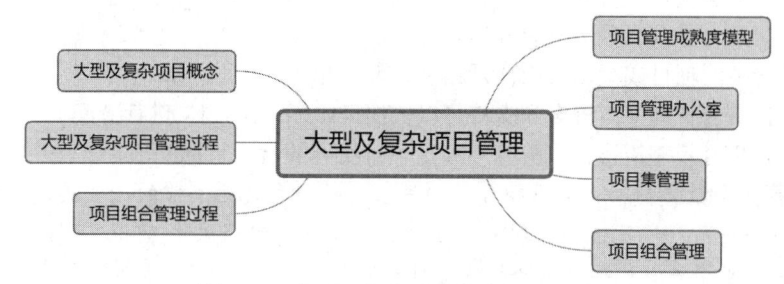

图 20-1 大型及复杂项目管理知识图谱

知识点：大型及复杂项目概念

知识点综述

大型复杂项目是组织级项目管理中最重要的知识点，考核的内容包括大型复杂项目的概念、计划和管理等。累计考核分值在组织级项目管理中所占比例较大，多于其他部分知识。

大型或复杂项目并没有一个严格的界限划分，一般有如下几个特征：

（1）项目周期较长。
（2）项目规模较大。

（3）项目团队构成复杂。
（4）大型项目经理的日常职责更集中于管理职责。

参考题型

【考核方式1】 考核大型及复杂项目的概念。

- 大型信息技术项目一般在需求不十分清晰的情况下开始，项目分成两个主要阶段：需求定义阶段和需求实现阶段。关于大型信息技术项目的需求管理，__(1)__ 的说法是正确的。

   （1）A．为了计划的严肃性，项目计划在需求定义完成时，不能进行大的修订
    B．项目需求定义和需求实现通常是由不同的组织完成的
    C．项目需求定义和需求实现一般是由一方完成的
    D．项目WBS可以按照组织结构、可交付物、基准计划三个层面进行分解

  ■ 攻克要塞——试题分析 大型信息技术项目一般在需求不十分清晰的情况下开始，项目分成两个主要阶段：需求定义阶段和需求实现阶段。前者要求对业务领域有深刻的理解；后者则要精通技术领域。很多大型IT项目，第一阶段由专业咨询公司对需求进行详细的定义；需求定义的结果作为需求实现阶段的输入，而第一阶段的咨询公司变成需求实现阶段的项目监理的角色，集成公司往往承担了需求实现的任务。

  ■ 参考答案 （1）B

【考核方式2】 考核项目组合管理的概念。

- 下列选项中，有关项目组合和项目组合管理的说法，错误的是 __(2)__ 。

   （2）A．项目组合是项目或大项目和其他工作的一个集合
    B．组合中的项目或大项目应该是相互依赖或相关的
    C．项目组合管理中，资金和支持可以依据风险/回报类别来进行分配
    D．项目组合管理应该定期排除不满足项目组合的战略目标的项目

  ■ 攻克要塞——试题分析 项目组合是项目或大项目和其他工作的一个集合，但项目间不一定存在依赖和关联关系。项目组合管理中，资金和支持可以依据风险/回报类别来进行分配。项目组合管理应该定期排除不满足项目组合的战略目标的项目。

  ■ 参考答案 （2）B

- 项目组合管理中，在组织范围内为项目分配资源。组织级项目管理中的资源平衡过程主要是 __(3)__ 。

   （3）A．首先为单个项目做资源平衡，再在项目间进行资源平衡
    B．针对所有项目的需求，对组织内的资源进行统一的资源平衡
    C．只在单一项目内进行资源平衡
    D．主要针对资源短缺的项目进行资源优化与平衡

  ■ 攻克要塞——试题分析 组织级项目管理中的资源平衡过程主要是：针对所有项目的需求，对组织内的资源进行统一的资源平衡。单项目管理的资源管理是在本项目内做资源平衡。

  ■ 参考答案 （3）B

[辅导专家提示] "大型及复杂项目概念"的重要性不仅仅在应对上午考试的选择题时很关键，在下午考试涉及大项目的论文中也很关键。在此类论文写作中，只有弄清楚大型及复杂项目的特点、与一般项目的区别，才能在写作过程中抓住关键点。

下表列出了一般项目和大型及复杂项目的区别。

类别	一般项目	大型及复杂项目
项目周期	较短	较长
项目组织	单一的项目组	项目群组织
管理模式	直接管理	间接管理
沟通和写作	简单	复杂

知识点：大型及复杂项目管理过程

知识点综述

大型及复杂项目的项目管理有别于单项目管理。对于大型及复杂项目管理，一般项目的计划主要关注的是项目活动的计划。但是对大型及复杂项目来说，制订活动计划之前，必须先考虑项目的过程计划，也就是必须先确定用什么方法和过程来完成项目。

大型及复杂项目的控制过程有三个重要的因素：项目绩效跟踪、外部变更请求、变更控制。

本考点主要包括大型及复杂项目管理的计划过程和控制过程。在具体考核中可以进行综合性的考核，也可以分别考核某一个过程。

参考题型

【考核方式1】 考核大型及复杂项目的管理过程。

● 大型项目的计划管理过程有其自身的特点。围绕大型项目计划管理过程，下列说法不正确的是__(1)__。
   (1) A. 企业可自行定义不同级别的大型项目，并采用不同的计划管理过程
       B. 项目计划一般在需求定义完成后要进行修订，确保计划与实际的一致性
       C. 大型项目的 WBS 可以按照组织结构、产品结构、生命周期进行分解
       D. 为了保持管理的一致性，每个大型项目的计划制订都要采用统一的模板

■ **攻克要塞——试题分析** 每个企业一般都有自己的通用过程，但是项目的特征又使得每个项目都有其各自不同的要求。对于一个大型及复杂项目来说，为项目单独建立一套适合的过程规范无疑是有益的。

大型及复杂项目计划制订不一定要统一模板。

■ **参考答案** (1) D

【考核方式2】 考核大型及复杂项目的计划过程。

● 关于大型及复杂项目的计划过程的描述，正确的是__(2)__。

(2) A. 大型及复杂项目的计划主要关注项目的活动计划

　　　B. 大型及复杂项目必须建立以活动为基础的管理体系

　　　C. 大型及复杂项目建立单独的过程规范不会增加成本

　　　D. 大型及复杂项目的计划必须先考虑项目的过程计划

■ **攻克要塞——试题分析**　大型及复杂项目的计划主要关注项目的过程计划，确定完成项目的方法和过程。大型及复杂项目必须建立以过程为基础的管理体系，协作效率较高，更能保证项目质量。

一般项目的计划主要关注项目的活动计划。

■ **参考答案**　（2）D

【考核方式3】考核大型及复杂项目的控制过程。

● 在对大型及复杂项目实施跟踪和控制的过程中，需要重点关注的环节是__(3)__。

(3) A. 对项目过程的持续改进

　　　B. 对项目总体计划的实时更新

　　　C. 加强绩效报告的有效性并处理好项目的变更

　　　D. 确定项目实现其质量目标的方法

■ **攻克要塞——试题分析**　大型及复杂项目实施跟踪和控制的过程中，需要重点关注的环节是获取绩效、处理变更。期间出现偏差，则采用改进实施和项目变更两种措施。

■ **参考答案**　（3）C

知识点：项目组合管理过程

知识点综述

（1）项目组合管理过程包括项目选择和优先级排列两个过程，在项目选择中用到的工具有决策表技术、财务分析、DIPP 分析。其中，DIPP 分析属于考核的重点。

（2）DIPP=EMV/ETC。

其中，EMV 为项目期望货币值（Expected Money Value），是指考虑支付风险因素后，各个支付值与支付概率的乘积之和。

ETC 为完成尚需估算（Estimate To Complete），指为了完成项目，对剩余所需进行的工作所消耗资源的成本估算。

DIPP 根据资源利用率的指标，从当前时点对未来进行预测。

DIPP 的问题在于：ETC 处在不同的阶段项目，过去花费成本被当作沉没成本而不考虑。

参考题型

【考核方式】考核 DIPP。

● 下列各图描述了 DIPP 值随着项目进行的时间变化，其中正确的是__(1)__。

(1)

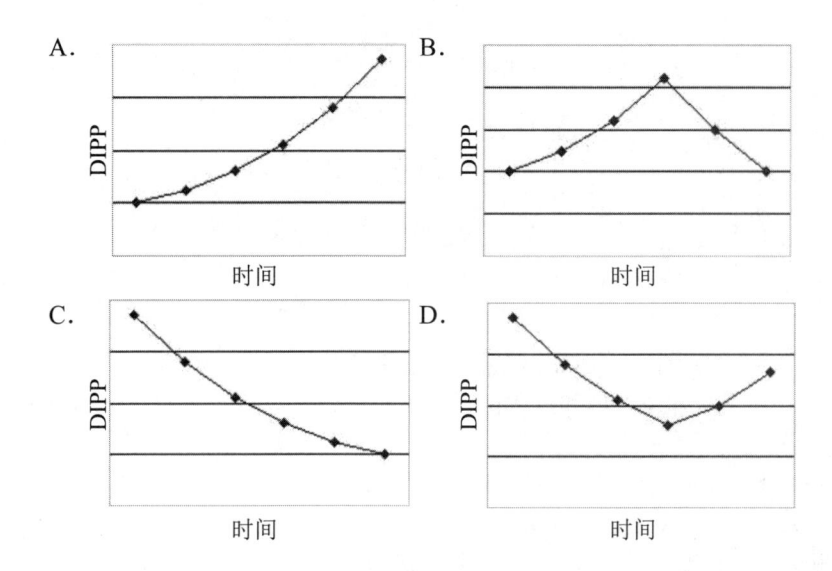

A. [DIPP 随时间上升的曲线图]
B. [DIPP 先升后降的曲线图]
C. [DIPP 随时间下降的曲线图]
D. [DIPP 先降后升的曲线图]

■ **攻克要塞——试题分析** 德沃项目资源指数（DIPP）用来描述项目资源利用率，公式为 DIPP= EMV/ETC。

DIPP 值越高的项目，意味着资源的利用率越高，越值得优先考虑资源的支持。DIPP<1，表示项目的实际成本要比预算成本高。

每个项目越接近终点，DIPP 值越高。

■ **参考答案** （1）A

[辅导专家提示] 在近年的考核中，考核 DIPP 分析的频率相对较高。

知识点：项目管理成熟度模型

知识点综述

项目管理成熟度模型主要包括以下两个。

（1）PMI 的 OPM（组织级项目管理成熟度模型）。OPM 包括三个要素：①知识：构成最佳实践（600 多个最佳实践）；②评估：提供评估方法和工具；③改进：根据评估结果，为组织制订改进计划。

OPM 将单一项目管理扩展到大型项目管理和项目组合管理。

（2）柯兹纳（Kerzner）的 PMMM（项目管理成熟度模型）。该模型将项目管理的成熟度分成了如下图所示的 5 个层级。

```
            过程改进  →  持续改进
                        基准比较
            过程控制
                        单一方法
            过程定义
                        通用过程
            基本知识
                        通用术语
```

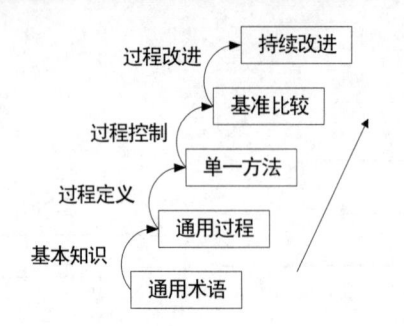

参考题型

● 美国项目管理协会（PMI）于 2003 年公布了组织级项目管理成熟度模型（OPM3），OPM3 的最佳实践由过程组、知识领域和过程改进的若干个阶段组成。其中，过程改进的 4 个阶段是__(1)__。

（1）A．通用术语、通用过程、基准比较、持续改进
　　　B．初始级、可重复级、可控制级、持续改进级
　　　C．初始级、标准级、可管理级、持续改进级
　　　D．标准化、可测量、可控制、持续改进

■ 攻克要塞——试题分析　本题直接考核 OPM3 模型。
4 个阶段：标准化的（S）、可测量的（M）、可控制的（C）、持续改进的（I）。
5 个基本过程：启动过程、计划过程、执行过程、控制过程、收尾过程。
3 个层次：单个项目管理、项目组合管理、项目投资组合管理。

■ 参考答案　（1）D

知识点：项目管理办公室

知识点综述

项目管理办公室（PMO）的组成包括：组织高层主管、项目经理、各类专家、项目协调人员。PMO 的职能包括日常职能和战略性职能。

日常职能有：①建立组织内项目管理的支撑环境；②培养项目管理人员；③提供项目管理的指导和咨询；④组织内的多项目管理和监控。

战略性职能有：①项目组合管理；②提高组织管理能力。

参考题型

【考核方式】考核基本概念的理解，PMO 的组成及职能。

● 某企业成立项目管理办公室，用于运维项目群的统一管理协调和监控。项目管理办公室__(1)__的做法是不可行的。

（1）A. 建立项目人员的储备机制为各项目提供人员应急服务
　　　B. 建立项目管理的知识库为各项目提供知识支持
　　　C. 成立一个监理公司，负责对各项目进行监督管理
　　　D. 建立运维管理工具平台，对运维项目统一管理

■ **参考答案** （1）C

● 下列叙述中，错误的是__(2)__。
（2）A. 企业可通过PMO来实施组织级项目管理
　　　B. 项目管理知识主要用于指导项目级管理
　　　C. 大型项目必须建立组织级管理
　　　D. 可以对有组织级管理的大型项目单独建立一套过程规范

■ **攻克要塞——试题分析** 大型及复杂项目管理和多项目管理，都被认为是"组织级"的项目管理。但是"组织级"的项目管理代价较高，因此大型项目未必建立组织级的管理。

■ **参考答案** （2）C

知识点：项目集管理

知识点综述

1. 项目集是一组相互关联且被协调管理的项目、子项目集和项目集活动，以便获得分别管理所无法获得的利益。

2. 建立一个新的通信卫星系统就是项目集的一个实例，其所辖项目包括卫星与地面站的设计、卫星与地面站的建造、系统整合，以及卫星发射。

3. 项目集管理重点关注项目间的依赖关系，有助于找到管理这些依赖关系的最佳方法。

项目集管理的具体管理措施包括：解决影响项目集内多个项目的资源制约和/或冲突；调整对项目和项目集的目的和目标有影响的组织方向；处理同一个治理结构内的相关问题和变更管理。

相关考点包括：①项目集生命周期管理；②项目集管理过程域。

参考题型

● __(1)__ 是项目集的决策机构，负责为项目集的管理方式提供支持。
（1）A. 项目集指导委员会　　　　　B. 项目治理委员会
　　　C. 项目集变更控制委员会　　　D. 项目管理办公室

■ **攻克要塞——试题分析** 项目集治理涵盖了由发起组织对项目集战略进行定义、授权、监督和支持的体系和方法，是项目集发起组织确保项目集被有效和持续管理而执行的实践和流程。项目集治理通过在授权范围内负责对项目集的建议做出签署或批准的评审与决策的活动来实现。

项目集指导委员会（或项目集治理委员会、项目集董事会）是项目集的决策机构，负责为项目集的管理方式提供支持。

■ **参考答案** （1）A

- ___(2)___ 重在对项目进行优先级排序，并提供所属资源，与组织战略保持一致，___(2)___ 通过对其组成部分进行协调，对它们之间的依赖关系进行控制，从而实现既定收益。

　　(2) A. 项目集管理　　组织级项目管理
　　　　B. 项目组合管理　　组织级项目管理
　　　　C. 项目集管理　　项目组织管理
　　　　D. 项目组合管理　　项目集管理

　　■ **攻克要塞——试题分析**　项目集管理就是在项目集中应用知识、技能、工具与技术来满足项目集的要求，获得分别管理各项目所无法实现的利益和控制。项目集管理重点关注项目间的依赖关系，找到管理这些依赖关系的最佳方法。

　　项目组合是指为了实现战略目标而组合在一起管理的项目、项目集、子项目组合及其运营工作。项目组合管理重在对项目进行优先级排序，并提供所需资源，并使之与组织战略保持一致。

　　■ **参考答案**　(2) D

- 项目集效益管理的主要活动包括___(3)___ 。
　　①效益识别　②效益分析和规划　③效益交付　④效益移交　⑤效益维持　⑥效益改进
　　(3) A. ①②③④⑥　　B. ②③④⑤⑥　　C. ①②④⑤⑥　　D. ①②③④⑤

　　■ **攻克要塞——试题分析**　项目集效益管理是定义、创建、最大化和交付项目集所提供效益的绩效域。主要活动包括效益识别、效益分析和规划、效益交付、效益移交和效益维持。

　　■ **参考答案**　(3) D

知识点：项目组合管理

知识点综述

　　项目组合是指为了实现战略目标而组合在一起管理的项目、项目集、子项目组合和运营工作。例如，以投资回报最大化为战略目标的某基础设施公司，可以把油气、供电、供水、道路、铁路和机场等项目混合成一个项目组合。

　　项目组合管理是指为了实现战略目标而对一个或多个项目组合进行的集中管理。

参考题型

- 项目组合管理实施的主要过程不包括___(1)___ 。
　　(1) A. 评估项目组合管理战略计划　　　B. 定义项目组管理的愿景和计划
　　　　C. 实施项目组合管理过程　　　　　D. 改进项目组合管理过程

　　■ **试题分析**　项目组合管理过程实施主要包括：①评估项目组合管理过程的当前状态；②定义项目组合管理的愿景和计划；③实施项目组合管理过程；④改进项目组合管理过程。

　　■ **参考答案**　(1) A

　　[辅导专家提示] 本知识点的关键在于理解项目组合、项目集和项目，以及三者之间的关系。

课堂练习

- 大型项目经理的日常职责更集中于管理职责。大型项目经理面临更多的是 __(1)__ 的挑战。
  - (1) A．直接管理　　　　　　　　　B．间接管理
  　　　C．直接管理和间接管理　　　　D．现场管理
- 大型信息技术项目一般在需求不十分清晰的情况下开始，项目分成两个主要阶段：需求定义阶段和需求实现阶段。关于大型信息技术项目的需求管理，__(2)__ 的说法是正确的。
  - (2) A．为了计划的严肃性，项目计划在需求定义完成时，不能进行大的修订
  　　　B．项目需求定义和需求实现通常是由不同的组织完成的
  　　　C．项目需求定义和需求实现一般是由一方完成的
  　　　D．项目 WBS 可以按照组织结构、可交付物、基准计划三个层面进行分解
- 组织级项目管理是一种包括项目管理、大型项目管理、项目组合管理的系统的管理体系，其最终目标是帮助企业实现 __(3)__ 。
  - (3) A．资源有效利用　　B．战略目标　　C．质量目标　　D．业务目标
- 大型及复杂项目的项目管理有别于单项目管理，对于大型复杂项目管理，首先制订的计划是 __(4)__ ，而该计划中一般不包括 __(5)__ 。
  - (4) A．进度计划　　　B．成本计划　　C．质量计划　　D．过程计划
  - (5) A．执行过程　　　B．裁剪过程　　C．监督过程　　D．制订过程
- 大型及复杂项目可以按照项目的 __(6)__ 三个角度制订分解结构。
  - (6) A．产品范围、可交付物、约束条件
  　　　B．组织体系、需求分析、基准计划
  　　　C．组织结构、产品结构、生命周期
  　　　D．组织过程资产、范围说明书、范围管理计划
- 任何组织的能力都是有限的，任何组织的资源也都是有限的，公司在选择项目优先级时经常用到 DIPP 分析法。以下关于 DIPP 的理解中，不正确的是 __(7)__ 。
  - (7) A．DIPP 值越高的项目，资源利用率越高
  　　　B．DIPP 值可以衡量企业的资源利用效率
  　　　C．DIPP 值越低的项目，资源利用率越高
  　　　D．DIPP 值是项目的期望货币值和完工所需成本之比
- 在大型及复杂项目计划过程中，建立统一的项目过程将提高项目之间的协作效率，有力地保证项目质量。这就要求在项目团队内部建立一个体系，一般来说，统一的项目过程不包括 __(8)__ 。
  - (8) A．制订过程　　　B．监督过程　　C．优化过程　　D．执行过程

第 21 章
高级知识

知识点图谱与考点分析

高级知识是几个知识域的统称，它所包含的内容有项目管理原则与项目绩效域、战略管理、流程管理、知识管理、绩效评估、外包管理、信息工程监理。其知识图谱如图 21-1 所示。

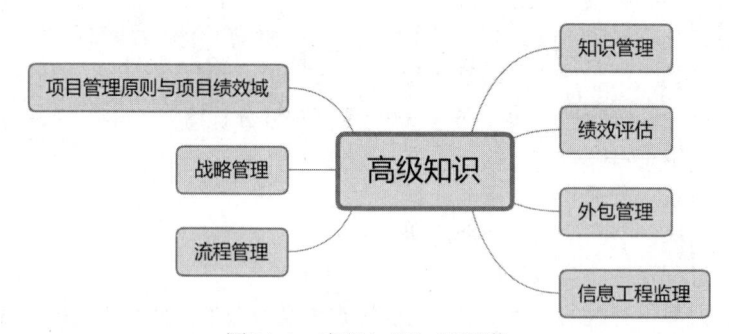

图 21-1 高级知识知识图谱

这些知识点在考核上的特点是范围广、分值小、考核频率低，部分知识点甚至出现零考核的情况。

此外，此类知识点在复习上注意阅读官方教程，历年考核的大多数题目均来自教材中的原文。本章选择了近年考核的一些典型题目，帮助考生熟悉该类题型的考核方式和涉及的主要知识点。

知识点：项目管理原则与项目绩效域

知识点综述

项目管理原则用于指导项目参与者的行为，确保项目参与者在项目执行过程中保持一致性。主要原则包括：成为勤勉、尊重和关心他人的管家；营造协作的项目团队环境；有效的干系人参与；聚焦于价值；识别、评估和响应系统交互；展现领导力行为；根据环境进行裁剪；将质量融入过程和可交付物中；驾驭复杂性；优化风险应对；拥抱适应性和韧性；为实现预期的未来状态而驱动变革。

绩效域简单来说就是项目管理中与项目绩效密切相关的一系列知识领域。项管考试涉及的 8 个绩效域分别是：干系人、团队、开发方法和生命周期、规划、项目工作、交付、测量、不确定性绩效域。8 个绩效域相互依赖，并组成一个统一的整体，促成项目的成功交付。8 个绩效域没有固定的执行顺序和权重。

参考题型

【考核方式】 考核绩效域目标、绩效要点等。

- ___(1)___ 不属于规划绩效域的预期目标。
  - (1) A. 项目以有条理、协调一致的方式推进
  - B. 对项目状况充分了解，支持决策
  - C. 应用系统的方法交付项目成果
  - D. 可以根据新出现的和不断变化的需求进行调整

  ■ **攻克要塞——试题分析** 有效执行规划绩效域可以实现预期目标，具体包含：协调一致、有条理地推进项目；具备一套系统的交付项目成果的方法；详细说明演变情况；规划投入的时间是合适的；规划的信息足够管理干系人期望；可以根据新变化的需求进行调整。

  ■ **参考答案** (1) B

- 关于项目工作绩效域目标和工作内容的描述，不正确的是 ___(2)___ 。
  - (2) A. 使干系人接受项目可交付物和成果，并对其满意
  - B. 使项目团队保持专注，并使项目活动顺利进行
  - C. 通过持续学习和过程改进，提高团队能力
  - D. 涉及大量的沟通工作，与干系人绩效域关联

  ■ **攻克要塞——试题分析** 项目工作绩效域可以实现预期目标，具体包含：高效率且有效果的项目绩效；适合项目和环境的项目过程；干系人适度沟通和参与；有效管理了实物资源；有效管理了采购；有效处理了变更；持续性的学习、过程改进、提高团队的能力。

  "使干系人接受项目可交付物和成果，并对其满意"属于交付绩效域的预期目标。所以 A 不正确。

  ■ **参考答案** (2) A

- 规划绩效域中，可以应用 ___(3)___ 检查项目是否以有条理、协调一致的方式推进。
  - (3) A. 绩效偏差　　　　　　　　B. 规划的详尽程度
  - C. 规划的充分性　　　　　　D. 规划的整体性

  ■ **攻克要塞——试题分析** 在规划绩效域中，可以应用"对照项目基准和其他度量指标确定项目正按计划进行，绩效偏差没有超出许可范围"等方法检查项目是否以有条理、协调一致的方式推进。

  ■ **参考答案** (3) A

知识点：战略管理

知识点综述

战略管理知识点考核的频率和分值不高，但所涉及的内容却比较多，我们就其所涉及的主要知识点进行总结。

（1）四种战略组织（包括防御型战略组织、开拓型战略组织、分析型战略组织、反应型战略组织）。

（2）战略制订（包括战略分析、战略梳理、战略选择）。

（3）战略分析（包括内部环境分析、外部环境分析、内外部环境综合分析）。

（4）外部环境分析的方法——集中度分析（贝恩分类法）。

（5）内外部环境综合分析的工具——SWOT 分析，衍生四种战略：SO 战略、WO 战略、ST 战略、WT 战略。

（6）组织战略实施类型（包括指挥型、变革型、合作型、文化型、增长型）。

（7）组织战略层次（包括目标层、方针层、行为层）。

（8）组织战略与项目、项目集、项目组合的关系。

参考题型

【考核方式 1】 考核战略管理中所涉及的工具。

- 根据企业内外部环境的分析，运用 SWOT 配比技术就可以提出不同的企业战略，其中 ST 战略是__（1）__。

    （1）A．发挥优势、利用机会　　　　　　B．利用机会、克服弱点
    　　　C．利用优势、回避威胁　　　　　　D．减小弱点、回避威胁

■ 攻克要塞——试题分析　SWOT 分析法是战略分析、风险识别中常用的工具之一。如果项目团队选择 SO 策略，那么他们将制订发挥优势、抓住机会策略。

SWOT 列出项目的优势和劣势，可能的机会与威胁，填入 SWOT 矩阵的 I、II、III、IV 区，见下表。

—	III 优势 列出自身优势	IV 劣势 具体列出弱点
I 机会 列出现有的机会	V SO 战略 抓住机遇，发挥优势战略	VI WO 战略 利用机会，克服劣势战略
II 挑战 列出正面临的威胁	VII ST 战略 利用优势，减少威胁战略	VIII WT 战略 弥补缺点，规避威胁战略

内部优势+外部机会：形成 SO 策略，即抓住机会、发挥优势的战略。

内部劣势+外部机会：形成 WO 策略，即利用机会、克服弱点的战略。

内部优势+外部威胁：形成 ST 策略，即利用优势、减少威胁战略。

内部劣势+外部威胁：形成 WT 策略，即弥补缺点、规避威胁的战略。

■ **参考答案** （1）C

[辅导专家提示] 战略管理中所涉及的工具较多，总结如下，完全掌握有一定难度。

战略制订	战略地位与行动评价（SPACE）矩阵 大战略矩阵（GSM） <u>波士顿矩阵（BCG）</u> 通用电气公司（GE）矩阵 平衡计分卡（BSC）
战略分析	<u>集中度分析</u>（贝恩分类法） 价值链分析 <u>五力模型</u> 外部因素评价矩阵

表中列举了战略管理中的部分工具，下划线部分内容属于曾经进行过考核或在行业内应用得较多的工具。考生如有兴趣，可以进一步了解。

【考核方式 2】 考核战略管理的层次。

● 战略管理包含 3 个层次， __(2)__ 不属于战略管理的层次。
　　(2) A．目标层　　　　B．规划层　　　　C．方针层　　　　D．行为层

■ **攻克要塞——试题分析** 一般来说，组织完整的战略包括如下几个层次。

目标层：主要介绍和说明组织的战略目标，以及确定目标的主要依据，以及对战略目标的高层分解等内容。一般包括组织的基本战略目标、基本战略目标的阶段性体现、战略目标体系及其分解、目标的分解原则和方法、目标之间的依赖关系，及对各层次目标的相关解释和说明等。

方针层：主要说明在组织目标达成过程中，组织应该坚持的主要原则和方针等，是对组织战略行动的具体指导。如对组织战略的指导性方针、限制性的原则等对战略具体化、细则化后的政策、制度、体制、组织结构设计等方面的内容。

行为层：是在具体的执行层面，为了落实组织的战略目标和方针所采取的行动，如对组织战略全面性的规划和计划等。具体包括各种主要工程、对策措施、相关程序和流程等。

■ **参考答案** （2）B

知识点：流程管理

知识点综述

业务流程可分为操作流程、支持流程和管理流程三类。操作流程直接与满足外部顾客的需求相关；支持流程指为保证操作流程的顺利执行，在资金、人力、设备管理和信息系统支撑方面的各种活动；管理流程指企业整体目标和经营战略产生的流程，这些流程指导企业的整体运作方向，确定企业的价值取向，所以是比较重要的流程。

流程管理知识点所占分值较低，主要考点集中在业务流程的概念理解，业务流程的评估、分析

和设计方法等方面。

其他相关知识点：①业务流程管理的步骤（包括流程设计、流程执行、流程评估）；②业务流程的层次；③业务流程主要的分析方法；④敏捷项目管理流程。

参考题型

【考核方式1】 业务流程与流程管理等概念的理解。
- 以下关于业务流程管理（BPM）的叙述中，不正确的是___(1)___。
  (1) A. 良好的业务流程管理的步骤包括流程设计、流程执行、流程评估，流程执行是其中最重要的一个环节
  　　 B. 业务流程设计要关注内部顾客、外部顾客和业务的需求
  　　 C. 业务流程执行关注的是执行的效率和效果
  　　 D. 良好的业务流程评估的基础是建立有效、公开、公认和公平的评估标准、评估模型和评估方法
  ■ 攻克要塞——试题分析　本题是对业务流程综合理解的考核。
  业务流程管理的步骤包括流程设计、流程执行、流程评估、流程改进四个环节。其中，业务流程设计是业务流程管理中最重要的一个环节。
  ■ 参考答案　(1) A

- 流程管理是企业管理的一个重要内容，一般来说，流程管理不包括___(2)___。
  (2) A. 管理流程　　　　B. 操作流程　　　　C. 支持流程　　　　D. 改进流程
  ■ 攻克要塞——试题分析　一般来说，业务流程可分为操作流程、支持流程和管理流程三类。操作流程直接与满足外部顾客的需求相关；支持流程指为保证操作流程的顺利执行，在资金、人力、设备管理和信息系统支撑方面的各种活动；管理流程指企业整体目标和经营战略产生的流程，这些流程指导企业的整体运作方向，确定企业的价值取向，所以是比较重要的流程。
  ■ 参考答案　(2) D

【考核方式2】 考核业务流程分析和设计方法。
业务流程分析和设计中所涉及的知识点包括如下内容。
价值链分析法：将企业活动分为基本活动（内部后勤、生产经营、外部后勤、市场营销、服务）与辅助活动（采购、人力资源、技术开发、企业基础设施）。
ABC 成本法：着重分析各个活动的成本，特别是活动中所消耗的人工、资源等。

知识点：知识管理

知识点综述

知识就是指它所拥有的设计开发成果、各种专利、非专利技术、设计开发能力、项目成员所掌握的技能等智力资源。这些资源不像传统的资源那样有形，便于管理。
项目组织内部有两种类型的知识：显性知识和隐性知识。

知识管理是指为了增强组织的绩效而创造、获取和使用知识的过程。知识管理主要涉及以下4个方面：自上而下地监测、推动与知识有关的活动；创造和维护知识基础设施；更新组织和转化知识资产；使用知识以提高其价值。

参考题型

【考核方式】 对基本概念的理解。

● 下列关于知识管理的叙述，不确切的是__(1)__。

(1) A．知识管理为企业实现显性知识和隐性知识共享提供新的途径
B．知识地图是一种知识导航系统，显示不同的知识存储之间重要的动态联系
C．知识管理包括建立知识库；促进员工的知识交流；建立尊重知识的内部环境；把知识作为资产来管理
D．知识管理属于人力资源管理的范畴

■ **攻克要塞——试题分析** 本题考核对知识管理基本概念的理解。

知识管理为企业实现显性知识和隐性知识共享提供新的途径。知识地图是一种知识（既包括显性的、可编码的知识，也包括隐性知识）导航系统，并显示不同的知识存储之间重要的动态联系。它是知识管理系统的输出模块，输出的内容包括知识的来源、整合后的知识内容、知识流和知识的汇聚。它的作用是协助组织机构发掘其智力资产的价值、所有权、位置和使用方法；使组织机构内各种专家技能转化为显性知识并进而内化为组织的知识资源；鉴定并排除对知识流的限制因素；发动机构现有的知识资产的杠杆作用。

■ **参考答案** (1) D

● 下列关于知识管理的叙述中，正确的是__(2)__。
①扁平化组织结构设计有利于知识在组织内部的交流
②使用新型专利权、外观设计专利权的期限为20年
③按照一定方式建立显性知识索引库，可以方便组织内部的知识分享
④对知识产权的保护，要求同一智力成果在所有缔约国（或地区）内所获得的法律保护是一致的

(2) A．①③　　　　B．①③④　　　　C．②③④　　　　D．②④

■ **攻克要塞——试题分析** 扁平化组织结构设计有利于知识在组织内部的交流，按照一定方式建立显性知识索引库，可以方便组织内部知识分享。

发明专利权的期限为20年，实用新型专利权的期限为10年，外观设计专利权的期限为15年，均自申请日起计算。所以②错误。

知识产权具有专有性、地域性、时间性，而地域性是指知识产权保护是有地区性的，只在保护地范围才有法律效力。因此同一智力成果在所有缔约国，是不能保证保护一致的。所以④错误。

■ **参考答案** (2) A

● 知识管理需要遵循积累原则、共享原则和交流原则，其中__(3)__是实施知识管理的基础，__(3)__需要建立有利于知识管理的组织结构和文化气氛。

(3) A．共享原则　交流原则　　　　　　B．积累原则　交流原则
C．积累原则　共享原则　　　　　　D．交流原则　共享原则

257

■ **攻克要塞——试题分析** 知识管理遵循的主要原则有：
积累原则：知识积累是实施知识的管理基础。
共享原则：组织内部的信息和知识要尽可能公开，让每个员工都能接触和使用。
交流原则：组织内部建立有利于交流的组织结构和文化气氛，使人员之间的交流毫无障碍。

■ **参考答案** （3）B

知识点：绩效评估

知识点综述

项目绩效评估是指运用数理统计、运筹学原理和特定指标体系，对照统一的标准，按照一定的程序，通过定量定性对比分析，对项目一定经营期间的经营效益和经营业绩做出客观、公正和准确的综合评判。

绩效审计是经济审计、效率审计和效果审计的合称，因为三者的第一个英文字母均为E，故称为"三E审计"。

参考题型

【考核方式1】考核绩效评估的基本方法。

● ___(1)___ 属于项目财务绩效评估的基本方法。
  (1) A．动态分析法　　　　　　B．预期效益分析法
      C．风险调整贴现率法　　　　D．因果图

■ **攻克要塞——试题分析** 投资效果经济评价方法有：静态分析法和动态分析法。

静态分析法：对项目进行粗略评价，不考虑资金的时间价值。具体方法有投资收益率法、投资回收期法、追加投资回收期法、最小费用法等。

动态分析法：考虑了资金的时间价值。具体方法有净现值法、内部收益率法、净现值比率法和年值投资回收期等。

■ **参考答案** （1）A

● 关于绩效评估的描述，不正确的是 ___(2)___ 。
  (2) A．绩效评估要以员工发展为第一目标，全面了解员工的发展潜力
      B．绩效评估由人力资源部门负责牵头组织、协调，相关部门予以配合
      C．绩效评估是绩效治理整个周期性循环过程中技术性最强的一个环节
      D．制订科学合理的评价方法是绩效评估的关键

■ **攻克要塞——试题分析** 项目绩效评估是以员工与组织的共同发展为目标，利用正式的结构化的制度或方法，评价和测量在一定时间周期内团队或个人的工作行为和成果，全面了解团队成员的发展潜力。

■ **参考答案** （2）A

【考核方式2】 考核绩效评估方法的具体应用。

- 某项目预计费用现值是 1000 万元，效益现值是 980 万元。如果采用费用效益分析法，可得出结论 __(3)__ 。

    (3) A．不可投资　　　　　　　　　　B．可投资
    　　C．不能判断　　　　　　　　　　D．费用效益分析法不适合项目论证

    ■ 攻克要塞——试题分析　本题考核效益费用比率的具体应用，判断单个方案是否合格。
    依据效益费用比率的计算公式：B/C=效益现值/费用现值=效益年值/费用年值
    B/C>1，方案合格。
    B/C=1，方案合格。
    B/C<1，方案不合格。
    本题 B/C<1，不可投资。
    ■ 参考答案　(3) A

【考核方式3】 考核绩效审计。

- 对项目进行审计是项目绩效评估的重要内容，以下关于项目绩效评估和审计的叙述中，__(4)__ 是不正确的。

    (4) A．绩效审计是经济审计、效率审计、效果审计的合称
    　　B．按审计时间分为事前审计、事中审计和事后审计
    　　C．项目绩效评估主要通过定性对比分析，对项目运营效益进行综合评判
    　　D．绩效评估以授权或委托的形式让独立的机构或个人来进行就是绩效审计

    ■ 攻克要塞——试题分析　项目绩效评估是指运用数理统计、运筹学原理和特定指标体系，对照统一的标准，按照一定的程序，通过定量定性对比分析，对项目一定经营期间的经营效益和经营业绩作出客观、公正和准确的综合评判。
    绩效审计是经济审计、效率审计和效果审计的合称，因为三者的第一个英文字母均为 E，故称为"三 E 审计"。它是指由独立的审计机构或人员，依据有关法规和标准，运用审计程序和方法，对被审单位或项目的经济活动的合理性、经济性、有效性进行监督评价和鉴证，提出改进建议，促进其管理提高效益的一种独立性的监督活动。

    ■ 参考答案　(4) C

[辅导专家提示] 绩效评估知识点的考核多以教材原文为主。

知识点：外包管理

知识点综述

外包是企业利用外部的专业资源为己服务，从而达到降低成本、提高效率、充分发挥自身核心竞争力乃至增强自身应变能力的一种管理模式。

外包管理的知识点在整个高级知识点中的考核频率相对较高，但分值不高。考核点主要侧重于对外包知识的理解上。

参考题型

【考核方式】 考核外包及外包管理的理解。

- 企业将某些业务外包，可能会给发包企业带来一些风险，这些风险不包括 __(1)__ 。
  - （1）A．与客户联系减少进而失去客户　　　　B．企业业务转型
  - 　　　C．企业内部知识流失　　　　　　　　　D．服务质量降低

  ■ 攻克要塞——试题分析　外包的优点：更加专注专业领域、发挥核心竞争力。外包的缺点：无法降低成本、服务质量可能降低、企业内部知识流失、减少了和客户的联系次数。

  ■ 参考答案　（1）B

  [辅导专家提示]外包及外包管理的知识点在"高级知识"出现的频率较高。从历年考核的题目来看，出题形式上具有相同性。

知识点：信息工程监理

知识点综述

信息工程监理知识点考核的方向比较集中，主要集中在监理的依据、监理相关的理论等。

参考题型

【考核方式1】 考核信息工程监理的依据。

- 下列不能作为监理依据的是 __(1)__ 。
  - （1）A．现行国家、各省、直辖市、自治区的有关法律、法规
  - 　　　B．国际、国家IT行业质量标准
  - 　　　C．业主单位和承建单位的合同
  - 　　　D．承建单位的决议

  ■ 攻克要塞——试题分析　监理单位实施信息系统工程监理的依据有：①现行国家、各省、直辖市、自治区的有关法律、法规、政策文件；②国际、国家IT行业质量标准；③委托监理合同、开发合同。承建单位的决议不能作为监理的依据。

  ■ 参考答案　（1）D

【考核方式2】 考核"四控三管一协调"或其具体内容。

- 监理工程师可以采用多种技术手段实施信息系统工程的进度控制。下列 __(2)__ 不属于进度控制的技术手段。
  - （2）A．图表控制法　　　　　　　　　　　　B．网络图计划法
  - 　　　C．ABC分析法　　　　　　　　　　　　D．"香蕉"曲线图法

  ■ 攻克要塞——试题分析　进度控制依据计划进度调整并控制实际进度，保证达到项目时间目标。

进度控制的技术手段有：图表控制法（甘特图、进度曲线）；网络图计划法（单代号网络图、双代号网络图）；"香蕉"曲线图法。ABC 分析法用于寻找主要矛盾。

■ **参考答案** （2）C

知识点：新增知识点

知识点综述

新增知识点主要是对教程第 4 版新增部分的说明，这部分知识点目前没有进行高频率高分值的考核，因此，本节仅仅做一个综合性的介绍。这部分知识点在内容上主要对应官方教程的第 22 章"组织通用治理"和第 23 章"组织通用管理"。

新增知识知识谱图如图 21-2 所示，其中，"转型升级"隶属"组织通用治理"，内容契合当前"数字化转型"的趋势，需重点关注；"市场营销"，做一般性了解即可；"人力资源管理"是传统的人力资源管理 6 个模型，不同于原教材中的"项目人力资源管理"，属于新增的知识点。

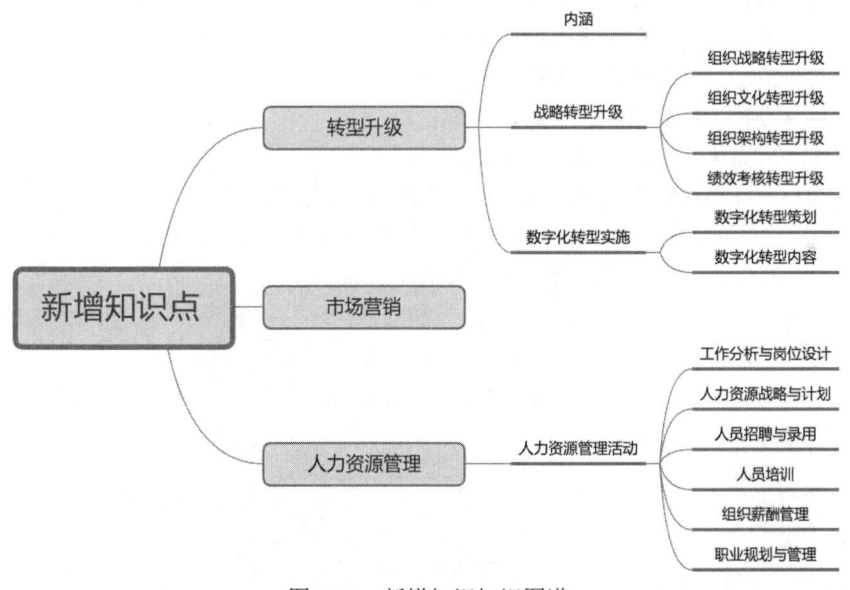

图 21-2　新增知识知识图谱

课堂练习

● 对项目的投资效果进行经济评价的方法主要有静态分析法和动态分析法。以下叙述中不正确的是　(1)　。

（1）A．静态分析法对若干方案进行粗略评价，或对短期投资项目作经济分析时，不考虑资金的时间价值

B．动态分析法考虑资金的时间价值

C．静态分析法包括投资收益率法、投资回收期法、追加投资回收期法

D．动态分析法包括净现值法、内部收益率法、最小费用法

- 审计是项目中一个非常重要的环节，对项目的计划、预算等进行审计属于项目的__(2)__。

（2）A．事前绩效审计　　　　　　　　　B．事中绩效审计

　　　C．执行审计　　　　　　　　　　　D．事后绩效审计

- 项目结束后要进行项目绩效审计，项目绩效审计不包括__(3)__。

（3）A．经济审计　　　　　　　　　　　B．效率审计

　　　C．效果审计　　　　　　　　　　　D．风险审计

- IT 服务外包合同不可以__(4)__。

（4）A．作为风险管理的工具　　　　　　B．保证双方的期望透明化

　　　C．作为双方沟通的工具　　　　　　D．当作供应商的工作文件

- 旁站是信息工程监理控制工程质量、保证项目目标必不可少的重要手段之一，适合于__(5)__方面的质量控制。

（5）A．网络综合布线、设备开箱检验、机房建设等

　　　B．首道工序、上下道工序交接环节、验收环节等

　　　C．网络系统、应用系统、主机系统等

　　　D．总体设计、产品设计、实施设计等

- 关于组织战略的描述，不正确的是__(6)__。

（6）A．战略目标根据特定时期的战略形式和组织的利益需要确定

　　　B．战略方针在分析当前组织面临战略形式和外部竞争等诸多因素基础上制订，具有较强的针对性，在不同的环境下应采取不同的战略方针

　　　C．战略实施能力根据组织战略目标和战略方针要求，确定战略规模，发展方向的重点，是组织自身拥有的，无法通过外部获得

　　　D．战略措施是组织决策机构根据战略实施的需求，在组织架构、权利分配、监督机制、授权环境等方面的安排

【综述】
　　本部分分析了常见的案例题题型、给出了常用的解题方法，并针对经典历年真题案例进行剖析。

第四篇

案例分析篇

第 22 章
案例分析综述

按照软考命题的模式，信息系统项目管理师的下午考试的案例分析部分有 3 道大题，每题 25 分，满分为 75 分。题目主要以问答题和计算题的形式出现。

考生要注意，信息系统项目管理师考试案例题在数量上比系统集成项目管理工程师考试少了 1 道，但相应的考试时间也减少了，只有 90 分钟，平均每道题目的时间只有 30 分钟。由于每道题目的分值增大了，也就意味着当某一道题（25 分）丢分严重的时候，剩下 2 道题就要求有非常高的准确率了。

此外，信息系统项目管理师考试的考核重点和系统集成项目管理工程师考试并非完全一样，而是更侧重于理解，这样对考生的分析、综合、总结能力就提出了更高的要求。此外，注意阅读第 4 版教程中新增的一些知识点，比如绩效域、数据管理相关的内容，这些内容在今后的考试中也可能会考查到。

考点分析

历年（2019—2023 年）案例题题目见表 22-1。

表 22-1　历年（2019—2023 年）案例题题目

考试时间	试题 1	试题 2	试题 3
2019 年 5 月	采购管理	进度管理/成本管理	人力资源管理（激励）
2019 年 11 月	质量管理/成本管理	挣值分析	人力资源管理
2020 年 5 月	需求管理/范围管理	挣值分析	配置管理/测试管理
2021 年 5 月	风险管理	关键路径/挣值分析	沟通管理/干系人管理
2021 年 11 月	范围管理	网络图/挣值分析	配置管理/质量管理
2022 年 5 月	范围管理	三点估算/挣值分析	风险管理
2022 年 11 月	沟通管理	关键路径/挣值分析	立项管理/配置管理
2023 年 5 月	沟通管理/干系人管理	关键路径/挣值分析	风险管理、国家十四五规划、元数据标准、数据库

一些主要的考查知识点及具体考核情况见表 22-2。

表 22-2 考点分布

考查的知识点	考查的侧重点
1. 立项管理	可行性研究。 立项管理的内容、过程。 建设方、承建方立项
2. 项目整合管理	项目启动（项目章程）。 项目管理计划的编制及内容。 项目变更（变更的流程等）。 项目收尾（项目不能结项或收尾的原因，项目总结）
3. 项目范围管理	范围定义（范围说明书的内容）。 WBS。 范围控制（范围失控的因素、范围控制的方法、范围变更等）
4. 项目进度管理	关键路径的计算（网络图、总时差、自由时差等）。 进度计划（进度计划的种类、进度计划的工具）。 进度控制（进度控制的工具、进度失控的原因及解决措施等）
5. 成本管理	成本估算方法。 挣值分析、完工预测。 成本控制的内容
6. 质量管理	质量管理计划的内容。 管理质量（质量评审、管理质量的内容等）。 质量控制的步骤。 质量控制的方法和工具。 质量管理常见问题，质量失控的原因
7. 合同管理	合同的内容。 合同管理（合同变更、合同管理中存在的问题等）。 合同履约与索赔。 合同管理（在早期考核比较多）
8. 风险管理	风险分析。 风险应对的措施。 风险监控
9. 配置管理	配置管理基本概念。 配置管理的活动。 配置管理系统建立的步骤
10. 资源与沟通管理	团队管理；冲突管理

[辅导专家提示] 在复习案例分析的过程中，建议考生定期看看表 22-1 和表 22-2，这两张表实际上已经给考生的复习指明了方向。从表 22-1 中可以看到，考核的重点比较集中，有些知识域（如整合管理、进度、成本、范围、配置、风险）的考核频率都非常高。另外，考核形式非常综合，在一道题目中考核的知识点可能涉及多个知识领域，如计算题的考核中就将关键路径和挣值分析结合在一起进行考核。从表 22-2 中可以看到具体考核的形式，考生在准备的过程中完全可以依据此表来展开复习，熟悉表中所提到的侧重点，这样也可以做到事半功倍。案例分析部分的最新内容将在

公众号中发布。

以上考点配上关键字，在攻克要塞公众号中获取相关内容（文字、语音或视频）。

案例题题型

根据对历年试题的研究，全部题型可以分为原因题、方法题、知识题和计算题这 4 大题型，这些题型是根据多年培训经验总结出来的。到目前为止，基本上考过的题目全部属于这 4 大题型的范畴。同时，根据这 4 种题型，分别总结出 5 种解题的方法和技巧，可以大大提高考生的答题效率，尤其是对于缺乏项目经验的考生。

原因题

[题型特点] 对于原因题，其特点是根据案例的描述，从案例中找出存在的问题，其标志性语句是"为什么？""问题的原因是什么？"。

比如：

分析导致软件子项目失控的可能原因。

针对说明中描述的现象，分析公司在项目管理方面存在的问题。

请简要分析造成该项目售后存在问题的主要原因。

[辅导专家提示] 对于原因题，要求考生具备一定的项目管理经验。能够从上下文的描述中找到蛛丝马迹。对于复习应试来说，要能够从曾经做过的题目中找到可以"复用的答案"。考生在做题过程中可以发现，原因题中有部分题目的答案具有通用性，只要在做题过程中注意总结即可。

方法题

[题型特点] 方法题是全部题型中最简单的题型，因为项目管理中的很多方法都是相同的。比如，不同的项目中项目延误的原因各不相同，但解决延误所采用的方法基本相同，如赶工、并行等等。再者，方法题的得分往往和原因题密切相关，一般来说，第 1 小题是原因题，第 2 小题就是方法题。在原因题中要求考生找出问题所在，在方法题中要求考生找出"解决问题 1 中所存在问题的方法"，因此，这两道题目是环环相扣的。找到了原因，就找到了方法。

比如：

【问题1】请用 150 字以内的文字，分析导致软件子项目失控的可能原因。

【问题2】请用 200 字以内的文字，说明你认为 M 事先应该怎么做，才能让小张作为子项目的项目经理，并避免软件子项目失控。

问题 1 是要求考生分析项目失控的可能原因，而问题 2 则要求找到解决项目失控的方法。

[辅导专家提示] 解答此类题型的最常用的解题方法之一是，根据前述原因题所找到的问题逐个推导，一个问题对应一个解题方法。此外，大部分方法题的答案都和项目管理过程中的工具与技术密切相关，所以表 22-1 和表 22-2 中所提及的过程的工具与技术需要有所了解。

知识题

[题型特点] 知识题包含两个部分：记忆性知识（考核考生的识记能力，要求背诵相关知识点）和经验性知识（考核经验，考生具备相关经验即可）。

[记忆性知识] 考核考生的记忆力，对一些常见的知识要能背诵。

比如：请简述项目质量控制过程的基本步骤。

[经验性知识] 要求考生具备相关的工作经验即可作答。

比如：概述典型的系统集成项目团队的角色构成。

这两类题目恰好成两级趋势，一般记忆性知识回答得比较好的考生，往往是工作不久、缺乏经验的，而经验丰富的考生往往在这些涉及具体记忆性内容的题目上较难拿到高分。

根据对历年考试的总结，针对知识题中的记忆性知识，我们列举记忆性知识可能涉及的内容。请考生完善表 22-3。

表 22-3 知识题总结

内容	具体内容
可行性分析的内容	
项目建议书的内容	
项目章程的内容、输入、输出	
项目计划的内容、输入、输出	
人力资源管理计划	
范围说明书	
配置管理计划	
风险管理计划	
风险应对计划	
质量管理计划	
合同的内容	

[辅导专家提示] 知识题的难点就在于"记忆"，但是确实不容易记住，所以在复习此类题型的过程中不能机械地背，只能采用联想记忆法，将枯燥的内容和某个场景结合起来。比如，可行性研究包含哪些内容，这个时候采用换位思考的方法，你作为一个项目的决策者要在城市修一座化工厂，在可行性研究中你要考虑什么？由此来"猜"答案。

另一个方法是采用"关键字"助记，比如上表中提到的"质量控制的工具"，如果你记得关键字"流控只因怕见伞"（参见本书质量管理章节），就可以完整写出每个工具。

计算题

[题型特点] 侧重于计算，属于考试的重难点。包括了关键路径法、完工概率、挣值分析、剩余完工成本、净现值、投资回收期等知识点，如图 22-1 所示。其中，挣值分析是近年来的难点，侧重于考核对 PV、EV、AC 的理解。

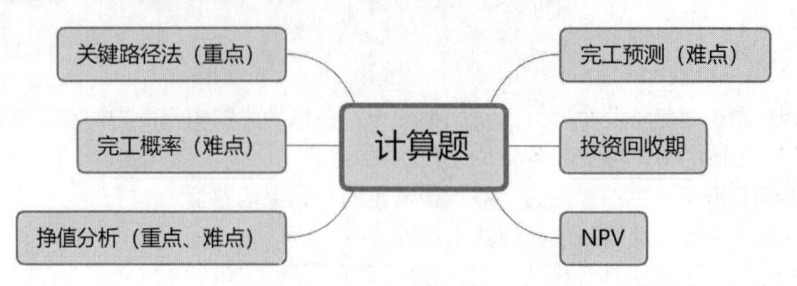

```
关键路径法（重点）        完工预测（难点）

完工概率（难点）    计算题     投资回收期

挣值分析（重点、难点）        NPV
```

图 22-1　计算题的考点

计算题在考试中具有重要地位，如果考生能够掌握计算题的解题方法，则属于送分性质的题目；如果没有掌握方法，则属于拖后腿的题目。

对于信息系统项目管理师的考试来说，涉及计算题的有以下 3 个部分。

（1）进度管理：关键路径法（重点）、完工概率（难点）。

关键路径法：上、下午考试都可能考到，涉及 4 个参数（ES、EF、LS、LF）的计算，关键路径计算，总时差、自由时差的计算。

完工概率：考核基础是三点估算法和标准差，在此基础上进行延伸，考核活动完成的概率，要求掌握标准差的公式及对应的概率。应对的关键方法是面积法，通过面积法解百题。

（2）成本管理：挣值分析、完工预测。

挣值分析：早期只需要记住 3 个参数、4 个指标及公式即可。3 个参数是 PV、EV 和 AC，4 个指标指 CV、SV、CPI、SPI。但目前考核有难度加深的趋势，深入考核对 PV、EV、AC 的理解，从一段文字描述中计算出 PV、EV、AC，对于没有掌握基本概念的考生，很难拿到全部分数。

完工预测：难点。关键在于掌握典型偏差和非典型偏差。早期记公式，能够判断典型或非典型偏差即可解题。现在考核对公式的理解，因此要求能够推导出典型偏差的公式，并能够充分理解。

（3）NPV、投资回收期。NPV 和投资回收期属于立项管理中的知识，某些教材可能放在成本管理的计算题中，本知识点涉及的概念比较多，计算公式也比较多，如现值、NPV、投资回收期、投资回收率、投资回报率、内含报酬率等。考核方式非常灵活，从目前的考核趋势来看，出题的概率很低，此处简单提及。

[辅导专家提示] 计算题说它如何重要都不为过，几乎成为了必考题，基本上，考生掌握了计算题，就可以稳拿 25 分的分值。在实际的考核过程中，计算题集中在关键路径和挣值分析上，而且最近几年来的考核特点往往是挣值分析和关键路径法结合在一起考核。

5 大解题法

针对案例题的题型，我们总结出几种解题的方法，分别为正推法、反推法、脱题法、想象法、AB 法，如图 22-2 所示。每种方法具有各自的特点，但解某一道题时，往往要将几种方法结合起来运用。

图 22-2 5 大解题法

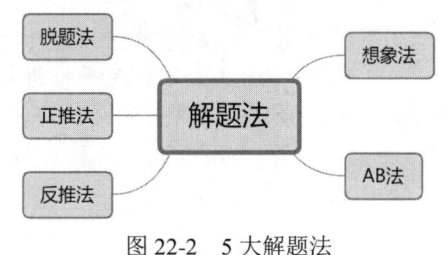

脱题法

[方法特点] 脱题法主要应用于知识题，采用脱题法看到题目后即可作答，无须阅读案例全文。比如：概述典型的系统集成项目团队的角色构成；请简要叙述合同的索赔流程。

这类解题方法主要针对知识题，题型一般和案例本身没有太多关联，直接凭经验或者凭记忆即可作答。

正推法

[方法特点] 正推法是解答案例题时最常用的一种方法，该解题法的特点在于答案的推导有依据，每一个答案对应案例中的一个关键信息点，通过案例中的信息点逐条推导出答案。

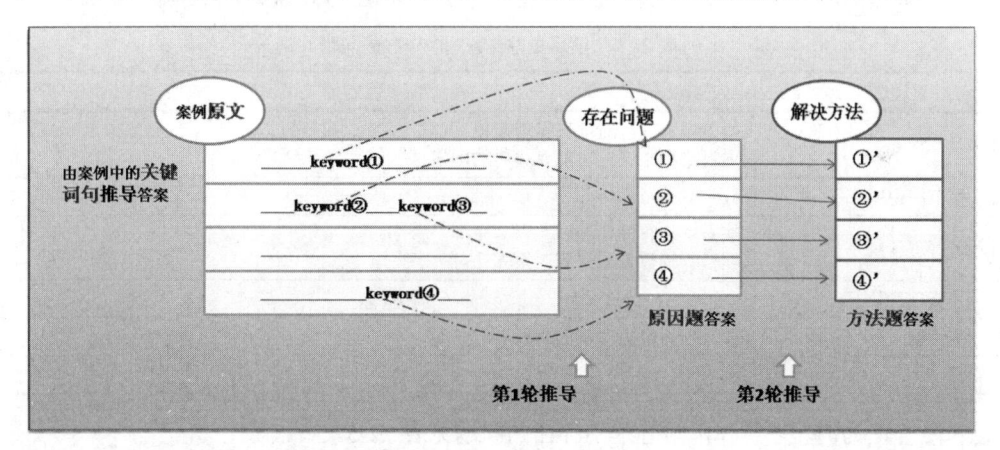

由案例原文推导答案，关键点在于把握案例中的关键句（keyword），每个关键句对应着一个问题，全部问题构成案例的答案。

比如，以下案例：

王工按照 4 个月的工期重新制订了项目计划，向公司申请尽量多增派开发人员，并要求所有的开发人员加班加点工作以便向前赶进度。由于公司有多个项目并行实施，给王工增派的开发人员都是刚招进公司的新人。为节省时间，王工还决定项目组取消每日例会，改为每周例会。同时，王工还允许需求调研和方案设计部分重叠进行，允许需求未经确认即可进行方案设计。

那么，按照正推法，这段文字的描述中给出了很多有效的信息，标注如下：

王工按照 4 个月的工期重新制订了项目计划，①向公司申请尽量多增派开发人员，并要求所有的开发人员加班加点工作以便向前赶进度。②由于公司有多个项目并行实施,给王工增派的开发人员都是刚招进公司的新人。③为节省时间,王工还决定项目组取消每日例会,改为每周例会。同时,王工还允许需求调研和方案设计部分重叠进行。④允许需求未经确认即可进行方案设计。

根据①推导:简单地增加人力资源不一定能如期缩短工期,而且人员的增加意味着更多的沟通成本和管理成本,使得项目赶工的难度增大。

根据②推导:增派的人员各方面经验不足。

根据③推导:项目组的沟通存在问题,每周例会不能使问题及时暴露和解决,可能会导致更严重的问题出现。

根据④推导:需求未经确认即开始方案设计,一旦客户需求变化,将导致项目返工。

[辅导专家提示] 正推法主要用于原因题的解答。

反推法

[方法特点] 反推法是一种非常高效的方法,其应用原理非常简单。原则是"凡是正确的,均予以否定",否定的结果就是我们最终所需要的答案。

对于该方法的典型应用,请参考第 23 章"案例分析典型题"试题 2"项目变更管理"。

一般来说,一些主要的知识领域均适合使用反推法来推导答案,如整合管理、范围管理、质量管理、风险管理等。以整合管理为例,项目在整合管理中存在的问题见表 22-4。

表 22-4 项目在整合管理中存在的问题

过程域	否定后
制订项目章程	缺乏项目章程对项目经理授权 项目章程中缺乏对项目边界的确定
制订初步范围说明书	
制订项目管理计划	缺乏项目管理计划 项目管理计划未得到干系人认可
指导和监督项目执行	
整体变更控制	缺乏整体变更控制的规程
收尾管理	

以风险管理为例,项目在风险管理中存在的问题见表 22-5。

表 22-5 项目在风险管理中存在的问题

过程域	否定后
风险识别	没有充分识别风险 风险识别工具运用不恰当等
制订风险管理计划	没有制订风险管理计划等
风险定性分析	没有定性风险分析
风险定量分析	定性风险分析不够,缺乏定量的分析
制订风险应对措施	没有制订风险应对的措施
风险控制	

在这些应用过程中，需要提醒考生的是，反推的本质是"否定"。但考生在答题的过程中不要去机械地否定，否定的内容可以是过程本身，但更多的时候可能是某个过程中所蕴含的具体内容。

比如，对制订项目章程的否定，简单的否定是"没有制订项目章程"，但考生在解答过程中需要结合上下文来判断这种否定是否正确。由于项目章程涉及对项目经理的任命和授权、对项目边界的确定等，因此，另一种否定的方式是对"制订项目章程"中所蕴含内容的否定。这样，答案有可能就是：缺乏项目章程对项目经理授权，项目章程中缺乏对项目边界的确定。

想象法

[方法特点] 想象法又称为延伸法，之所以称为想象或者延伸，主要在于此方法一般用于辅助答案的推导。一般来说，采用其他的方法可能存在局限性，不可能发现全部的答案，这时可能需要运用想象法来找一些答案作为主要答案的一种补充。尤其是对案例提供信息比较少的题目，需要充分发挥考生的想象力。

对于文字少、信息量少的题目，如果采用直接推导的方式，很难发现题目中所蕴含的答案。一般来说，较好的应对方式除了前面所介绍的"反推法"之外，还有一种方法就是"想象法"，这种方法要求充分借鉴已有的经验，发挥自己的想象力来构造答案。

使用想象法的一个默认前提是：凡是不能证明其明显错误的，又能解释得通的，均可作为参考答案。

为了避免想象法的漫无边际，在实际的使用中提出几条原则性的内容来引导学生思考，避免天马行空式的想象。

AB 法

AB 法就是回答问题时的一种组合方式。对于主观题目来说，作为阅卷者，首先要找到考生的关键知识点，然后看考生对关键知识点的理解，这里的关键知识点是得分之处。因此，与其让阅卷者在万千的文字中找到得分的关键知识点，还不如将关键点主动呈现在其眼前。在 AB 法中，A 代表知识点部分，B 代表对知识点的进一步阐述。

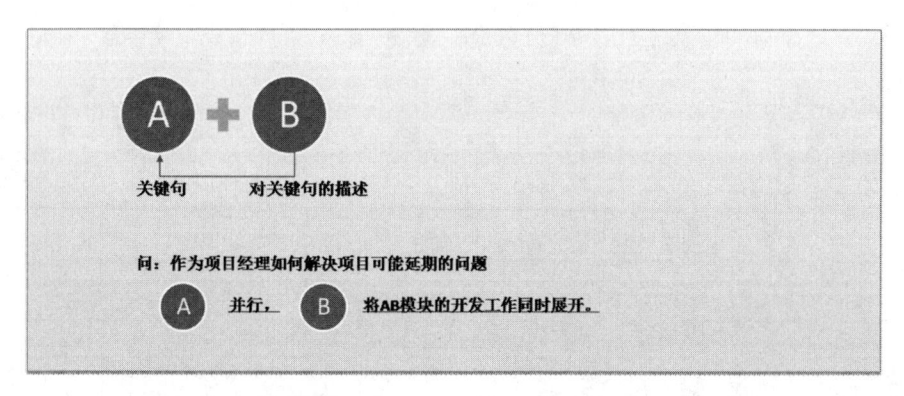

A ＋ B

关键句　　对关键句的描述

问：作为项目经理如何解决项目可能延期的问题
A 并行　　B 将AB模块的开发工作同时展开。

AB 法适用于试卷作答，是答案陈述的方法，A+B 组成了一条答案，便于阅卷者快速找到答题者的主旨。

例如：请问项目经理如何处理延期的问题？

一般性的回答是直接根据案例中的描述提出自己的解决方法。

（1）与客户沟通，在不影响项目主要功能的前提下，适当缩减项目范围（或分期交付，或适当降低项目性能指标）。

（2）投入更多的资源以加速活动进程，或申请指派经验更丰富的人去完成（或帮助完成）项目工作。

（3）让两项工作同时开始。

按照 A+B 模式，则可以改造成：

（1）（A）缩减范围，（B）与客户沟通，在不影响项目主要功能的前提下缩减项目范围。

（2）（A）分期交付，（B）先交付关键功能模块。

（3）（A）赶工，（B）投入更多的资源以加速活动进程。

（4）（A）并行，（B）让工作 A 和工作 B 同时开始。

通过这样的改造，阅卷者可以清晰地看到答题者的逻辑及答案中的关键得分点。

[辅导专家提示] 各种方法的应用并非是唯一的，有时候解一道题目需要多种方法综合应用。最好的方法莫过于没有方法，直接靠丰富的经验答题，这样往往能够得到高分。

第23章 案例分析典型题

本章共选择了 15 道案例分析的题目,为了便于考生练习,在编排上将题目和参考答案分开,考生可先做题,然后再对照参考答案。需要提醒考生的是,案例题必定要经过思考、组织语句、动笔答题的过程,如果缺乏这一过程的训练,且经验相对不足,那么在实际考试过程中则会感觉到"无话可说",同时要提醒的是:参考答案并不是标准答案,对于案例分析题来说,仁者见仁、智者见智,没有绝对统一的答案,考生所要掌握的是解题的思路和方法,而不是囿于答案。

此外,典型题目的参考答案部分都附上了辅导专家提示,对每道题目的知识点、衍生知识点进行了点评。

题型分布

题型分布及主要知识点点评见表 23-1。

表 23-1 题型分布及主要知识点点评

题号	所属学科/范围	主要知识点点评
试题 1	整合管理	关注项目章程、项目管理计划、项目收尾三个重要环节,考虑频率非常高
试题 2	项目变更管理	通过此题了解反推法
试题 3	项目变更管理	常规需要记忆的变更知识点
试题 4	WBS	范围管理的重要知识点
试题 5	资源管理和沟通管理	通过一道题掌握基本知识点
试题 6	质量管理	
试题 7	风险管理	
试题 8	合同索赔	
试题 9	招投标法	
试题 10	关键路径	重点
试题 11	挣值分析	重点,难度高

续表

题号	所属学科/范围	主要知识点点评
试题 12	综合计算题	重点
试题 13	项目集管理	教程改版后新增，第一次考核
试题 14	综合计算题	重点
试题 15	范围管理	

典型题

试题 1　整合管理

【说明】

甲公司准备启动某软件项目，在项目可行性研究报告中提高项目可能会面临的市场方面的风险。在进行项目可行性研究论证时，专家提出应该把该市场风险细化，并提出解决的对策。于是公司在可研报告之外，以会议记录的方式提出了应对该市场风险的方法，如果 4G 技术能够在 2015 年年底普及率达到 70%及以上，则应该按照较快的进度安排尽快实施该项目，并争取在 2016 年 5 月让产品上市，并建议采用 V 模型开发，预算为 1000 万元。如果届时 4G 普及率达不到预期的 70%。则建议采用迭代开发模型，分阶段进行开发，只需要在 2016 年 5 月完成部分产品即可。项目到该时点的预算为 450 万元，并建议将项目的开始时间由原定的 2015 年 8 月，推迟到 2015 年 12 月，以降低项目的可能风险。

李工被临时任命为该项目的项目经理，直接归公司负责营销的王总领导。王总让公司人力资源部门准备了项目章程，通知了财务部、人力资源部和营销部的相关人员一起召开了项目启动会，并在会议上正式发布了项目章程和对项目经理的任命。项目章程中包括项目团队成员、项目的历时、项目经理的权限、项目的预算等内容。其中的项目预算，王总根据对市场的理解和判断，为 1000 万元。项目章程要求项目于 2015 年 8 月开始，于 2016 年 5 月完成产品研发。

李工在项目执行过程中，发现项目章程中没有任何对于项目风险和开发模型的说明与规定，所以就根据自身的经验采用瀑布模型来安排项目工作。当项目进行到 2015 年 12 月时，发现 4G 的普及率没有达到 70%，公司决定暂停此项目。但是到此时为止，项目已经进展到了差不多一半，而且也不能够分阶段进行开发，否则将前功尽弃。而公司质量管理部门追究相关环节的错误时，李工觉得这样的风险不属于项目层面风险管理的内容，作为项目经理，只要按照项目章程的规定执行项目就是尽责了。

【问题 1】（12 分）

制订项目章程的输入项包括什么？列举项目章程中需包括哪些内容。

【问题 2】（7 分）

请指出制订项目管理计划的输入项包括哪些内容？本案例中一开始提到的会议记录会影响项目管理计划的制订吗？如果会，请指出是如何影响的；如果不会，请说明理由。

【问题3】（6分）

项目经理李工认为"这样的风险不属于项目层面风险管理的内容，作为项目经理，只要按照项目章程的规定执行项目就是尽责了"是否正确？为什么？项目风险管理计划主要应包括哪些内容？

试题 2　项目变更管理

【说明】

在一个正实施的系统集成项目中出现了以下情况：一个系统的用户向他所认识的一个项目开发人员抱怨系统软件中的一项功能问题，并且表示希望能够进行修改。于是，该开发人员就直接对系统软件进行了修改，解决了该项功能问题。针对这样一种情况，请分析如下问题：

【问题1】请用 150 字以内的文字，说明上述情况中存在着哪些问题。

【问题2】请用 300 字以内的文字，说明上述情况可能会导致什么样的后果。

【问题3】请用 300 字以内的文字，说明项目管理中完整的变更处置流程。

试题 3　项目变更管理

【说明】

某单位甲建设数据中心管理系统，与乙公司签订了单价建设合同，与丙公司签订了监理合同。

建设合同中规定：系统提供的网络带宽不低于 2Mb/s，操作响应时间不超过 5s，可支持的最大并发用户数不少于 5000 个。

乙公司项目经理张某根据项目要求编写了范围说明书，将 Web 服务器和数据库服务器部署在一个小型机上，并编制了 WBS 字典。其中规定服务器安装要在 10 月 5 日前完成，主要性能指标为响应时间不超过 5s，可支持最大并发用户数不少于 5000 个。

在现场设备安装调试前，建设方技术总监与张某沟通，要求提高系统可支持的最大并发用户数至 10000 个并说明了原因。张某为此邀请乙公司技术总监和相关技术人员进行商讨并制订了新的技术方案，该方案中建议用两台小型机分别作为 Web 服务器和数据库服务器。

乙公司技术总监批准了该方案，随后报建设方领导出具意见，建设方领导也批准了新方案。张某按照批准的新方案重新采购、安装和调试了设备。项目完成后，建设方代表对系统的性能指标满意，但不同意追加投资。乙公司为此请丙公司出面协调，然而丙公司总监以对新技术方案不了解为由，拒绝在项目验收报告上签字。

【问题 1】（5 分）

结合本案例，判断下列选项的正误（填写在答题纸的对应栏内，正确的选项填写"√"，错误的选项填写"×"）。

（1）技术方案调整属于技术变更，应由建设方和承建方技术负责人最终审批。（   ）

（2）张某编制的 WBS 字典不符合项目管理文件规范。（   ）

（3）甲、乙双方可对所签订的合同的效力约定生效或解除条件。（   ）

（4）对于单价建设合同，技术方案的调整不涉及合同变更。（   ）

（5）签订监理合同后，建设方不能再提出技术指标变更要求，应由监理方提出。（   ）

【问题 2】（8 分）

请指出案例中的技术方案调整可能涉及哪些类型的项目变更。

【问题 3】（12 分）

请简要分析案例中技术方案变更过程中存在的问题，并提出改正建议。

试题 4　WBS

【说明】

M 公司承担了某大学图书馆存储及管理系统的开发任务，项目周期 4 个月。

小陈是 M 公司的员工，半年前入职。在校期间，小陈跟随导师做过两年的软件开发，具有很好的软件开发基础。领导对小陈很信任，本次任命小陈担任该项目的项目经理。项目立项前，小陈参与了用户前期沟通会议，并承担了需求分析工作。

会议后，相关部门按照要求整理会议所形成的决议和共识，并发给客户等待确认。为了节约时间，小陈根据自己在沟通会议上记录的结果，当晚组织相关人员撰写了软件需求规格说明书。次日便要求设计人员开始进行系统设计，并指出项目组成员必须严格按照进度计划执行，以不辜负领导的期望与嘱托。

项目进行了 2 个月后，校方主管此业务的新领导到任，并提出了新的信息化管理要求。小陈进行变更代价分析，认为成本超支严重。于是小陈准备不进行范围变更，并将结果通知客户，引起客户不满。

项目进入测试阶段后，M 公司开展内部管理审查活动，此项目作为在建项目接受了抽查，项目审查员对该项目提出了多个问题，范围管理方面的问题尤为突出。

【问题 1】
结合本案例，分析小陈在此项目中的项目范围管理方面可能存在的不足。

【问题 2】
小陈组织人员撰写的项目 WBS 如下图所示。

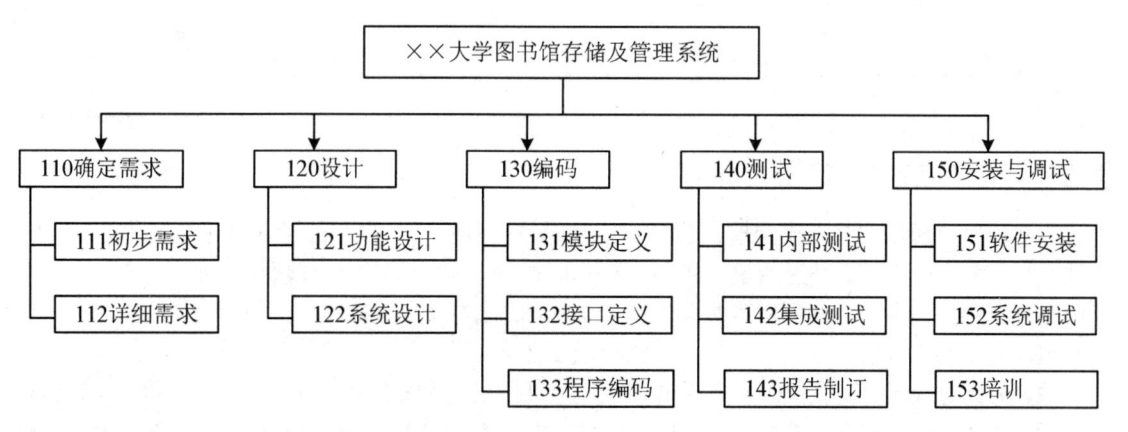

(1) 请说明上述 WBS 结构是将_____作为第一层进行分解的。除了上述方法，还可以采用_____方式进行分解。

(2) 从上图来看，完整的 WBS 中除了实现最终产品或服务所必须进行的技术工作，还需要包括_____。

(3) 创建 WBS 时要遵循哪些原则？供选择答案（将正确选项的字母填入答题纸的对应栏内）如下：

A．在各层次上保持项目的完整性，避免遗漏必要的组成部分
B．一个工作单元可从属于某些上层单元
C．相同层次的工作单元可以具有不同性质
D．工作单元应能分开不同责任者和不同工作内容

E. 便于项目管理进行计划、控制的管理需要
F. 最低层工作应该具有可比性,是可管理的、可定量检查的
G. 分解到一定粒度的工作包
H. WBS 不包括分包出去的工作

【问题3】
(1)请指出案例中引起范围变更的原因。
(2)一般情况下,造成项目范围变更的主要原因还有哪些?

试题 5 资源管理和沟通管理

为实现空气质量的精细化治理,某市规划了智慧环保项目。该项目涉及网格化监测、应急管理、执法系统等多个子系统。作为总集成商,A 公司非常重视,委派李经理任项目经理,对公司内研发部门与项目相关的各产品线研发人员及十余家供应商进行统筹管理。李经理明确了关键时间节点,识别出项目干系人为客户和供应商后,开始了项目建设工作。

项目开始建设 5 个月后,公司高层希望了解项目情况,要求李经理进行阶段性汇报。李经理对各方面工作进展进行汇总,发现三个问题:一是原本该到位的服务器、交换机,采购部门迟迟没有采购到位,部分研发完成的功能无法部署到客户现场与客户进行演示确认;二是 S 公司作为 A 公司的供应商,承担空气质量监测核心算法工作,一直与客户方直接对接,其进度已经不受李经理掌控,且 S 公司作为核心算法国内唯一权威团队,可以确保算法工作按期交付,因此其认为不需要向李经理汇报工作进展;三是公司研发部门负责人因其他项目交付紧迫性更高,从该项目抽调走了 2 名研发人员张工、王工,项目目前研发人员的空缺需要后续补充。

李经理忧心忡忡,向公司汇报完项目进展情况后,公司政策研究院相关领导表示国家在环境执法方面的法律法规本月初已经进行了较大改版,项目相关子系统会有关联;营销副总裁听完项目汇报后表达不满:该项目作为公司的重点项目,希望作为全国性的标杆项目进行展示和推广,但当前各子系统的研发成果基本照搬了公司现有产品,没有任何创新性的体现,不利于公司后期的宣传推

广，PMO 提醒李经理依据财务部门推送的数据，公司对部分供应商已经根据进度完成了第二节点款项支付，但当前 A 公司作为总集成商，与客户的第二个合同付款节点还未到，项目的成本支出和收益方面将面临较大的压力。人力资源负责人提醒李经理，项目成员张工和王工的本月绩效评价还未提交，截止日期为 2 天以后。

【问题 1】（12 分）

结合案例，请指出李经理在资源管理和沟通管理方面存在的问题。

【问题 2】（5 分）

请将下面（1）~（5）处的答案填写在答题纸的对应栏内。

本案例中，项目的组织结构是__(1)__，李经理发现人员空缺时需要再选 2~3 名研发人员进入项目，选择标准包括：经验、__(2)__、__(3)__、__(4)__、__(5)__、成本、能力和国际因素。

【问题 3】（3 分）

结合案例，请帮助李经理补充他没有识别到的其他干系人。

【问题 4】（5 分）

请写出项目资源管理包含的过程，并描述每个过程的主要作用。

试题 6 质量管理

【说明】

某公司承接了一个银行业务系统的软件开发项目，质量要求非常高。项目经理小赵制订了项目的整体计划，将项目划分为需求、设计、编码和测试四个阶段，他将测试阶段预留了大量的时间，以便开展充分的测试工作。

需求分析完成后，项目组编写了《需求分析报告》，项目经理小赵召集部分骨干人员召开评审会，对需求文件进行了评审。为了尽快进入下一阶段工作，评审会从早上 9 点一直开到晚上 9 点，终于把全部的文件都审完了。评审组找到了几处小问题，并当场进行了修改，项目经理宣布可以进入设计阶段。

设计人员根据需求文件编写了《设计说明书》，并提交给小赵，小赵对设计文件仔细审阅后，便安排程序员开始编程。

编程结束后，进入测试阶段。第 1 轮测试，发现了 70 个缺陷。项目组对发现的缺陷进行了修复，又重新提交测试。第 2 轮测试又发现了 117 个缺陷。就这样反复修改和测试，直到第 6 轮，发现了 33 个缺陷。各轮发现的缺陷数如下：

轮数	第1轮	第2轮	第3轮	第4轮	第5轮	第6轮
缺陷数	70	117	89	54	158	33

这时，小赵终于松了一口气，由于第 6 轮只剩下 33 个缺陷，他觉得测试工作应该会很快结束。

【问题1】（10分）
分析此项目的质量管理过程中存在哪些问题。

【问题2】（9分）
请在答题纸上标出纵坐标的刻度值，并画出测试缺陷的趋势图。

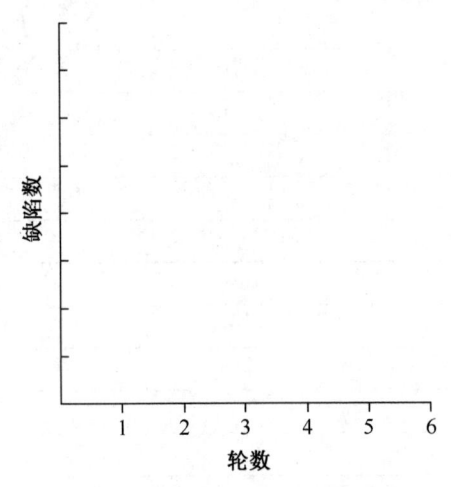

根据趋势图分析"小赵觉得测试工作应该会很快结束"是否有道理，并说明原因。

【问题3】（3分）
请结合软件开发生命周期，分析软件存在缺陷的可能原因。

【问题4】（3分）
请结合实际经验，说明软件项目的质量管理工作应重点完成哪些工作。

试题 7 风险管理

【说明】

某市电力公司准备在其市区及各县实施远程无线抄表系统，代替人工抄表。经过考查，电力公司指定了国外的 S 公司作为远程无线抄表系统的无线模块提供商，并选定本市 F 智能电气公司作为项目总包单位，负责购买相应的无线模块，开发与目前电力运营系统的接口，进行全面的项目管理和系统集成工作。F 公司的杨经理是该项目的项目经理。

在初步了解用户的需求后，F 公司立即着手系统的开发与集成工作。5 个月后，整套系统安装完成，通过初步调试后就交付用户使用。但从系统运行之日起，不断有问题暴露，电力公司要求 F 公司负责解决。可其中很多问题，如数据实时采集时间过长、无线传输时数据丢失，甚至有关技术指标不符合国家电表标准等，均涉及无线模块。于是杨经理同 S 公司联系并要求解决相关技术问题，而此时 S 公司因内部原因退出中国大陆市场。因此，系统不得不面临改造。

【问题 1】（6 分）

请用 300 字以内的文字指出 F 公司在项目执行过程中有何不妥。

【问题 2】（9 分）

风险识别是风险管理的重要活动。请简要说明风险识别的主要内容，并指出选用 S 公司无线模块产品存在哪些风险。

【问题 3】（10 分）

请用 400 字以内的文字说明项目经理应采取哪些办法解决上述案例中的问题。

试题8　合同索赔

【说明】

在某市的政府采购中,弘道系统集成甲公司中标了市政府部门乙的信息化项目。经过合同谈判,双方签订了建设合同,合同总金额为1150万元,建设内容包括:搭建政府办公网络平台,改造中心机房,并采购所需的软硬件设备。

甲公司为了更好地履行合同要求,将中心机房的电力改造工程分包给专业施工单位丙公司,并与其签订分包合同。

在项目实施了2个星期后,由于政府部门乙提出了新的业务需求,决定将一个机房分拆为两个,因此需要增加部分网络交换设备。乙参照原合同,委托甲公司采购相同型号的网络交换设备,金额为127万元,双方签订了补充协议。

在机房电力改造施工过程中,由于丙公司工作人员的失误,造成部分电力设备损毁,导致政府部门乙两天无法正常办公,严重损害了政府部门乙的社会形象,因此部门乙就此施工事故向甲公司提出索赔。

【问题1】(2分)

案例中,政府部门乙向甲公司提出索赔。索赔是合同管理的重要环节,按照我国建设部、财政部下达的通用条款,以下哪项不属于索赔事件处理的原则?(从备选答案中选择一个正确选项,将该选项编号填入答题纸对应栏内)

备选答案:

A．索赔必须以合同为依据　　　　　　　B．索赔必须以双方协商为基础

C．及时、合理地处理索赔　　　　　　　D．加强索赔的前瞻性

【问题2】(8分)

请指出甲公司与政府部门乙签订的补充协议是否有不妥之处?如有,请指出并说明依据。

【问题3】(5分)

请简要叙述合同索赔流程。

【问题4】(5分)

案例中,甲公司将中心机房的电力改造分包给专业施工单位丙公司,并与其签订分包合同。请问甲公司与丙公司签订分包合同是否合理?为什么?

试题 9　招投标法

【说明】

某国有大型制造企业 H 计划建立适合其业务特点的 ERP 系统。为了保证 ERP 系统的成功实施，H 公司选择了一家较知名的监理单位，帮助选择供应商并协助策划 ERP 的方案。

在监理单位的协助下，H 公司编制了招标文件，并于 5 月 6 日发出招标公告，规定投标截止时间为 5 月 21 日 17 时。在截止时间前，H 公司共收到五家公司的投标书，其中甲公司为一家外资企业。H 公司觉得该项目涉及公司的业务秘密，不适合由外资企业来承担。因此，在随后制订评标标准的时候，特意增加了关于企业性质的评分条件：国有企业可加 2 分，民营企业可加 1 分，外资企业不加分。

H 公司又组建了评标委员会，其中包括 H 公司的领导一名、H 公司上级主管单位的领导一名，其他四人为邀请的行业专家。在评标会议上，评标委员会认为丙公司的投标书能够满足招标文件中规定的各项要求，但报价低于成本价，因此选择了同样投标书满足要求，但报价次低的乙公司作为中标单位。

在发布中标公告后，H 公司与乙公司开始准备签订合同。但此时乙公司提出，虽然招标文件中规定了合同格式并对付款条件进行了详细的要求，但这种付款方式只适用于硬件占主体的系统集成项目，对于 ERP 系统这种软件占主体的项目来说并不适用，因此要求 H 公司修改付款方式。H 公司坚决不同意乙公司的要求，乙公司多次沟通未达到目的只好做出妥协，直到第 45 天，H 公司才与乙公司最终签订了 ERP 项目合同。

【问题 1】（10 分）

请指出在该项目的招投标过程中存在哪些问题，并说明原因。

【问题 2】（8 分）

（1）评标委员会不选择丙公司的理由是否充分？依据是什么？

（2）乙公司要求 H 公司修改付款方式是否合理？为什么？为此，乙公司应如何应对？

【问题 3】（7 分）

请说明投标流程中投标单位的主要活动有哪些。

试题 10 关键路径

【说明】

A公司是一家专门从事系统集成和应用软件开发的公司，目前有员工100多人，分属销售部、软件开发部、系统网络部等业务部门。公司销售部主要负责服务和产品的销售工作，将公司现有的产品推销给客户。同时也会根据客户的具体需要，承接信息系统集成项目，并将其中应用软件的研发任务交给软件开发部实施。

经过招投标，A公司承担了某银行的系统集成项目，合同规定，5月1日之前系统必须完成，并且进行试运行。合同签订后，项目的软件开发任务由软件开发部负责，硬件与网络由系统网络部负责设计与实施。王工担任这个项目的项目经理。王工根据项目需求，组建了项目团队，团队分成软件开发小组和网络集成小组，其中软件开发小组组长是赵工，网络集成小组组长是刘工。王工制订了项目进度计划，下图是该项目的进度网络图。

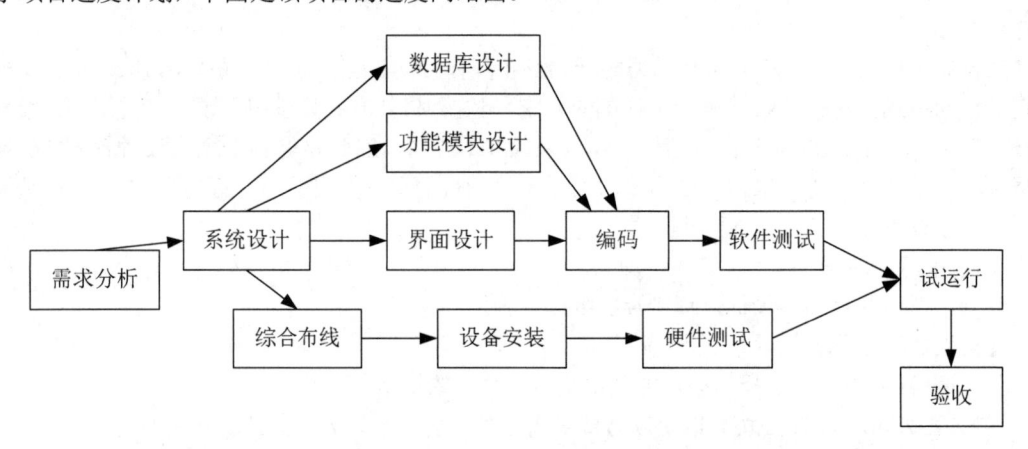

图中各个活动的工期在下表中列出。

活动序号	活动名称	工期/天
1	需求分析	30
2	系统设计	20
3	界面设计	20
4	功能模块设计	25
5	数据库设计	20
6	编码	50
7	软件测试	20

续表

活动序号	活动名称	工期/天
8	综合布线	60
9	设备安装	20
10	硬件测试	10
11	试运行	20
12	验收	2

软件开发中,发现有两个需求定义得不够明确,因此增加了一些功能,导致功能模块设计延长了5天。网络集成过程中,由于涉及物联网等技术,综合布线延迟了5天。接着采购的一个新设备没有按时到货,到货之后在调试过程中遇到了以前没有遇到的问题,使网络设备安装调试延迟了7天。两个小组分别通过电话向各自部门通报项目进展,而网络集成工作是在用户现场进行的,因此网络集成的进度状况在公司总部进行开发工作的软件开发小组并不了解。上述问题导致了项目整体进度的拖延,绩效状况不佳。

【问题1】(10分)

项目原计划的工期是__(1)__天,如不采取措施,项目最后完工的工期是__(2)__天,这是因为__(3)__、__(4)__等活动的工期变化,导致了关键路径的变化,如果想尽量按照原来的预期完成工作,而使增加成本最少,最常采用的措施应是__(5)__。

请将上面的叙述补充完整(将空白处应填写的恰当内容写在答题纸的对应栏内)。

【问题2】(6分)

分析案例中发生问题的可能原因。

【问题3】(9分)

结合案例,说明王工应如何实施进度控制,采用的工具与技术有哪些。

试题 11 挣值分析

【说明】

一个信息系统集成项目有 A、B、C、D、E、F、G 共 7 个活动，各个活动的顺序关系、计划进度和成本预算如下图所示，大写字母为活动名称，其后面括号中的第一个数字是该活动计划进度持续的周数，第二个数字是该活动的成本预算，单位是万元。该项目资金分三次投入，分别在第 1 周初、第 10 周初和第 15 周初投入资金。

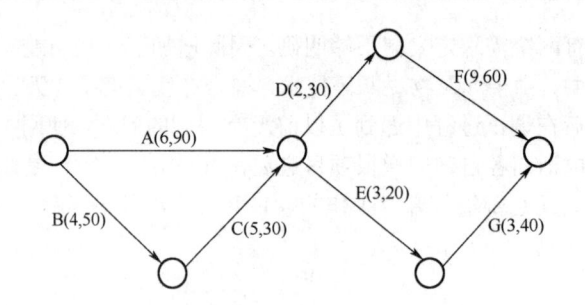

项目进行的前 9 周，由于第 3 周时公司有个临时活动停工 1 周。为赶进度，从其他项目组中临时抽调 4 名开发人员到本项目组。第 9 周末时，活动 A、活动 B 和活动 C 的信息如下，其他活动均未进行。

活动 A：实际用时 8 周，实际成本 100 万元，已完成 100%。

活动 B：实际用时 4 周，实际成本 55 万元，已完成 100%。

活动 C：实际用时 5 周，实际成本 35 万元，已完成 100%。

从第 10 周开始，抽调的 4 名开发人员离开本项目组，这样项目进行到第 14 周末的情况如下，其中由于对活动 F 的难度估计不足，导致进度和成本有偏差。

活动 D：实际用时 2 周，实际成本 30 万元，已完成 100%。

活动 E：实际用时 0 周，实际成本 0 万元，已完成 0%。

活动 F：实际用时 3 周，实际成本 40 万元，已完成 20%。

活动 G：实际用时 0 周，实际成本 0 万元，已完成 0%。

【问题 1】（10 分）

在不影响项目总体工期的前提下，制订能使资金成本最优化的资金投入计划。请计算三个资金投入点分别要投入的资金量，并写出在此投入计划下项目各个活动的执行顺序。

【问题 2】（5 分）

请计算项目进行到第 9 周末时的成本偏差（CV）和进度偏差（SV），并分析项目的进展情况。

【问题 3】（5 分）

请计算项目进行到第 15 周时的成本偏差（CV）和进度偏差（SV），并分析项目的进展情况。

【问题 4】（5 分）

若项目在第 15 周时要计算完工尚需成本（ETC）和完工估算成本（EAC），采用哪种方式计算更合适？写出计算公式。

试题 12 综合计算题

【说明】

某项目进入详细设计阶段后，项目经理为后续活动制订了如下图所示的网络计划图，图中的"△"标志代表开发过程的一个里程碑，此处需进行阶段评审，模块 1 和模块 2 都要通过评审后才能开始修复。

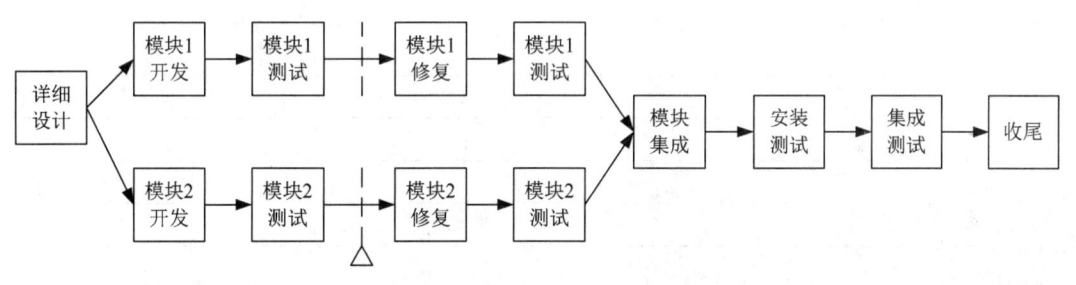

```
详细设计 → 模块1开发 → 模块1测试 ┊ 模块1修复 → 模块1测试 → 模块集成 → 安装测试 → 集成测试 → 收尾
        → 模块2开发 → 模块2测试 ┊ 模块2修复 → 模块2测试 ↗
                              △
```

项目经理对网络图中的各活动进行了成本估算，估计每人每天耗费的成本为 1000 元，安排了各活动的人员数量，并统计了模块 1、模块 2 的开发和测试活动的工作量（如下表）。其中阶段评审活动不计入项目组的时间和人力成本预算。

活动	人数安排	预计完成工作量/（人·天）
模块 1 开发	8	48
模块 1 测试	1	3
模块 1 修复	8	8
模块 1 测试	1	2
模块 2 开发	10	80
模块 2 测试	1	3
模块 2 修复	10	10
模块 2 测试	1	2

【问题 1】（3 分）

请计算该项目自模块开发起至模块测试全部结束的计划工期。

【问题 2】（10 分）

详细设计完成后，项目组用了 11 天才进入阶段评审。在阶段评审中发现：模块 1 开发已完成，测试尚未开始；模块 2 的开发和测试均已完成，修复工作尚未开始，模块 2 的实际工作量比计划多用了 3 人·天。

（1）请计算自详细设计完成至阶段评审期间模块 1 的 PV、EV、AC，并评价其进度和成本绩效。

（2）请计算自详细设计完成至阶段评审期间模块 2 的 PV、EV、AC，并评价其进度和成本绩效。

【问题 3】（8 分）

（1）如果阶段评审未作出任何调整措施，项目仍按当前状况进展，请预测从阶段评审结束到软件集成开始这一期间，模块 1、模块 2 的 ETC（完工尚需成本）（给出公式并计算结果）。

（2）如果阶段评审后采取了有效的措施，项目仍按计划进展，请预测从阶段评审结束到软件集成开始这一期间，模块 1、模块 2 的 ETC（完工尚需成本）（给出公式并计算结果）。

【问题 4】（4 分）

请结合软件开发和测试的一般过程，指出项目经理制订的网络计划和人力成本预算中存在的问题。

试题 13　项目集管理

【说明】

A 公司准备研发一款手机无线充电器，项目启动时间为 2018 年 1 月，项目整体交付时间为 2018 年 6 月。按照资源配置和专业分工，公司将项目初步拆为 7 个项目，其中，项目 A～项目 C 负责产品主体研发和生产，项目 E 和项目 F 关注产品规格和外观设计，项目 D 负责技术攻关，项目 G 关注功能性附件。2018 年 2 月，核心芯片采购遇到困难，为了不影响整体进度，又单独成立了 H 组负责研究可替代芯片的选型和采购。

同时公司专门成立了副总经理牵头的协调小组负责管理这 8 个启动时间不一、关键节点不一却又内部互有关联的项目。

【问题 1】（3 分）

（1）请简述项目管理、项目集管理和项目组合管理的概念。

（2）结合案例分析该项目适合用哪种方式进行管理，并简述理由。

【问题 2】（6 分）

结合案例，从变更、计划、监控三个属性上阐述项目组 A 的项目经理与协同小组职责的差异。

【问题 3】（3 分）

请将下面（1）～（3）处的答案填写在答题纸的对应栏内（从候选答案中选择一个正确选项，将该选项的编号填入答题纸对应栏内）。

项目组合治理管理包括：制订项目组合管理计划、__(1)__、__(2)__、__(3)__ 和执行项目组合监督 5 个子过程。

A．定义项目组合　　　　B．分配项目组合资源　　　　C．优化项目组合

D．批准项目组合　　　　E．指定项目组合预算

【问题 4】（5 分）

请判断以下描述是否正确（填写在答题纸的对应栏内，正确的选项填写"√"，不正确的选项填写"×"）。

（1）项目集内的所有项目通过共同的目标相关联，该目标对发起组织而言具有非常重要的战略意义。（　）

（2）项目集目标可以是短期的，也可以是长期的；可以是定性的，也可以是定量可管理的。（　）

（3）为了获得有效资源，组织应该为每一个项目集提前分配固定的资源池。（　）

（4）可以根据项目集收益的实现情况将项目集生命周期划分为项目集定义阶段、项目集收益交付阶段和项目集收尾阶段三个过程。（　）

（5）项目集管理过程中，增加了绩效域这一新概念，重点关注项目集的战略、构建和治理等方面。（　）

试题 14　综合计算题

阅读下列说明，回答问题 1～问题 4，将解答填入答题纸的对应栏内。

【说明】

某信息系统项目包含 A、B、C、D、E、F、G、H、I、J 十个活动。各活动的历时、成本估算值、活动逻辑关系见下表。

活动名称	活动历时/天	成本估算值/元	紧前活动
A	2	2000	—
B	4	3000	A
C	6	5000	B

续表

活动名称	活动历时/天	成本估算值/元	紧前活动
D	4	3000	A
E	3	2000	D
F	2	2000	A
G	2	2000	F
H	3	3000	E、G
I	2	2000	C、H
J	3	3000	I

【问题 1】(10 分)

(1) 请计算活动 H、活动 G 的总浮动时间和自由浮动时间。

(2) 请指出该项目的关键路径。

(3) 请计算该项目的总工期。

【问题 2】(3 分)

项目经理在第 9 天结束时对项目进度进行统计,发现活动 C 完成了 50%,活动 E 完成了 50%,活动 G 完成了 100%,请判断该项目工期是否会受到影响。为什么?

【问题 3】(10 分)

结合【问题 2】,项目经理在第 9 天结束时对项目成本进行了估算,发现活动 B 的实际花费比预估多了 1000 元,活动 D 的实际花费比预估少了 500 元,活动 C 的实际花费为 2000 元,活动 E 的实际花费为 1000 元,其他活动的实际花费与预估一致。

(1) 请计算该项目的完工预算(BAC)。

(2) 请计算该时点计划值(PV)、挣值(EV)、成本绩效指数(CPI)、进度绩效指数(SPI)。

【问题 4】(3 分)

项目经理对项目进度、成本与计划不一致的原因进行了详细分析,并制订了改进措施。假设该改进措施是有效的,能确保项目后续过程中不会再发生类似问题,请计算该项目的完工估算(EAC)。

试题 15　范围管理

【说明】

2018 年 1 月,某系统集成公司中标本市某地铁线路的列车乘客信息系统项目,内容包括地铁公司运营中心节目播放控制软件、地铁列车节目接收软件以及服务器、播放终端等硬件设施的搭建工作。

公司任命小陈为项目经理,并从各部门抽调了经验丰富的工程师组成了项目团队。小陈依据过去多年从事会议场所多媒体播控系统的经验,自己编写了项目范围说明书,并依此创建了 WBS 和 WBS 字典,形成项目范围基准。在项目实施过程中,由于与供应解码设备的厂商发生合同纠纷,项目组不得不重新寻找新的合作厂商,并针对新的解码设备,重新开发接口软件,致使项目工期拖延。客户针对播放控制软件，要求增加断点续传的功能，开发人员认为工作量不大就自行增加了该功能。项目测试时，小陈发现与之前做的项目不同，地铁运行时数据是通过车辆无线网络传输，带宽有限，网络丢包现象严重，导致视频节目播放时，经常卡顿，马赛克现象严重，究其原因发现是WBS中解决该问题的软件模块没有开发。验收时，客户对项目执行情况很不满意，小陈觉得客户吹毛求疵与客户发生了争执，导致客户向公司高层投诉。

【问题1】（10分）

结合案例，请分析该项目在范围管理方面存在哪些问题。

【问题2】（6分）

结合案例，请分析该项目在范围管理之外，还存在哪些问题。

【问题3】（5分）

分解是一种将项目可交付成果和项目工作分解成较小的、更容易于管理组件的技术，请指出要将整个项目分解为工作包，需要开展哪些主要活动。

【问题4】（4分）

从候选答案中选择四个正确选项，将该选项编号填入答案纸对应栏内（所选答案多于四个则得0分）。规划范围管理过程的输入是（　　）。

A．需求管理计划　　　B．项目章程　　　C．项目范围说明书　　D．经验教训知识库
E．项目管理计划　　　F．工作绩效数据　　G．人事管理制度

参考答案

试题1　整合管理

[辅导专家提示] 整合管理是案例分析题中考核频率最高的知识点之一。考核的内容涉及了整合管理的几个主要过程，从历年的情况来看，主要集中在章程、计划、变更和收尾。本题恰好涉及了这其中的几个主要部分，此类知识反复考核，需要引起考生的注意。

[参考答案]

【问题1】（12分）

制订项目章程的输入项一般包括：立项管理文件、协议、组织过程资产、事业环境因素。（每个1分，共4分）

项目章程的内容有：

（1）项目需求，它反映了客户、项目发起人或其他项目干系人的要求和期望。

（2）项目必须实现的商业需求、项目概述或产品需求。

（3）项目的目的或论证结果。

（4）项目干系人的需求和期望。

（5）指定项目经理及授权级别。

（6）概要的里程碑计划。

（7）项目干系人的影响。

（8）职能组织。

（9）组织的、环境的和外部的假设。

（10）组织的、环境的和外部的约束。

（11）论证项目的业务方案，包括投资回报率。

（12）概要预算。

（每项1分，最多得8分）

【问题2】（7分）

1．制订项目管理计划输入项包含：

（1）项目章程。

（2）其他过程的输出。

（3）事业环境因素。

（4）组织过程资产。（每项1分，共4分）

2．影响。（1分）

3．会议记录中的内容涉及项目的风险及风险分析，主要内容应编入项目范围说明书中，项目范围说明书是项目管理计划的主要输入内容之一。（2分）

【问题3】（6分）

1．不正确。（1分）

2．因为项目风险是项目经理要关注的主要因素之一，应针对风险项的变化及时进行管理。（2分）

3．项目风险管理计划中应包括：

（1）方法论。

（2）角色与职责。

（3）预算。

（4）制订时间表。

（5）风险类别。

（6）风险概率和影响力的定义。

（7）概率及影响矩阵。

（8）已修订的项目干系人对风险的容忍度。

（9）报告的格式。

（10）跟踪。

（每项0.5分，最多得3分）

试题2 项目变更管理

[辅导专家提示] 本题是反推法的典型题型，主要帮助考生通过此题熟悉反推法，解题时可以先解答问题3，得到变更管理的基本流程，然后对基本流程进行否定，得到存在的问题（问题1），根据存在的问题，正推导致的后果（问题2）。

标准流程	否定后	后果
变更申请	缺乏变更申请	对产品的变更历史无法追溯
变更评估	未对变更进行评估	导致后期的变更工作出现缺失、与其他工作不一致等问题，对进度、成本、质量方面产生一定影响
变更决策	未经过CCB决策	变更不被认可，为变更付出的工作量也无法得到承认
变更实施	未进行版本管理	导致当变更失败时无法进行复原，造成成本损耗和进度拖延
变更验证	变更完成后没有进行验证	难以确认变更是否正确实现
沟通存档	没有沟通存档，通知项目干系人	导致与项目干系人的工作之间出现不一致之处

[参考答案]

【问题1】存在的主要问题有：

（1）对用户的要求未进行记录。

（2）对变更请求未进行足够的分析，也没有获得批准。

（3）在修改过程中没有注意进行版本管理。

（4）修改完成后未进行验证。

（5）修改的内容未与项目干系人进行沟通。

【问题2】可能导致如下后果：

（1）缺乏对变更请求的记录，可能会导致对产品的变更历史无法追溯，并导致对工作产物的整体变化情况失去把握。

（2）缺乏对变更请求的分析，可能会导致后期的变更工作出现工作缺失、与其他工作不一致等问题，对项目的进度、成本、质量方面也会产生一定影响。

（3）在修改过程中不注意版本管理，一方面可能会导致当变更失败时无法进行复原，造成成本损耗和进度拖延；另一方面，对于组织财富和经验的积累也是不利的。

（4）修改完成后不进行验证则难以确认变更是否正确实现，为变更付出的工作量也无法得到承认。

（5）未与项目干系人进行沟通，可能会导致与项目干系人的工作之间出现不一致之处，进而影响项目的整体质量。

【问题3】变更管理的基本流程如下：

（1）变更申请。应记录变更的提出人、日期、申请变更的内容等信息。

（2）变更评估。对变更的影响范围、严重程度、经济和技术可行性进行系统分析。

（3）变更决策。由具有相应权限的人员或机构决定是否实施变更。

（4）变更实施。由管理者指定的工作人员在受控状态下实施变更。

（5）变更验证。由配置管理人员或受到变更影响的人对变更结果进行评价，确定变更结果与预期是否相符、相关内容是否进行了更新、工作产物是否符合版本管理的要求。

（6）沟通存档。将变更后的内容通知可能会受到影响的人员，并将变更记录汇总归档。如提出的变更在决策时被否决，其初始记录也应予以保存。

试题 3　项目变更管理

[参考答案]

【问题 1】（5 分）

（1）（×）　　（2）（√）　　（3）（√）　　（4）（×）　　（5）（×）

【问题 2】（8 分）

技术方案调整可能涉及的项目变更有需求、范围、时间、成本、合同、采购和质量等变更。

【问题 3】（12 分）

（1）存在的问题。（3 分）

主要问题是没有按规范的整体变更控制流程来操作，以致承建方为变更所付出的努力与工作得不到建设方和监理方的认可。

变更没有依据整体变更流程，缺乏正式书面文件，缺乏正式、批准的变更方案。

变更没有监理方参与，过程缺乏监控。

（2）改正建议。（9 分）

制订规范的项目变更流程。

严格遵循变更流程。

提出变更的书面申请。

变更进行论证。

变更需变更控制委员会审查后通过。

变更需要监理、监控。

对变更结果进行评估。

妥善保存变更产生的相关文档。

试题 4　WBS

[辅导专家提示] 范围管理中有几个重要过程：范围定义、制订 WBS、范围确认。本题考核制订 WBS，WBS 题型出现的时候一般都有 WBS 的图形，考核分解方式、特点、分解原则等。

[参考答案]

【问题 1】

（1）没有制订项目范围计划。

（2）没有进行范围定义（或没有形成范围说明书）。

（3）没有进行范围确认（或未与项目干系人统一意见就开始设计）。

（4）变更应遵循整体变更流程。

（5）范围管理中与干系人沟通存在问题（或范围变更未与干系人取得统一意见）。

（6）SRS 未评审就付诸行动。

【问题 2】

（1）项目的生命周期。把项目可交付物作为分解中的第一层，把子项目安排在第二层。

（2）项目管理工作。

(3) A. 在各层次上保持项目的完整性，避免遗漏必要的组成部分
　　　D. 工作单元应能分开不同责任者和不同工作内容
　　　E. 便于项目管理进行计划、控制的管理需要
　　　F. 最低层工作应该具有可比性，是可管理的、可定量检查的。

【问题3】(4分)

(1) 客户对项目、项目产品或服务的要求发生变化。

(2) 项目环境发生变化（如政府政策发生变化）；范围计划编制有错误或遗漏；市场出现了新技术、新手段或新方案；项目实施组织发生了变化。

试题5　资源管理和沟通管理

[辅导专家提示]

本题第1问考查沟通管理和资源管理的相关知识，答题时需要从沟通管理和资源管理的管理过程顺序去分析，看每个过程是否开展了相应的工作，工作过程是否正确。

项目资源管理过程包括规划资源管理、估算活动资源、获取资源、建设团队、管理团队、控制资源。

项目沟通管理过程包括规划沟通管理、管理沟通、监督沟通。

本题第2问考查组织结构类型和获取资源工具的相关内容。

本题第3问考查识别干系人的具体应用，应从多个角度去识别干系人。

本题第4问考查学员对资源管理过程的理解。答题时不一定需要按原话答，但需要把主要内容体现出来。

[参考答案]

【问题1】(12分)

一、资源管理方面存在的问题：

1. 没有制订资源管理计划。

2. 没有进行资源估算。

3. 没有及时获取项目所需资源。导致项目研发人员空缺。

4. 团队建设存在问题，未及时提交绩效评价。

5. 没有做好控制资源的工作，原本该到位的服务器、交换机，采购部门迟迟没有采购到位。

6. 李经理欠缺管理经验。

二、沟通管理方面存在的问题：

1. 没制订沟通管理计划。

2. 没有分析干系人的沟通需求。

3. 管理沟通存在问题，没有主动地向公司高层作阶段性的汇报，以满足干系人的信息需求。

4. 控制沟通存在问题，李经理没有做好与S公司的沟通工作，不能让S公司直接与客户对接，也不能因为个人可以确保算法能够按期交付就不进行工作汇报等。

【问题2】(10分)

(1) 项目型　(2) 知识　(3) 技能　(4) 态度　(5) 可用性

【问题3】（8分）

没有识别到的干系人有：用户、高层领导、项目团队、项目管理办公室（PMO）、采购部门负责人、研发部门负责人、人力资源负责人、公司政策研究院相关领导、团队成员家属等。

【问题4】（5分）

资源管理包含的过程和每个过程的主要作用如下：

（1）规划资源管理：定义如何估算、获取、管理和利用实物以及团队项目资源。本过程的主要作用是根据项目类型和复杂程度确定适用于项目资源的管理方法和管理程度。

（2）估算活动资源：估算执行项目所需的团队资源，材料、设备和用品的类型和数量。本过程的主要作用是明确完成项目所需的资源种类、数量和特性。

（3）获取资源：获取项目所需的团队成员、设施、设备、材料用品和其他资源。本过程的主要作用：一是概述和指导资源的选择；二是将选择的资源分配给相应的活动。

（4）建设团队：提高工作能力，促进团队成员互动，改善团队整体氛围提高绩效。本过程的主要作用是，改进团队协作、增强人际关系技能、激励员工、减少摩擦以及提升整体项目绩效。

（5）管理团队：管理跟踪团队成员工作表现，提供反馈解决问题并管理团队变更，以优化项目绩效。本过程的主要作用是：影响团队行为、管理冲突以及解决问题。

（6）控制资源：确保按计划为项目分配实物资源，以及根据资源使用计划监督资源实际使用情况，并采取必要的纠正措施。本过程的主要作用：一是确保所分配的资源适时、适地可用于项目；二是资源在不再需要时被释放。

试题6　质量管理

[辅导专家提示] 本题与上题的区别在于，通过上一道质量的题目掌握质量的基础知识，工具方法、流程等，而本题的特点在于"分析"。

[参考答案]

【问题1】（10分）

（1）小赵没有制订单独的质量管理计划，也没有安排质量管理人员（没有分配质量管理职责）。（2分）

（2）没有对项目过程进行质量检查工作（项目没有实施质量保证工作，只进行了质量控制工作）。（2分）

（3）质量控制方面存在的问题如下：（2分）

1）项目在重大里程碑处需由干系人对阶段成果进行评审，确保结果和预期目标一致。

2）需求评审没有客户参与，可能导致最终对需求不能达成一致，设计文件未经正式评审，可能导致设计文件有较多的错误。

3）技术评审会是为了发现问题，而不是修改问题，评审会没有达到预期效果。

4）需求评审控制不好。需求评审属于技术评审，评审会连续时间过长会导致效率低下（或者说评审会召开时间过长，起不到质量控制的作用）。

（每项1分，最多2分）

（4）测试工作，如在测试用例、测试方法、测试人员及测试环境等方面存在问题。（2分）

【问题2】（9分）
画出趋势图如下图所示。（3分）

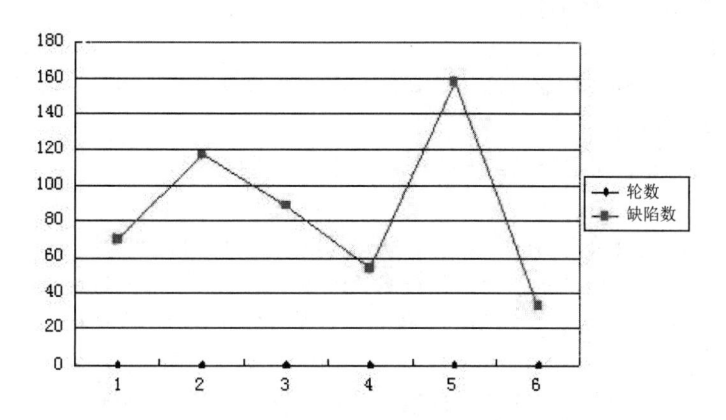

不能判断测试可以结束（3分），因为6轮测试的缺陷数并没有呈整体下降并趋于稳定的趋势。（3分）

【问题3】（3分）（每条1分，满分3分）
产生的原因可能是需求缺陷、设计缺陷、编码错误、测试不充分。

【问题4】（3分）（每条1分，满分3分）
（1）制订质量保证计划。
（2）应安排独立于项目组的质量保证人员负责质量保证工作。
（3）对软件开发的过程实施质量审计。
（4）注重对需求和设计等开发过程文件的技术评审工作。
（5）注重测试工作，应安排相对独立的测试人员。
（6）对发现的缺陷进行统计分析，确保软件质量。

试题7　风险管理

[辅导专家提示] 本题是一道综合性的风险分析的题目，考查考生分析问题的能力。风险类的题目除这种考核方式外，风险应对过程中的工具也是热门的考点。

[参考答案]
【问题1】
主要不妥如下：
（1）F公司没有对S公司无线模块产品进行充分调研和熟悉，没有在用户环境中对无线模块进行充分测试。
（2）没有充分了解用户需求。
（3）F公司没有实施有效的风险管理。

【问题2】
风险识别的主要内容如下：

（1）识别并确定项目有哪些潜在的风险。
（2）识别引起这些风险的主要因素。
（3）识别项目风险可能引起的后果。

存在的风险如下：

（1）技术风险。无线模块提供商 S 公司的产品和技术是否满足用户的需求，能否提供相应的技术支持以解决出现的问题。
（2）运行风险。S 公司退出中国大陆市场，甚至可能会倒闭。

【问题 3】

（1）对原有方案进行充分评估，进行系统改造的可行性分析。
（2）对新采用的无线模块提供商，从技术、政策、运行等多方面进行调研和评估。
（3）与客户充分沟通，详细了解用户的需求，特别是重要的技术指标，对于不能满足的需求或者技术指标，向客户详细说明。
（4）在项目进行过程中，将风险管理纳入日常工作，建立风险预警机制。

试题 8　合同索赔

[辅导专家提示] 本题除了关注所考核的知识点之外，还要注意的是答题的方式，在问题 2 和问题 4 的解答中，我们标示出了分值分布情况。以问题 2 的解答为例，答案中《中华人民共和国政府采购法》在具体评分标准中占有 1~2 分的分值。涉及法律法规的解答，考生最容易忽视法律法规的名称。

[参考答案]

【问题 1】

（1）索赔必须以合同为依据。
（2）必须注意资料的积累。
（3）及时、合理地处理索赔。
（4）加强索赔的前瞻性，有效地避免过多索赔事件的发生。

【问题 2】不妥之处为补充协议的合同金额超过了原合同总金额的 10%。（2 分）

根据《中华人民共和国政府采购法》的规定，政府采购合同履行中，采购人需追加与合同标的相同的货物、工程或者服务的，在不改变合同其他条款的前提下，可以与供应商协商签订补充合同，但所有补充合同的采购金额不得超过原合同采购金额的 10%。（4 分）

【问题 3】

（1）提出索赔要求。
（2）报送索赔资料。
（3）索赔答复。
（4）索赔认可（索赔存在分歧时，进入仲裁或诉讼）。
（5）提交索赔报告。

【问题 4】

合理。（2 分）

因为中心机房电力改造不属于主体业务，可以分包。同时分包给专业施工单位，可以提高效率、节约成本、提高质量。（3分）。

试题9　招投标法

[参考答案]
【问题1】
存在的问题及原因：（每点1分）
（1）规定5月21日为投标截止时间是不正确的，因为《中华人民共和国招标投标法》第二十四条规定：招标人应当确定投标人编制投标文件所需要的合理时间，自招标文件开始发出之日起至投标人提交投标文件截止之日止，最短不得少于二十日。应设为5月26日之后。
（2）收到企业的投标文件后再编制评标标准是不正确的，因为《中华人民共和国招标投标法》第十九条规定：招标文件中应包含评标标准。
（3）在评标标准中加入不利于外资企业的标准是不正确的，因为《中华人民共和国招标投标法》第十八条规定：招标人不得以不合理的条件限制或者排斥潜在投标人，不得对潜在投标人实行歧视待遇。
（4）评标委员会人数设置不正确，人数应为超过5人的单数，其中技术、经济等方面的专家不得少于成员总数的三分之二。
（5）在发布中标公告后第45天签订合同不正确，《中华人民共和国招标投标法》第四十六条规定：招标人和中标人应当自中标通知书发出之日起三十日内，按照招标文件和中标人的投标文件订立书面合同。

【问题2】
（1）理由充分。（1分）
依据《中华人民共和国招标投标法》。（第三十三条或第四十一条，答出《中华人民共和国招标投标法》即得1分）
（2）不合理。（2分）
因为招标文件中已经规定了付款方式，参加投标意味着已经接受招标文件的要求。（2分）
如果乙公司对付款方式有异议，应该在投标前与H公司沟通，协商成功后再参加投标。（4分）

【问题3】（每点1分，最多7分）
（1）收集招标信息。
（2）索购并填报资审文件。
（3）购买招标文件。
（4）提出问题或参加答疑会。
（5）编制投标文件。
（6）提交投标文件。
（7）参加开标会议。
（8）讲解投标文件。
（9）回应招标方质疑或提交补充材料。

（10）如果中标还需要签订合同。

试题 10　关键路径

[辅导专家提示] 关键路径的题目并没有所谓的超难题型，一般来说，关键路径的题目做错，多半是自己不熟练，或者粗心大意所致。对于关键路径的解题来说，我强烈推荐各位考生在草稿纸上画大图，基于图形仔细推导。

[试题分析]

原计划关键路径如下图所示。

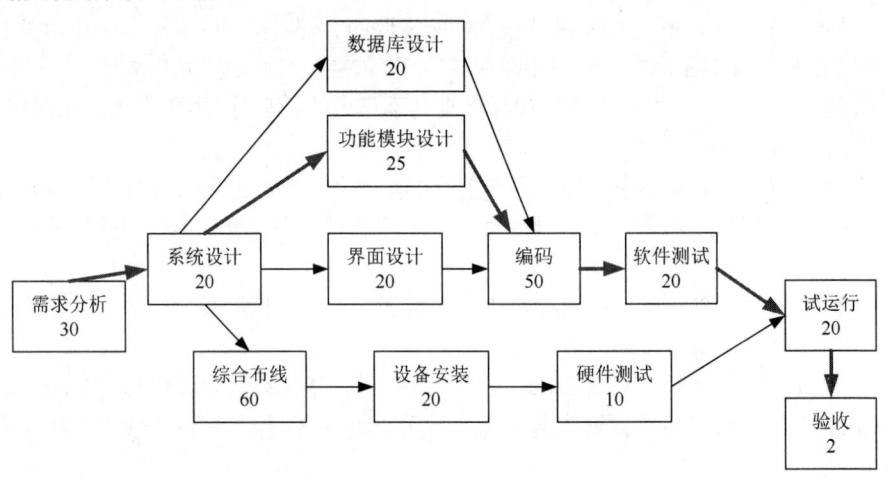

```
                    数据库设计
                       20
                   功能模块设计
                       25
需求分析 → 系统设计 → 界面设计 → 编码 → 软件测试 → 试运行
   30        20        20       50      20         20
                                                    ↓
              综合布线 → 设备安装 → 硬件测试       验收
                60        20        10             2
```

由此可以知道项目原计划的工期是 167 天。

项目关键路径如下图所示。

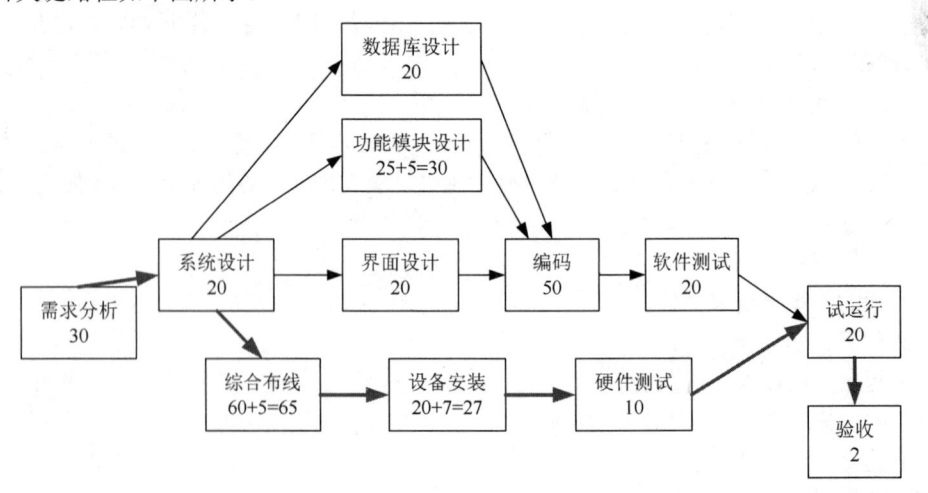

```
                    数据库设计
                       20
                   功能模块设计
                     25+5=30
需求分析 → 系统设计 → 界面设计 → 编码 → 软件测试 → 试运行
   30        20        20       50      20         20
                                                    ↓
              综合布线  →  设备安装  → 硬件测试     验收
             60+5=65      20+7=27      10          2
```

由此可以知道项目的工期是 174 天。

这种工期延迟的原因是综合布线和设备安装延期。赶工的特点是：采用优先考虑赶工费用率最

300

低的工作。

[参考答案]

【问题1】（每空2分，共10分）

（1）167。

（2）17。

（3）综合布线。

（4）设备安装。

（5）赶工。

【问题2】（6分）

（1）需求分析问题。

（2）没有进度管理计划，进度没有控制，没有富裕时间。

（3）进度管理不准。

（4）与客户沟通不够。

（5）没有足够的风险分析和应对措施（没有预计物联网、新设备等新技术对项目的影响）。

（6）团队沟通有问题。

（7）供应商管理不够。

【问题3】（9分）

（1）王工的进度控制步骤如下：（4分）

分析进度执行情况，找出问题（针对功能模块设计、综合布线、设备安装、网络集成有问题和延误的模块采取措施）。

分析并调整进度计划。

针对关键路径上的节点（综合布线、设备安装等），可以采用赶工或者快速跟进的办法缩短工期。

（2）进度的工具与技术。（5分）

进度变更控制系统、偏差分析、横道图、资源平衡、进度平衡、进度压缩。

试题11 挣值分析

[辅导专家提示] 本题属于挣值分析考核过程中难度较高的一道计算题。该题从问题1开始就有陷阱，比如问题1中第15周初（也就是14周末）的资金投入，此处的关键点在于要考虑活动E、活动F的开始时间往后推迟。对于问题1来说，建议画时标网络图，答案就一目了然了。

此外，挣值分析题目解题的一个关键点在于时刻要想到PV、EV的基本概念，只有基本概念理顺了，才能避免掉到出题者设计的陷阱中。

[参考答案]

【问题1】

第1周初活动执行顺序：第1~4周执行活动B，第1~6周执行活动A，第5~9周执行活动C。

投入资金为：90+50+30=170（万元）。

第10周初活动执行顺序：第10~11周执行活动D，第12~14周执行活动F。

投入资金为：30+60×(3/9)=50（万元）。

第 15 周初活动执行顺序：第 15～20 周执行活动 F，第 15～17 周执行活动 E，第 18～20 周执行活动 G。

投入资金为：20+40+60×(6/9)=100（万元）。

【问题 2】

AC=100+55+35=190（万元）

PV=90+50+30=170（万元）

EV=90+50+30=170（万元）

CV=EV−AC=−20（万元）

SV=EV−PV=0（万元）

项目成本超支、进度适中。

【问题 3】

AC=100+55+35+30+40=260（万元）

PV=90+50+30+30+60×(3/9)=220（万元）

EV=90+50+30+30+60×20%=212（万元）

CV=EV−AC=−48（万元）

SV=EV−PV=−8（万元）

项目成本超支，进度延后，效率低下。

【问题 4】

ETC 采用新估算：其中活动 F 采用典型偏差估算。

EAC 采用新估算：EAC=AC+ETC

试题 12 综合计算题

[辅导专家提示] 综合考核是信息系统项目管理师考试的考核趋势，将关键路径和挣值分析结合起来。一般来说，这类题目第一个环节都是求关键路径，然后再考核挣值分析。难点在于，一旦前面关键路径（网络图）环节出现错误，就可能导致后面的挣值分析跟着出错，引发连锁反应。考生要尤其注意。

[试题分析]

【问题 1】

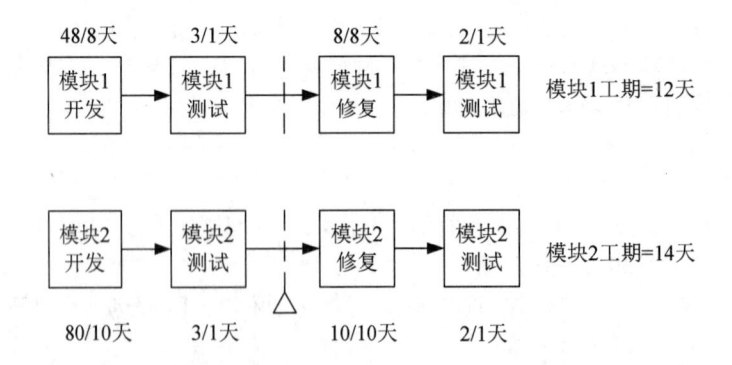

```
48/8天      3/1天        8/8天      2/1天
┌─────┐  ┌─────┐      ┌─────┐  ┌─────┐
│模块1│→│模块1│  ┊  │模块1│→│模块1│    模块1工期=12天
│开发 │  │测试 │      │修复 │  │测试 │
└─────┘  └─────┘      └─────┘  └─────┘

┌─────┐  ┌─────┐      ┌─────┐  ┌─────┐
│模块2│→│模块2│  ┊  │模块2│→│模块2│    模块2工期=14天
│开发 │  │测试 │      │修复 │  │测试 │
└─────┘  └─────┘  △  └─────┘  └─────┘
80/10天    3/1天        10/10天    2/1天
```

关键路径工期为 14 天。

（1）模块 1 的 PV、EV、AC，评价进度和成本绩效。

计划评审开始时，模块 1 应该完成阶段开发，也就是完成开发、测试工作。这两个阶段需要 48/8+3/1=9（天）。

$$PV=(48+3)×1000=51000（元）$$

在阶段评审中发现：模块 1 开发已完成，测试尚未开始

$$EV=48×1000=48000（元）$$

11 天进入评审，意味着 8 个人 11 天才完成开发工作

$$AC=8×11×1000=88000（元）$$

SV=EV–PV=48000–51000<0，进度滞后。

CV=EV–AC=48000–88000<0，成本超支。

（2）模块 2 的 PV、EV、AC，评价进度和成本绩效。

评审开始时，模块 2 应该完成阶段开发，也就是完成开发、测试工作。这两个阶段需要 80/10+3/1=11（天）。

$$PV=(80+3)×1000=83000（元）$$

在评审时，模块 2 的开发和测试均已完成。

$$EV=(80+3)×1000=83000（元）$$

模块 2 的实际工作量比计划多用了 3（人·天）。

$$AC=模块 2 的 EV+3（人·天）的成本=(83+3)×1000=86000（元）$$

SV=EV–PV=83000–83000=0，进度持平。

CV=EV–AC=83000–86000<0，成本超支。

[参考答案]

【问题 1】

自模块开发起至模块测试全部结束的计划工期=80/10+3/1+10/10+2/1=14（天）。

【问题 2】

（1）模块 1 的 PV、EV、AC，评价进度和成本绩效。

PV=(48+3)×1000=51000（元）

EV=48×1000=48000（元）

AC=8×11×1000=88000（元）

SV=EV–PV=48000–51000<0，进度滞后。

CV=EV–AC=48000–88000<0，成本超支。

（2）模块 2 的 PV、EV、AC，评价进度和成本绩效。

PV=(80+3)×1000=83000（元）

EV=(80+3)×1000=83000（元）

AC=(83+3)×1000=86000（元）

SV=EV–PV=83000–83000=0，进度持平。

CV=EV–AC=83000–86000<0，成本超支。

【问题 3】
（1）未作出任何调整措施。
模块 1：ETC=(BAC–EV)/CPI=(51000+8000+2000–48000)/(48000/88000)=23833（元）。
模块 2：ETC=(BAC–EV)/CPI=(83000+10000+2000–83000)/(83000/86000)=12434（元）。
（2）采取有效措施。
模块 1：ETC=BAC–EV=51000+8000+2000–48000=13000（元）。
模块 2：ETC=BAC–EV=83000+10000+2000–83000=12000（元）。
【问题 4】（4 分）
（1）相对开发，测试的时间、人员安排较少。
（2）里程碑设置不合理，该处设置评审会形成模块 1 人马等待模块 2 的情况，造成浪费。
（3）集成测试安排在安装测试之前。

试题 13　项目集管理

[试题分析]

本题是教程改版后新增的知识点，考核对项目管理、项目集管理、项目组合管理概念的理解，从下面各题考核的方式来看，问题 1 考概念，包括对概念的理解；问题 2 考应用；问题 3 考记忆。

[参考答案]

【问题 1】

（1）

（意思相近即给分，每个概念 2 分）

项目管理：项目管理就是把各种知识、技能、手段和技术应用于项目活动之中，以达到项目的要求。

项目集管理：项目集管理综合应用知识、过程、技能、工具以及技术来对其所包含的项目进行管理，以便满足项目集的需求，并能获取采用单一项目管理方式所达不到的收益和控制。

项目组合管理：项目组合是将项目、项目集，以及其他方面的工作内容组合起来进行有效管理，以保证满足组织的战略性的业务目标。

（2）

使用项目集方式管理。（1 分）

理由：（2 分）

项目集是经过协调管理以获取单独管理所无法取得的收益的一组相关联的项目、子项目集和项目集活动。项目集内的所有项目通过共同的目标相关联，该目标对发起组织而言具有非常重要的战略意义。

本案例的几个子项目是按资源配置和专业分工，它们合起来整体交付的成果是手机无线充电器，符合项目集管理的定义。

【问题 2】（每个空 1 分，意思相近即给分）

属性	项目组 A 的项目经理	协同小组
变更	项目经理尽量让变更最小化	要预测并拥抱变化
计划	为交付物提供详细的项目计划	为详细的项目计划提供高层领导
监控	监控产生项目交付物的任务和工作	在治理框架下，监控项目工作

【问题3】

A、C、D：（1、2、3 必须按顺序，如果顺序不对，则只给顺序正确的那个选项的分）

（说明：项目组合治理管理主要包含如下五个子过程：制订项目组合管理计划；定义项目组合；优化项目组合；批准项目组合；执行项目组合。）

【问题4】

1．对
2．错（项目集目标可以长期、也可以短期，但必须是可量化可管理的）
3．错（项目集应该有资源池，但不是固定的，应结合项目集自身不同的特点来组建资源池）
4．对
5．对

试题 14 综合计算题

[试题分析]

问题 1：考核方式属于常规考核方式，凡出关键路径的题目均这样考核，务必掌握。

步骤 1：画网络图

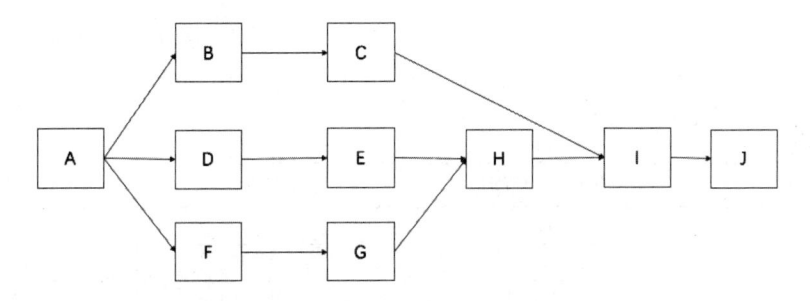

步骤 2：根据题目给出的条件标识出每个活动的 ES、EF。

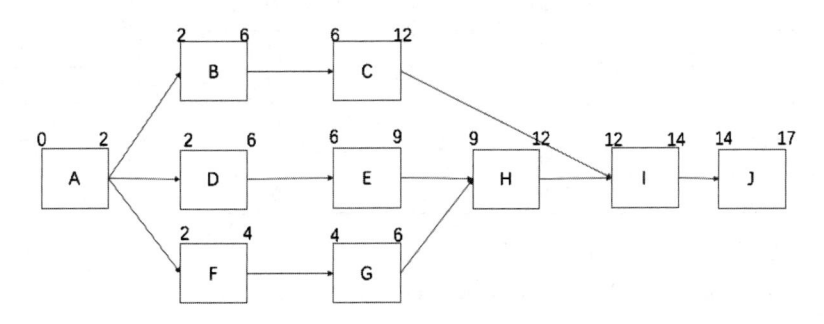

从图中即可判断工期为 17 天,关键路径为 ADEHIJ 和 ABCIJ。
H 为关键路径上的活动,所以 H 的 TF=FF=0。
G 是非关键路径的活动,G 的自由时差 FF=9-6=3,总时差=3。

问题 2:

问题 2 的计算要基于网络图来进行分析。

根据网络图,到第 9 天结束的时候,各项工作完成情况见下表。

工作	计划完成/%	实际完成/%
A	100	
B	100	
C	50	50
D	100	
E	100	50
F	100	
G	100	100
H	0	
I	0	
J	0	

到第 9 天结束的时候,活动 C 完成了 50%,活动 E 完成了 50%,活动 G 完成了 100%,很明显,关键路径上的工作并非完成,所以,对工期造成了影响。

问题 3:求 BAC,根据公式 BAC=AC+ETC,所以,此处需要求出 AC 和 ETC 的值。

项目经理在第 9 天结束时对项目成本进行了估算,发现活动 B 的实际花费比预估多了 1000 元,活动 D 的实际花费比预估少了 500 元,活动 C 的实际花费为 2000 元,活动 E 的实际花费为 1000 元,其他活动的实际花费与预估一致。

活动名称	成本估算值/元	计划完成/%	实际花费/元
A	2000	100	2000
B	3000	100	3000+1000
C	5000	50	2000
D	3000	100	3000-500
E	2000	100	1000
F	2000	100	2000
G	2000	100	2000
H	3000	0	0
I	2000	0	0
J	3000	0	0

BAC=各活动 PV 的累加=27000(元)
AC=2000+4000+2000+2500+1000+2000+2000=15500(元)

PV=2000+3000+2500+3000+2000+2000+2000=16500（元）

工作	计划完成/%	成本估算值/元	实际完成/%	EV/元
A	100	2000		2000
B	100	3000		3000
C	50	5000	50	2500
D	100	3000		3000
E	100	2000	50	1000
F	100	2000		2000
G	100	2000	100	2000
H	0	3000		
I	0	2000		
J	0	3000		

EV=2000+3000+2500+3000+1000+2000+2000=15500（元）
代入 BAC 的公式中即可求得答案。
问题 4：求 EAC
EAC=AC+ETC，由于采取了纠正措施，所以是非典型偏差，则 EAC=AC+BAC-EV。

[参考答案]
【问题 1】　【10 分】
（1）活动 H 位于关键路径上，总浮动时间是 0 天，自由浮动时间是 0 天。　　【2 分】
　　　活动 G 的总浮动时间是 3 天，自由浮动时间是 3 天。　　【2 分】
（2）该项目的关键路径有 2 条，分别是 A-B-C-I-J 和 A-D-E-H-I-J。　　【4 分】
（3）总工期=2+4+6+2+3=17（天）或 2+4+3+3+2+3=17（天）。　　【2 分】

【问题 2】　【3 分】
项目工期会受到影响　　【1 分】
原因有二。
一是：E 是位于关键路径上的活动。　　【1 分】
二是：E 要完成 100%，现在只完成 50%，比计划延迟。　　【1 分】
因此项目工期会受到影响，可能会延迟。
【每条 1 分，共 2 分】

【问题 3】　【10 分】
（1）BAC=2000+3000+5000+3000+2000+2000+2000+3000+2000+3000=27000（元）【2 分】
（2）PV=2000+3000+5000+3000+2000+2000+2000=19000（元）　　【1 分】
AC=2000+4000+2000+2500+1000+2000+2000=15500（元）　　【1 分】
EV=2000+3000+2500+3000+1000+2000+2000=15500（元）　　【2 分】
CPI=EV/AC=15500/15500=1　　【2 分，答案错误写对公式得 1 分】
SPI=EV/PV=15500/19000≈0.82　　【2 分，答案错误写对公式得 1 分】

【问题4】 【3分】

由于项目滞后的原因是非典型的,所以

EAC=AC+ETC=AC+BAC-EV=15500+27000-15500=27000(元)。 【3分,写对公式得2分】

试题15 范围管理

[试题分析]

【问题1】

本题考核范围管理相关的知识,试题1为"原因题",分析项目在范围管理方面存在的问题,解题方法为"原文法",即通过案例上下文先找出关键句,通过关键句推导出答案。

本题中的关键句有:

(1)"小陈依据过去多年从事会议场所多媒体播控系统的经验,自己编写了项目范围说明书,"

(2)"开发人员认为工作量不大就自行增加了该功能。"

(3)"究其原因发现是WBS中解决该问题的软件模块没有开发。"

(4)"客户对项目执行情况很不满意,小陈觉得客户吹毛求疵与客户发生了争执,"

根据关键句子推导答案,

根据以上答案,再结合"范围管理"的过程进行提炼。

【问题3】

试题分析:本题属于"知识题",考核WBS分解的工作步骤,题目出自教程原文。

【问题4】

试题分析:

规划范围管理过程的输入有:项目管理计划、项目章程、事业环境因素和组织过程资产;输出有范围管理计划和需求管理计划。

本题多项选择题,由于题目中已经指定选项4个,所以,实际已经大幅降低了难度,在解题过程中,可以结合"排除法""优选法"进行判断。

比如,排除选项A、选项C。选项A是"收集需求"的输出,选项C是"范围定义"的输出,在过程"规范范围管理"之后,逻辑上有矛盾,所以排除选项C。

选项F可以排除,和"规划范围"并无太大关联,属于执行过程的输出。

本题困惑点可能在与选项F、选项G,选项F和选项G相比较,显然选项G是可以作为输入和依据的,选项F更适宜作为结果。

[参考答案]

【问题1】

(应该从范围管理的过程来答,答对任意五条即满分)

1. 没有制订范围管理计划。
2. 没有进行需求收集的过程,没有形成用户需求说明书与需求规格说明书。
3. 范围定义未做好,不应该自己编写项目范围说明书等,应该有项目团队成员的参与。
4. 范围说明书没有经过评审。
5. 范围基准没有经过客户的确认。

6. 范围确认没有做好，缺少验收标准，从而导致验收时客户不满意，进而投诉。
7. 范围控制存在问题，没有按变更流程进行范围控制，而是开发人员自行增加功能。

【问题2】

（应该从项目管理十大知识域来回答，答对任意三条即满分）

1. 沟通管理存在问题，客户与小陈发生争议，进而客户投诉。
2. 整合管理存在问题，没有制订整体变更流程，也没有执行。
3. 进度管理存在问题，该项目工期拖延。
4. 质量管理存在问题，网络丢包现象严重、卡顿等。
5. 风险管理存在问题，未识别出项目风险，本项目与以往项目不同，是通过无线传输。
6. 采购管理存在问题，发生了合同纠纷，公司寻找新的合作厂商。

【问题3】

1. 识别：识别和分析可交付成果及相关工作。
2. 构造：确定 WBS 的结构和编排方法。
3. 分解：自上而下逐层细化分解。
4. 分配代码：为 WBS 组件制定各分配标识编码。
5. 核实确认：核实可交付成果分解的程度是恰当的。

【问题4】

B、D、E、G

总结

[辅导专家提示] 对于部分考生来说，下午考试的案例分析题往往是其头痛的地方，尤其是计算题，且高级的计算题的考核一直维持在较高的难度。由于高级案例题总共3道题目，因此，计算题成了"一战定乾坤"的关键。计算题拿满分25分，剩下20分从两道案例分析题中获得就没有太多的压力了；反之，如果计算题失误，那么想要拿到45分的及格分，则难度陡升。

所以，在案例分析的过程中，强烈推荐搞定计算题目。此外，除计算题外，作者通过多年的教学经验，对其他题型总结了一套经验化的答题套路，考生可通过关键字"案例分析"在公众号 ruankao580 获取。

【综述】
　　本部分对论文写作基本要求、论文评分标准、论文写作法进行了详细的阐述，给出了若干典型范文并进行分析和点评。

第五篇 论文写作篇

第24章 论文写作基础

知识点图谱与考点分析

论文写作是高级考试中最难的一门，大部分考生由于写作经验的缺乏，在论文考试中折戟沉沙，令人叹息。就考场应对论文写作来说，关键点有以下两点：

（1）掌握论文写作的基本方法——框架写作法。
（2）了解论文常规考核的热点。

表 24-1 对 2009 年以来考核的论文题目进行了统计。

表 24-1 历年论文统计表

时间	题目
2009 年 5 月	论软件项目质量管理及其应用
	论大型信息系统项目的风险管理
2009 年 11 月	论信息系统项目的成本管理
	论信息系统项目的需求管理
2010 年 5 月	论信息系统工程项目的范围管理
	论信息系统工程项目的可行性研究
2010 年 11 月	论大型项目的进度管理
	论多项目的资源管理
2011 年 5 月	论项目的沟通管理
	论信息系统项目的成本管理
2011 年 11 月	论信息系统项目的质量控制
	论如何做好项目团队管理
2012 年 5 月	论信息系统工程项目可行性研究
	论信息系统项目的风险管理
2012 年 11 月	论构建信息系统安全策略
	论大型复杂信息系统项目管理

续表

时间	题目
2013 年 5 月	论大型信息系统项目的沟通管理
	论大型信息系统项目的风险管理
2013 年 11 月	论信息系统项目的质量管理和提升
	论信息系统项目的沟通管理
2014 年 5 月	论信息系统项目的人力资源管理
	论信息系统项目的范围管理
2014 年 11 月	论多项目的资源管理
	论项目的进度管理
2015 年 5 月	论项目的风险管理
	论信息系统项目的质量管理
2015 年 11 月	论大项目或多项目的成本管理
	论项目的采购管理
2016 年 5 月	论信息系统项目的范围管理
	论信息系统项目的进度管理
2016 年 11 月	论信息系统项目的绩效管理
	论信息系统项目的人力资源管理
2017 年 5 月	论信息系统项目的采购管理
	论信息系统项目的范围管理
2017 年 11 月	论信息系统项目的成本管理
	论信息系统项目的安全管理
2018 年 5 月	论信息系统项目的质量管理
	论信息系统项目的人力资源管理
2018 年 11 月	论信息系统项目的沟通管理
	论项目的风险管理
2019 年 5 月	论信息系统项目的风险管理与安全管理
	论信息系统项目的人力资源管理和成本管理
2019 年 11 月	论信息系统项目的成本管理
	论信息系统项目的采购管理
2020 年 5 月	论信息系统项目的整体管理
	论信息系统项目的沟通管理
2021 年 5 月	论信息系统项目的范围管理
	论信息系统项目的合同管理
2021 年 11 月	论信息系统项目的招投标管理
	论信息系统项目的进度管理
2022 年 5 月	论信息系统项目的干系人管理
2022 年 11 月	论信息系统项目的质量管理
2023 年 5 月	论信息系统项目的风险管理
2023 年 11 月	论信息系统项目的干系人管理、论信息系统项目工作绩效域、论信息系统项目的合同管理、论信息系统项目的资源管理（本次考试分四批进行，一批次一个考题）

基于 2009 年以来历次考核的论文，各主题考核的频率见表 24-2。

表 24-2 论文考试频率统计表

知识域	考核次数
整体管理（整合管理）	1
范围管理	5
进度管理	4
成本管理	5
质量管理	6
资源管理（人力资源管理）	8
沟通管理	5
风险管理	6
采购管理	3
配置管理	0
需求管理	1
信息安全	2
大项目管理	6
可行性研究	2
合同管理	2
招投标管理	1
工作绩效域	1

根据统计的结果来看，在历年的实际论文考试过程中，常考的几个主题是质量、资源、风险、进度、成本、沟通等。此外，还有大项目管理，大项目在出题上会和前述的主题相结合，如论大项目的进度管理、论大项目的成本管理等。

论文写作基本要求

（1）字数要求。自 2014 年 5 月考试开始，答题纸论文摘要的格数为 330 字，正文部分格数为 2750 字。2019 年 11 月考试开始，项管考试论文答题纸上摘要和正文部分合并。

（2）论文题目。2022 年 5 月考试开始，项管论文题目开始只有 1 道，难度有所提升。

（3）自 2023 年 11 月开始，软考实施计算机化考试。由于 2023 年 11 月的项管报考人数较多，因此实施了 4 批次考试，每一批次考试论文题只有 1 道。机考考试中，考生只需要在对应的文本框部分输入论文即可。正文字数要求是 2000~3500 字（建议写到 2200~2500 字左右），文中可以分条描述，但不能全篇分条描述。软考机考项管考试，对摘要不做要求。

论文评分标准

论文阅卷评分时，会有评分的标准，参照每一试题相应的解答要点中提出的要求方法，大致来说会对照 5 个要点评分，评分标准见表 24-3。

表 24-3 评分标准

评分点	占比/%	说明
1. 切合题意	30	无论是技术论文、理论论文还是实践论文，都要切合解答要点中的一个主要方面或者多个方面进行论述。可分为非常切合、较好地切合与基本切合 3 档
2. 应用尝试与水平	20	可分为很强的、较强的、一般的、较差的独立工作能力 4 档
3. 实践性	20	可分为如下 4 档： 有大量实践和深入的专业级水平与体会； 有良好的实践与切身体会和经历； 有一般的实践与基本合适的体会； 有初步实践与比较肤浅的体会
4. 表达能力	15	可从是否逻辑清晰、表达严谨、文字流畅和条理分明等区分为 3 档
5. 综合能力与分析能力	15	可分为很强、比较强和一般 3 档

[辅导专家提示] 实际评分过程中，涉及每一道具体的题目时有更详细的评分标准。

对于下面情况的论文，需要适当扣分（5～10 分）：

（1）正文基本上只是按照条目方式逐条罗列叙述的论文。
（2）确实属于过分自我吹嘘和自我标榜、夸大其词的论文。
（3）内容有明显错误和漏洞的，按同一类错误每一类扣一次分。
（4）内容仅属于大学生或研究生实习性质的项目，并且其实际应用背景的水平相对较低的论文。

对于下述情况的论文，不能给予及格分数：

（1）虚构情节，文章中有较严重的不真实或者不可信的内容出现的论文。
（2）未能详细讨论项目开发的实践经验，主要从书本知识和根据资料摘录进行讨论的论文。
（3）所讨论的内容与方法过于陈旧，或者项目的水准相对非常低的论文。
（4）内容不切题意，或者内容相对空洞，基本上是泛泛而谈的，没有较为深入的体会的论文。
（5）正文的篇幅过于短小的论文（如正文少于 1200 字）。
（6）文理很不通顺、错别字很多、条理与思路不清晰等情况相对严重的论文。

对于下述情况的论文，可考虑适当加分（5～10 分）：

（1）有独特的见解或者有着很深入的体会、相对非常突出的论文。
（2）观点很高、确实符合当今计算机应用系统发展的新趋势与新动向，并能初步加以实现的论文。
（3）内容翔实、体会中肯、思路清晰、非常切合实际的很优秀的论文。
（4）项目难度很高，或者项目完成的质量优异，或者项目涉及重大课题并且能正确按照试题要求论述的论文。

[辅导专家提示] 论文评分不同于其他科目的评分，是一个主观性非常强的过程，在实际阅卷的过程中有更详细的评分标准。尽管给出了详细的评分标准，但我们认为这些具体标准在实际操作过程中难免因人而异，比如说"观点很高"可适当加 5 分，但这个怎么判断呢？可能因人而异。因此，考生在写作过程中务必要了解阅卷者的基本特点。

论文写作法

大部分考生在论文写作方面存在以下问题：

（1）有项目经验，没有写过论文，不知道如何写。

（2）没有项目经验，也没写过论文。

因此，我们基于教学实践总结出以下几种写作方法供考生参考。

1. 论文三段法

论文三段写作法是笔者在最近几年论文写作教学中总结出来的最重要方法。通过对教学的研究，我们在论文教学过程中会有一个专题去讲解论文写作的方法，一般来说，当听完讲师对论文写作的方法以及典型论文的分析后，学员普遍觉得论文其实很好写。

但实际过程中，往往是知易行难，知道了怎么写并不意味着会写。除了授课过程中常见的论文写作错误仍然常犯外，关键点还在拿起笔后不知道组织内容。

一次，在教学的过程中，我先不与学员讲解论文写作，学员也不需要了解论文的写作方法，而是与学员探讨项目如何做，探讨项目过程中的细节问题。采用的形式是学员陈述自己经历过的某一项目，在陈述中我插入自己的提问，学员作答。当然这种提问也是有意设计的，目的是让学员自己回答出"论文写作的要点"，这种方法极其有效，当第一轮问答结束后，学员实质就已经回答出来了论文的背景、关键控制点、主要经验等关键写作要素。

这些即是论文三段法的基础。

写作三阶段法：故事（陈述）→精化→成文

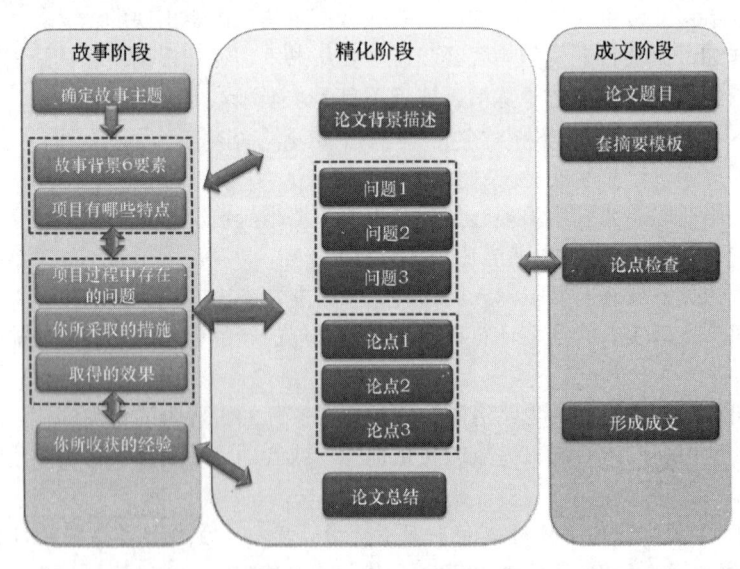

故事阶段：该阶段的关键点是把项目看成一个故事进行陈述，陈述逻辑按照故事阶段的程序划分，这一阶段最后的结果是梳理出论文主题写作过程中的各种素材。这一过程中，教师是引导者，考生是内容贡献者。

精化阶段：该阶段是在前一阶段的基础上进行提炼，核心部分是提炼问题和论点。

成文阶段：成文阶段按照模板调整内容，最终形成论文。

[辅导专家提示] 三段法的关键在于故事阶段，考生不要思考论文如何写，仅从故事角度来思考如何呈现一个精彩的故事即可，完成此阶段的构思则大局已定！后续的精化阶段、成文阶段只是提炼和展现的工作而已，且后续过程的完成有配套的模板工具。

本书不对该方法详细展开，仅提出一些常规的问题，读者可以细细揣摩。

```
Q1：你的角色是什么？
Q2：当你接到任命后，你着手做的工作有什么？
Q3：项目前期，你认为主要任务是什么？
Q4：实际接手后你认为主要的是什么？
Q5：如果有偏差，为什么会产生这样的偏差？
Q6：项目有哪些独特的特点？
Q7：项目过程中采取的措施？
Q8：你计划采取哪些措施？
Q9：你实际采取了哪些措施？
Q10：你觉得哪些经验值得推广？
```

[辅导专家提示] 论文三段法适合于有项目管理经验的学员，通过这种写作方式梳理出自己的项目经验，使得文章看上去有内容。在公众号 ruankao580 中提供了相关的三阶段写作法的模板。

2. 框架写作法

框架写作法是应试论文的方法，其核心就是提供一个框架，让学员去"依葫芦画瓢"，而且框架写作法的一个核心实际上从阅读者的心理出发，假设（实际也是如此）阅读者在时间有限的情况下阅读论文，会关注哪些点。

一般来说，首先看**背景**，其次是**论点**部分，正文中的全部文章阅读者是没有那么多时间去"细细欣赏"的，抓大放小的方法就是看论点，而论点在哪里呢？写作者是把论点放在每一段的开始部分为佳还是将论点隐藏在段落中呢？一般来说，选择"开门见山"的方法当然是上上之选，由此推理，段首第一句是非常重要的。因此，我们提出了"主题句制胜""主题句统领全文"的观点，要求学员写好每段第一句。最后是文章的收尾**总结**部分。

因此，框架写作法实际上是搭建好"**背景－论点－收尾**"3个关键部分，形成论文框架。针对框架的3个部分，我们提出了对应的解决方法。

背景

对于背景的写作，无外乎几个关键要素：项目时间、项目干系人、交付的产品或功能的介绍、在论文主题方面的情况。比如，论文主题是关于风险的，则描述风险方面的大致情况。

在背景的准备过程中，要注意将关键点交代清楚即可。一般来说，不管选择什么论文主题，论文中的"项目"是不建议变动的，即以一个项目来应对所有主题。因此，背景部分的内容几乎是通用的，考前写熟了，进考场后直接默写出来即可。

论点

按照框架写作法的要求，论点即为每一段的主题句，如果选择三个论点，则有三个主题句，对于每一个项目，建议考生从不同的知识领域（十大知识域、大项目管理等）来练习主题句的写作。

当主题句写作得心应手的时候，实际论文就形成了，剩下的工作是在主题句后面填充经验内容或一些无关宏旨的句子而已。

收尾

收尾是经验总结部分，这部分近乎通用，而且，经验部分其实是可以适用于不同主题的。当然，如果能和主题紧密相扣更好，而且事前准备好的不能扣主题甚至是偏离主题，则做少许修改总比临时拼凑强得多。

建议考生一般准备两段收尾的总结句子，一段 200 多字左右，用于正常收尾；一段 400 多字左右，在论文字数不足的情况下起到凑字数的作用。

以下给出了某学员的示例。2019 年 11 月考试开始，项管考试论文答题纸上摘要部分和正文部分合并。机考考试后，项管考试可以不用写摘要了。

论信息系统项目的××管理

×年×月，我参与了某市财政局财政管理信息系统（以下简称 MIS）项目的建设。由于本人具备较丰富的财政管理软件开发经验，又是单位软件开发部门的负责人，因此有幸被指定为该项目的项目经理。MIS 项目是该局"金财工程"建设重点项目，也是省级"金财工程"试点项目，要求以现有的财政管理制度为依托，以信息系统为载体，规范化财政管理为导向，构筑一个规范、高效的财政资金管理平台。

MIS 面向该局各业务管理部门及全市各级共 500 家财政预算单位，主要包括预算指标、国库管理、非税收入、集中支付、土地出让金管理、账务管理等九大业务管理子系统，系统整体基于 B/S 和 C/S 混合架构；其中预算指标、非税收入、集中支付和信息交互四个子系统使用 J2EE+WebLogic 三层架构技术，其他全部采用 Delphi 技术，数据库采用 Oracle 8i；在管理过程中还采用 Rational Rose 2003 进行 UML 建模。

该项目总投资×××万元，计划分两期实施，××年 12 月 1 日前完成一期开发，××年 1 月 1 日前正式投入使用。当前，该系统已经稳定运行×个月，而且作为全省"金财工程"建设项目的成功典范，其各个子系统现均已被列为该省财政"金财工程"建设应用软件，并在其他部分地市得到了部分推广和应用。

项目××管理是×××（基本概念、基本过程和对该领域的基本认识）。

正文模式一：

> 在 GFMIS 项目××管理中，我着重关注（做了）以下几个方面的工作：
> 一、
> 二、
> 三、

正文模式二：

> 在 GFMIS 项目××管理中，我们主要遇到了以下几个方面的问题：
> 1.

2.
3.

针对上述一些问题，我们×××（概述主要过程）。以下是××管理过程中我们采取的一些主要措施：

1.

2.

3.

【小结】

由于在实际项目中我们对××管理高度重视，采取了××××××（方法和措施），取得了良好的效果，我们的项目按期完成，项目组也赢得了公司的好评，项目基本上取得了成功。但通过总结认为，该项目××管理中××××××（哪些方面）存在一些不足，主要由于××××××（原因）造成了××××××（不良后果），所以在今后××过程中要××××××（具体做法和措施），从而不断提高项目整体的管理水平。

（备注：范文来自于学员的论文）

[辅导专家提示] 框架式写作法适合于所有学员，通过这种写作方式依葫芦画瓢搭建论文的基本结构，梳理出自己的写作思路，使文章结构条理清晰，找出关键点。

在框架写作法中，有一个关键点是"主题句统领全文"，考生在论文构思写作过程中，最重要的工作就是构思每一个段落的主题句。

注意，在正文的每一个段落阐述一个论点，每一个段落的第一句话均为主题句，代表了你的论点。主题句统筹全段，避免偏题。

大项目如何写

一般来说，论文的写作分为三个阶段：第一阶段掌握框架；第二阶段调整内容。在前面这两个阶段，我们通过某一个主题的写作来掌握论文的基本写作方法和技巧，足以应对大部分情况下论文的题目；第三阶段是针对大项目而言，因为在日常准备中，我们准备了"论项目的进度管理""论项目的成本管理"等题目，但是实际考试中可能考核"论大项目的进度管理""论大项目的成本管理"等，这两者有什么不同呢？我准备的是普通项目，如何根据题目改造成"大项目"呢？

对于多数考生来说，缺乏大项目的经验，掌握一般项目的写作方法已经不易，大项目呢？

为此，我们采用了一些"取巧"的方法。针对此类考生，抽取一些能够反映大项目特点的"关键信息"，通过在文章中嵌入这些信息，让阅卷者在判卷过程中，"感觉这是一个大项目"。

（1）用明确的文字突出大项目的特点。如扩大项目的投资金额、项目周期、直接叙述"项目非常复杂"等。

（2）可以考虑引入PMO。将PMO项目管理办公室引入项目中，PMO的作用是协助建立项目管理的过程规范等管理体系。

（3）注重论点句的构造。如普通项目中涉及进度的主题，论点句可以是"制订进度计划"。如果是体现大项目，则可以把论点句中的"进度计划"改成"里程碑计划"。

大项目框架

以下给出了一篇项目写作的框架，供读者参考。

一、首先介绍项目背景

描述项目背景时，结合如下理论进行阐述。

（1）对于大型及复杂项目，一般有如下特征：

项目周期较长，因此如何在一个相对较长的周期内保持项目运作的完整性和一致性就成了关键的问题。

项目规模较大，目标构成复杂。我们会把项目分解成一个个目标相互关联的小项目，形成项目群进行管理。这种意义上的项目经理往往成为项目群经理或是大项目经理。

项目团队构成复杂，而复杂的团队构成会使团队之间的协作、沟通和冲突解决所需要的成本大幅度上升，所以如何降低协作成本就成了提高整个项目效率的关键。

大型项目经理的日常职责更集中于管理职责。在大型及复杂项目的状况下，需要更明确且专一的分工机制，管理所体现的效率因素更直接地影响项目的目标实现。

（2）大型及复杂项目的分解。

这类项目分解的总原则是：各个子项目的复杂程度之和应小于整个项目的复杂程度，在分解时既要考虑到技术性因素，还要考虑到非技术性因素。

技术性因素：软件设计中"高内聚""低耦合"的模块划分原则同样适用于大型、复杂项目的子项目划分。

非技术性因素：由于这类项目往往是多方投资、多方参与、多方受益，因此在分解时还应考虑到资金来源、知识产权和利益分配等非技术性因素。

二、写大型项目的计划、实施与控制过程

（1）大型、复杂项目的计划过程。对于大型、复杂项目来说，必须建立以过程为基础的管理体系，过程作为一个项目团队内部共同认可的制度而存在，它主要起到约束各个相关方以一致的方式来实施项目。

大型、复杂项目一般可以分解为若干个子项目，在制订大型、复杂项目的项目计划时，不仅应制订整个项目的范围、质量、进度和成本计划，还应确定每一个子项目的范围、质量、进度和成本要求，以及各子项目之间的相互依赖、相互配合和相互约束关系，为每一个子项目的绩效测量和控制提供一个明确的基准，使整个项目的实施和控制更易操作，责任分工更加明确。

（2）大型、复杂项目的实施与控制过程。大型、复杂项目规模庞大，团队构成复杂，项目实施过程中的监督和控制尤为重要。控制过程的主要任务和目标是：获取项目的实施绩效，将项目实施状态和结果与项目的基准计划进行比较，如果出现偏差及时进行纠偏和变更。

由于项目的目标是范围、质量、进度和成本等几个方面的集合，无论是基准计划还是实施绩效，都要从这几个方面来反映，另外，由于对此类项目来说，协作的作用特别突出，因此在控制过程中特别要有协作管理的内容（以下部分内容不用全写，可以对某些论点细些，其他一语带过或不写）。

（1）范围控制。

项目范围的变更几乎是不可避免的，项目范围控制的主要任务就是采用科学的策略和方法，对项目范围变更实施控制和管理，实现项目范围变更的规范化和程序化。

（2）质量控制。

与一般项目相比，大型、复杂项目的质量问题更加突出，因此质量控制在此类型项目管理中占有特别重要的地位。质量控制手段主要包括评审、测试和审计。

（3）进度控制。

大型、复杂项目往往是逐级分解的成千上万个相对独立的任务组成的，这些任务可以分为关键任务和非关键任务。大型、复杂项目进度控制的重点是关键任务的进度控制。常用的工具和技术包括甘特图、PERT图与关键路径等。

（4）成本控制。

大型、复杂项目的规模大、时间长，项目成本的不确定因素较多，一旦项目成本失控，要在预算内完成项目是非常困难的。为了避免此类风险，我们应及时分析成本绩效，尽早发现实际成本与计划成本的差异，及时采取纠正措施。大型、复杂项目成本控制的技术方法主要包括：费用分解结构（CBS）、挣值分析、类比估算法（自上而下估算法）、参数模型法等。

（5）协作管理。

项目组织内部的协调：是指一个项目组织内部各种关系的协调，如人际关系协调、组织关系协调和资源需求协调等。

项目组织外部的协调：以是否具有合同关系为界限，可以划分为具有合同因素的协调和不具有合同因素的协调。与合同因素协调相比，非合同因素协调所涉及的范围更广，可能遇到的问题更多，协调工作量更大、更复杂，而这些往往不是事先签好合同就可以进行约束的。非合同因素协调主要涉及技术质量监督检测机构、行业许可和准入的管理机构、行政主管部门、行业协会等，虽然这些机构与项目组织并无合同关系，但它们的作用不可低估，对项目建设的某些方面起着一定的控制、监督和支持的作用。只有将各方面的关系都协调好，才能保证实现项目的各项目标。

三、项目组合管理的有关知识点

项目组合管理的产生来源于一个古老的典故："不要把所有的鸡蛋都放在一个篮子里""风险与收益的平衡"和"目标与资源的平衡"是项目组合管理的两个要素。

任何组织如果只在高风险的项目上全力以赴，将会使组织陷入困境。项目组合管理从风险和收益的角度出发，它要求每一个项目都有存在的价值。如果一个项目风险过大或是收益太小，它就不能在组织内通过立项。项目组合管理要求对组织内部的所有项目都进行风险评估和收益分析，并且随着项目的进展，持续跟踪项目的风险和收益变化，以掌握这些项目的动态。

任何组织的资源都是有限的，所以项目驱动型的组织必须慎重选择项目的类型和数量。同时，由于资源安排与项目所处阶段有着紧密的关联，如何提高项目的资源利用率、降低项目风险正是项目组合管理所要研究的主题。

项目组合管理的重要作用如下：

（1）在组织内引进统一的项目评估与选择机制。对项目的特性及成本、资源、风险等项目要素（选择一项或多项要素）按照统一的评定计分标准进行优先级评定，选择符合组织战略目标的项目。

（2）实现项目的财务和非财务收益，保持竞争优势。
（3）对组织中所有的项目进行平衡。
（4）在组织范围内为项目分配资源，保证高优先项目的资源分配。

四、总结

例如：

综上所述，在整个项目管理过程中，我遵循规范的大型及复杂项目管理理论，对项目分解、计划、监控过程控制得当。通过对项目实现有效的进度管理，从而为项目预定目标的实现提供了有力保障。最终，该系统顺利上线并通过验收，项目得到业主的好评。

或：由于……工作做得不到位，导致项目在……出现了……问题，在今后的 IT 项目管理过程中，我会总结那些成功的经验、吸取失败的教训，时刻保持项目管理意识，更加积极地投身于我国的信息化建设，为祖国的信息化事业贡献自己的一份绵薄之力。

[辅导专家提示] 本文给出了大项目论文常规的参考结构，考生可以细细研读，借鉴其写作方法。尤其关注大项目特点的描述及其写作的结构。

写作准备的误区与建议

误区 1：论文前期的写作练习应该是围绕某一个实际项目案例进行阐述，但有部分学员在论文备考过程中都缺乏一个完整的项目案例，案例变来变去，每个论文主题都选择不同的案例，成本选择 A 项目为例，进度选择 B 项目为例。这种写作方法其实是最低效的。

[辅导专家建议] 围绕一个项目案例进行写作，围绕一个案例从不同的知识域写，同时，平日不断完善该项目案例，将其他案例中的一些实践和经验嫁接到一个案例上来，在考前有充分的时间去"虚构"好这个案例。

误区 2：没有看清楚题目的要求就开始动笔。对于论文来说，除了标题之外，还要看到问题 1、问题 2、问题 3，有些学员根本不看论文题目中的问题 1、问题 2、问题 3，拿到题目就开始动笔默写，等写完后才发现写作的内容与论文要求相去甚远。

以 2016 年上半年的论文题目 1 为例。

> **试题一　论信息系统项目范围管理**
>
> 项目范围管理包括范围计划编制、范围定义、创建工作分解结构、范围确认和范围控制等一系列子过程。用以确保项目包含且只包含达到项目成功所必须完成的工作，范围管理主要关注项目内容的定义和控制，即包括什么，不包括什么。
>
> 请以"信息系统项目的范围管理"为例，分别从以下三个方面进行论述：
>
> 1. 概要叙述你参与管理过的信息系统项目（项目的背景、项目规模、发起单位、目的、项目内容、组织结构、项目周期、交付的产品等），并说明你在其中承担的工作。
> 2. 围绕以下几点，结合项目管理实际情况论述你对项目范围管理的认识：
> （1）确认项目范围对项目管理的意义。
> （2）项目范围管理的主要活动及相关的输入和输出。
> （3）项目范围管理使用的工具和技术。

> 3．请结合论文中所提到的信息系统项目。介绍你是如何进行范围管理的（可叙述具体做法），并总结你的心得体会。

该论文题目要求我们论述的是项目的范围管理，但考生必须注意这篇文章的写作实际上分为三个部分。

第一部分：背景部分。
第二部分：认识部分（包括认识、过程、输入/输出、工具与技术）。
第三部分：实践部分与总结。
尤其是第二部分，对应问题2，包含了3个小问。

根据我们多年来论文批改的经验，大部分学员除了第三部分写得不好以外，还有一个致命的错误——无视题目中的问题2，直接从第一部分背景的描述跳到了第三部分实践。试想，如果你是阅卷者，问了考生3个问题，而他只回答其中的2个，应该如何处理？

[辅导专家建议] 认真看清楚问题1、问题2、问题3后开始动笔，尤其是问题2、问题3。一般来说，在论文题目相同的情况下，问题1基本上都是关于背景的描述，大致也会相同，但问题2、问题3不会相同。因此写作过程中要注意看题，注意文章结构的完整性。

误区3：练习过程中不注意字数控制，常常字数超标，主要体现在正文字数超过3000字。正文字数太多，考试时间不够写不完。

[辅导专家建议] 在练习过程中就要严格控制总字数，同时加强打字练习，确保2个小时内能写完。建议正文在2000～2200字即可。

误区4：逻辑混乱，结构不清晰。

[辅导专家建议] 在练习之时，注意打腹稿或者养成写纲要的习惯，不要急于动笔。

总结

本章的重点在于论文写作三段法、论文框架写作法，这两种方法都给出了论文写作过程中的一些具体的、行之有效的方法。当读者看到此处，可能以为自己已经掌握了论文写作的方法，其实不然。多年培训的经验告诉我，很多考生在听完面授的论文课后，突然发现论文写作"如此简单"，但由于没有实际写作，我们所提到的常见问题在实际写作的过程中仍然会不断地出现。因此，关键在于"写"，在写作的过程中发现问题、解决问题，打造一篇优秀的论文。

同时，论文写作也是一个循序渐进的过程，我们在实际授课过程中把论文写作划分为如下三个阶段：

第一阶段，掌握基本的写作方法，主要以三段式写作、框架写作法为主。
第二阶段，掌握如何调整论文内容，这方面主要解决经验缺失的问题。
第三阶段，了解大项目论文写作的特点。
在前期的准备过程中，按照阶段的先后顺序进行练习。
此外，我们认为模板也是双刃剑，且每年大量的考生参考相同的模板，因此建议谨慎使用，或有一些改变，不要完全照搬。

第25章
典型论文分析

要提升论文写作的水准，有几个重要的要素，第一个是多练习，第二个是掌握写作方法。除此之外，阅读一篇范文，分析范文存在的问题，借鉴范文的优点，这也是快速进步的方法。

本章讨论的是典型论文，我们建议各位读者在阅读之前先自己尝试写一篇同主题的论文。

在本章节中，建议考生的学习原则如下：

（1）根据论文题目进行写作（正式考试中论文写作时间是两小时，练习过程中时间可以延长，目标是写出一篇文章，并体验写作过程中的痛点）。

（2）阅读给出的范文（注意，范文不代表写得好），并与自己写作的论文进行对比。

（3）阅读文中的批注（将批注与范文进行比较，发现问题和改进的方法）。

（4）修改你的文章（基于以上经验修改你的文章）。

典型范文题目

> **论项目的风险管理**
>
> 对项目风险进行管理，已经成为项目管理的重要方面。每一个项目都有风险。完全避开或消除风险，或者只享受权益而不承担风险，都是不可能的。另外，对项目风险进行认真的分析、科学的管理，能够避开不利条件、减少损失、取得预期的结果并实现项目目标。
>
> 请围绕"项目的风险管理"论题，分别从以下三个方面进行论述：
>
> 1. 概要叙述你参与管理过的信息系统项目（项目的背景、发起单位、目的、项目周期、交付的产品等），以及该项目在风险管理方面的情况。
>
> 2. 请简要叙述你对项目风险的认识以及项目风险管理的基本过程。
>
> 3. 结合你的项目经历，概要论述信息系统项目经常面临的主要风险、产生根源和可以采取的应对措施。

写作原文

以下给出了两篇项目风险管理的文章，原文复制，并保留了错误之处。

我所在参与实施的项目为 2012 年的某省电信流量经营视窗系统项目，在通信领域，由于语音通话、信息短信、增值彩铃、彩信等业务的不断萎缩，而在移动互联网方面，随着移动互联网的普及、终端以及服务设施的日趋完善，使用移动终端（手机、iPad）进行网上冲浪的用户不断增多，使得移动互联网给电信运营商带来了数据业务流量的巨大提升，流量成了运营商最有价值的增长点。因此，该项目要达到两个目标，在业务层面，通过该项目将终端、流量、套餐使用的普及并达到流量提升、终端渗透、客户价值提升的目的；同时通过识别大数据量下的流量内容种类，挖掘发现流量价值，提升客户价值。在业务设计层面，以业务咨询模式，开展方案设计、管理指标与分析指标的设计、营销挖掘分析主题的设计，实现流量业务的精确管理与精确营销；在系统实现层面，依托《流量经理管理与营销视窗系统》，通过"精确管理"与"精确营销"两大功能模块，实现管理报表制作开发与主题数据功能流程的开发两方面来实现数据应用的落地实现。我在该项目中担任项目经理的工作，负责整个项目管理。

由于该项目在公司管理体系中立项，因此，我按照 CMMI5 的标准对项目进行各项内容的管控，包括了对风险的管理：首先，成立项目之初，参与了有关该项目的各项管理计划的制订，人员包含了 QA、技术经理、开发骨干等核心成员，制订出了风险管理计划，规定了上述人员为风险管理的参与者角色，主要通过类比法、专家法、沟通等方法对风险进行识别（我部门类似项目较多），并按照每月一次（在公司组织的"项目质量管理例会"之前完成）的频度进行风险管理评审，在评审前需要每位参与者准备好当前的问题与风险，以作为风险评审的依据，其需要填写的内容如风险类别、概率影响等则按照公司的统一裁剪原则进行裁剪填写即可；其次，在每月一次的评审中，需要按照风险管理计划中的内容，对当前问题、风险进行汇总分析识别，一般多以专家、类比方式当场将风险进行定性、定量的分析，并制订好相应的应对策略，填写更新到风险管理跟踪矩阵列表中。最后，每位风险责任人将采取相应对的措施，完成后，并让配置管理员或者项目经理更新至"风险管理跟踪矩阵列表"中。

最后在整个团队的共同努力下，成功地对风险进行了管理、识别、应用与监控，对于突出的项目范围风险、团队风险、资源人力风险都作了积极的部署，有效地降低了风险，或未让风险发生。最终，在年底项目圆满地完成了客户交给的阶段系统目标与业务目标。

项目风险是偶然性的、随机的，是在项目中客观而实际的不确定存在的内容；风险在发生后往往会给项目带来各种问题，也有可能会带来机会。但在我们实际项目开展过程中，需要重点关注其对项目带来的问题与影响，管理好这些会产生消极影响的风险。另外由于风险的存在，即使已经发生，如果我们置之不理，风险可能依然存在。最后也要清晰地了解，有些风险一旦发生，往往伴有"并发症"，会有连带效应，即使补救，也会有另一些风险情况存在。

风险管理的基本过程包括了制订风险计划、识别风险、定性地分析风险、定量地分析风险、制订应用风险的策略以及对风险进行跟踪与监控。即先制订风险管理的步骤、定好管理规范，再对风险内容进行识别，识别后进行定性分析确认是否为风险。一旦确认为风险，则要通过定量的分析手段对其进行风险概率与风险影响的定义，来判断其量级风险等级。再以风险等级为主要输入基础对风险进行应用策略的制订，并采取相应的方法。最后需要跟踪这些风险内容是否被正确管理、按照相应方法正确执行，采取行动后，在整个项目管理的生命周期内容的效果如何，并进行评估。

结合我所经历的项目，当时面临的 3 个主要风险点如下。

1. 项目范围增加，需要通过多次范围需求确认与适度放大工作范围方式来解决，机会与风险并存。

某省电信是我们公司的大客户，造成很多时候项目范围的随意增加变更。由于本项目为应用开发项目，成本随着业务需求工作的增多而增多，为可变成本，在对风险进行分析评估后，在应对策略中，我需要在计划中不断增加需求确认节点，以确认需求工作范围与工作内容。对于不在工作范围内的工作，与客户方进行多次确认，达到项目变更风险控制的目标，并按照变更客户类型进行分类（不变更、经常变更、偶尔变更），作计划，进行差异化确认方式：不变更 QQ 确认即可、偶尔变更邮件确认，经常变更邮件+电话+面对面沟通确认方式。另外对于那些原先并不是项目范围内、但在将来很重要的工作（需评审工作内容类型），则采取积极手段，扩大工作范围进行支撑，最终与客户沟通，扩大预算成本与项目范围。

2. 人员资源成本的不足，需要计划进度延迟与人员加入（借调、招聘）等多种有效方式来解决。

产生该风险的原因往往是在上一点风险中风险发生后，就会相应的产生项目范围变更的问题；当项目范围变大，客户的期望越来越高，随之而来的风险就是资源人员的不足。经过定性定量分析，在前期需要项目经理对项目管理计划 WBS 重新进行资源、时间、预算成本的定义，通过延长进度的方式来解决，同时鉴于该业务发展，确实后续会有越来越多的业务需求进行实现（客户方以可变成本形式体现合同大小，但是有基线），确实值得投入更多资源与成本，以满足该合同不断增大的需要。因此我从人力申请了 4 名开发工程师，刚好因为是四五月份，有大批应届毕业生可以立即入职，顺利地获取了相应的应急储备资源，对机会进行积极应对。

3. 团队风险上的磨合与技能风险，需要进行多次团队建设与技能培训、以老带新，高带中、中带低，层次知识转移法减轻风险。

产生该风险的原因主要是上一点风险在采取相应的应对办法中，采用了招聘新员工的方式，项目组中有 7 人，4 人为新人，新的项目组在企业文化环境的认知、部门使命认知、团队绩效、工作技能等各个方面，都无法达到既定要求，无法正常开展工作，技能缺失、影响质量。因此鉴于上述情况，我建议部门投入资源，组织团队建设交流活动与结构化培训，项目组内实现高级带中级（1 带 2），中级带低级工程师的策略（2 带 5），以更快地达到知识转移、技能培育的目的；同时我也相应地调整了管理调整计划进度，为人员快速成长提供时间条件。主要措施有，进行团队建设新老员工见面会，以传达老员工过去作为新员工的经验；进行团队建设新员工学习交流总结例会，每周一次，帮助新员工找到各自成长差距；培训原则是，通过体系化分析当前所需技能，进行实用应用型培训；组内则加强培训内容，直接以犯错案例入手，进行技能上的培训，让新员工能够快速上手，减轻老员工辅导新员工的压力。

【总结】

总结我参与本项目经历的风险管理，我对风险的认识有了新的理解：许多风险都是关联存在的，一旦某个风险发生，变成了问题，可能在当时或者采取应对策略的同时就会出现另一个风险。我所列的 3 个风险就是如此，环环相扣。另外，对于我采取的措施经验，我认为，对主要风险（影响大、且易发生）需要采取多种解决方式并行处理解决，来更好地规避风险，降低风险发生概率的目标。

文章分析

分析论文的题目

> 1. 概要叙述你参与管理过的信息系统项目（项目的背景、发起单位、目的、项目周期、交付的产品等），以及该项目在风险管理方面的情况。
> 2. 请简要叙述你对项目风险的认识以及项目风险管理的基本过程。
> 3. 结合你的项目经历，概要论述信息系统项目经常面临的主要风险、产生根源和可以采取的应对措施。

问题 1 分析：

对于题目中的问题 1 属于常规性的问题，要求进行背景的描述。一般来说，论文的第一部分都属于背景的描述，正文第一段应该对问题 1 中的要求有所体现。根据题目中的要素，我们来分析范文论文的第一段。

项目名称：某省电信流量经营支撑系统项目

发起单位：某省电信

目的：提高某省电信流量经营支撑系统项目在该业务领域的管理与营销水平，实现业务在战略决策支持与战术分析支撑的目标实现

项目周期：没有，建议补充

交付的产品：流量经营管理与营销视窗系统

【评语】从正文中，我们基本上可以看到问题 1 所要求的大部分信息都得以描述。

问题 2 分析：

问题 2 实际分成了两个部分，第一部分要求考生谈个人对风险管理的认识，这属于常识性部分，可以根据自己的经验进行回答，也可以以教材的理论为依据进行作答。比如，风险是不可避免的，风险具有随机性、相对性等特点。

第二部分要求考生回答项目管理的基本过程，该部分属于个人知识识记的部分，能够熟记风险管理基本过程即可。这 6 个过程分别是：制订风险管理计划、识别风险、定性风险分析、定量风险分析、制订风险应对的策略、风险监控。

问题 3 分析：

问题 3 要求"结合你的项目经历"，谈风险及风险的应对措施。此问是全文的关键，考生的经验部分的内容全部在此环节得以展现。在写作上需要注意的是，先呈现出你在项目中遇到的风险，然后描述你的应对措施，两者结合起来。

论文点评

点评部分已加框标识。读者要注意的是，点评仅仅针对写作的基本要求，不涉及具体的实践内容部分。

我所在参与实施的项目为 2012 年的某省电信流量经营视窗系统项目，由于传统通信领域，语音通话、信息短信、增值彩铃、彩信等业务的不断萎缩，而在移动互联网方面，随着移动互联

网的普及、终端以及服务设施的日趋完善，使用移动终端（手机、iPad）进行网上冲浪的用户不断增多，使得移动互联网给电信运营商带来了数据业务流量的巨大提升，流量成了运营商最有价值的增长点。因此，该项目要达到两个目标，在业务层面，通过该项目将终端、流量、套餐使用的普及并达到流量提升、终端渗透、客户价值提升的目的；同时通过识别大数据量下的流量内容下，识别流量内容种类，挖掘发现流量价值，提升客户价值。在业务设计层面，以业务咨询模式，开展方案设计、管理指标与分析指标的设计、营销挖掘分析主题的设计，实现流量业务的精确管理与精确营销；在系统实现层面，依托《流量经理管理与营销视窗系统》，通过"精确管理"与"精确营销"两大功能模块，实现管理报表制作开发与主题数据功能流程的开发两方面来实现数据应用的落地实现。我在该项目中担任项目经理的工作，负责整个项目管理。

> 【点评】正文第一段写作过程中，还有一种常规的开门见山的写法：
> 　　2012年×月，我所在企业承担了某省电信流量经营视窗系统项目的实施，该项目……（延伸背景等相关要素）……

由于该项目在公司管理体系中立项，因此，我按照CMMI5的标准对项目进行各项内容的管控，包括了对风险的管理：首先，成立项目之初，参与了有关该项目的各项管理计划的制订，人员包含了QA、技术经理、开发骨干等核心成员，制订出了风险管理计划，规定了上述人员为风险管理的参与者角色，主要通过类比法、专家法、沟通等方法对风险进行识别（我部门类似项目较多），并按照每月一次（在公司组织的项目质量管理例会之前完成）的频度进行风险管理评审，在评审前需要每位参与者准备好当前的问题与风险，以作为风险评审的依据，其需要填写的内容如风险类别、概率影响等则按照公司的统一裁剪原则进行裁剪填写即可；其次，在每月一次的评审中，需要按照风险管理计划中的内容，对当前问题、风险进行汇总分析识别，一般多以专家、类比方式当场将风险进行定性、定量的分析，并制订好相应的应对策略，填写更新到风险管理跟踪矩阵列表中。最后，每位风险责任人将采取相应对的措施，完成后，并让配置管理员或者项目经理更新至"风险管理跟踪矩阵列表"中。

最后在整个团队的共同努力下，成功地对风险进行了管理、识别、应用与监控，对于突出的项目范围风险、团队风险、资源人力风险都作了积极的部署，有效地降低了风险，或未让风险发生。最终，在年底项目圆满地完成了客户交给的阶段系统目标与业务目标。

> 【点评1】从文章的布局来看，前面三个段落属于正文背景部分，对应题目的问题1。但很明显，作者在实际写作过程中没有把握好笔墨，此处内容明显过多。此外，第三段的内容偏总结性质，建议置于论文最后。
> 　　【点评2】第二段过度展开，用大量文字描述"作者如何做的"，此部分内容置于论点部分为宜。
> 　　【点评3】正文背景部分自我检查要把握的几个要素是时间、项目名称、发起人、项目目标、干系人、特点、我的角色等。

项目风险是偶然性的、随机的，是在项目中客观而实际的不确定存在的内容；风险在发生后往往会给项目带来各种问题，也有可能会带来机会。但在我们实际项目开展过程中，需要重点关注其对项目带来的问题与影响，管理好这些会产生消极影响的风险。另外由于风险的存在，即使已经发生，如果我们置之不理，风险可能依然存在。最后也要清晰地了解，有些风险一旦发生，往往伴有"并发症"，会有连带效应，即使补救，也会有另一些风险情况存在。

风险管理的基本过程包括了制订风险计划、识别风险、定性地分析风险、定量地分析风险、制定应用风险的策略以及对风险进行跟踪与监控。即先制订风险管理的步骤、定好管理规范，再对风险内容进行识别，识别后进行定性分析确认是否为风险。一旦确认为风险则要通过定量的分析手段对其进行风险概率与风险影响的定义，来判断其量级风险等级。再以风险等级为主要输入基础对风险进行应用策略的制订，并采取相应的方法。最后需要跟踪这些风险内容是否被正确管理、按照相应方法正确执行，采取行动后，在整个项目管理的生命周期内容的效果如何，并进行评估。

> 【点评1】这两段对应题目的问题2。一段谈对风险管理的认识，一段谈风险管理的过程。
> 【点评2】本文作者在论文中响应了题目要求。对于第二部分的回答，风险管理的基本过程部分一般建议不要就这6个过程展开。从论文考核角度来说，考查的是经验，纯理论的内容不宜过多。所以，回答出6个基本过程即可。

结合我所经历的项目，当时面临的3个主要风险点如下。

1. 项目范围增加，需要通过多次范围需求确认与适度放大工作范围方式来解决，机会与风险并存。

某省电信是我们公司的大客户，经常随意变更项目的范围。由于本项目为应用开发项目，成本随着业务需求工作的增多而增多，为可变成本，在对风险进行分析评估后，在应对策略中，我需要在计划中不断增加需求确认节点，以确认需求工作范围与工作内容。对于不在工作范围内的工作，与客户方进行多次确认，达到项目变更风险控制的目标，并按照变更客户类型进行分类（不变更、经常变更、偶尔变更），作计划，进行差异化确认方式：不变更QQ确认即可、偶尔变更邮件确认，经常变更邮件+电话+面对面沟通确认方式。另外对于那些原先并不是项目范围内、但在将来很重要的工作（需评审工作内容类型），则采取积极手段，扩大工作范围进行支撑，最终与客户沟通，扩大预算成本与项目范围。

2. 人员资源成本的不足，需要计划进度延迟与人员加入（借调、招聘）等多种有效方式来解决。

产生该风险的原因往往是在上一点风险中风险发生后，就会相应的产生项目范围变更的问题；当项目范围变大，客户的期望越来越高，随之而来的风险就是资源人员的不足。经过定性定量分析，在前期需要项目经理对项目管理计划WBS重新进行资源、时间、预算成本的定义，通过延长进度的方式来解决，同时鉴于该业务发展，确实后续会有越来越多的业务需求进行实现（客户方以可变成本形式体现合同大小，但是有基线），确实值得投入更多资源与成本，以满足该合同不断增大的需要。因此我从人力部门申请，为项目组调入了4名开发工程师，刚好因为是四五月份，有大批应届毕业生可以立即入职，顺利地获取了相应的应急储备资源，对机会进行积极应对。

3. 团队风险上的磨合与技能风险，需要进行多次团队建设与技能培训、以老带新，高带中、中带低，层次知识转移法减轻风险。

产生该风险的原因主要是上一点风险在采取相应的应对办法中，采用了招聘新员工的方式，项目组中总共7人，其中4人为新人，新的项目组在企业文化环境的认知、部门使命认知、团队绩效、工作技能等各个方面，都无法达到既定要求，无法正常开展工作，技能缺失、影响质量。因此鉴于上述情况，我建议部门投入资源，组织团队建设交流活动与结构化培训，项目组内实现高级带中级（1带2），中级带低级工程师的策略（2带5），以更快地达到知识转移、技能培育的目的；同时我也相应地调整了管理调整计划进度，为人员快速成长提供时间条件。主要措施有，进行团队建设新老员工见面会，以传达老员工过去作为新员工的经验；进行团队建设新员工学习交流总结例会，每周一次，帮助新员工找到各自成长差距；培训原则是，通过体系化分析当前所需技能，进行实用应用型培训；组内则加强培训内容，直接以犯错案例入手，进行技能上的培训，让新员工能够快速上手，减轻老员工辅导新员工的压力。

【点评1】以上内容对应论文的题目3。
【点评2】内容展开基本上是以存在的问题为纲，即描述一个存在的问题，然后跟随具体的解决办法，扣住了主题。此外，常规的写作中还有另一种模式，即把问题集中成一个段落，然后针对问题，以"解决方法"为纲（论点）逐步展开。

【总结】
总结我参与本项目经历的风险管理，我对风险的认识有了新的理解：许多风险都是关联存在的，一旦某个风险发生，变成了问题，可能在当时或者采取应对策略的同时就会出现另一个风险。我所列的3个风险就是如此，环环相扣。另外，对于我采取的措施经验，我认为，对主要风险（影响大、且易发生）需要采取多种解决方式并行处理解决，来更好地规避风险，降低风险发生概率的目标。

【点评】论文的小题目中并未要求进行总结，但考虑到论文的完整性，"总结"段落是必需的。

总结

论文写作是一个循序渐进的过程，当然这个过程中也存在写作的技巧，建议考生在具体写作过程中遵循以下步骤：

（1）主题阅读。一般来说，进行某个主题的写作之前，脑袋里面还是要有点"料"的，尤其是论文准备环节，先理清思路，然后动笔，这样不至于胡编乱造。所以，建议阅读教材中与论文主题相关的章节，理解论文主题所涉及的内容为第一项功课。

（2）经验梳理。论文的核心之一在论点，因此，梳理经验本质上就是为论点做准备。通过梳理经验，可以避免自己把论文实践部分写成流水账，同时可以使得论文结构相对比较清晰。

（3）阅读范文。如果没有任何经验，则多读几篇他人的论文，"他山之石，可以攻玉"，通过阅读他人的范文来达到虚构项目经验的目的。但是，范文不可完全模仿。

（4）反复阅读。论文的基本技巧是框架写作法，各位还可以参考攻克要塞团队出版的《信息系统项目管理师5天修炼》一书。此外，反复阅读自己的文章，多修改几次，不仅可以让语句读上去比较顺畅，更能提高自己的论文组织能力。

（5）有备无患。大项目是一个让大部分考生都感到比较困难的环节，一般在掌握基本的写作技巧后，可以考虑大项目论文的准备，了解大项目的特点，避免考核大项目题材。

附录 1 课堂练习答案与分析

第一篇　综合知识篇

信息化基础知识

题号	（1）	（2）	（3）	（4）	（5）
参考答案	C	B	D	D	A
题号	（6）	（7）	（8）	（9）	（10）
参考答案	A	B	A	D	C

　　习题 1 分析：国家信息化建设的信息化政策法规体系包括：信息技术发展政策、信息产业发展政策（包含通信产业政策和信息产品制造业政策）、电子政务发展政策、信息化法规建设四个方面。

　　习题 2 分析：财务管理强调的是事后核算，实际发生原则是财务管理的首要原则。

　　ERP 软件强调的是"事前计划、事中控制、事后分析"的管理理念和及时调整。而一般的进销存软件就是针对企业的库存管理开发的，是在库存模块的基础上加上采购和销售模块所构成，使用进销存软件能够大致了解到企业某些原材料的采购数量、库存数量、销售数量以及它们各自的资金占用情况，但是了解不到企业比较关心的每种产品的成本构成等信息。

　　习题 4 分析：考核供应链管理的概念。

　　供应链管理是一种集成的管理思想和方法，是在满足服务水平要求的同时，为了使系统成本达到最低而采用的将供应商、制造商、仓库和商店有效地结合成一体来生产商品，有效地控制和管理各种信息流、资金流和物流，并把正确数量的商品在正确的时间配送到正确的地点的一套管理方法。

　　习题 5 分析：O2O 即 Online to Offline（线上到线下），是指将线下的商务机会与互联网结合，让互联网成为线下交易的前台。

　　习题 6 分析：

　　要求考生了解信息生命周期各个阶段的特点。

信息系统生命周期包括立项、开发、运维、消亡。所以，首先排除选项 B，然后根据常识判断《需求规格说明书》不应在运维、消亡阶段进行，排除选项 C、选项 D，所以选择 A。

习题 8 分析：
人工智能，是研究、开发用于模拟、延伸和扩展人的智能的理论、方法、技术及应用系统的一门新的技术科学。

人工智能企图了解智能的实质，并生产出一种新的能以与人类智能相似的方式做出反应的智能机器，该领域的研究包括机器人、语音识别、图像识别、自然语言处理和专家系统等。人工智能可以对人的意识、思维的信息过程进行模拟。

人工智能实际应用包括：机器视觉，指纹识别，人脸识别，视网膜识别，虹膜识别，掌纹识别，专家系统，自动规划，智能搜索，定理证明，博弈，自动程序设计，智能控制，机器人学，语言和图像理解，遗传编程等。

习题 9 分析：
常识题。根据经验即可判断。关键字"预测"，基于"大数据"进行"预测"是最为合理的！四个选项都属于比较热门的技术和考点。

大数据是以容量大、类型多、存取速度快、应用价值高为主要特征的数据集合，正快速发展为对数量巨大、来源分散、格式多样的数据进行采集、存储和关联分析，从中发现新知识、创造新价值、提升创新能力的新一代信息技术和服务业态。坚持创新驱动发展，加快大数据部署，深化大数据应用，已成为稳增长、促改革、调结构、惠民生和推动政府治理能力现代化的内在需要和必然选择。

习题 10 分析：
我国在"十三五"规划纲要中，将培育人工智能、移动智能终端、第五代移动通信（5G）、先进传感器等作为新一代信息技术产业创新重点发展，拓展新兴产业发展空间。

当前，信息技术发展的总趋势是从典型的技术驱动发展模式向应用驱动与技术驱动相结合的模式转变，信息技术发展趋势和新技术应用主要包括以下 10 个方面：高速度大容量；集成化和平台化；智能化；虚拟计算；通信技术；遥感和传感技术；移动智能终端；以人为本；信息安全；两化融合。

信息系统管理与服务

题号	（1）	（2）	（3）	（4）	（5）
参考答案	A	B	C	B	D
题号	（6）	（7）	（8）	（9）	（10）
参考答案	B	D	D	—	—

软件专业技术知识

题号	（1）	（2）	（3）	（4）	（5）
参考答案	B	C	B	C	C
题号	（6）	（7）	（8）	（9）	（10）
参考答案	C	C	D	D	A

网络与信息安全

题号	（1）	（2）	（3）	（4）	（5）
参考答案	A	C	C	D	B
题号	（6）	（7）	（8）	（9）	（10）
参考答案	B	B	D	D	C
题号	（11）	（12）	（13）	（14）	（15）
参考答案	B	C	C	A	D

习题 13 分析：NAS 技术支持多种 TCP/IP 网络协议，主要是 NFS 和 CIFS（Common Internet File System，通用 Internet 文件系统）来进行文件访问，所以 NAS 的性能特点是可进行小文件级的共享存取。在具体使用时，NAS 设备通常配置为文件服务器，通过使用基于 Web 管理界面来实现系统资源的配置、用户配置管理和用户访问登等。

习题 14 分析：应用系统运行中涉及的安全和保密层次包括系统级安全、资源访问安全、功能性安全和数据域安全。

根据应用系统所处理数据的秘密性和重要性确定安全等级，并据此采用有关规范和制定相应的管理制度。安全等级可分为保密等级和可靠性等级两种，系统的保密等级与可靠性等级可以不同。

保密等级应按有关规定划为绝密、机密和秘密。可靠性等级可分为三级，对可靠性要求最高的为 A 级，系统运行所要求的最低限度可靠性为 C 级，介于中间的为 B 级。

安全等级管理就是根据信息的保密性及可靠性要求采取相应的控制措施，以保证应用系统及数据在既定的约束条件下合理合法的使用。

法律法规与标准化

题号	（1）	（2）	（3）	（4）	（5）
参考答案	C	A	C	D	A
题号	（6）	（7）	（8）	（9）	（10）
参考答案	D	—	—	—	—

习题 1 分析：根据《中华人民共和国著作权法》第二条规定：中国公民、法人或者其他组织的作品，不论是否发表，依照本法享有著作权。

习题 2 分析：公开招标适合于政府采购的主要场景，是政府采购的主要方式，其他采购方式适合于不同的特定场景，是政府采购的补充方式。

习题 3 分析：本题考核知识产权保护的相关规定。选项 C 不符合知识产权保护的"独立性原则"，该原则指某成员国国民就同一智力成果在其他缔约国（或地区）所获得的法律保护是相互独立的。知识产权在某成员方产生、被宣告无效或终止，并不必然导致该知识产权在其他成员方也产生、被宣告无效或终止。

专业英语

题号	(1)	(2)	(3)	(4)	(5)
参考答案	C	D	B	B	C

第二篇　项目管理知识篇

项目管理基础知识

题号	(1)	(2)	(3)	(4)	(5)
参考答案	D	D	C	B	B
题号	(6)	(7)	(8)	(9)	(10)
参考答案	D	C	B	D	C

习题1分析：项目是一个需要完成的具体又明确的任务。项目具有一次性、目标明确性和项目实施的整体性的特征。可见项目是临时性的，D选项明显不正确。

习题2分析：项目的特点之一是"渐进明细"，目标特性之一是优先级，项目本身是一个动态发展的过程，因此，其目标也在变化过程中。

习题3分析：项目目标的三个特性：多目标性、层次性、优先级。

习题4分析：本题考核项目和运营的特点，项目具有"临时性"，运营特点是"循环往复"。典型的项目干系人有项目经理、项目团队成员、客户和PMO等。PMO在项目开展过程中对项目进行支撑，是重要干系人之一。

习题7分析：项目经理的权力由大到小依次是D、A、B、C。

习题9分析：根据组织结构的不同，PMO可以位于组织的不同区域，在组织机构设计上可以高于职能部门，可以作为单独的一个职能部门，也可以在某一个大项目之下设立PMO。

项目立项管理

题号	(1)	(2)	(3)	(4)	(5)
参考答案	C	B	D	B	B
题号	(6)	(7)	(8)	(9)	(10)
参考答案	C	D	C	D	B

习题1分析：求第2年的利润净现值也就是将第2年的1139000元人民币进行折现，即将将来的钱换算成现在的钱（这些钱现在的价值），即 $1139000 \times 1/(1+0.1)^2 = 941322$。

习题2分析：投资回收期的计算，直接套用投资回收期的公式即可。

$$T = 累计折现值开始出现正值的年份数 - 1 + (上一年累计折现值)/当年折现值$$

习题 3 分析：项目财务评价是详细可行性研究的内容之一。详细可行性研究的方法包括经济评价法、市场预测法、投资估算法和增量净效益法。

习题 6 分析：系统集成供应商在进行项目内部立项时一般包括的内容有项目资源估算、项目资源分配、准备项目任务书和任命项目经理等。

习题 7 分析："风险因素及对策"属于可行性研究的内容。

项目建议书（又称"立项申请"）是项目建设单位向上级主管部门提交项目申请时所必需的文件，是该项目建设单位或项目法人，根据国民经济的发展、国家和地方中长期规划、产业政策、生产力布局、国内外市场、所在地的内外部条件、本单位的发展战略等，提出的某一具体项目的建议文件，是对拟建项目提出的框架性的总体设想。项目建议书是项目发展周期的初始阶段，是国家或上级主管部门选择项目的依据，也是可行性研究的依据，涉及利用外资的项目，在项目建议书批准后，方可开展对外工作。

项目建议书应该包括的核心内容如下。

（1）项目的必要性。

（2）项目的市场预测。

（3）产品方案或服务的市场预测。

（4）项目建设必需的条件。

习题 8 分析：本题依靠逻辑进行判断，题干中有关键词"内部立项"，选项 C 是公司投标之前要干的事情，现在公司已经中标了，也就意味着前期可行性研究已经完成了。不应该在中标后再去做"可行性研究"。

习题 9 分析：投资估算法、增量效益法是详细可行性研究的方法。

习题 10 分析：通过关键字即可判断选择技术可行性。类似其他的可行性分析均为考核重点。

项目整合管理

题号	（1）	（2）	（3）	（4）	（5）
参考答案	D	B	B	C	C
题号	（6）	（7）	（8）	（9）	（10）
参考答案	A	A	B	C	A

习题 1 分析：制订项目章程的工具与技术有：项目管理方法、项目管理信息系统和专家判断。

项目章程应由项目组织以外的项目发起人发布，若项目为本组织开发也可以由投资人发布。项目章程为项目经理使用组织资源进行项目活动提供了授权，尽可能在项目早期确定和任命项目经理。应该总是在开始项目计划前就任命项目经理，在项目启动时任命更合适。

显然选项 D 的说法不正确。

习题 2 分析：项目管理计划是制订项目管理计划过程的输出。经项目各有关干系人同意的项目管理计划就是项目的基准，为项目的执行、监控和变更提供了基础。

习题 3 分析：选项 B 显然不正确，整体变更控制过程贯穿于项目的始终，且本题中选项 B 与选项 A 和选项 C 相排斥。

习题 4 分析：考核组织过程资产和事业环境因素的区别。

习题 5 分析：选项 C 对整合管理过程描述得最准确、最全面。整合管理负责协调其他 8 个过程，是综合性的，和其他过程之间是交互性的。

习题 7 分析：作为整合者，项目经理必须具备的能力如下：

（1）通过与项目干系人主动、全面的沟通，来了解他们对项目的需求。

（2）在相互竞争的众多干系人之间寻找平衡点。

（3）通过协调工作，来达到各种需求间的平衡，实现整合。

习题 9 分析：项目范围管理计划是"范围管理"中"规划范围管理"的输出。

习题 10 分析：本题考核变更流程的理解，变更流程的第一步，提出变更请求。

项目范围管理

题号	（1）	（2）	（3）	（4）	（5）
参考答案	C	D	C	C	C
题号	（6）	（7）	（8）	（9）	（10）
参考答案	A	D	D	—	—

习题 1 分析：WBS 在表现形式上有树型和列表型，其中，列表型适用于大的、复杂的项目，树型适用于中小型项目。

习题 3 分析：核实范围也称作"范围确认"，范围确认是有关工作"完成与否"的问题，而质量控制是"正确与否"的问题。

习题 8 分析：常识题。采用证伪法即可，比如：项目主要干系人就包括"客户"，显然 WBS 的制订是不由客户完成的。注意理解"参与"与"完成"。

项目进度管理

题号	（1）	（2）	（3）	（4）	（5）
参考答案	A	C	C	B	D
题号	（6）	（7）	（8）	（9）	（10）
参考答案	B	C	B	B	D

习题 1 分析：本题将范围管理的过程和进度管理的过程混合在一起进行考核。关键点在于确定"范围管理计划编制"过程在"范围定义"过程之前，"活动定义"过程在"排列活动顺序"过程之前。要求考生熟悉范围管理和进度管理的全部过程。

习题 2 分析：后备分析。在总的进度表中以"应急时间""时间储备"或"缓冲时间"为名增加一些时间，这种做法是承认进度风险的表现。

习题 3 分析：识记题，记住答案即可。类似题型在对内容无法熟悉时，可根据原则"描述最全面的可能是答案"进行选择。

习题 4 分析：三点估算法：$(17+4\times22+33)/6 = 23$。

习题 5 分析： 采用"面积法"进行判断，具体方法参考本书中的介绍。首先根据三点估算法求出期望工期为 27 天，标准差为 2，因此，25～27 和 27～29 正好位于一个标准差范围内。

习题 9 分析： 画出网络图（如下图所示）即可找出关键路径。据此推断关键路径为 A-B-C-F-H-I 和 A-B-C-E-G-H-I。

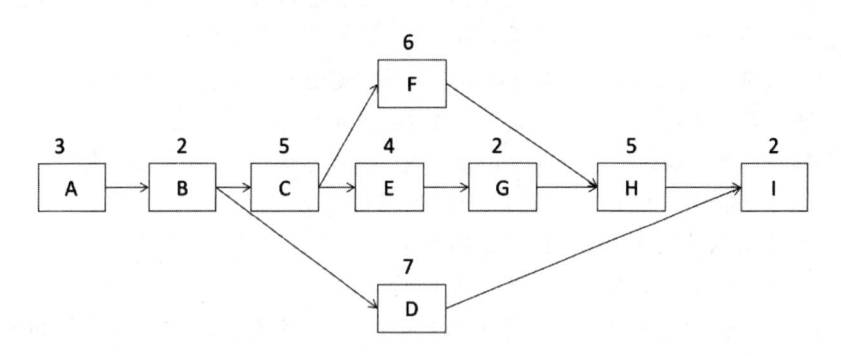

项目成本管理

题号	（1）	（2）	（3）	（4）	（5）
参考答案	C	D	C	A	D
题号	（6）	（7）	（8）	（9）	（10）
参考答案	A	B	B	C	B

习题 2 分析： 考核成本绩效指数，CPI>1，成本结余；CPI<1，成本超支。SPI>1，进度超前；SPI<1，进度延误。

习题 3 分析： 管理储备不是项目成本基准的一部分，但包含在项目总预算中。管理储备不纳入挣值计算。

习题 4 分析： 本题的 PV 具体是指在 2009 年 3 月 23 日前完成第一层和完成第二层的预算成本是 2000+2000 = 4000（元）。

到 2009 年 3 月 23 日前实际仅完成了第一层，那么对应计划的预算成本是"完成第一层 2000 元"，挣值 EV 为 2000 元。"完成第一层用掉 3800 元"，所以 AC 为 3800 元。

习题 9 分析：

本题考核挣值分析。选项 A，EAC=AC+ETC=AC+BAC-EV=47750+167500-38410=176840。

选项 B，CV=EV-AC=38410-47750=-9340。

选项 C，进度绩效指数 SPI=EV/PV=38410/44100=0.87，所以选项 C 错误。

项目质量管理

题号	（1）	（2）	（3）	（4）	（5）
参考答案	B	C	B	C	A
题号	（6）	（7）	（8）	（9）	（10）
参考答案	B	D	B	—	—

习题 1 分析：项目质量控制的主要工具与技术有直方图、控制图、因果图、排列图、散点图、核对表、趋势分析、检查和统计分析等。前 7 种方法都是分析方法，后 2 种方法则是经常采用的质量控制手段。

习题 2 分析：因果图（又称为因果分析图、石川图或鱼骨图）直观地反映了造成问题的各种可能原因。因果图法首先确定结果（质量问题），然后分析造成这种结果的原因。每个分支都代表着可能出现差错的原因，用于查明质量问题所在和设立相应的检验点。它可以帮助项目班子事先估计可能会发生哪些质量问题，然后帮助其制订解决这些问题的途径和方法。

统计抽样涉及选取收益总体的一部分进行检查。很多时候，项目中的质量控制无法进行全面的检查，通常采用统计抽样的方法，适当的采样能够降低质量控制的成本。

该题是要找出问题的原因，因此最好采用因果分析图将各类问题列出，并找出产生问题的原因。而其他几个选项不适用于本题的情景。

习题 3 分析：考核项目质量审计。质量审计是对其他质量管理活动的结构化和独立的评审方法，用于判断项目活动的执行是否遵从于组织及项目定义的方针、过程和规程。质量审计的目标是识别在项目中使用的低效率以及无效果的政策、过程和规程。后续对质量审计结果采取纠正措施的努力，将会达到降低质量成本和提高客户（或组织内的）发起人对产品和服务的满意度的目的。质量审计可以是预先计划的，也可以是随机的；可以组织内部完成，也可以委托第三方（外部）组织来完成。质量审计还确认批准过的变更请求、纠正措施、缺陷修订以及预防措施的执行情况。

习题 4/5 分析：项目质量保证活动包括：

（1）产品、系统、服务的质量保证。

（2）管理过程的质量保证。

项目质量保证采用的一些方法和技术主要包括：

1）制订质量保证计划。质量保证计划是进行质量保证的依据和指南，应在对项目特点进行充分分析的基础上编制。质量保证规划包括质量保证计划、质量保证大纲和质量标准等。

2）质量检验。通过测试、检查、试验等检验手段确定质量控制结果是否与要求相符。

3）确定保证范围和等级。质量保证范围和等级要相适应，范围小、等级低可能达不到质量保证的要求；范围大、等级高会增加管理的工作量和费用。等级划分应依据有关法规进行。

4）质量活动分解。对于与质量有关的活动需要进行逐层分解，直到最基本的质量活动，以实施有效的质量管理和控制。质量活动分解的方式有多种，其中矩阵式是常用的形式。

习题 6 分析：质量成本又可以分为质量保证成本和质量故障成本。质量保证成本是项目团队依据公司质量体系（如 ISO 9000）运行而引起的成本。质量故障成本是由于项目质量存在缺陷进行检测和弥补而引起的成本。在项目的后期，质量成本较高。

质量成本划分为预防成本、检验成本、内部失败成本和外部失败成本。

习题 8 分析：质量管理的发展，大致经历了手工艺人时代、质量检验阶段、统计质量控制阶段、全面质量管理阶段 4 个阶段。

项目资源管理

题号	（1）	（2）	（3）	（4）	（5）
参考答案	B	D	B	A	D
题号	（6）	（7）	（8）	（9）	（10）
参考答案	D	D	C	—	—

习题 1 分析：WBS 是根据可交付进行分解的，OBS 是根据组织进行分解的。OBS 分解到最下层可以是某个单元或个人，可以把工作包和项目活动列在其组织单元之下。本题容易误选 D，选项 D 中 RAM 是通过矩阵建立 OBS 和 WBS 的对应关系。

习题 2 分析：优秀的团队并不是一蹴而就的，需经历以下几个阶段：形成期、震荡期、正规期、表现期。当项目团队已经共同工作了相当一段时间，正处于项目团队建设的发挥阶段时，某个新成员加入了该团队，这个新成员和原有成员之间不熟悉，对项目目标不清晰，因此团队建设将从形成阶段重新开始。本题中需要注意 B 选项的"发挥阶段"即"表现期"。

习题 5 分析：OBS：组织分解结构；RAM：责任分配矩阵；RBS：资源分解结构；SWOT：S 为优势；W 为劣势；O 为机会；T 为威胁。

习题 8 分析：当在一个团队的环境下处理冲突时，项目经理应该公开处理冲突。

延伸知识点：冲突管理的 6 种方法。

（1）问题解决。

（2）合作。

（3）强制。

（4）妥协。

（5）求同存异。

（6）撤退。

项目沟通管理与干系人管理

题号	（1）	（2）	（3）	（4）	（5）
参考答案	A	B	C	A	C
题号	（6）	（7）	（8）	（9）	（10）
参考答案	A	A	—	—	—

习题 1 分析：信息分发是指把需要的信息及时提供给项目干系人。项目经理通常采用不同的方式进行对内（项目团队）和对外（顾客、媒体和公众等）的沟通。对内沟通讲究的是效率和准确度，对外沟通强调的是信息的充分和准确。对内沟通可以以非正式的方式出现，而对外沟通要求项目经理以正式的方式进行。

显然，坚持内外有别的原则并非是"要把各方掌握的信息控制在各方内部"。

习题 2 分析：在实际沟通中，询问不同类型的问题可以取得不同的效果。问题的类型有：

（1）封闭式问题：用来确认信息的正确性。
（2）开放式问题：鼓励应征者详细回答，表达情绪。
（3）探询式问题：用来澄清之前谈过的主题与信息。
（4）假设式问题：用来了解解决问题的方式。
因此，开放式问题更有利于被询问者表达自己的见解和情绪。

习题 3 分析：冲突管理的 6 种方法：
（1）问题解决。
（2）合作。
（3）强制。
（4）妥协。
（5）求同存异。
（6）撤退。

习题 6 分析：
沟通的渠道=$n×(n-1)/2$，n 代表干系人的数量。
$12×(12-1)/2=66$。

项目风险管理

题号	（1）	（2）	（3）	（4）	（5）
参考答案	D	B	D	D	D
题号	（6）	（7）	（8）	（9）	（10）
参考答案	B	D	A	D	A

习题 1 分析：选项 D 风险分类属于实施定性风险分析的技术。

习题 2 分析：计算四个城市的期望收益值：
期望收益（北京）= 4.5×25%+4.4×50%+1×25%=3.575
期望收益（天津）= 5×25%+4×50%+1.6×25%=3.65
期望收益（上海）= 6×25%+3×50%+1.3×25%=3.325
期望收益（深圳）= 5.5×25%+3.9×50%+0.9×25%=3.55
比较各期望收益的大小即可。

习题 8 分析：选项 A、选项 B、选项 C 都是按照风险的可预测性进行划分的。
按风险的可预测性划分，风险可以分为已知风险、可预测风险和不可预测风险。

习题 9 分析：本题考核控制风险过程的工具与技术。

风险审计是检查并记录风险应对措施在处理已识别风险及其根源方面的有效性，以及风险管理过程的有效性。项目经理要确保按项目风险管理计划所规定的频率实施风险审计。既可以在日常的项目审查会中进行风险审计，也可单独召开风险审计会议。在实施审计前，要明确定义审计的格式和目标。

习题 10 分析：本题考核风险定性分析的工具，属于常规考核知识点，送分题。

选项 B、C、D 属于定量分析的工具。

项目采购管理

题号	（1）	（2）	（3）	（4）	（5）
参考答案	A	D	B	C	C
题号	（6）	（7）	（8）	（9）	（10）
参考答案	A	C	C	C	—

习题 1 分析：编制采购计划过程的第一步是要确定项目的某些产品、成果和服务是项目团队自己提供还是通过采购来满足，然后确定采购的方法和流程以及找出潜在的卖方，确定采购数量和何时采购，并把这些结果都写到项目采购计划中，即编制采购计划过程的第一步是进行"自制或外购分析"。

选项 B 属于招投标范畴，选项 C 属于实施采购过程，选项 D 中 RFP（方案邀请书）属于编制询价计划过程。

习题 2 分析：采购工作说明书是对项目所要采购的产品和服务的描述，而项目说明书是项目所要提供的产品、服务或成果的描述。

习题 3 分析：工时和材料活动确定了工时和材料的单价，因此适合于动态地增加人员。

习题 5 分析：项目合同签订的注意事项：①当事人的法律资格；②质量验收标准；③验收时间；④技术支持服务；⑤损害赔偿；⑥保密约定；⑦合同附件；⑧法律公证。

习题 8 分析：项目发生索赔事件后，一般先由监理工程师调解，若调解不成，由政府建设主管机构进行调解，若仍调解不成，由经济合同仲裁委员会进行调解或仲裁。在整个索赔过程中，遵循的原则是索赔的有理性、索赔依据的有效性、索赔计算的正确性。

合同索赔的重要前提条件是合同一方或双方存在违约行为和事实，并且由此造成了损失，责任应由对方承担。对提出的合同索赔，凡属于客观原因造成的延期、属于买方也无法预见到的情况，例如，特殊反常天气达到合同中特殊反常天气的约定条件，卖方可能得到延长工期，但得不到费用补偿。对于属于买方的原因造成拖延工期，不仅应给卖方延长工期，还应给予费用补偿。

配置管理

题号	（1）	（2）	（3）	（4）	（5）
参考答案	A	D	A	C	D
题号	（6）	（7）	（8）	（9）	（10）
参考答案	D	A	D	—	—

习题 1 分析：当阶段工作完成的时候，交付的成果经过了评审，不会被轻易修改，此时应存入受控库，如需修改，则走变更控制的流程。本题容易误选选项 C，只有当全部产品开发完成且经过评审后才能进入产品库。

习题 2 分析：创建基线或发行基线的主要步骤如下：
（1）配置管理员识别配置项。
（2）为配置项分配标识。
（3）为项目创建配置库，并给每个项目成员分配权限。
（4）各项目团队成员根据自己的权限操作配置库。
（5）创建基线或发行基线并获得 CCB 的授权。

习题 4 分析：此题选项 A 和选项 C 明显矛盾，采用排除法进行判断。

习题 5 分析：配置识别是配置管理员的职能，包括如下内容：
（1）识别需要受控的软件配置项。
（2）给每个产品和它的组件及相关的文档分配唯一的标识。
（3）定义每个配置项的重要特征以及识别其所有者。
（4）识别组件、数据及产品获取点和准则。
（5）建立和控制基线。
（6）维护文档和组件的修订与产品版本之间的关系。

习题 6 分析：配置库可以分为开发库、受控库、产品库三种类型。

开发库，也称为动态库、程序员库或工作库，用于保存开发人员当前正在开发的配置实体，如新模块、文档、数据元素或进行修改的已有元素。动态中的配置项被置于版本管理之下。动态库是开发人员的个人工作区，由开发人员自行控制。

习题 7 分析：本题所涉及的知识点比较多，包括配置控制委员会、配置库、配置管理工具、配置项版本等。四个选项涉及四个知识点。

选项 A 明显不正确。配置控制委员会负责对配置变更做出评估、审批以及监督已批准变更的实施。CCB 建立在项目级，其成员可以包括项目经理、用户代表、产品经理、开发工程师、测试工程师、质量控制人员、配置管理员等。CCB 不必是常设机构，完全可以根据工作的需要组成，例如按变更内容和变更请求的不同，组成不同的 CCB。小的项目 CCB 可以只有一个人，甚至只是兼职人员。

习题 8 分析：项目经理在接到变更申请以后，首先要检查变更申请中需要填写的内容是否完备，然后对变更申请进行影响分析。变更影响分析由项目经理负责，项目经理可以自己或指定人员完成，也可以召集相关人员讨论完成。

第三篇　高级知识篇

管理科学基础

题号	（1）	（2）	（3）	（4）	（5）
参考答案	C	B	D	B	B
题号	（6）	（7）	（8）	（9）	（10）
参考答案	C	B	D	B	B

习题 2 分析：根据上表画图，节点有 A1、A2、B1、B2、B3。把上述运输成本标在每个方向上寻找进入 B1、B2、B3 的最小值，可知：

A2 送 B3，50 件，运输成本 150 元。

A2 送 B2，200 件，运输成本 800 元。

A2 送 B1，50 件，运输成本 250 元。

A1 送 B1，50 件，运输成本 350 元。

把上面的运输成本进行加总，150+800+250+350=1550（元）。

习题 3 分析：首先得出一个到达矩阵如下，每一列代表一个学校可选的地方，第一行代表从 A 到这些地方的距离，第二行代表从 B 到所有的距离，以此类推。

	A	B	C	D	E	F	G
A	0	1.5	1.2	1.8	4.8	7	8
B	1.5	0	2.7	2.2	5	5.5	7
C	1.2	2.7	0	1.6	4.6	8.2	7.8
D	1.8	2.2	1.6	0	3	6.9	6.2
E	4.8	5	4.6	3	0	3.9	3.2
F	7	5.5	8.2	6.9	3.9	0	1.5
G	8	7	7.8	6.2	3.2	1.5	0

再用 A 的人数乘以矩阵第一行，B 的人数乘以矩阵第二行，以此类推，得到下表。

	A	B	C	D	E	F	G
A	0	75	60	90	240	350	400
B	60	0	108	88	200	220	280
C	72	162	0	96	276	492	468
D	36	44	32	0	60	138	124
E	336	350	322	210	0	273	224
F	560	440	656	552	312	0	120
G	800	700	780	620	320	150	0
Total	1864	1771	1958	1656	1408	1623	1616

由此得到答案 E 村落。

习题 4 分析：本题使用穷举法。即甲、乙、丙投入 100 万元、200 万元、300 万元、400 万元，但总共只能投 400 万元来计算收益。最后发现甲、丙分别投入 100 万元，乙投入 200 万元，能收获最大收益 1800 万元。所以选择选项 B。

大型及复杂项目管理

题号	（1）	（2）	（3）	（4）	（5）
参考答案	B	B	B	D	B
题号	（6）	（7）	（8）	（9）	（10）
参考答案	C	—	—	—	—

习题 1 分析：大型项目经理的日常职责更集中于管理职责。大型项目经理面临更多的是间接管理的挑战。

习题 2 分析：此题可以运用解题法，选项 B、选项 C 相矛盾。大型项目的需求和实现一般分开进行，项目需求定义和需求实现通常是由不同的组织完成的。

习题 3 分析：组织级项目管理中的资源平衡过程，主要针对所有项目的需求对组织内的资源进行统一的资源平衡，以保证项目的平衡发展。在组织范围内为项目分配资源，保证高优先项目的资源分配，一个新的项目提出后，首先要看的是组织有没有足够的资金和资源能力来完成这个项目。只有实现了项目的组合管理，才能快速地对组织的资金和资源能力作出判断，并在组织的能力出现短缺时，采取有效的措施，如资源能力不足时，可能采用项目外包的方式。同时，实施项目组合管理有利于将资源优先分配到关键的项目上，以保证<u>组织战略目标</u>的顺利实现。

习题 6 分析：本题考核大型及复杂项目的 WBS 分解。一般而言，项目的主要组成部分是项目的主要可交付物，包括项目管理方面的可交付物和合同所要求的可交付物。在具体项目创建 WBS 时，项目主要交付成果可以根据项目的实际管理情况而定义。

可以把项目生命周期的各个阶段划分第一层，把为完成阶段交付成果需要的工作表示为第二层；也可以按照产品的结构划分，把项目总的交付成果作为第一层，将项目管理的各个阶段表示为第二层；分解时要考虑执行组织的层次结构，以便把工作包与执行组织单元联系起来。大型及复杂项目亦同样适用，即可以按照项目的<u>组织结构、产品结构、生命周期</u>三个角度制定分解结构。

<u>高级知识</u>

题号	（1）	（2）	（3）	（4）	（5）
参考答案	D	A	D	B	A
题号	（6）	（7）	（8）	（9）	（10）
参考答案	C	—	—	—	—

习题 5 分析：旁站监理是指在关键部位、关键工序（如隐蔽工程）施工过程中，监理人员在一旁守候、监督施工操作的做法。对于信息系统工程，旁站监理<u>主要应用在网络综合布线、设备开箱检验和机房建设</u>等过程中。

习题 6 分析：组织战略实施能力是组织战略实施的物质基础。这种物质基础既可以是组织自身拥有的，<u>也有可能是组织外部的、但可以被组织通过协商获得的</u>资源，根据组织战略目标和战略方针的要求，确定战略的规模、发展方向和重点，并能够与组织的总体力量保持协调发展。

附录 2 浅谈复习方法

在进行复习前,请注意以下事项:
(1) 各科均高于或等于 45 分才算合格;否则,全部重来。
(2) 通过考试必然要经过大量做题和看书环节。
(3) 解答每道案例题后要注意总结。
(4) 通过制订计划来驱动备考复习过程。

复习方法应该分为四个过程:制订计划、量化目标、分解目标和持续检查。

(1) 制定复习计划,尤其是进度计划。好的备考过程一定是靠良好的计划支撑的,制订计划的目标是保证考生能够按部就班地进行复习。有的考生在复习过程中"三天打鱼两天晒网",有的考生在临考的前几天突然"崩溃",这些都是缺乏计划的结果。尤其在最后几天,缺乏良好心态的学生只是机械地执行计划,确保度过临考的最后几天。

(2) 计划制定过程中,对复习的目标要进行量化。如下表所示,在量化表中设计有目标项,如阅读教材多少遍、做题多少遍等,都可以作为量化项目出现。

目标项	量化	备注
阅读教材	_____ 遍	
做题	_____ 遍	
思考并提问	_____ 个	
……		

（3）要对量化的目标进行分解。分解的方法可以基于量化目标采用 WBS 的方式进行分解，也可以按时间分解。一般来说，按时间分解相对比较容易把握。按时间分解可以采取滚动式规划，即最近几天制定得比较详细，比如，以 6 天为周期进行滚动，最近 6 天的计划制订得非常详细。

时间	复习内容
第 1 天	
第 2 天	
第 3 天	
第 4 天	
第 5 天	
第 6 天	
第 N 天	

（4）检查过程。计划和目标的完成情况需要定期检查，有些学生在制订计划和目标的过程中往往高估自己，制定的目标不切合实际。因此，在计划的执行过程中，连续多天都无法达到计划中的要求，导致计划的失效，最后只能放弃计划。因此，检查表的作用是定期检查、调整计划、发现问题并进行改进，这项检查工作非常重要，确保了计划的有效执行。

时间	原计划	完成情况	原因及改进
第 1 天			
第 2 天			
第 3 天			
……			

复习的过程是一个艰苦的过程，考生既需要刚性原则的坚持，也需要灵活地处理某些问题，保证复习过程的完成。